BUILDING
A GLOBAL
BAY AREA CITY

建设国际化湾区名城

深圳国际化城市建设比较研究报告 Ⅱ

主 编／汤丽霞

中国发展出版社
CHINA DEVELOPMENT PRESS

图书在版编目（CIP）数据

建设国际化湾区名城/汤丽霞主编 . —北京：中国发展出版社，
2015.6

ISBN 978-7-5177-0120-0

I. ①建⋯ II. ①汤⋯ III. ①城市发展—国际化—研究—深圳市
IV. ①F299.276.53

中国版本图书馆 CIP 数据核字（2015）第 047753 号

书　　　名：建设国际化湾区名城
著作责任者：汤丽霞
出 版 发 行：中国发展出版社
　　　　　　（北京市西城区百万庄大街 16 号 8 层　100037）
标 准 书 号：ISBN 978-7-5177-0120-0
经 　销 　者：各地新华书店
印 　刷 　者：北京市庆全新光印刷有限公司
开　　　本：700mm × 1000mm　1/16
印　　　张：25
字　　　数：300 千字
版　　　次：2015 年 6 月第 1 版
印　　　次：2015 年 6 月第 1 次印刷
定　　　价：55.00 元

联 系 电 话：（010）68990630　68990692
购 书 热 线：（010）68990682　68990686
网 络 订 购：http://zgfzcbs.tmall.com//
网 购 电 话：（010）88333349　68990639
本 社 网 址：http://www.develpress.com.cn
电 子 邮 件：bianjibu16@vip.sohu.com

编委会

主　　编：汤丽霞

编　　委：姚伟志　孙怀忠　王昱文　谭福英

总 策 划：曹志文

执行编辑：曹志文　方艺擎

Preface
代　序

建设国际化湾区名城

——在深圳国际化城市建设研讨会上的致辞

中共深圳市委副书记、市长　许勤

（2014 年 9 月 17 日）

尊敬的各位专家、各位来宾，女士们、先生们、朋友们：

大家上午好！今天我们举办"2014 深圳国际化城市建设研讨会"，首先，受王荣书记的委托，我代表深圳市委市政府，代表深圳市人民，向远道而来的各位嘉宾表示热烈的欢迎！对大家长期以来给予深圳经济特区的关心和支持表示衷心的感谢！

2011 年以来，"深圳国际化城市建设研讨会"已经连续举办四届，成为深圳加快建设现代化、国际化先进城市的重要推动力，为持续提升城市的国际影响力和竞争力发挥了重要的作用。本届研讨会聚焦"建设国际化湾区名城"，主题突出，紧扣实际，非常契合深圳"三化一平台"的改革主攻方向和发展湾区经济的战略构想，将为深圳进一步加快现代化、国际化先进城市建设，提供新的视角和新的启迪！

"湾区经济"是当今世界经济版图的突出亮点和国际一流滨海城

市的显著特征。国际湾区名城也是国际化城市当中的璀璨明珠。今年初，深圳明确提出联手周边城市共同打造"粤港澳大湾区"，构建区域协同发展的新优势，目的就是要落实习近平总书记提出的"一路一带"的战略构想，把深圳打造成为"21世纪海上丝绸之路"的重要枢纽，更好地服务国家海洋强国战略的实施。同时，也是以湾区经济的新视角，来进一步审视深圳的经济社会发展，在新的国际化坐标系当中，统筹谋划深圳的城市定位、规划布局和未来的发展目标，推动更高质量、更高能级的发展。深圳是粤港澳大湾区的重要城市，也是"21世纪海上丝绸之路"的枢纽城市，深圳毗邻港澳，背靠珠三角，地处亚太主航道，具有发展湾区经济的良好区位优势和经济基础。

经过30多年的发展，深圳的经济总量已经超过了2300亿美元，跻身全球城市的30强，人均GDP达到2.2万美元，全社会研发投入占GDP比重达到了4%，贸易总量突破5000亿美元，成为典型的开放型的经济体。如果从粤港澳大湾区来看，整个湾区的经济总量已经达到了1.3万亿美元，与旧金山湾区、纽约湾区在同一个水平上，贸易总额达到了1.5万亿美元，港口集装箱吞吐量超过了6000万标箱，是世界上最大的海港群，完全有条件、有基础打造成为世界一流的湾区经济，在更大的范围，更高的层次，参与全球竞争合作。深圳建设国际化湾区名城，就是要放在世界湾区经济的大格局下来思考、谋划和推进城市发展。

一、突出前瞻性，更好地把握湾区经济发展的新趋势

世界著名湾区经济的形成，不仅是因为这些区域具有独特的区位

优势和资源禀赋，更重要的是这些区域及时地抓住了全球产业结构和经济格局重大变革的历史性机遇，实现了城市能级跃升。当前世界经济重心持续东移，全球新一轮科技革命和产业革命孕育突破，亚洲地区也有可能围绕着一些中心区域，特别是湾区，形成一些重要的经济中心。特别是快速发展的网络经济将使湾区进一步打破物理空间的局限，改变传统资源的配置方式和经济要素的组合方式，为湾区经济发展提供新的路径。

深圳发展湾区经济，必须前瞻把握这些新趋势、新机遇，结合国家、区域发展的战略需求，瞄准未来科技产业竞争制高点，发挥经济特区改革、开放、创新和区位等方面的独特优势，大力培育新产业，发展新经济，使深圳经济特区跻身于世界湾区经济的发展前沿。

二、突出开放性，着力构建全方位、多层次的开放新格局

国际化湾区名城，是开放合作的高地。作为中国第一个经济特区，过去 30 多年深圳始终走在中国对外开放的最前列，率先形成了开放型的经济体系，为发展湾区经济奠定了坚实的基础，在新的发展时期，深圳将不断巩固和强化开放优势，进一步建立与国际接轨，更加公平、开放、透明的规则体系，加快构建更加符合湾区经济发展要求的市场化、法治化、国际化营商环境。进一步在提升开放质量上下功夫，加快推动由输出产品向输出技术、资本和服务转变，培育参与和引领经济合作竞争的新优势，进一步在构建开放合作平台上下功夫，发挥好前海作为国家新时期对外开放战略平台的作用，推进现代服务业的开放式发展，不断增强湾区经济的外溢辐射功能。

三、突出集聚性，加快打造高端资源配置的重要枢纽

高端要素资源的集聚，是湾区经济的显著特征。从国际经验来看，一流湾区名城都是人流、物流、资金流、信息流汇集的重要中心，不仅是经济中心，也是创新中心、教育中心、医疗中心。深圳发展湾区经济既要大力发展高端产业和新兴产业，引进一流的创新项目和创新人才，做大做强总部经济，不断增强作为经济中心城市的辐射带动功能，也要更大力度地去积聚更多的、更高端的医疗、教育、文化和绿色低碳发展的资源。目前我们正在围绕国际化创新中心的目标，积极实施孔雀计划，大力引进海内外高层次创新人才团队，围绕国际化医疗中心的目标，加快实施名医、名院和名诊所"三名工程"，集聚更多的医疗资源，围绕高等教育开放式、国际化发展，大力引进国内外的名校在深圳合作办学，比如清华大学和伯克利大学，香港中文大学、莫斯科大学和北京理工大学，昆士兰大学和吉林大学等等一批知名大学相继在深圳合作建立高等教育机构，我们还与欧盟等各方合作建立深圳国际低碳城，为推进国际低碳、绿色合作提供新平台。

在座的各位嘉宾，在相关领域都具有重要的影响力，也希望大家帮助我们出谋划策，宣传推荐，推动深圳在集聚创新、教育、医疗等高端资源上取得重大突破，为深圳湾区经济的发展，提供更加有利的支撑。

四、突出协同性，形成推进湾区经济发展的更广泛合作网络

从纽约湾区、东京湾区、旧金山湾区等世界一流湾区来看，它们

都是由若干国际化湾区名城组成，是城市间相互合作的网络，深圳提出的"湾区经济"概念和理念，不仅仅局限于深圳本区域，更是需要与香港、澳门、珠三角其他城市乃至广东和相关的周边区域共同打造粤港澳大湾区，不断推动区内的要素自由流动，产业优势互补，资源充分共享，市场深度融合。提升大湾区的整体的国际竞争力，为此我们不仅需要加强与周边城市的合作，同时更加需要加强与国际著名湾区的合作。目前，深圳已经与全球近60个城市建立了友好城市或友好交流城市关系，未来我们希望构建更广泛的国际友城网络，为民间合作、企业合作提供更好的平台，特别是通过探索成立湾区城市的联盟，进一步加强与旧金山湾区等世界一流湾区的沟通交流合作，共同来推动全球湾区经济的纵深发展。

女士们、先生们！建设国际化湾区名城，是深圳推进现代化、国际化先进城市建设的重要举措，实施起来面临着许多新课题、新挑战，需要广泛地凝聚国内外的智慧、力量，进一步攻坚突破，希望各位嘉宾、各位专家以本次研讨会为平台，充分发挥国际化智库优势，建发展诤言，献合作良策，为深圳加快建设现代化国际化先进城市提供智慧支撑。

最后，祝本次研讨会取得圆满成功，祝各位专家、各位来宾和朋友们身体健康、工作顺利，谢谢大家！

目录 *Contents*

第三章 | "2014 国际化城市建设研讨会" 嘉宾主题演讲报告

第四章 | "2014 国际化城市建设研讨会" 论文选编

第五章┃综述报告

第六章│媒体报道

第一章

美国旧金山湾区创新发展
比较研究报告

一、湾区经济的概念、发展实践与基本特征

（一）湾区经济的概念

"湾区"一词多用于描述围绕沿海口岸分布的众多海港和城镇所构成的港口群和城镇群，而衍生的经济效应则称为"湾区经济"。具体来说，"湾"是"港口"，是"海港"、"空港"、"信息港"、"资金港"，是对外开放的节点；"区"是腹地，是服务港口经济的科技、制造与现代服务产业。两者有机地结合、配套与协调，就形成了"湾区经济"。概括来说，湾区经济是依托世界级港口（群），发挥地理和生态环境优势，背靠广阔腹地，沿海湾开放创新、集聚发展，具有世界影响的区域经济体。对世界经济版图具有重大影响的湾区经济主要是纽约、东京、旧金山湾区等，具有文化开放、产业发达、集聚功能强大、区域引领协同作用突出等共同特征，是全球区域经济体的突出亮点。

学术界对粤港澳湾区的关注可追溯到20世纪80年代，有香港的学术研讨会首次依据美国旧金山湾区的经验提出建设沿香港海域的"香港湾区"。随后大陆方面的研究机构提出广州也应纳入湾区，建议把"香港湾区"改为"环珠江口湾区"，以更好地反映区域合作长远发展要求，并主张以此湾区为桥头堡建设第三条横跨欧亚的大陆桥。2002年再倡"深港创新圈"建设时，深圳的区域中心地位得到了凸显。2003年，学术界提出"伶仃洋湾区"概念，认为如果珠海万山群岛能够加入港澳的发展系统，建立类似美国旧金山湾区那样的伶仃洋湾区或华南湾区（South China Bay），则可对整个区域的发展提供一个更宽广的平台。此后结合"一国两制"下的区域合作、CEPA以及泛珠三角"9 + 2"区域协作发展形势，围绕伶仃洋湾区概

念，进一步发展出了"中国湾区"、"万山群岛湾区"以及"A字形港珠澳湾区"等概念。2009年"跨境湾区"的概念被提出，认为湾区经济中多核分化竞争（离心力）与跨境集聚整合（向心力）并存，在粤港澳湾区开发实践中，环珠江口各城市在不断竞争的同时呈现出同城化的发展趋势，形成一系列的产业圈、生活圈和城市圈，而港珠澳大桥则是跨境湾区各核心城市之间的竞争与合作、分化与集聚的连接纽带。

对于"湾区"概念的官方提法，2005年，《珠江三角洲城镇群协调发展规划（2004～2020）》首次提出"环珠江口湾区"，指珠江口沿岸的滨海地区，自西向东包括珠海主城区、唐家湾、横琴、广州南沙、东莞虎门—长安、深圳沙井—松岗、前海—宝安等，其内涵是"区域产业核心和生态核心"。2009年《大珠江三角洲城镇群协调发展规划研究》的制定则对"湾区"展开进一步研究，大"湾区"包括香港、澳门全境，广州、深圳、珠海、东莞、佛山、中山6市的主城区，以及环珠江口范围内主要的机场、港口及各滨水功能区。随后，《珠江三角洲地区改革发展规划纲要（2008～2020年）》又进一步提出支持"湾区"的重点行动计划，粤港澳一体化协调发展也成为"湾区"建设的重中之重。

总体而言，目前对粤港澳"湾区"发展路径的探讨有多种模式，主要观点如下：其一，从创新合作模式、深化合作领域、完善合作机制等方面促进粤港澳从低层次的合作走向高层次的融合，合作模式从"前店后厂"走向"统一市场"，合作内容从制造业走向服务业，合作体制和机制从"自发合作"走向"自觉合作"；其二，珠三角增长模式的转型及湾区经济的发展必须依靠提高地区自主创新能力；其三，应围绕"双核型"的湾区模式，以争当第三条亚欧大陆桥的桥头堡为目标，制度先行，构建便捷交通网络，强化区域创新系统建设，建立统一市场，深化合作领域和层次，构筑起粤港澳和谐持续的经贸关系，以提升对全国经济及亚欧经济的带动能力。此外，还应树立携手共建"湾区"，共同开发、一起做大、双核平等、不争龙头的新理念，充分利用"一国两制"、国内国际多方资源，探索在经济全球化中区域分工的新思路。

（二） 世界主要湾区经济及其发展实践

不同地理区位和发展形态的湾区经济体在现当代世界经济发展史上呈现出阶段性的发展脉络，并产生了具有时代特征的代表。

美国东岸湾区（崛起于 18 世纪末～19 世纪 20 年代）。美国东岸湾区，北起缅因州，南至弗吉尼亚州，跨越 10 州，包含波士顿、纽约、费城、巴尔的摩和华盛顿等五大城市，以及 40 个 10 万人以上的中小城市。该区人口达到 6500 万，占美国总人口的 20%，城市化水平达到 90% 以上。该湾区制造业产值占全美的 30% 以上，被视为美国经济中心。作为世界经济和国际金融的神经中枢，纽约占据了区域内的核心地位。而位于波士顿郊区的 128号公路则因其聚集着的数以千计的研究机构和高科技企业，享有"美国东海岸硅谷"的美誉。

美国加州湾区（旧金山湾区；崛起于 19 世纪后半期）。加利福尼亚州（State of California）是全美面积第三、人口第一大州，城市人口占 91.3%，主要集中在太平洋沿岸地区，其中 50% 聚居在洛杉矶（Los Angeles）和旧金山（San Francisco）一带。旧金山湾区是美国西部第二大都市区，19 世纪后半期以淘金热为契机，依靠工业化支持，经过"矿业城市"、"铁路城市"两次城市化高潮发展而成。目前，高科技产业为加州主要产业之一，全美100 家发展最快的高科技公司中，有 39 家在加州，仅硅谷一地的高科技产品出口就占全美三分之一。

日本东京湾区（崛起于 20 世纪中后期）。东京湾区以东京市区为中心，半径 80 公里，由东京都、埼玉县、千叶县、神奈川县共同组成，总面积13400 平方公里，占日本全国面积的 3.5%。区域内人口多达 3400 万人，占全国人口的 27%；城市化水平达 80% 以上，GDP 占全国的 1/3。1956 年日本政府颁布"首都圈整备法"开始规划发展东京湾区，并在此后 43 年间先后 5 次调整规划、发展方案，有效地促进了该区域与日本全国经济的协同高速发展。目前，依托环太平洋的区位优势，东京湾区不仅拥有日本最大的港口群和航空网络，还是日本最大的重化工业基地、能源基地、国际贸易和物流中心，销售额超过 100 亿日元的大公司有一半将总部设在东京。

澳大利亚悉尼湾区（崛起于 20 世纪末）。悉尼（Sydney）是澳大利亚新南威尔士州首府，面积为 2400 平方公里，人口 460 万左右，濒临南太平洋，是澳大利亚和大洋洲第一大城市和港口，也是澳大利亚的经济、金融、科技、教育及交通中心，以及亚太地区最重要的金融中心和航运中心之一。众多世界顶级跨国企业和金融机构将亚太区总部设立在悉尼。

阿联酋迪拜湾区（崛起于 20 世纪 80 年代~21 世纪初）。迪拜市是阿拉伯联合酋长国最大的城市，面积 3980 平方公里，约占全国国土总面积的 5%。人口 226 万人，约占全国人口的 41.9%。与中东地区其他城市不同，迪拜将国际化的现代服务业而非石油开采作为城市支柱产业，实施高度开放的自由港政策，营造国际化的发展空间。1990 年后，迪拜的国内生产总值高速增长，成为中东地区的经济和金融中心，被称为阿联酋的"贸易之都"，集中着阿联酋 70% 左右的非石油贸易。目前，贸易、维修服务、运输等服务业占据迪拜 GDP 的 69%，石油收入仅占 6%。

新加坡滨海湾区（崛起于 21 世纪初）。新加坡是亚洲重要的金融、服务和航运中心之一，是继伦敦、纽约和香港之后的第四大国际金融中心。工业是新加坡经济发展的主导力量，主要包括炼油中心、化工、造船、电子、生物制药和机械等，拥有著名的裕廊工业区。同时，新加坡在绿化和保洁方面的治理出色，素有"花园城市"的美称。新加坡经济发展可以分为 20 世纪 60 年代的劳动密集型，70 年代的经济密集型，80 年代的资本密集型，90 年代的科技密集型以及 21 世纪初的知识密集型 5 个发展阶段。新加坡的崛起在于其能够拓展自身优势，积极融入全球产业分工，享受全球贸易带来的好处。特别是 2000 年亚洲经济危机后，新加坡政府意识到外向型经济的不足，开始逐步调整发展战略。通过调整汇率政策、财政政策，强化本地经济基础设施建设和扶植本地企业等方式，重新焕发新加坡经济，并取得很大成功。

我国三大湾区（崛起于 2010~2050 年）。渤海湾区，或称环渤海地区。狭义上包括辽东半岛、山东半岛、环渤海滨海经济带，同时延伸辐射到山西、辽宁、山东以及内蒙古中东部，约占全国国土面积的 13.31% 和总人口的 22.2%。区域内包括北京、天津、沈阳、大连、太原、济南、青岛、保定、石家庄等多座重要城市。环渤海地区是中国最大的工业密集区，是中国的重工业和化学工业基地，有资源和市场的比较优势。环渤海地区科技力量也非常强大，科技人才优势与资源优势对国际资本具有强大的吸引力。环渤海地区如今已成为中国北方经济发展"引擎"，是继珠江三角洲、长江三角洲之后的中国经济第三个"增长极"。

长江三角洲是长江入海之前的冲积平原，是我国综合实力最强的经济中心、亚太地区重要国际门户、全球重要的先进制造业基地、我国率先跻身世界级城市群聚集地区。狭义的范围北起通扬运河，南抵钱塘江、杭州湾，西至南京以西，东到海边，包括上海市全部、江苏省南部、浙江省的杭嘉湖平原，面积约 5 万平方公里。广义的长江三角洲地区指上海市、江苏省、浙江省和安徽省东部组成的经济圈。长江三角洲城市群已是国际公认的六大世界级城市群之一，并致力于在 2018 年建设成为世界第一大都市圈。

珠江三角洲是西江、北江和东江入海时冲击沉淀而成的一个三角洲，面积大约 5.6 万平方公里。位于广东省中南部，珠江下游，毗邻港澳，与东南亚地区隔海相望，海陆交通便利，被称为中国的"南大门"。珠江三角洲地区是有全球影响力的先进制造业基地和现代服务业基地，南方地区对外开放的门户，我国参与经济全球化的主体区域，全国科技创新与技术研发基地，全国经济发展的重要引擎，辐射带动华南、华中和西南地区发展的龙头，也是我国人口集聚最多、创新能力最强、综合实力最强的三大区域之一，有"南海明珠"之称。

（三）湾区经济的基本特征

从上述湾区经济发展的简史中我们可以总结出，湾区经济是伴随城市原有港口功能的提升而不断延伸拓展、调整优化的，是逐步形成的、辐射范围更广、发展实力更强、对世界影响更大的区域经济。纵观世界发达湾区的发展历程，湾区经济具有以下几个特点。

1. 经济开放

高度开放是湾区经济发展的先决条件和根本优势。首先，湾区经济伴随港口城市不断扩大的货物贸易形成，作为对外开放的门户，在引进国外先进技术、生产方式、直接投资等方面具有先发优势。其次，湾区优先发展的经济，加之具有吸引力的移民政策使得大量外来人口与世界级人才在此长期居住、创业，成为多元文化交流的窗口，形成开放包容的移民文化。最后，湾区的经济结构也是高度开放的。对内对外高度开放的市场经济结构有利于湾区将国内市场和国际市场充分互连互通，要素、商品、服务均可较自由地跨境流动，从而实现优化的资源配置和极高的经济效率。

2. 创新发展

在知识经济条件下，特别是在经济全球化背景下，区域竞争的决定性因素已从廉价资源、劳动力优势转化为科技创新能力优势。湾区经济的核心竞争力正是科技创新。首先，湾区城市在发展中往往迅速完成产业结构的升级与转型，知识经济成为区域经济持续稳定发展的不竭动力，依靠知识的生产、传播和应用，科学技术创新提高了劳动生产率，催生了新兴产业的发展，提高了产业的关联效益，开辟了新的劳动需求与就业渠道。其次，科技创新提高了湾区经济增长的质量和效益，创新不仅使得知识和信息等无形生产要素部分或全部地代替自然资源等有形生产要素，还能促进有形生产要素的循环使用，同时开发出新的生产要素，有利于湾区经济的可持续发展。旧金山湾区是最好代表，其在对外开放中，汇集了最新的信息和人才资源，激发了创新活力，催生了创新机构，涌现出大批创新成果，区域内电子、通信、软件、互联网和多媒体等产业众多，在全球产生重要影响，逐步成为有全球影响力的创新中心。最后，创新又反过来增强了城市发展动力，使得城市在不同发展阶段始终保持领先地位。

3. 宜居宜业

湾区经济崛起的决定性因素之一，是湾区城市较内陆城市更加宜居宜业的环境优势。首先，湾区因靠近海洋、海湾，物产资源丰富、自然生态条件优越。其次，港口城市往往是开放度、包容度较高的城市，城市规划具有超前意识，交通便利，基础设施齐备、设计合理，居住和空间环境优越。最后，高度开放包容的文化与高素质人才在湾区的聚集，使湾区形成了优越的人文社会环境。反过来，这些优势对人才和资金起到强烈的吸引作用，人才的流动为城市注入新的活力，资金的支持促进了湾区经济的繁荣发展。

4. 面向国际

湾区经济的典型特色是高度的国际化。经济上，湾区依托港口城市发展外向型临岸经济，加入国际大循环的经济形态。文化上，湾区注重国际交流，对多国、多民族文化兼容并包，较内陆城市更注重国际语言环境、国际化社区和国际教育环境等的建设。体制机制上，湾区拥有更多的国际通行规则与对外开放政策，以吸引人才、资金进入，催生创新与成果商业化的过程不断发生。在湾区，无论是历史发展进程中的制造业还是逐步形成的现代服务业中心，都力图面向世界，打造国际化的平台与要素汇集中心。

5. 协同集聚

"集聚效应"是指各种产业和经济活动在空间上集中产生的经济效果以及吸引经济活动向一定地区靠近的向心力，是导致城市形成和不断扩大的基本因素。集聚效应的存在，加速了知识的共享和传播，驱动了科学技术的创新，提高了企业间网络关联程度，降低了企业的运输、生产成本，为集群企业带来优势。湾区经济的发展，正是高端要素聚集的过程。一方面，湾区经济的核心城市在对外开放中最先发展壮大，作为国际贸易中心、航运中心和金融中心，物流、信息流、资金流、人流交汇，成为全球要素资源配置的核心节点。当城市发展达到一定规模后，便对周边区域产生外溢效应。另一方面，作为腹地的港口周边城市为谋求自身发展，也会主动承接外溢的相关产业和功能，加之湾区内政府为更大程度地推动区域经济发展，也会主动制定政策法规，由此产生湾区经济的要素集聚与区域协同效应。

二、旧金山湾区创新发展概况

（一）旧金山湾区地理概况

旧金山湾区（San Francisco Bay Area），简称湾区（The Bay Area），是美国加利福尼亚州北部的一个大都会区，位于沙加缅度河下游出海口的旧金山湾四周，其中包括多个大小城市，主要有旧金山半岛上的旧金山、东部的奥克兰以及南部的圣荷西等。旧金山湾区为美国西岸仅次于洛杉矶的最大都会区，总人口数在 700 万以上，该地也是美国人均所得最高的地区之一。

不像其他以单一城市为中心的大都会区，旧金山湾区里有数个独特的城郊中心，包括北湾、东湾、旧金山、半岛和南湾。北湾包含马林县、索诺马县、纳帕县和索拉诺县，除了一小部分地区外，是一个极为富有的地方，其中马林县经常被列为全国最富有的行政区。但北湾的都市化程度弱于湾区其他地方，大部分为未开发的土地与农田。北湾也是湾区里唯一没有通勤铁路服务的地区。东湾广义包括康曲科士达县以及阿拉米达县全境，狭义则泛指两县濒临旧金山湾的城市，包括最北的里奇蒙、奥伯尼、柏克莱、爱莫瑞维尔、奥克兰、阿拉米达、圣利安卓、海沃、联合市、纽华克以及佛利蒙。旧金山市是旧金山湾区长久以来的文化、财经和都市中心，也是湾区的主要人口聚集地。旧金山南湾是硅谷中心地带，主要城市为圣何西、圣克拉拉、桑尼维尔、库泊蒂诺、密必和吉尔罗伊。该区中产和富有家庭的数量因硅谷高科技产业的繁荣而急速成长，且居民的组成十分多样，有很多移民家庭。

图 1.1　旧金山湾区示意图

（二）旧金山湾区经济概况

旧金山湾区的 GDP 达 5350 亿美元，人均 GDP 高达 74815 美元，居于美国之首，也远远超出大多其他发达国家城市，如伦敦（56997 美元），新加坡（43867 美元）等。除纽约外，湾区拥有全美第二多的世界 500 强企业（继纽约、伦敦、东京、首尔和北京之后位居全球第六）与最多的小企业。同时，一些新兴的互联网企业如谷歌（Google）、脸书（Facebook）、推特（Twitter）、YouTube 等公司的总部也在湾区。湾区属外向型经济，在全球贸易中处于领先地位。2013 年，湾区的出口货物总额达到了 542 亿美元，占整个加州出口额的 32%。

1. 湾区的产业构成

湾区的主要产业是高技术服务业、信息产业，以及与旅游业相关的住宿、餐饮服务、娱乐和休闲产业，此外，还有分布在硅谷和半岛的精密仪器设计、研发及制造产业。

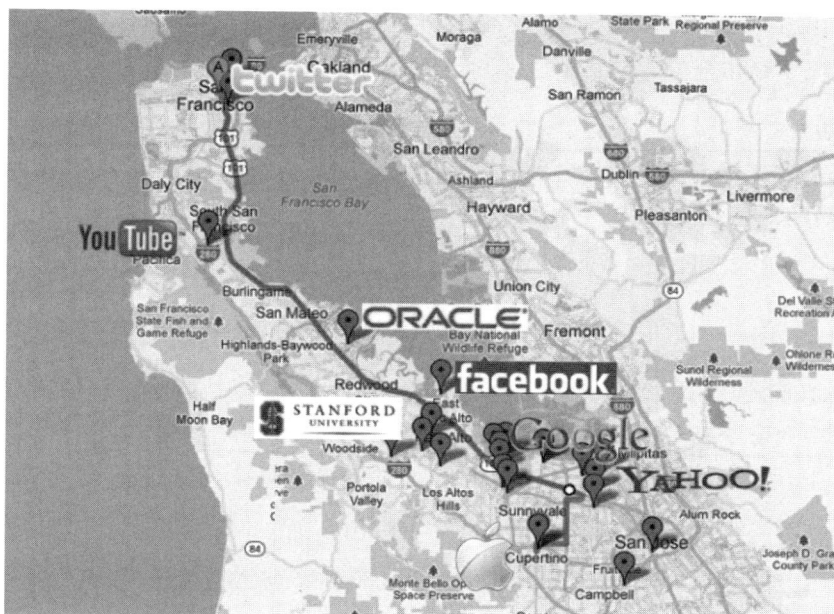

图 1.2　总部位于湾区的著名企业

表 1.1　　旧金山湾区的子区域产业就业比率（与美国整体相比，2011 年）

产业	湾区	东湾	北湾	旧金山	圣何塞
高新技术服务业	2.0	1.5	—	2.5	2.3
信息产业	1.6	—	—	2.0	2.8
其他服务业	1.6	1.6	1.5	2.0	—
住宿餐饮服务	1.1	—	1.3	1.4	—
制造业	1.0	—	—	—	1.9
艺术、娱乐与休闲	1.0	—	—	1.4	—

资料来源：美国劳工统计局；由湾区委员会经济研究所计算所得。

湾区的产业构成是随经济发展变化的，在 20 世纪 80～90 年代，湾区经济的主要驱动力是电脑硬件的研发与制造。到 90 年代末，湾区经济的重心向服务业转化，尤其是互联网相关服务、信息服务业与高技术服务业。非技术领域的服务业包括门诊护理中心和私人家政服务等也相应得到发展。近年来，随着人们对环境以及资源的重视，清洁技术在湾区经济中也开始占据一席之地，而湾区也创造了 11％ 的美国绿色领域就业机会。表 1.2 可以看出湾区经济的产业的变化趋势，总体上服务业特别是现代高技术服务业的比重稳步上升，制造业则明显下降。

表1.2 旧金山湾区各产业就业比率的变化趋势

产业	1990	2000	2003	2011
高新技术服务业	7.8	10.3	9.4	11.8
住宿餐饮服务	7.8	7.7	8.6	9.8
制造业	14.9	13.1	10.9	9.3
信息产业	2.9	4.3	3.8	3.6
其他服务业	4.0	4.0	4.7	5.4
艺术，娱乐与休闲	1.6	1.3	1.5	1.9

资料来源：美国劳工统计局；由湾区委员会经济研究所计算所得。

值得一提的是，虽然制造业的就业份额有所下降，但与美国其他地区相比，其衰落速度较为缓慢。其中，保持较高就业水平的制造业包括电脑和周边的设备及产品、半导体及其他电子元器件产品等。

2. 湾区经济的高科技企业

2011年，旧金山湾区的高科技企业的就业岗位共达到415000个，占湾区经济就业总数的12.5%。表1.3展示了旧金山湾区高科技企业的主要产业分布。

表1.3 旧金山湾区高科技产业分类

北美工业分类系统编码	产业
3254	医药及医药制造业
3341	电脑及周边设备制造业
3342	通信设备制造业
3344	半导体和其他电子元件制造
3345	导航、测量、电子医疗和控制仪表的制造
3364	航空产品和零部件制造
5112	软件出版商
5161	互联网出版和广播
5179	其他电讯

北美工业分类系统编码	产业
5181	互联网服务提供商和网络搜索门户
5182	数据处理、存储及相关服务
5413	建筑、工程和相关服务
5415	计算机系统设计及相关服务
5417	科学研究和开发服务

资料来源：美国劳工统计局。

　　旧金山湾区的高新技术企业不断逐年扩增，其聚集模式也从最初的硅谷聚集逐渐向周边城市扩张。图 1.3 显示了初创企业的选址在 1991 年和 2007 年之间的变化，总体上显示企业聚集从硅谷向周边更广阔的空间扩展的趋势。

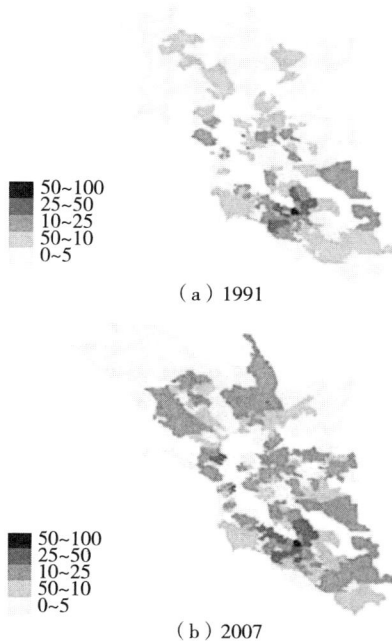

（a）1991

（b）2007

图 1.3　旧金山湾区高新技术企业的地理启动位置

（三）旧金山湾区的创新创业系统概述

创新过程是将创意转化成价值的过程，有着不同的阶段。创新价值链开始于一个基础的或者应用的研究，最终结束于大规模的产品与服务的市场化。在旧金山湾区的创新系统里，这样的创新价值形成过程不仅体现在信息通信技术和网络技术领域，还产生于能源和环境科技、清洁技术、农业技术和生命科学领域。

湾区的创新系统包括一系列复杂的不同角色，包括创业者、公司、大学、国家实验室、资金提供者（天使投资、风险投资和私人资产、银行）、孵化器和加速器、特定的服务提供者（IT、法律、会计、市场策略）、设计公司和政府，等等。这些角色相互作用，通力合作，共同创新。在良好的创新生态中，旧金山湾区在过去 60 年内都被誉为世界创新之都。以专利申请为例，湾区的专利数多年高居全美之首。

表 1.4　　　　　　　　美国各地区专利统计（2010 年）

地区	总专利	每百万人专利	占美国的专利比例数
湾区	16364	2651	15.2
圣地亚哥	2993	967	2.8
洛杉矶	4992	389	4.6
纽约	6383	338	5.9
奥斯汀	2449	1427	2.3
西雅图	4052	1178	3.8
波士顿	4330	951	4.0

资料来源：美国专利与商标局；美国人口普查局；湾区委员会经济研究所和麦肯锡公司。

旧金山湾区多样化且高度进化的创新生态系统取决于三个重要的因素：一是流动性，二是网络效应，三是创新氛围与创新精神。首先，就流动性而言，一个以创新产业为主的地区一定是对移民开放，使人才能够自由迁入、流出的区域。这就要求该区域首先拥有良好的移民政策，并为人才提供优越的集聚空间，使得人才和创意能够跨越地理和组织边界进行混合和交流。其次，当吸引到"全世界的聪明人"来湾区创业、居住后，人才形成的网络就显得尤为重要。这是因为，正式（代理关系、商业关系、行业协会等）和非正式的（各种科技社团、同学会、基于专业、民族或兴趣形成的松散组织等）社交网络系统能为旧金山湾区的企业家、创业者、研究人员提供分享想法、信息和创业经验的渠道，也为人才间互相教育、互相引荐、相互聘用提供机会。此外，网络效应还增加了跨学科创新的可能。与严重依赖单一技术的区域不同，旧金山湾区在专业技术领域极具多样性——从 IT 技术到纳米技术、生物技术、清洁技术和航空航天技术均走在世界前列，而网络效应就能使跨学科的创意尝试和技术结合成为可能。最后，创新氛围的营造与创新精神的培育同样重要。创新氛围是鼓励流动、创造、冒险、接受失败的文化氛围，创新精神是一种欢迎连续的信息和创意交流的心态，这种氛围为人才与技术的交流带来便利，为思想与观点的碰撞创造机会，使交互创新变为可能，营造出区域内浓厚的"创新文化"。

三、旧金山湾区创新发展模式与经验

（一）旧金山湾区创新发展的公共政策支持

旧金山湾区在促进科技产业发展过程中采取的自主创新政策涉及科技投入、税收激励、金融支持、政府采购、引进消化吸收再创新、人才队伍培育、知识产权保护、科技创新基地与平台建设等多个方面，从而为整个创新体系提供保障和支持。其中，政府在企业研发前期提供资金支持和税收减免以促进技术研发，中期提供孵化器以加速科研成果产品化，而在后期则以税收优惠、政府采购等形式推动创新成果产业化发展。下文即以技术研发到产品投产销售为主线，总结探讨旧金山湾区公共政策对高新技术企业创新发展的促进作用。

1. 科技研发阶段：通过资金支持、税收减免、专利保护等措施激发科研创新

在科技研发阶段，旧金山湾区主要从三个方面为科研机构及企业给予

支持：研发前期以科研创新资助和税收减免为主，研发后期以知识产权保护为主。

（1）政府资金提升研发动力。建立在旧金山湾区的研究中心与实验室可以享受到政府的大量资金资助，从而能够专心从事基础研发工作，取得核心领域的技术突破，进而为产业升级与社会发展提供动力。例如，社会利益技术研究中心 CITRIS 就是建立在加州伯克利大学（UC Berkeley）的一所多学科交叉科研机构，该机构与工业界建立了良好的合作伙伴关系，并以知识产权为基础建立起一整套合作机制，合理地分配学校、政府、企业以及个人的利益，从而使其研究成果发挥最大效用。初创时，CITRIS 从加州政府获得 1 亿美元的州立基金支持，并从美国联邦基金和企业捐赠等多个途径获得 1.7 亿美元的配套资金，这些资金的 70% 以上用于研究领域（包括设立鼓励创新的种子基金），以支持能源储备、教育、交通等多方面的研究。后期发展中，CITRIS 的良好运作离不开种子基金、知识产权保护等一系列政策的保驾护航，是典型的政府发起并资助的科研创新机构。

（2）税收减免促进企业参与。除全美通行的税收减免制度外，旧金山湾区还专门为科技创新企业及相关从业人员提供税收优惠政策，极大地鼓舞了企业对科技研发的热情，促进了科研与企业的结合程度，也为高科技人才的吸引与留任提供了优越的条件。1981 年，里根政府通过《经济复兴税收法案》，首次确立了研发税收抵免政策，规定以过去 3 年企业研发有效投入的平均值为研发投入基准值，企业在纳税年度研发活动的有效投入超出基准值的部分，税收抵免 25%；从 1981 年到 2011 年美国施行"研究与实验税收抵免制度"（Research and Experiment Tax Credit，简称 R&E 抵免制度），虽是临时性制度但每次到期前美国都通过法案对其给予延长，经过 14 次修订后更加完善、简化、易于理解与应用；2012 年，美国政府将 R&E 抵免制度永久化并提高 ASC（替代简化抵税法）抵免比率的决定，极大地刺激了美国企业的研发投入。

美国 R&E 税收抵免政策的具体效果主要体现在：一是刺激企业的研发投入；二是极大地减小企业及个人的税收负担，相当于每年近 90 亿美元的税收重新回到纳税企业及纳税人的手中；三是有利于提高研发人员薪酬，一般而言，人工成本占研发成本的 70%，工资税的减免对研发人员形成有效激励机制，促进人才资源的集中。

作为湾区的中心城市，目前旧金山市的税收优惠政策分为以下三个层次：由旧金山市政府颁布实施的工资税减免政策、由加州政府实施的商业税减免政策以及由联邦政府实施的商业税减免政策。此外，旧金山市还将进一步扩大工资税改革规模，用营收税取代工资税，针对属于不同产业、年营业额超过 100 万的公司分别征收 0.1% ~ 0.65% 的税额。旧金山针对新兴技术企业所施行的免税优惠不仅为科技人才创业与技术企业扩张提供了条件，也为旧金山吸引硅谷优势产业奠定了基础，如 Twitter 等新兴科技企业的留驻，使得旧金山逐渐占据硅谷地带的科技中心。

表 1.5 旧金山市内实施的减免税政策

免税政策	内容
旧金山市政府工资税减免	①针对中心街/田德隆区指定免税区域内企业的工资税免征优惠； ②旧金山商业区员工工资税减免优惠（减低特定员工工资税）； ③股权补偿型工资税免征优惠（对企业在 2011 ~ 2017 年间的高于一定阈值的股权补偿型薪金实行免税）； ④针对技术产业（生物技术与清洁技术）工资税减免优惠； ⑤电影产业退税优惠等。
加州政府商业税减免	①雇用新员工抵税政策（从特定人群中雇用新员工代替缴税，有助困难群体就业）； ②企业消费扣税政策（减免企业在业务过程中产生的杂费）； ③创造新岗位抵税政策（鼓励小型企业扩张："在 2009 年以内，任何不在商业区的小型企业，即少于或等于 20 名雇员的企业，每添加一个新工作岗位可以获得 3000 美元的减税优惠"）等。
联邦政府商业税减免	①创造就业机会抵税（此优惠适用于雇佣包括青年、有犯罪前科的人及公共援助项目受益人等合乎条件的群体的雇主）； ②历史建筑物保护抵税优惠（凡选用历史建筑物的建筑为办公地点的企业可获一定抵税）； ③翻新建筑区抵税优惠（凡在指定联邦翻新建筑区选址的企业，可申请工薪抵税、扣税、资本增值税减免及债券融资等相关税收优惠）； ④商业性公司和机构从事研发活动的经费同以前相比有所增加的话，则该公司或机构可获得相当于新增值 20% 的退税，个人从事研发活动享受 20% 的退税。

资料来源：旧金山市政府经济与就业发展办公室。

（3）专利法案通过合理的制度安排激励多层次创新。旧金山湾区在知识产权保护方面使用全美通行法规为知识、技术创新提供保护，完善的知识产权制度极大地鼓励了从个人到大学、研究机构等不同层次的创新与研发。自 1790 年美国第一部专利法颁布后，美国实行了 43 年的注册登记制专利制度。1836 年，美国政府总结以往司法实践，改登记制为审核制，大大提升了专利申请的质量与立法对申请人及申请专利的保护力量。随后专利法又经历了先后 17 次大的修改，直到 2011 年《美国发明法案》生效。新生效的法案，从"先发明制"转为"先申请制"，同时优化了专利申请程序与异议审核机制，加速了科技成果转化的进程，有助于发明者和企业家更快地投入新的创造发明。

美国的专利保护法案除关注效率提升与便利科研成果商业化外，还十分重视对不同层次科研人员及机构的鼓励作用。如 1980 年制定、后被纳入美国法典的《拜杜法案》规定，大学、研究机构、非营利机构和中小企业均拥有利用联邦自主发明的权利，这使得私人部门共享联邦资助科研成果的专利权成为可能，从而产生了促进科研成果转化的强大动力。该法案的成功之处在于通过合理的制度安排，为政、研、产三方合作和政府资助研发成果的商业运用提供了有效的制度激励，由此加快了技术创新成果产业化的步伐，使得美国在全球竞争中能够保持其技术优势，促进经济繁荣。此外，美国政府还会为某一产业单独订立保护法案，依据该行业特点设置相应的条款规则。例如，在信息技术行业，就有《高性能计算机与通信法》和《高性能计算机与高速网络应用法》等法律政策。

2. 成果转化阶段：通过"助推计划"、孵化器、产业园的设置促进科研成果转化

美国政府历来重视科研成果的商业化过程，作为世界创新中心的湾区硅谷更是如此，大量的"助推计划"、企业孵化器、产业园区为小微初创企业提供"创业导师"服务。美国科技成果转化的思想可以追溯到 1945 年，后来随着中小企业，特别是高风险、高收益的科技型中小企业，在经济社会发展中的作用日益凸显，美国政府更加重视其在科技成果转化中的宏观

作用，除制定完备的法律体系外，还出台了一系列政策予以支持。如 1982 年由政府主导实施"小企业创新研究计划"（SBIR），通过招标、评估、资助等三个流程，采用基于中小企业成长路线的三级资助模式，资助中小企业利用联邦政府项目资金开发新技术、新产品和新服务，并鼓励将其创新市场化。

除高额的科研经费支持外，美国政府还设立专门机构以促进科技成果转化，包括商务部及其下属的科技管理机构，如美国国家专利局、美国标准和技术研究院、国家技术信息服务中心及国家电信与信息管理局等。美国的主要公立科技成果转化机构是国家技术转让中心（NTTC）和联邦实验室技术转移联合体，其中 NTTC 提供的主要服务包括商业咨询、网络信息、发行出版物、提供专题培训等。

此外，产业园区的建设也大大促进了创新产业的发展。例如 1951 年以斯坦福大学为中心建立起来的"硅谷"，作为世界电子技术领头羊和风险资金集结地，其为创业者们提供了技术、信息和资金等多方保障，是世界范围内创新生态系统的成功典范，构成要素包括完善的法律、财务和咨询服务等专业化的商务服务体系、健全的政策支持体系、高效的产学研模式、开放的人才流动体系、良好的创新创业氛围、丰富的风险投资资金等。

具体到企业层面，科技企业孵化器也加速了科技成果的转化。世界第一家企业孵化器是 1956 年美国人约瑟夫·曼库索在美国的贝特维亚建立的。美国科技企业孵化器可分为四种类型：第一类由地方政府或非营利组织主办，约占孵化器总数的 51%；第二类由大学和研究机构主办，约占孵化器总数的 18%；第三类由私营企业主办，约占孵化器总数的 22%；第四类是公私合营的孵化器，由政府、非营利机构和私人合股兴办，约占孵化器总数的 9%。美国孵化器最大的特点是通过立法来启动孵化器发展计划，确保政府对孵化器的创建和资金的投入。

位于旧金山湾区的硅谷是企业孵化器的天堂，有近百家企业孵化器集中在这里。旧金山湾区的企业孵化器具有以下两个特点：一是规模较小，在孵企业少，但往往更注重对创业企业提供全过程、跟踪式的服务，具体包括发展与战略计划制定、法律、税务、种子投资、技术实施过程咨询、管理团队建设、技术转移、知识产权与专利等增值软件服务，这对初建企业的成长起到关键性的扶助作用，比如硅谷圣何塞生物孵化器可以帮助企业申请各项专业许可证等；二是提供网络化服务平台，由于孵化器的管理人员和能力有限，通常以网络的形式吸引社会各界（包括政府、投资、中介服务以及企业）的参与，例如硅谷的软件开发论坛，凭借硅谷软件企业的集中优势已成为全球最大的地区性软件企业网络组织，大企业和小企业均能从该网络中获益。

3. 产品市场化阶段：政府采购、企业团购等多种模式助力创新产品市场化过程

在新技术及新产品的市场化进程中，政府采购成为政策引导和支持创新的重点，通过拉动需求为新产品的推广助力。20 世纪 40～60 年代，美国以航天工业和电子工业为代表的新兴产业的最大顾客便是政府，大量的"政府采购"激励了高技术成果的转化及其商品化和产业化过程，直接导致"硅谷"和"128 号公路高技术产业带"（东部波士顿地区）的迅速崛起。在硅谷大发展时期，政府采购一直是高技术产业发展的主要动力之一，使得电子和信息产业市场每年以 15% 左右的速度增长。

近年来，除传统的政府采购外，旧金山湾区还探索出创新性的商业模式，帮助新技术产品市场化的推进。例如 2011 年 7 月，在美国国家可再生能源部太阳能城市计划以及美国能源部 "solar@ work" 政策的提议下，旧金山政府出台一项名为 "solar@ work" 阳光计划的新政策，该政策旨在向海湾地区企业提供一种组团购买模式，被视为一套极具竞争力的融资方案，其中包括可以消除太阳能前期费用的经营性租赁方式，降低中小企业光伏发电成本、增加光伏使用率，满足了旧金山地区 100% 可再生能源电力需求。作为一种群体折扣的模式，越多的公司签约，整个购买群体的价格就越低，所有的参与者均可享受到预先商定的某个折扣，费用比从电网购电低廉，从而为中小企业节省大量资金。

（二）旧金山湾区创新发展的科技金融支撑体系

创新发展离不开科技和金融的支持。科技金融是推进科技和金融全面结合、促进科技开发、推动自主创新、加速科技成果转化、培育高新技术产业和改造传统产业的根本手段。科技金融的手段是综合且多样的，通过金融制度、金融工具和金融政策的不断创新，向科技创新活动提供全方位、多层次的金融融资服务。科技金融的参与主体包括需求方和供给方两大部分，需求方主要由高新技术企业、科研机构、政府以及个人，供给方则由金融机构、政府和个人组成。

美国旧金山湾区的高新技术产业十分发达，并具备完善的科技金融体系和科技金融支持创新发展的政策，形成了以资本市场为中心、以商业银行信贷支持为有效补充、以政府政策引导为辅的多元化科技金融支撑体系，极大地促进了旧金山湾区产业集群的发展，特别是硅谷地区高新产业的技术创新，带动了当地高新技术产业的迅速崛起。首先，美国多层次的资本市场为旧金山湾区科技创新提供了高效的支持，主板市场、纳斯达克市场、三板市场和私募股票市场共同构建的市场体系成熟发达，对科技企业走向成熟发展提供了强力的资本支持。其次，美国的债券市场十分发达，发行债券也是企业融资的重要形式。美国相对宽松灵活的债券发行条件为企业融资提供了更多的融资选择。此外，政府的支持和间接引导作用功不可没，如政府不仅出资直接建立了政策性创业风险投资基金和投资公司，还对民营企业风险投资公司对企业的股权投资的损失进行了分担，给予贴息。

1. 健全的资本市场体系助力科技金融孵化发展

高新技术产业的发展不仅需要技术创新的大力支持，更离不开资本集聚的保障。资本市场的繁荣对高新技术的开发及成果产业化促进作用明显。

（1）发达的风险投资为创新发展提供强大动力。风险投资是高新技术产业发展的强大推动力，资本的顺利流动是风险投资保持活力的基础保障。伴随着资本市场不断发展的是高风险、高收益的风险投资行业。从 1995 年开始，风险投资对旧金山湾区发展的作用日趋增大。从 1995 年到 2011 年，旧金山湾区的年度风险投资从 4.53 亿增长至 30 亿美元，这个增长量达到了 660% 左右，远远超过了同期47%的通胀率。

　　旧金山湾区是美国乃至世界风险投资行业最发达的地区，拥有着 1000 多家风险投资公司和 2000 多家中介服务机构，风险投资规模占美国风险投资额的 1/3。截至目前，已经有 200 多家风险投资支持的硅谷公司在纳斯达克上市，其中包括闻名全球的 IT 企业，如英特尔、苹果、思科、谷歌和惠普等。从表 1.6 和表 1.7 所示的"美国风险投资总额"和"风险投资成交数量"分别可以看出，近十年来硅谷地区的风险投资发展规模远远领于美国其他地区和城市。"硅谷"已成为高科技与风险投资完美结合的典范。

表 1.6　　　　　　　美国风险投资地区分布 （2004～2013 年）　　　　单位：百万美元

地区	2004	2005	2006	2007	2008	2009	2010	2011	2012	2013
硅谷	8021.20	8133.60	9806.90	11610.00	11551.30	8263.40	9436.20	12037.20	11237.60	12225.70
新英格兰	3359.70	2969.90	3319.20	4004.10	3754.80	2603.70	2577.90	3344.50	3391.60	3307.70
纽约	1635.70	1972.70	2172.10	1936.20	2169.70	1748.90	1872.80	2862.50	2366.90	3194.70
洛杉矶	1319.80	1506.10	1898.70	1925.30	2041.40	1080.90	1687.80	2076.70	2092.50	1748.20
华盛顿	1086.60	1208.30	1356.30	1423.70	1167.90	684.30	973.90	1014.00	756.80	1545.90
德克萨斯	1212.30	1170.70	1518.20	1493.80	1127.70	678.20	1079.40	1622.40	948.90	1315.50

资料来源：National Venture Capital AssociationYearbook 2014.

表 1.7　　　　　美国风险投资成交数地区分布 （2004～2013 年）

地区	2004	2005	2006	2007	2008	2009	2010	2011	2012	2013
硅谷	970.00	1006.00	1235.00	1311.00	1300.00	997.00	1108.00	1269.00	1225.00	1257.00
纽约	226.00	191.00	295.00	299.00	343.00	285.00	387.00	424.00	411.00	446.00
新英格兰	430.00	441.00	458.00	524.00	508.00	388.00	414.00	457.00	466.00	418.00
中西部	178.00	181.00	228.00	271.00	304.00	250.00	277.00	316.00	311.00	416.00
洛杉矶	151.00	177.00	219.00	236.00	245.00	177.00	228.00	233.00	268.00	253.00
东南部	244.00	198.00	235.00	247.00	230.00	158.00	215.00	209.00	172.00	211.00
华盛顿	187.00	221.00	218.00	221.00	210.00	138.00	154.00	167.00	166.00	171.00
西北部	148.00	159.00	182.00	217.00	201.00	128.00	156.00	165.00	154.00	165.00
德克萨斯	176.00	181.00	201.00	188.00	162.00	126.00	168.00	172.00	163.00	154.00

资料来源：National Venture Capital AssociationYearbook 2014.

硅谷地区风险投资发展特点显著，示范作用十分明显。

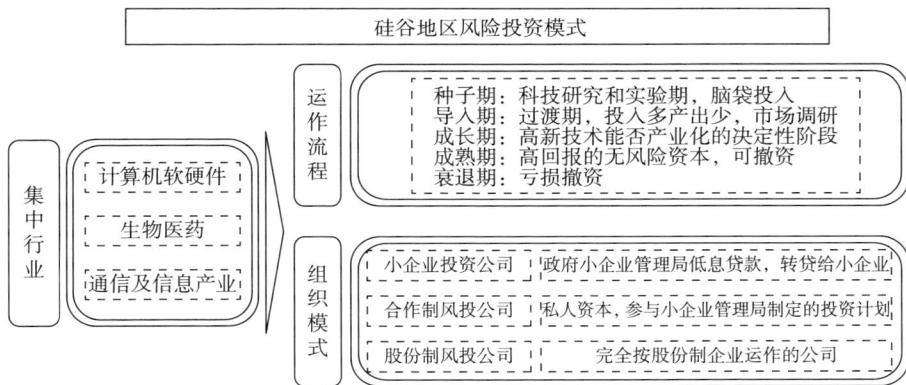

图 1.4　硅谷地区风险投资模式图

从集中行业上看，风险投资的投资对象集中于高科技行业，计算机软硬件、生物医药和信息产业等占比重一直高达 90% 或以上。从投资阶段上看，创新企业的导入期和成长期是大多数风险投资集中关注的阶段，充足的资金来源正好满足了处于这两个阶段的创新型中小企业融资需求。风险投资的孵化器功能得到了充分体现。从退出机制上看，美国纳斯达克市场的建立为风险投资提供了畅通的退出机制，为资本的顺利退出保驾护航，吸引了更多投资者进入风险投资活动中来。

从风险投资的组织形式上看，多元化的特点明显，主要包括四大类别。小企业投资公司可从政府的小企业管理局获得低息贷款，然后再转贷给小企业；合作制的风险投资公司虽不能从政府获得优惠贷款，但可以部分地参与小企业管理局制定的投资计划；股份制的风险投资公司则是完全按股份制企业运作的公司。在硅谷，上述三类公司的风险投资额占全国风险资本总额的 70% 以上。此外，大集团内部的风险投资公司或大公司内部的风险投资部也是风险投资组织形式的一种代表，其来源主要是本公司的发展基金或科技开发经费。虽然风险投资的组织形式呈现多样化，但美国 80%以上的创业投资基金采用有限合伙制。在有限合伙制下，风险投资基金管理机构更多地是以知识、技能和管理经验入伙和享受投资收益，而机构、企业以及风险承受能力较强的富裕家庭则提供风险投资资本，实现了风险投资行业资本来源的多元化和经营管理的专业化，并建立了良好的激励约束机制，促进了风险投资行业的长足发展。另外，《股票期权激励法》允许创业企业和创业投资基金以股票期权作为酬金，创业家和创业资本家的收入如果是股票期权，课税期限将被推迟到股票出售之后。

从风险投资的结构来源上看，其资金来源渠道广泛。硅谷地区得到了大量民间资本的支持，其80%以上的风险基金来源于私人的独立基金，主要来源包括以下几种类型：一是富有的个人资本，这部分资本相当一部分投到早期风险企业；二是机构投资者资金，包括退休养老基金、大学后备基金和非营利基金会等；三是大公司资本，出于战略考虑，大公司常投资于与自己战略利益有关的风险企业，以合资或联营的方式注资；四是私募证券基金，私募证券基金通常将一部分资金投资于接近成熟的风险企业，以期得到高额回报；五是共同基金，因受政府管制，共同基金一般不投资于上市前的风险企业，但某些投资于高科技产业共同基金允许将少量资金，一般不超过基金总额的1%～2%，投入变现性较高的风险企业，尤其是即将上市的企业。

风险投资机制最大的优势在于使金融资源的配置以效益机制为导向，竞争性地将储蓄分配于不同收益率的投资之间，使资金按照经济原则高效流动调整资源配置状态，改进投资效益和要素生产率，推动经济结构的调整。基于以上特点，风险投资向具有技术创新潜力的企业及时提供资金恰好弥补了传统资金渠道的约束，特别是对于初创期的高新技术企业。而实践中，二战之后95%的科技发展与创新来自风险企业，整个美国90%的高科技企业是按照风险资本模式发展起来的。据美国风投协会的研究数据显示，风投对美国经济贡献的投入产出比为1∶11，其对于技术创新的贡献，是常规经济政策的3倍。

（2）完备的资本市场体系为创新发展保驾护航。美国的风险资本市场模式是以证券市场为中心、主要通过IPO和协议转让的退出方式实现资本的退出，该模式使得风险投资的退出渠道更加通畅无阻。美国拥有成熟的多层次资本市场体系，主要包括主板市场、二板市场和场外交易市场等构成。其中，作为美国资本市场的第一层级，二板市场（纳斯达克股票市场）主要面向成长性企业，在上市标准和上市费用方面的要求相比于纽交所市场都较低，加上其采用的竞争性的"做市商制度"，使得更多的风险项目可以通过 IPO 方式完成股本退出，从而有效提高了整个资本市场的效率以及流动性。同时，定位于全球性蓝筹股市场的主板市场（纽交所）也起到了很好的补充作用。此外，处于资本市场第二层级的"美国公开市场报价系统"、第三层级的"地方性柜台交易市场"和第四层级的"私募股权股票交易市场"共同组成了完备的资本市场系统，分别为规模大小各异、发展阶段不同的高新技术企业融资提供了强大的市场支撑和资金支持。总之，美国的风投退出机制相对完善，以 IPO、M&A、回购和清算等多元化的退出渠道为风险资本的顺利退出提供了极为便利的条件。

2. 多层次的商业银行体系实现科技与金融的无缝衔接

在旧金山湾区的科技融资体系中，以银行业为主导的间接融资模式对科技型创新企业的融资活动提供了有力保障。专业银行和大型银行在提供资金给年轻公司方面同样扮演着重要的作用。在湾区有着众多有丰富的支持小微企业的经验的专业银行，积累了丰富的创业商业模式和有关中小企业的需求知识，更好地服务中小企业，特别是高新技术产业。其中，硅谷银行模式和社区银行模式特征鲜明，与高新技术企业融资发展紧密相连，是科技金融探索之路的成功典范。此外，完善的融资风险分担体系也为创新企业解决融资问题提供了有效途径和积极支持。

（1）硅谷银行模式。作为美国最成功的科技商业银行，硅谷银行占据了美国创业风险贷款的大部分市场份额，科技银行已成为硅谷银行的专属名称，极大地促进了金融系统对湾区高新技术产业的信贷支持。硅谷银行的业务创新能力较一般银行更强，特别体现在以下三个方面：硅谷银行开创了创新型合作模式，与大量创投企业建立了紧密的合作关系，二者所编制的强大关系网络使其业务创新能力能够充分发挥；突破了投资模式的限制，如传统的债权式投资和股权式投资；创新了风险控制模式，在多元风险控制中将创业投资和一般业务进行隔离，对各项目进行组合投资。

表1.8　　　　　　　　　　美国硅谷银行模式特点

硅谷银行模式分析	合作模式	创新性地与大量创投企业建立紧密的合作关系
	投资模式	突破传统的债权式投资和股权式投资 利用强大关系网络
	风险控制模式	多元风险控制 将创业投资和一般业务进行隔离 组合投资
	盈利模式	利息 + 股权/期权

硅谷银行模式成功的因素主要包括以下几点。

①创新性地采用"利息 + 股权/期权"的盈利模式。硅谷银行在为初创阶段的企业提供信贷服务的同时会商议协定某些附带条件，如获取该企业股权或期权投资的条件，从而顺利获得科技型中小企业的股权/期权。这样做不仅可以使硅谷银行保持稳定的利息收入，还有可能获得大量额外的收入，保证银行未来的收益。一旦公司成功上市或股票升值，就能给硅谷银行带来巨大的收益。数据显示，目前硅谷银行约85%的收入来自信贷活动，另外15%则来源于投资收益。

②锁定服务目标于有风险投资支持的特定领域高科技企业。虽然投资于特定领域的小微科技企业风险大，但这些企业具备高成长性，银行在承担融资高风险的同时能分享到企业未来高成长的收益。同时，为了有效降低风险，硅谷银行将服务目标锁定在有风险投资支持的公司。此外，硅谷银行会与客户签订协议，要求以技术专利作抵押担保，根据协议，如果不能还贷，公司的技术专利将归银行所有；如果公司难以为继，在技术专利出售后，所得款项也要首先归还硅谷银行的贷款，然后才轮到风险投资公司。因此，这个协议也起到了迫使风险投资公司必须与硅谷银行合作的作用。

③与风险投资机构保持融洽且密切的合作关系。硅谷银行是硅谷200多家风险投资基金的股东或合伙人，同时为风险投资机构和其所投资的企业

提供直接的银行服务。加强与创业风险投资机构的紧密合作可以提高评估科技贷款风险的能力，提高项目选择和评估能力，为银行融资过滤和分散风险，从而保持较好的资产质量。硅谷银行与风险投资机构共同编织了一个强大的关系网络，促进各方开展并推进更深层的合作。

④建立专家服务团队提高服务质量，开展适应高科技企业特点的知识产权质押贷款业务。针对早期阶段高科技企业缺乏固定资产、专利多的特点，硅谷银行开展了知识产权质押贷款业务。独特的产品设计理念和风险控制措施引导着硅谷银行积极进行了多项业务创新探索：选择 VC 支持过的科技企业发放贷款；发放贷款时签订第一位受偿顺序条款；以企业的知识产权作为质押，降低企业违约贷款的风险；重点关注贷款企业的现金流等。

（2）社区银行模式。美国社区银行的发展始于 19 世纪，至今已经有 100 多年的历史。在这一个多世纪里，社区银行以其独特的经营方式存续并发展壮大，这些资产规模占比不到 20% 的社区银行提供了全美超过 60% 的企业及农场的小额贷款，在美国银行体系占据着重要的地位。相关资料显示，在美国，资产规模在 5 亿美元以下的银行（大多是社区银行）对中小企业的贷款占其总资产的比重达到 10% 以上，占其贷款的比重达到 50% ~ 80%；而资产规模在 100 亿美元以上的大银行的上述比例分别为 2.3% 和 15.6%。有资料表明，大银行的贷款多集中于规模较大的中型企业，对小型和微型企业的贷款主要是由社区银行来满足。

富国银行是美国社区银行的一个典型代表，目前拥有超过 6600 家的社区银行分店，专注为所在区域的个人客户及年销售额 2000 万美元以下的小微企业主提供包括融资服务、储蓄业务，以及为高净值客户提供包括资产管理、保险、经纪业务等在内的金融产品及服务。作为三大主要业务条线之一，近 10 年来，社区银行业务贡献了富国银行的超过 50% 利润，部分年份甚至超过 70%。

表 1. 9   美国社区银行模式特点

社区银行模式分析	客户定位	差异化 特定社区的居民、中小企业和农户
	关系型模式	银行依靠所在区域社会、地缘、人际信任关系等网络对客户信用进行评判 保持高净息差的同时维持较低的坏账率
	业务模式	专注小微信贷业务
	组织模式	较小规模，扁平化发展
	收费模式	低廉，比大型银行低 15% 左右

美国社区银行的经营模式特征明显，对中小企业快速获得融资支持的促进作用明显，其成功的原因可概括为以下几个方面。

首先，在服务对象的选择上，社区银行将目标锁定为特定社区的居民、中小企业和农户。客户定位的差异化使得社区银行自身形成了独特的竞争优势，专注于不被大型银行重视的中小企业与居民用户，一方面可以塑造其服务社区的专业性业务形象，另一方面也是对大型银行缺失业务的有效补充。

其次，"关系型贷款"技术使得社区银行能够依靠所在区域的社会、地缘、人际信任关系等网络对客户信用进行评判，从而在保持高净息差的同时维持较低的坏账率。此外，人缘和地缘优势使得社区银行能够具备丰富的社区知识，从而可以为服务对象提供更为人性化和个性化的服务。

再次，专注小微信贷业务是社区银行业务的重要特点。以富国银行为例，凭借其明确的小微业务定位，富国银行小微信贷业务规模连续十一年位居美国银行业首位。针对规模小、盈利能力不足、经营规范程度不够的小微企业，富国银行"企业通"小微业务模式，极大方便和促进了小微企业获取银行融资的速率。

最后，费用低廉、运营成本较低是社区银行另一大特点。数据表明，美国社区银行在支票等服务的收费要比大型银行低 15% 左右。较小的规模、扁平的组织结构和灵活的管理机制，社区居民和企业对存款利率的低敏感度都使得社区银行服务费用相对低廉。

（3）知识产权质押融资模式。知识产权质押融资是科技与金融创新结合发展的产物，该模式在美国高新技术产业中广泛运用，实现了将资金集聚至技术创新领域，满足了创新创业类科技企业的融资需求，促进了高新技术创新产业的发展。作为发展成熟的知识产权质押融资运作体系，美国已从政府引导转型为完全市场化的现代模式。在市场上，商业银行或其他金融机构与一大批围绕知识产权质押融资服务的专业机构合作（如美国M·CAM公司），共同提供知识产权质押融资服务，而政府扮演的角色则是相关金融环境的建设，不直接参与项目融资。

美国的知识产权质押融资主要包括以下两种模式。一是美国小企业管理局提供融资担保，促使更多地商业银行愿意开展知识产权质押贷款业务，通过"穿针引线"的作用使得众多中小科技型企业获得了贷款的机会。现今，知识产权质押贷款已经成为美国现代商业银行和其他商业借贷者（主要是贷款公司）的一项基本业务。与传统银行业务相比，知识产权质押贷款更加重视出质知识产权本身的担保价值，通过控制出质知识产权来控制相应的风险。二是由美国M·CAM公司在2000年所推出的保证资产收购价格机制，是一种创新的知识产权质押融资的方式。该公司向金融机构保证以一定的价格，通常为无形资产评估值的75%左右，收购用作质押的知识产权，从而解决了金融机构将来处置知识产权质物时面临风险的问题，对企业所提供的知识产权给予极大的信用加强。

3. 高效的政府金融政策促进科技金融快速成长

政府的金融支持主要体现在直接或间接的扶持性政策上，通过直接经费资助、税收优惠、信贷支持和政策法规等实现政府在科技金融体系中的支持作用。具体包括以下方面。

（1）提供多样化政府优惠贷款。政府试图通过推行小型企业投资公司制度（SBIC）来提高政府对风险投资的参与行为，目的在于引导民间资本投资于小企业。首先，1958年美国颁布《小型企业投资法案》从税收、融资以及贴息贷款等方面进行激励。根据法案，美国政府规定国家科学基金会与国家研究发展经费的 10% 要用于支撑小企业的技术开发，因而设立了专项"小企业风险研究基金"，向风险投资者和科技企业提供无偿资助。其次，美国在 1982 年通过的《小企业发展法》修正案规定：年度 R&D 经费超过 1 亿美元联邦政府部门，必须依法实施"小企业创新研究计划"（SBIC），每年拨出法定比例的 R&D 经费（最大比例为 1.25%）支持小企业开展技术创新活动。此外，中小企业资金援助制度的建立也成效显著。美国成立了隶属于联邦政府的独立机构——小企业管理局，其主要贷款形式包括直接贷款、协调贷款和担保贷款等三种。美国小企业管理局实际起到了"最后贷款人"的作用，是推动金融机构向小企业融资的重要制度保障。除了发挥"最后贷款人"作用外，小企业管理局对小企业融资的促进还体现在督促商业金融机构执行与小企业融资有关的法律，如《公平信贷机会法》、《社区再投资法》以及美联储的实施细则《BB 条例》。

（2）降低风险资本盈利税率。为了加快风险投资的发展，美国政府制定了一系列的投资收益税率政策。1978 年，通过《赋税法》美国政府将风险资本盈利税率从 49% 降低到 28%，1981 年《经济复兴税法》又从 28% 降低到 20%，大幅降低了风险投资行业的税负。1982 年的税改中实行加速折旧和投资税收抵免等措施，1997 年，又颁布了《投资收益税降低法案》，进一步降低投资收益税。多年来，美国一直通过这些直接或间接税收优惠，引导和繁荣风险投资市场。

（3）加强立法与管理的职能。在风险投资过程中，投资者、资本经营者和风险企业均有较大的风险，各自的行为规则与风险资本市场稳定、企业与个人利益息息相关。因此，美国成立了国家风险投资协会（NVCA），制定了有关法规，除了加强行业管理，规范风险投资行为外，还为交流投资信息、进行人员培训、组织联合投资、改善投资环境、拓宽资金来源和投资渠道等提供多方位的服务。

（三）旧金山湾区创新发展的高等教育机构支持

1. 旧金山湾区高等教育机构在区域发展中的作用

旧金山湾区的大学有着完善的层次结构、多元的学科设置、顶级的学科排名、杰出的研究能力，发挥着人力保障、促进创新的作用，是带动区域发展的重要力量。

（1）人力资源基地。旧金山湾区的大学在整个湾区经济上发挥着重要的人力资源基地的作用，它包括三个层次的高等教育系统，即高水平的研究型大学，一般的州立大学以及湾区的社区大学。

加州的高水平研究型大学有加州大学伯克利分校、加州大学戴维斯分校、加州大学圣克鲁斯分校、加州大学旧金山分校和斯坦福大学，这些著名学府共有 10 万左右的在校本科生、硕士生以及博士生，它们的学科设置完善，很多专业都在美国乃至世界位列前茅，这些著名的学府为湾区经济系统培养了大批的不同学科的人才，构成了湾区创新体系的人力资源基地的核心系统。

加州州立大学教育系统包括加州州立大学各分校、旧金山州立大学、圣何塞州立大学、索诺玛州立大学等。根据 1960 年加州高等教育总规划，加州州立大学只允许授予学士以及硕士学位，因此它是湾区创新系统中学士和硕士级别的工程师的主要来源之一，这个中间层的人才在满足博士学历以下技术型劳动力需求方面起到了至关重要的作用。加州州立大学系统目前每年授予将近 9 万个学位，自 1961 年成立以来，它已经授予了 250 万个学位。

加州社区学院包括柏克莱城市学院、拉诺社区学院等 26 所学院，是加州大学和加州州立大学人才培育的重要补充。社区学院通过为产业提供技术工人，为未就业以及需要技术更新的工人提供过渡性的技术培训，提供接受过专业技术训练的技术工人来满足那些特定行业的劳动力需求，极大地促进了湾区人力资源的技术更新。

总体而言，由斯坦福大学、加州大学4所分校、5所加州州立大学以及26所社区学院构成了湾区集聚的不同层次的大学体系。这种多层次的大学体系为湾区的经济发展提供了源源不断的人才供给，保障了湾区经济的繁荣发展。

（2）技术研究基地。湾区的大学是整个湾区的技术研究基地。这些技术研究基地主要集中在高水平研究性大学和加州州立大学之中。作为技术研究基地，湾区大学的技术研究兼顾基础性和应用性，在湾区的技术创新、带动区域经济创新发展中发挥着重要的作用。

首先，湾区的大学在硅谷的技术发展上做出了重要的贡献。加州大学伯克利分校的电气工程与计算机部门帮助创立和发展一系列对硅谷有实质性贡献的技术；斯坦福大学的许多研究实验室和研究机构如汉森物理实验室、材料与能源科学研究所等与硅谷也有着密切联系。

其次，湾区的大学在其他产业和本地的地区发展中贡献了技术力量。加州大学戴维斯分校是全国领先的农业研究中心，同时它还在加州的酒类行业中扮演中重要角色；由加州州立大学员工、科学家以及学生组成的加州州立大学海洋事务科学和技术咨询委员会主要来解决加州的关键海洋和沿海问题。

再次，湾区的大学与企业以及其他区域的大学进行联合以提高产业技术的研究效率。加州大学戴维斯分校通过联合生物能源实验室与企业如雪佛兰、安捷伦等建立了广泛的研究关系。加州大学伯克利分校与新加坡南洋理工大学等建立了全球的研究伙伴关系。

最后，湾区的大学还可以带动周边区域的在其所具有优势的产业的发展。旧金山市成功地利用加州大学旧金山分校的天使湾社区将生物技术和制药公司从2004年的1家发展到了2010年的56家，而这些公司大多数位于天使湾。

湾区的大学还成立了联合的实验室来进行技术的研究和开发。这些联合的实验室可以利用所在大学的优势进行优势互补，进行单个大学难以完成的基础和应用研究，从而推动整个产业的发展。由加州大学旧金山分校、伯克利分校、圣克鲁斯分校共同创办的美国数量生物医学研究会综合运用物理、化学和计算机学科等方面的知识来发展生物科学，研究领域主要集中在基础的生物科学，但同时也着眼于应用生物技术的研究；由加州大学伯克利分校、戴维斯分校、默塞德分校、圣克鲁兹分校等联合创立的公共利益信息技术研究中心主要集中于服务大众的信息技术解决方案，同时也致力于缩短基础研究和商业化之间的通道。

湾区的大学能发挥其作为技术基地的作用，与政府充足的资金投入有着密切的关系。充足的资金支持是大学进行技术研究的必要保障，这些资金将被用于建设研究中心、实验室设备的购置与更新以及实验室研究人员的薪酬等方面。政府划拨了大量经费来对大学进行直接或间接资助进行技术研究，在促进大学作为技术研究基地上发挥了重要作用。斯坦福大学的研究和开发项目曾直接受益于政府在朝鲜战争以及太空竞赛中不断增长的军费开支。正是通过与政府签订合同，并在政府资助下建立研究中心，斯坦福大学与政府关系良性循环，促进了斯坦福大学的不断发展。在 2013 年，斯坦福获得的资助资金为 12 亿美元，其中 82% 来自于政府的直接和间接资助。

2. 旧金山湾区高等教育机构服务产业及当地经济的运行机制

斯坦福大学是硅谷的心脏，它服务产业以及当地经济的成功经验最具有典型性和代表性，主要涉及以下几个方面：第一是创新人才的培养；第二是进行技术转移，包括技术授权和大学衍生企业；第三是与产业界的多种形态互动。

（1）创新人才培养。斯坦福大学对于旧金山湾区很重要的一个贡献就是它的毕业生创立了很多高科技企业，这其中包括安捷伦科技、思科、谷歌、惠普、特斯拉、雅虎等著名科技企业，能够诞生出这么多创业人才显然与斯坦福大学实行的创新人才培养方案有着密切的联系。

斯坦福大学在创新人才培养上以创新课程为主体，辅之以实践类和学术研讨类的创业教育活动来提高学生的创新创业意识，发展他们的创业技能以服务湾区经济。斯坦福大学的创新创业课程主要由商学院和工学院来开设。斯坦福商学院于 1996 年发起成立了创业研究中心，整合商学院已有的创业课程和研究资源，这成为斯坦福商学院后续成立的研究中心的参考模板。目前，斯坦福商学院创业研究中心已经开发了 21 门创业学科领域的课程。斯坦福工学院的技术创业项目的目标是促进高技术创业教育，它为不同层次的同学开设了相应的课程来培养工程师和科学家的创业技能。斯坦福大学创业教育方面的课程特点非常鲜明：理论与实践紧密结合，学院与业界良性互动。一些课程会由正式的教授和丰富创业和企业管理经验的客座教授来共同讲授，同时还会聘期业界资深人士为学生担任指导顾问。

在实践创业教育方面，斯坦福大学的不同创业组织每年都会为学生组织不同的创业竞赛活动，竞赛的目的是让学生在斯坦福大学相关机构资助的活动中充分发挥自身创意和活力。在学术研讨教育方面，斯坦福创业教育组织每年都会举行与创业相关的学术研讨会活动，这些活动不仅促进了斯坦福大学教师与研究人员的创业教育科研，也为学生提供良好的学习平台，使得学生能够接触到各行各业的创业人士，扩大视野。

斯坦福大学的创业人才培养方案不仅激发学生的创业热情和提高他们的创业技能，同时也帮助学生与当地的创业者保持联系，使他们可以得到当地创业者的指导，更好地明确创业方向，提高创业的成功率。

（2）技术转让。斯坦福的技术转移方式主要有技术授权和大学衍生企业两种。斯坦福大学设置了技术授权办公室来帮助科学的研究成果变成有形产品，同时取得一定的收入给发明者以及斯坦福大学来支持进一步的研究工作。技术授权办公室在如下三方面提高了技术授权的成功率，为研究成果顺利地商业化做出了贡献。

第一，技术授权办公室雇用了既有技术背景，又懂法律、经济管理和擅长谈判的工作人员作为技术经理来负责专利营销和专利许可谈判，这些具有复合能力的专业人员可以透彻地理解专利，而且运用他们的商业运作技巧为专利寻找到合适的授权企业。

第二，技术授权办公室出资孵化师生的技术，使之成为初步成型的技术来提高技术授权的效率。主要有三种技术授权办公室的孵化资金来分别资助不同阶段的技术：支持具有创新性的研究想法而设立的基金研究激励基金；资助已初步成型但尚未许可的鸟饵基金；资助那些有商业前景但较难许可的缺口基金。技术授权办公室对每项技术的资助额不大，但如果一项技术确有巨大的商业价值，而企业和风险资本不愿冒风险时，技术授权办公室会加大孵化该项技术的力度。

第三，技术授权办公室规定了授权流程，明确地规定了技术授权的步骤及利益分享的方式，极大地提高了技术授权的成功率。对于发明者来说，技术授权流程设计如下步骤：首先是发明披露，发明者填写披露表格给技术授权办公室；然后是技术和商业评估，技术经理将会与发明者一起评估发明的商业前景，如果发明被认可，要开发一个初步的许可策略；再次是在上述信息的基础上，技术经理会决定是否申请一个专利；最后是市场化和许可协议，在决定许可的同时，技术经理会就这个专利进行谈判和签署许可协议，被许可者在许可周期被要求披露周期性的财务报告和发展报告来被进行监督。在利益分享上，技术授权办公室接受所有的版权费用然后在扣除 15% 的费用作为运营费用后，将其 1/3 的比例平均分配给发明者、其所在的部门和学校本身。

斯坦福大学的技术授权的服务流程极大地便利了发明者，使得发明者能更专注于科研发明，明确合理利益分配原则激励了斯坦福师生以及相关组织积极展开技术授权工作。斯坦福大学的技术授权办公室在促进大学科研成果商业化方面做出了重要的贡献，在促进区域发展方面起到重要作用。

斯坦福大学的衍生企业是指首批产品的技术和多数创始人来自于斯坦福大学的企业。斯坦福诞生了大量的高科技衍生企业，而这些企业的诞生与斯坦福大学有着重要的关系，斯坦福大学不仅是这些公司创始人的培训场所，还是这些技术产品最早的资助人和市场的中介者。

首先，斯坦福大学为这些衍生企业提供了人力资源。斯坦福大学制定了一些灵活的创业管理政策，鼓励斯坦福师生创业，为斯坦福师生创造了宽松的创业环境。在斯坦福的科研政策手册中规定，斯坦福的师生可以和私人公司或非营利组织建立联系。斯坦福大学还鼓励教师与企业建立了良好的合作关系。教师一方面可以为企业提供有关建议，有利于促进科研成果的转化；另一方面，在科技公司的工作经历有助于斯坦福教师把握产业的前沿技术趋势，开展更具前瞻性的科研。

其次，斯坦福大学为这些衍生企业提供了资金方面的支持。斯坦福通过专门的办公室和其著名的风险投资论坛来帮助想创业的在校学生与校友寻找投资。这样，当一些好的项目还在初创期时，项目创始人可以顺利地拿到天使投资，从而为将来的发展打下良好的基础。

再次，斯坦福大学利用孵化器来帮助衍生企业创立和成长。StartX 是一个与斯坦福大学相关的教育性和公益性孵化器，它要求申请其孵化项目的公司必须有一个占据主要股权份额的合伙人与斯坦福有联系。StartX 实行了一系列的举措来帮助衍生企业的发展，这包括通过演示日来让投资人和媒体参与初创企业的定位来帮助其发展；提供奖学金来资助创始人的食宿，使其更加专心于企业发展；提供访问斯坦福 StartX 基金的机会。在运营的 4 年多时间里，斯坦福的 StartX 基金已经投入了 1800 万美元来支持 StartX 的 58 家企业，StartX 还提供空闲的办公室与法律服务，200 多位企业家、专家、天使和风险投资人组成的导师团队等资源来扶植衍生企业的发展。

除了斯坦福大学，联合实验室也采取了类似的措施来发展衍生企业，这些措施包括提供资金来进行初期的技术孵化，以及对创业企业进行支持服务等。2006 年，美国数量生物医学研究会发起了有 600 万美元资金支持的孵化方案，科研人员和研究生以及博士后学生利用孵化方案的资金来探测潜在的具有商业应用研究的可行性。2011 年，它又推出了"启动盒子计划"来提供一系列的创业支援服务，如免费的支票账户、申请小企业补助和联系专利律师的培训，以及提供办公空间以及分享设备等。在它 6 年的运营期内，美国数量生物医学会帮助成立了 60 家新的生物技术公司，创造了 280 个工作岗位，吸引了 2.26 亿美元的后续投资。

（3）与产业界建立多种形式互动。除了上述措施，斯坦福大学还与产业界进行其他形式的互动来服务当地的产业与经济。斯坦福大学以斯坦福工业园为依托，通过荣誉合作计划与企业附属计划建立了与周边和其他地区企业的紧密联系，并在与企业的研究合作中采用咨询的方式来掌握合作的主动权，将技术扩散到整个产业界，推动区域经济的发展。

斯坦福产业园的建立，使大学与产业之间在地域上形成了邻近关系，从而使斯坦福工业园企业形成了产业集聚效应，而这导致了区域创新集聚，并且斯坦福产业园为斯坦福大学与产业的后续合作奠定了良好的基础。斯坦福工业园成立于1951年，为斯坦福大学所有，园区占地2.8平方公里。它帮助发展了学校同当地电子公司之间的刚刚萌芽的合作形式，并吸引了很多著名的公司如通用电气公司、柯达公司等进驻。斯坦福工业园离斯坦福大学的教室只有几步之遥，而只有那些对斯坦福大学有益的高科技公司才能得到园区的地租合同。这样的结果是，园区内的公司常常聘请斯坦福大学的教授当顾问，并聘用斯坦福大学的研究生为雇员。

通过荣誉会员合作项目，斯坦福大学与企业在人力资源上建立了广泛而深入的合作关系，这使得他们之间可以形成半正式化的网络，从而提高技术转移的效率。荣誉合作计划允许附近的电子公司选派雇员到斯坦福攻读在职硕士学位。荣誉合作计划的参与者需得到作为斯坦福专业发展中心的参与公司雇主的支持。合作计划的参与者可以在校园或者远程在职攻读工程项目、应用物理、生物信息技术等学科的研究生学历。截至2005年，已经有超过300多家公司的2500多名的荣誉合作毕业生在校园和利用录像、电视和互联网远程进行了学习。

斯坦福大学通过建立企业附属计划，与各个产业的企业在各个领域合作来为企业提供前沿技术。企业附属计划的目的是为了便利将知识传递到社会以及在学术界和产业之间建立联系，企业缴纳一定的会员费用便可以成为会员。企业在成为会员后，便可以享受很多利益，如便利地访问斯坦福大学的研究成果和招聘斯坦福大学的毕业生、获取相关科研报告与出版物等。企业附属计划通常有两个以上的大学员工和数个公司合作在一个或几个相关项目的前期阶段进行研究。发展至今日，斯坦福大学有超过60个企业附属计划，涉及生物、电子、管理等领域。

在与企业的合作研究中，斯坦福通过顾问咨询制度取得了主动权，从而可以将研究成果扩散到整个产业内，加速了产业的发展。如果用转包合同的形式采取合作的话就会限制斯坦福的工程师与特定的企业分享专门技术，而且由于所有权的缘故，可能将斯坦福与其他企业的互动限定在仅仅寻求斯坦福的帮助上。而咨询则可以让斯坦福大学的教授在整个电子业界广泛传播他们的研究。作为企业的咨询者，斯坦福的工程师会把核心知识从大学转移给特定的企业，而且能把设计的有关信息广泛传递给有兴趣进行生产的其他公司。

斯坦福通过与企业的积极互动，加强了与本地企业的联系，这为便利技术转移和创新人才在整个产业界中发挥作用起到了重要的支持作用，促进了完善的服务产业和经济的系统的形成。

3. 外围环境对旧金山湾区高等教育机构服务作用的支持

大学促进区域经济的发展，除了大学自身的资源以及举措外，外围环境的支持也是必不可少的。在外围环境的支持上，主要有如下几个方面支持了湾区的大学服务区域经济的作用：第一是政府的法律政策，主要是技术转移的法律政策；第二是资金方面的扶植；第三是高科技专业人才以及管理、法律类专业人才对高科技的企业的配套支持。

（1）技术转移立法。美国的保护技术法案主要有《拜杜法案》、《史蒂文森·威德勒技术创新法》、《联邦技术移转法》等技术转移立法，这些技术法案根据当时形势的发展而设立，立足长远，重点聚焦，为科研成果的技术转移打下了良好的基础。

表1.10　　　　　　　　　　美国的技术转移立法

年份	相关政策/法规名称	政策法规要点	作用
1980	《史蒂文森·威德勒技术创新法》	要求联邦实验室积极努力将联邦政府拥有的以及开发的技术向州或地方政府以及私营部门转移，从而使技术转移成为联邦科研机构的使命	研究与技术应用办公室和联邦技术应用中心技术转移的中介机构作用。而联邦政府机构对技术转移的资金支持也起到了促进技术转移的作用

续表

年份	相关政策/法规名称	政策法规要点	作用
1980	《拜杜法案》	允许联邦政府资助研究项目的承担人（大学和小企业）将研究成果申请专利，拥有专利权并向企业进行专利许可从而取得经济利益	美国大学取得专利和进行专利许可的数量有了显著增长
1986	《联邦技术转移法》	将参加技术转移活动纳入对科研人员的绩效评估；科研项目参与人员可以分享项目成果转移所获取的收入等。此法案只涉及政府所有、运行的实验室	有助于使联邦实验室与企业等组织建立紧密的合作关系，能更有效地促进联邦技术的转移和企业技术创新能力的提高；促进技术转移

　　（2）资金支持。创新的商业化的过程需要一个深层次的天使投资、风险投资以及私人资产公司的资金支持。湾区的风险投资机构有投资与初创阶段和早期公司的天使投资、风险投资公司，提供扩展或通过资产和债务工具进行资本重组投资的私募股权公司，投资其所在行业兴起的生产互补性产品的公司或对公司未来收购候选人投资的大企业的投资部门，有着丰富的支持小微企业经验的著名银行等。

　　这些机构在湾区都有着高密度的聚集，以下的这组数字充分表明了湾区的风险投资机构的密集度：2011年，湾区9家最活跃的天使投资共投资了2160万美元；湾区有300多家风险投资公司和私募股权公司；在上一个十年，湾区平均接受了36%的美国风险投资和16%的世界风险投资。

　　湾区的风险投资机构还采取了一系列的举措来帮助初创的衍生企业的发展，这些措施包括提供帮助公司进行流动资金的融资运作，向公司推荐人才，提供大学、商务、法律等"关系网"等一系列增值服务来帮助初创企业的成长；雇佣金融、管理人才，高素质的科技人才并聘请科技界和产业界的资深人士作为投资顾问，并通过设立的科技经济情报研究机构，定期为初创企业做出经营和决策参考意见。

　　湾区的风险投资机构形成了完整的资金投资链条给初创企业提供了很

好的资金支持，同时它们还参与初创企业的经营和重大决策，提供高水平的咨询顾问服务，对初创企业的管理和企业制度创新起到了非常重要的作用。

（3）人力资源对大学衍生企业的支持。湾区提供初创高科技企业所缺乏的配套高技能人才，以及管理、法律类人才。在湾区，高技能专业类人才有着高密度的聚集，计算机和数学类的职员和工程师是美国平均水平的3倍，而管理类和商业、金融运作类的职位是美国平均水平的1.5倍。除了在湾区高密度聚集以外，这四种职业的平均工资在湾区也很高。2010年，美国全职员工的平均工资是＄44410，而这四个最密集职业的工资在湾区超过＄60000，有的几乎达到了＄80000，这表明了湾区对高教育层次、高技能的人员存在着大量的需求。这些专业的经理人、商业类运作人才在硅谷长期的创业实践中培养了很好的专业服务技能，他们的专业经验可以弥补高科技初创企业在商业经验上的不足，提高创业成功率。

（四）旧金山湾区创新发展的高层次人才服务支持

高层次人才是旧金山湾区创新发展的关键要素，旧金山湾区对高层次人才服务支持主要体现在人才引培、创新研发、创业前期、市场导入、创业发展和高速成长的六个环节中，而旧金山湾区提供的人才服务支持又分为公共服务和市场化服务两个方面。

1. 人才引培

人才资源是湾区经济发展壮大的首要资源。旧金山湾区在培养高素质人才的同时吸引了优秀的海外人才，促进了湾区的多元化发展，推动了整个湾区的企业领导力进步，创建了全球业务的新模式，形成了湾区的向心力和凝聚力。

在公共服务方面，经过多年的探索与发展，旧金山湾区确立了人力资源的两方面构成：高层次的劳动力来源于顶级的大学和研究所。旧金山湾区内有四个世界级的研究型大学和五个国家级研究实验室。湾区的劳动力教育层次较美国平均水平较高，其中拥有大学以上学位的劳动力占46%，远高于美国的平均水平28%，教育水平较高的劳动力为湾区的高技术服务行业提供了强劲的发展动力和丰富的劳动力储备。移民对本地区的技术和多样化的劳动力资源来说是至关重要的。硅谷52%公司报告说，在过去的5年中，超过75000名具有本科以上学历移民从其他国家已经转移到湾区。这些外籍人士形成独特的聚集效应，有利于吸纳他国文化并形成各区独有的社区特点，形成旧金山独有的多元文化特色，消除了不同文化之间的隔阂与障碍，有助于外来移民对旧金山产生归属感。

在市场化服务方面，国际猎头公司在旧金山的湾区经济发展中起到了关键的作用。企业在寻找人才猎头公司进行合作的时候，通常都是进行一些高级职位的人才选择，这样能够更加有针对性，猎头手中会有很多的高级人才，经过猎头的重重选择，那么推荐到公司的人才必定有相当能力，并且能够很快地适应新的环境，这样对企业的发展也节省了很多的成本。国际猎头为企业找到合适的人才，推动了企业的发展，增强了企业的竞争力。此外，人才的快速流动还有益于技术扩散和培养经验丰富的企业家。

2. 创新研发

在创新研发阶段对人才提供的公共服务主要包括创新资金专项服务和协同创新平台建设两个方面。在创新专项资金服务方面，美国政府历来重视创业企业的发展，尤其是高风险、高收益的科技型中小企业。1982年，美国《小企业创新开发法》出台，SBIR计划开始进入正式实施阶段，SBIR为中小企业在创新技术、产品和服务的起步与研发阶段提供资金支持，并鼓励其创新市场化。得益于SBIR计划的支持，美国在激光、生物医药、机器人等领域研究成果的商品化都取得了长足发展，由此形成的技术和产品进一步增强了美国在世界范围内的竞争优势。

在协同创新平台方面，大学是硅谷的知识中心、学术智库、创新源头和人才基地，并且为硅谷的发展提供了各方交流和协同创新的平台。斯坦福大学、加州大学伯克利分校等知名学府所孕育出来鼎盛的学术研究风气和技术开发能力，对美国硅谷产生了深远影响，因而被喻为硅谷心脏。正是硅谷周边优秀大学林立，它们分别在科学、工程、应用技术的发展与推广，以及人才的培育、技术的支持等方面，为硅谷注入了顶尖学术智能的活力，成为硅谷协同创新的引擎动力，源源不绝。而作为协同创新代表的硅谷经济，对知识和教育集约程度无疑就要求更高。没有强大的协同创新平台，就不可能有密集的人才群体，更没有长久的创新。

在市场化服务方面，主要聚焦于知识产权服务。1980 年，美国国会改变过去政府将研发成果一把抓的策略，准许接受联邦经费补助的计划执行单位，例如非营利的大专院校与研究机构，甚至国家实验室，都能取得研究成果的知识产权并加以利用；此外，还突破过去不得对私人企业专属授权的禁忌，同意负责研发成果的执行单位能对企业界以专属授权的方式，进行产业化、商品化。从美国有关技术转移与权利归属的相关法案法规来看，任何科技研究计划虽然有获得联邦政府全部或一部分的经费支持，但是为了达成将研究成果尽快商品化的目标，美国政府宁愿放弃其可主张的专利权益，让给计划执行单位。这种做法促使企业界和研究机构合作的意愿大增，有利于人才流动和信息交流，极大地增强硅谷的活力，成为近年来硅谷乃至美国其他地区高科技蓬勃发展的重要基石。

3. 创业前期（前孵化）

在公共服务方面，2013 年 9 月，旧金山市政府启动了"入驻企业家"计划（EIR），该计划的主要举措为将政府机构在实践过程中需要解决的技术性问题列出，并鼓励技术性人才针对问题提出解决方案或科研成果，最后由政府出面购买的形式扶持科技人才创业。EIR 计划有别于传统的创业奖励措施，是十分具有创新性的创业奖励计划，是一种"前孵化"创业模式。EIR 计划的对象是创业型技术企业与科技创业人才，其计划目标为将创业型技术企业以及创业型人才塑造成与政府部门并行的城市建设参谋，为市政建设过程中出现的种种问题与"软肋"提供技术上的支持与建议，推动城市的全面协调发展。

在创业前期的人才市场化服务方面，天使投资和风险投资发挥着重要的作用。天使投资集中在高技术企业的初创阶段和发展早期，有研究表明，天使投资人为高技术创业企业提供了 80% 的种子和初创资本，堪称新的高技术企业最大的资本来源。1990 年代之后，天使投资领域出现了新变化，越来越多的天使投资人加入正式的投资团体，大家共同评估投资机会，共同使用资本，并对企业发展进行指导，可以进行数量更多、规模更大的投资。1994 年创立于硅谷的"天使团队"（Band of Angels）是第一个知名的天使投资团体。在硅谷发展的起步阶段，天使投资起到了重要的作用，而如今随着天使投资团体的出现和发展，天使投资效率更高，专业性更强，并且能为初创企业提供更加全面的指导和帮助。

4. 市场导入（初创期）

在公共服务方面致力于为创新创业人才提供创业配套服务。2011 年，为减轻企业负担，刺激经济发展，在旧金山市长李孟贤的推动下，旧金山市启动了以减免工资税为主要措施的商业税制改革计划。这些税收优惠与奖励措施不仅吸引了以 Twitter 为代表的世界顶级高新科技公司留驻旧金山，还有力促进了旧金山地区大批中小型企业的蓬勃发展。旧金山针对新兴技术企业所施行的免税优惠不仅为科技人才创业与技术企业扩张提供了条件，也为旧金山吸引硅谷产业焦点打下了基础。

在市场化服务方面，着眼于人才团队建设。硅谷精神的另一个重要体现就是崇尚团队合作。"硅谷悖论"在于竞争需要不断创新，而创新反过来又需要公司间的合作。硅谷人才荟萃，人人抱负很高、个性极强，有时还有点傲慢自大，但他们尊重科学、重视精神、公平竞争，极少内斗陋习和官场作风，认识到社区的价值和竞争同等重要。他们常说，任何事业的成功都不是靠一个人就能完成的，而是要靠整个团队。硅谷文化是一种以人为本的文化，人的价值受到普遍尊重。让员工富起来，是硅谷成功又一大法则。硅谷高科技公司普遍实行员工持股计划（ESOP, Employee Stock Ownership Plan），主要是在管理层和公司创立者间进行股权分配。高科技产业就如同一块大磁盘，不但凝聚投资者的目光，吸引了最多的资金，也吸引了最优秀的人才不断加入，并激发硅谷人的企业家精神、创新精神、进取精神与协作精神。

5. 创业发展（成长期）

公共服务的重点在于营造市场环境。要能使创新变成现实、成果变成产业，就必须有一个适宜创业的环境，硅谷是一种一应俱全的商业性模型，是美国乃至世界所有创业家的梦想之土：附近顶尖大学跟企业体紧密连接、交流，创业投资的资金管道不虞匮乏，来自全世界各地的卓越科学家、工程师如潮水般涌入，以及大大小小的各种高技术周边产业。成立新公司过程中所需整合的各方资源，从资本家、企业家、金融家到专业设计人员、营销人员等等环节，在硅谷的高效环境之下，成为轻而易举的事情。但同时在硅谷也面临残酷竞争、优胜劣汰、适者生存。事实上，在硅谷只有少数人得以美梦成真。平均每 10 家新公司，只有一家得以存活，而这种市场环境恰恰造就了成功的创业家和创业企业。

市场化服务的重点在于提供风险投资服务。高技术不仅是一个高风险的产业，而且是一个资本密集型的产业。没有大量资本的支持，就不可能开发出高技术及其成果，更不可能把这些技术和成果产业化。硅谷中后期到现在的发展则主要靠风险资本的支撑。企业资本家对硅谷的发展，起了关键性的作用。风险投资家以其对未来市场的洞察，对现代金融工具的掌握，并与高技术企业家的联手，推动了硅谷经济的腾飞。

6. 高速成长（成熟期）

公共服务侧重提供园区公共服务。旧金山为刚刚创立的中小型企业专门设立企业孵化器（Incubator）。旧金山在借助硅谷地带已有企业孵化器的同时，大力发展位于旧金山市内的企业孵化器，并取得了良好的成效。创业孵化器在为科技创业者提供了研究资源与实验仪器等硬件条件的同时，也为创业者们建立了沟通交流的社区，帮助创业者在旧金山地区建立与拓展关系网。企业孵化器在帮助科技人才创业、促进城市科技产业发展等方面有着无可替代的作用与地位。

在市场化服务方面重在为企业提供国际化服务。硅谷在国际上的成功是建立在良好的制度基础上的，这种制度基础充分体现了自由选择、公平竞争和合理分配的市场机制。发达的风险投资制度为硅谷的持续发展提供了有力的支持。这种完善的风险投资机制为高科技企业的创业和创新提供的不仅是持续的资金支持，更重要的是全方位的企业策略咨询，从而吸引了全世界的优秀人才到硅谷创业，促进了人才聚集区域效应的产生。在硅谷，健全的知识产权保护制度使得市场先入者凭借科技创新能够获得高额利润，从而有效地保护了人才创新的积极性，提高了硅谷在国际上的竞争力，能够形成良性的竞争机制，强化了人才聚集的激励和创新效应。

四、借鉴旧金山湾区经验，推动深圳湾区经济创新发展

（一）旧金山湾区经济创新发展的公共政策经验借鉴

1. 深圳与旧金山湾区比较

深圳是国家创新型城市，是中国的设计重镇和现代设计的核心城市之一，拥有实力较强的设计企业 6000 多家，专业设计师 6 万余人。2008 年 11 月 19 日，深圳加入联合国教科文组织全球创意城市网络，获得"设计之都"称号。2013 年，深圳国内专利申请量突破 8 万件，达 80657 件，同比增长 10.29%；截至 2013 年底，深圳市累计专利申请 479399 件，累计专利授权 259422 件；累计国内有效发明专利 62293 件，居全国大中城市第二位。每万人国内三种专利年申请 75.88 件，同比增长 9.45%。《专利合作条约》（The Patent Cooperation Treaty，简称 PCT）国际专利申请 10049 件，同比增长 25.24%，占国内企业和个人申请总量的 48.10%（不含国外申请），连续十年居全国大中城市第一位。而商标申请和注册量及软件著作权登记量也高居全国大中城市第四位。

作为全国首个国家创新城市，深圳已基本形成特有的创新优势与产业

规划。2014 年上半年，深圳市高新技术产业中，电子与信息行业、先进制造业及新能源、新材料行业占据着深圳高新产业的主要地位。其中，2013年深圳 IT 产品产值 12430 亿，同比增长 9.3%，相当于全国电子新型制造业的 1/10 左右，占深圳市所有高新技术产品产值的 88.7%；IT 产品增加值3160 亿元，同比增长 12.8%，相当于深圳规模以上工业增加值的 44%；生物、互联网、新能源、新材料、新一代信息技术、文化创意等六大战略性新兴产业，实现增加值达到 2584.94 亿元，同比增长 14.3%，高出全市GDP（8%）增速 6.3 个百分点，占 GDP 的比重达四成，构成了深圳推动发展的新动力机组。

表 1.11　　深圳市高新技术产业发展情况（2014 年 1~5 月）　　单位：亿元

行业分类	本月止累计产值	产值累计同比增长（%）
全行业	5373.31	13.96
1. 电子与信息	4587.11	10.08
2. 生物、医药	140.21	6.67
3. 先进制造	329.34	9.51
4. 新能源、新材料	285.43	8.53
5. 其他高新技术	31.22	24.63

资料来源：深圳市科技创新委员，http://www.szsti.gov.cn/info/data/2014/5。

深圳和旧金山都以科技型产业为主，并依托科技产业带动金融及相关服务业的发展。科技型企业主要从事高新技术产品研发、生产和服务，是我国技术创新的主要载体和经济增长的重要推动力量，在促进科技成果转化和产业化、以创新促就业、建设创新型国家中发挥着重要作用。

深圳市政府向来重视自主创新，自改革开放以来，其自主创新政策的演变主要经历四个阶段：20 世纪 80 年代中期至 1994 年提出"引进人才技术、催生科技企业"政策；1995 年至 2005 年提出"科教兴市"、大力支持高新技术产业发展政策；2006 年至 2009 年提倡自主创新战略主导、建设创新型城市政策；以及 2009 年至今的支持战略性新兴产业、推动产业结构优化升级。同时，以 1987 年 2 月颁布的《关于鼓励科技人员兴办民间科技企业的暂行规定》为标志，深圳市政府开始颁布并实施鼓励自主创新的相关政策，30 余年共颁布 160 余部，极大地促进了深圳高新技术产业的发展，为把深圳建成国家创新型城市打下了良好的基础。以下从科技研发、成果转化、产品市场化三个阶段入手，对深圳湾区在公共政策方面对创新产业的支持工作予以总结。

（1）科技研发阶段：从资金资助、税收减免、专利保护三个方面激发科研创新。

第一，大力投入资金建设各层次实验室与科研创新平台并为科研项目提供资金支持。深圳市积极建设工程实验室、重点实验室、工程中心、企业技术中心、公共技术服务平台等多种形式的创新鼓励平台，并颁布相关政策支持科研机构发展。如 2012 年深圳市提出《深圳市促进科研机构发展行动计划（2013～2015 年）》，以高端人才引进为核心，通过引导社会资源投入，加强科研机构之间、科研机构与其他创新主体之间的协同创新等方式，推动科研机构的科学布局、加快发展和优质发展。截至 2013 年 8 月，深圳市已经建成规模较大、产业领域较全、研究能力较强的重点实验室 168 家，其中国家级重点实验室 10 家（包含 2 家国家重点实验室深圳分室），省部级重点实验室 20 家，市重点实验室 138 家。其次，符合一定标准的科研机构及高校、企业科研部门能够得到深圳市政府给予的专项资金支持。据 2014 年深圳市政府公报公布的《深圳市未来产业发展政策》显示，2014 年至 2020 年市财政每年将安排 10 亿元设立未来产业发展专项资金，用于支持产业核心技术攻关、创新能力提升、产业链关键环节培育和引进、重点企业发展、产业化项目建设等。市财政委员会、科技创新委员会等相关部门还陆续出台政策办法以规范科技研发资金管理，提高财政科研投入资金绩效。

第二，通过多种税收抵免政策促进企业参与科研创新。在税收减免方面，深圳市通过企业所得税、增值税等税种以返还部分税额的形式促进企业研发创新。以 2011 年数据为例，全国企业所得税汇算清缴数据显示，深圳市地税局控管企业中有 513 户享受了研发费用加计扣除优惠政策，优惠金额达 83.65 亿元，同比增长 28.48%，优惠规模在全国地税部门中排名第一。2013 年财政部、国家税务总局下发《财政部 国家税务总局关于研究开发费用税前加计扣除有关政策问题的通知》（财税〔2013〕70 号）又新增 5 项可纳入税前加计扣除的研究开发费用，进一步为企业从事研发活动给予税收支持。

第三，完善专利法案以激励知识创新。深圳市向来十分重视通过法律法规的方式进行知识产权的保护。例如 2006 年，深圳出台《深圳知识产权战略纲要（2006～2010 年）》，为知识产权环境建设提供了指导性思路，并重新修订《深圳经济特区企业技术秘密保护条例》，以适应新形势下的知识产权保护需要；2008 年，制定《深圳经济特区加强知识产权保护工作若干规定》，进一步规范知识产权保护工作同时成立知识产权保护专项资金。近年来，深圳市政府逐步将视角从宏观法规的制定转向具体法规的落地实施，将知识产权保护政策细化到具体行业与不同主体。如 2009 年制定的《深圳市互联网软件知识产权保护若干规定》和《深圳经济特区严厉打击侵权知识产权行为条例》，为互联网版权保护提供了有力的法律支持；2010 年实施的《深圳中小企业发展初期知识产权指引》十分具体地阐明了中小企业在知识产权保护方面的扶持政策、办理部门、举报投诉等事项；2011 年颁布的《深圳市知识产权专项资金管理办法》，则为更好地提高知识产权专项资金使用效率提出了一系列资金的管理和实施细则。在完善各项法规、办法的同时，为加强知识产权保护，深圳市还加大了对知识产权侵权行为的打击力度，公正高效地发挥了刑事、民事和行政审判职能，有效地维护了公平合理的创新秩序。

（2）成果转化阶段：通过中介机构、孵化器、产业园等的设置促进科研成果转化。

第一，专设服务与科技成果转化机构从外部助力创新转化。深圳市专设服务与科技成果转化机构分以下三类：一是行政机构，包括深圳市科技创新委员会和深圳市技术转移促进中心；二是社会团体与中介组织，如深圳市科技中介同业公会；三是技术转移中介机构，如 2014 年初深圳市成立的首家以科技创新成果产业转化为目标的孵化基地——深圳市华创科技创新成果产业转化中心，该中心将作为独立的第三方科研服务机构打通从技术创新到产业应用的"关键中间环节"。

第二，设置科技企业孵化器为小微初创企业提供保护。深圳拥有大量的科技企业孵化器，为小微初创企业提供着场地与资金支持。深圳市孵化器起源于 20 世纪 80 年代，目前拥有"深圳孵化信息平台"与"在孵企业投融资平台"两大平台，并成立了深圳市科技企业孵化器协会。截至 2012 年上半年，深圳市共拥有各类孵化器 50 余家，其中国家级孵化器 11 家，为创业者提供场地、信息、技术、咨询、文书、策划、法律、商业模式等方面的全方位服务。此外，深圳市政府还积极探索设立种子资金资助计划，通过投资、借款、贴息等方式支持初创在孵企业，并对种子期项目给予小额经费资助。未来，深圳市将把视野转向新兴产业，建设包括合成高分子材料、纳米材料、光电器件与材料、存储器件与材料、下一代网络与通信、信息家电、智能控制、精密机械、精密医疗机械、环境工程、新兴能源与节能等主要技术领域的新兴产业孵化器。

第三，合理的产业园区规划为产品品牌提升与产业聚集发展提供可能。为鼓励科研成果转化，保障自主创新，促进产业转型升级，为产业链不同阶段企业互助发展提供便捷，深圳成立了高新园区、高科技企业孵化器、大学科技园、留学生创业园等多种形式、多种功能的产业服务聚集基地。以地域与产业结合为标准，深圳的产业园可大体概括为：以深圳国家高新区、留仙洞园区、大学城园区为核心的南部高新技术产业核心主体功能区；以光明园区为核心的西部科技研发基地；以龙华、观澜为核心的东部电子信息和新材料产业聚集区；以宝龙—碧岭—坪山园区为核心的东部先进制造业主体功能区（着力发展计算机、通信设备、机电一体化产业）等。

以产业发展的不同阶段划分，则可将深圳的产业园分为三类：第一类是九大优势传统产业的集聚基地，这部分基地将自身功能提升与产业服务化和品牌化转型视为工作重点；第二类是为推进电子信息、先进制造业发展，以及以生物、互联网、新能源、新材料、下一代信息技术、文化创意等六大战略性新兴产业发展的产业基地和集聚区；第三类则是为发展外溢经济建设的异地工业园区，如深圳汕尾特别合作区、坪大惠合作区、坪清新合作区等。在此基础上，为把深圳建设成具有世界影响力的国际创新中心，深圳市政府在 2012 年末提出"一区十园"布局，在用地规模和空间布局上对全市进行总体规划，充分利用差异化的区域禀赋引导产业集聚发展。

众多产业园区的建设极大地推动了深圳市高新技术产业的发展，以高新区为例，其先后培育出境内外上市企业 83 家，PCT 专利申请量、单位面积工业总产值等指标连续多年居全国高新区之首。2013 年，高新区以全市 1.17% 的工业用地和全市 4.35% 的从业人口，实现了全市高新技术产品产值的 23.9%。此外，为保障高新技术园区的可持续发展，最大限度地为区内企业提供良好的经营、法治环境，深圳市政府还出台了一系列配套法律、法规、政策、文件，如 2001 年的《深圳经济特区高新技术产业园区条例》等。

（3）产品市场化阶段：政府创新采购计划助推新产品走向市场。

与旧金山相同，深圳政府也积极通过政府采购的形式，对科技创新产品的市场化给予大力的支持。例如，2006 年 4 月，市政府在进一步落实《关于实施自主创新战略建设国家创新型城市的决定》中指出要充分发挥政府采购政策对科技创新的引导功能，并于同年颁布《关于通过政府采购扶持自主创新的配套政策》，通过 10 项具体措施，鼓励科技研发。这 10 项政策主要有：将自主创新产品和服务纳入政府采购目录；对具有自主知识产权的重要高新技术装备和产品实行政府采购；合理有效地编制政府采购文件；充分运用法定政府采购方式采购自主创新产品；优化自主创新产品评标方法，对自主创新产品采购赋予附加分值；对重大建设项目采购国产设备应达一定比例等。

2. 经验借鉴

结合已有创新产业基础、借鉴旧金山经验，深圳湾区经济在公共政策上可从以下几个方面支持其创新产业发展。

（1）科技研发阶段：从资金、立法、行政三个方面鼓励和引导知识创新。在技术研发前期，税收优惠政策和财政政策能够直接降低企业创新成本，从而鼓励创新主体增加创新投入，因此，该阶段的政策支持主要体现在研发资金支持和税收优惠两个方面。在技术研发后期，有效地给予创新成果政策和法律之保护则更为重要，如知识产权政策在为技术创新提供内在动力的同时，还能提供一个公平竞争的外部法律环境，对促进技术创新意义重大。总结过去30年的发展经验，在自主创新体系建设方面，深圳市成功地打造了一个以企业为主体、以企业家为主力的自主创新体系，对此深圳市政府积极出台一系列自主创新政策法规，有力地推动了本市创新体系的建设。旧金山及深圳两地在科技研发阶段都以三种方式对科研创新给予支持：一是科研机构的创办鼓励及资金支持，二是研发税收抵免政策，三是知识产权保护政策。相比之下，深圳可在以下三个方面进行提升。

第一，增加科研经费支持为基础科研工作提供"软件"与"硬件"两方面的保障。设立多层次的政府专项经费用以科研支持，尤其是针对承担大量基础研究工作的重点实验室。此类机构往往因为资金缺乏不得不被动参与社会性竞争项目，十分不利于实验室的长远发展。此外，科研经费不仅要用于支持科研机构建设与后续持续运营等"硬件"方面，还应用于诸如提高科技人才补贴、资助学术交流活动等的"软件"支持工作。

第二，完善税收抵免优惠政策，鼓励更多的企业与优秀人才参与创新过程。在完善税收抵免优惠政策方面，可着重以下三点：一是平衡受惠对象，识别打着高新技术的幌子进入高新区享受税收优惠的企业，以提升税收政策的有效性。二是多采用间接税收优惠方式，运用加速折旧、投资抵免等方式从最大程度上刺激自主创新。三是完善税种及结构，特别是增加必要的流转税优惠，对创新成果产业化、市场化的中间环节给予优惠。

在 R&D 税收优惠方面，深圳可以借鉴美国的 R&E 优惠政策：一方面，逐步以税收抵免取代税前扣除，同时逐步取消对一些特定行业企业的优惠税率，扩大享受优惠的企业范围。税前扣除和税收抵免是最为常用的两种激励手段，其主要区别在于税前扣除带来的优惠程度取决于公司所得税税率，而税收抵免额则与税率无关。美国采用受惠面更广的原则性标准，而深圳的 R&D 税收激励则采用税前扣除，加上 R&D 投入大的企业多数是软件业、高新技术企业、集成电路产业等，不同程度的优惠税率，使得其承担的有效边际税率低于名义税率，这就使税前扣除方式对企业的激励效果稍逊于税收抵免方式。另一方面，构建明确统一的 R&D 认定标准，并在此基础上进一步明确哪些是合格的研究费用，以便有效地发挥政府政策在刺激企业创新方面的导向型作用，促进税收政策的落地。我国 2008 年之前从未明确规定享受 R&D 税收优惠的支出类型，2008 年颁布的《企业研究开发费用税前扣除管理办法（试行）》对 R&D 活动进行了严格限定，活动范围仅限于《国家重点支持的高新技术领域》和《当前优先发展的高技术产业化重点领域指南（2007 年度）》中规定的项目，无疑又大大缩小了 R&D 活动的范围，因此规范合理的 R&D 认定标准应是当前要解决的问题之一。

第三，强化知识产权保护政策，以激励不同层次的发明人，并加速成果商业化进程。随着科研创新活动的不断增加，加快实施知识产权保护战略势在必行。相较美国，深圳的知识产权保护法律法规应从以下几点提升：一是从事后解决侵权问题，转为事前预防侵权，通过合理的制度安排，提高专利的质量与专利法的保护力度；二是保障行政参与度的同时，加强司法参与，将国际水平的专利立法落实到具体的实务中去；三是进一步增强对创新的激励作用，特别是对职务发明人的奖励和保护，赋予其与企业或单位谈判的地位和机会；四是丰富完善异议复查制度，提升办事效率，节约宝贵的司法资源；五是借鉴美国专利法案细则，增加对小企业及独立发明人的扶持保护内容，及对科研成果快速商业化的促进作用。

（2）成果转化阶段：充分发挥各层级机构的功能与优势为创新企业提供服务。科技成果转化是科技成果商品化的过程，是其使用价值得以实现、推动经济发展的前提条件。然而，科技成果多具有高风险、多阶段、长期性等特点，因此需要政府的引导与支持，如制订有效的创业鼓励政策、产业政策，做好产业结构布局，建立科技成果转化平台，设立科技成果转化专项基金等，为加速科技成果转化营造良好的政策、法律、投资及市场环境。深圳应借鉴旧金山湾区经验，在以下三个方面有所提升。

第一，优化专设机构参与模式与利益分配机制，引导多部门共同支持创新企业发展。优化专设机构的参与可从两个方面入手，一是建立多部门参与机制，二是设置合理的利益分配支付。就第一点来说，建立多部门参与，形成各部门合力，有利于将推进科技型中小企业发展的工作分解到政府各部门，形成全面助推科技型中小企业发展的新局面。比如美国 SBIR 计划设立之初规定当年财政预算超过 1 亿美元的部门必须参与到计划中来，改变了原先仅由科技部门一家机构提供企业资助的状况，大大提升了办事效率与质量，也要求参与计划的各政府机构必须对本部门的创新需求有深入了解，结合自身需要和社会需求提出切实可行的研究项目。在引入多部门参与的前提下，建立合理的利益分配机制将为实现企业和政府各部门的多赢局面提供保障。这要求政府部门在出资扶持科技型中小企业创新时，既要考虑企业发展的需要，也要站在更高角度考虑行业或产业科技创新的发展方向，科学制定资助项目计划；还要考虑参与助推计划的各个部门利益分配上科学合理，通过如新技术或新产品的知识产权归企业所有，但资助机构有权在对规定时间内无偿使用等安排，激励各部门参与的积极性。

第二，提升孵化器水平，转单一服务模式到专业全方位的"创业导师"模式。深圳的科技孵化器较大程度地整合了高校、企业资源，但与旧金山孵化器相比，还需在以下方面提升功能：一是加强孵化器规划，丰富不同区域孵化器功能，从追求孵化器规模、在孵企业数量等走向提高孵化质量。二是增强孵化器管理，做到政企分明，并吸引高层次、有经验的专业管理人才。三是丰富孵化器服务方式与盈利模式，从政府审批组建兼具公益性的孵化器，或单纯收取租金的孵化器，转向能提供多样"创业导师"式的中介服务的自发投资结构，以提升孵化器的自我发展能力，吸引社会资金进入。最后，科技孵化器还应走出深圳，走向世界，增加与国内其他城市及其他国家企业孵化平台的合作交流。

第三，提升产业园区水平，充分发挥其在政策支持上的试点、先行优势。深圳的高新技术产业园区虽有较多的配套政策支持，但针对园区自身的政策还有待丰富，因此，如何从依托经济特区的政策红利转向"向深化改革要红利"是高新技术园区面临的首要问题。其次，提高科技资源的支持力度也是深圳高新产业园区面临的重要问题，深圳市政府应制定转型与解决吸引央企、央研、高校到深圳，支持新型科研机构成长、加强产学研结合和科技成果转化。最后，深圳高新区要成为创新示范区和国际创新中心中的创新示范区、发挥核心载体作用，就必须进一步推进国际化的产学研合作。深圳应探索将虚拟大学园这一创新研究院集群做实做强的路径和政策支持，更快地促使其成为国际水平和国际化的著名创新龙头基地。

（3）产品市场化阶段：丰富新型商业模式，助力创新产品推广。在新技术、新产品的市场化进程中，深圳一方面可将政府采购作为引导和支持创新的重点，通过政府采购，引导社会其他主体的采购行为，提高自主创新产品的知名度和影响力。这就要求采购单位及人员应积极落实自主创新采购政策，将战略性技术领域的创新产品作为采购重点；同时加强监管力度与监督检查制度；提升采购从业人员素质，尽可能提高政府采购对创新产品市场化的助推作用。另一方面，深圳更应学习美国旧金山湾区做法，借鉴、创新诸如"企业团购"等的丰富的新型采购模式，引导社会资本与企业进入创新产品的采购市场，以多种形式助力创新成果的市场化进程。

（二）旧金山湾区经济创新发展的科技金融支持经验借鉴

旧金山科技金融发展的成功经验对深圳有着较强的借鉴意义，特别是建立健全风险投资行业法律法规、探索中国特色的科技银行之路以及社区银行新模式等方面上值得我们进行深入思考和学习借鉴。

1. 深圳与旧金山湾区比较

（1）风险投资行业。深圳是风险投资的聚集地。数据显示，到 2013 年底，深圳市内的风投机构已超过 3500 家，深圳风投行业的注册总额将近 3000 亿元，占据全国三分之一的份额；深圳各类股权投资基金企业共 8862 家，注册资本达 2945 亿元。在深市中小板、创业板现有的 1000 多家上市公司中，超过 500 家公司上市前引入过风险投资。风险投资的迅猛发展有力地促进了深圳高新技术产业发展和地方经济的转型升级。但是，与旧金山湾区成熟的风险投资机制相比，深圳存在一定的差异性，甚至是较大差距，具体包括以下几个方面。

一是资金来源占比不同，政府与私人部门投资角色差异大。在我国，北上深三地的风险投资发展模式的资金来源均以国有资产为主，多为政府主导或政府参股。三地的风险投资机构 80% 的资金来自政府部门，缺乏广泛的资金来源。因此，风投市场在具体运营过程中缺乏适应市场变化的灵活性和透明度，投资效率低下，不能形成应有的示范效应。此外，政府出资的主导地位使得民间资本没有完全调动起来，风险投资不具备长期资金支持，抗风险能力低。所以，由于起点和创业环境的不同，深圳比较强调政府的保障职能，致力于创造一个有利于风险投资长远发展的公平的市场环境。

相比之下，由于需要快速且严格的投资决策筛选过程，硅谷高风险、高收益的风险投资多由私人而非政府进行。此外，硅谷的风险投资人担任的角色远不只是单纯的投资方向所投资的高技术企业注入所需资金，而是作为更多增值服务的提供者向被投资企业输出自己多年积累的公司管理理念和经验，或是成熟的管理模式。例如帮动资金的融资运作，向公司推荐人才，为公司经营进行咨询服务和指导等。

二是税收优惠政策。旧金山湾区政府也一直通过多项直接或间接的税收优惠引导和繁荣风险投资市场。同时深圳政府对风险投资行业在税收相关政策上也做了诸多努力。目前来看，深圳市不但对有限合伙制采取"先分后税"方式，避免双重征税，而且还吸纳了两免三减半政策，优惠力度相比国内其他省市是很有竞争力的。深圳政策的最大特点是要实现在基金的前早中晚期一条龙优惠。基金成立前期可以享受工商注册便利，早期可以申请落户奖励，中期可以向政府申请两免三减半的财政奖励、人才奖励政策以及购买、租房补贴等，后期可根据投资本市企业的情况享受项目退出奖励。

　　三是未建立统一完善的法律法规体系。一方面，深圳市政府确实也出台了一系列促进风险投资发展的法规政策。例如，1999 年 9 月出台的《关于进一步扶持高新技术产业发展的若干政策》和 2000 年 10 月全国首部关于创业投资机构设立的地方性法规《深圳市创业资本投资高新技术产业暂行规定》，为风险投资机构的设立、经营制定了较完善的"游戏规则"。但是，国内并未形成统一规范的法律体系，相关法规仍有部分欠缺。此外，旧金山湾区风险投资的健康发展得益于有限合伙制这种制度安排，而在我国，《公司法》对有限合伙制没有明确规定，也缺乏对有限合伙制明确规范的法律条文，这使得有限合伙制的发展受到法律的限制。另外，《公司法》中对无形资产入股的限制过于严格，而且对无形资产的界定也不够清晰，这就限制了用无形资产入股的可能性，而且也使得普通合伙人因为资金的缺乏而丧失从事风险投资的机会。

　　四是缺乏畅通完善的资本退出机制。一个完善的退出机制对于将进入成熟阶段的企业产品很有必要，美国市场畅通的退出渠道为其风险资本的发展创造了诸多有利条件和帮助，成熟的退出机制水平能更好地鼓励资本投入创新创业企业。总体来看，与美国相比，我国的资本市场层次单一，上市条件不够灵活，上市门槛更加严格，与纳斯达克市场相比差距较大。创业板市场只是处于起步阶段，目前正处于建设多层次资本市场的发展阶段，深圳所具备的资本退出机制也相对不足，企业通过 IPO 方式实现风险投资退出的条件并不成熟。从创业板上市规则上看，纳斯达克市场对规模大的企业无盈利要求，规模小的企业须盈利，既无规模又无盈利的企业则适合到小型资本市场上市，而我国创业板要同时达到规模和盈利两项指标。从创业板市场层次上看，纳斯达克分为全国市场和小型资本市场，层次鲜明、上市标准多样化，能更好地吸引和服务不同层次的企业和投资者，市场之间灵活的转板机制也给上市公司提供了较大的成长空间。我国创业板市场不分层，只是对发行人设置了两套定量业绩指标，但无法涵盖到各个层次的投资者。从创业板发行制度上看，纳斯达克的注册制虽然条件较为宽松，但我国长期实行的核准制条件严苛。虽然核准制比较适合处于初级发展阶段的证券市场，但效率不高、弊端较多，不利于培养成熟的市场参与者。

（2）金融中介机构做法比较。

一是科技银行发展水平较低。硅谷银行的经验证明发展科技银行是有效破解科技型中小企业融资难的一条重要途径。深圳银行业在创新服务模式及开发业务品种等方面进行了积极有效的探索。平安银行深圳科技支行、杭州银行深圳南山支行和杭州银行深圳科技支行均已顺利开业运营。但是，由于受到我国金融监管体制的影响，科技银行主要形式仍仅为科技支行或科技分行，即以存在于商业银行内部的专营科技贷款的分支行为主，并未形成独立的真正意义上具有"硅谷银行"模式的科技银行。

国际上科技银行的成功案例是美国的硅谷银行，它通过盈利模式与经营模式的创新增强了对科技贷款的风险评估能力，成功地为许多科技型中小企业提供了融资服务。我国银行虽然在部分业务上与硅谷银行类似，但尚未出现一个完全意义上的创业金融机构，与硅谷银行的运营模式相比，我国银行在很多方面仍缺乏创新意识和深入合作。通过详细对比分析，我们可以发现中美科技银行主要差异包括：

①客户定位范围存在差异。硅谷银行建立28年，专营发展近20年，仍集中投资于最熟悉的新兴工程产业和生命科学领域，其他领域一般不参与。这样的做法显示出硅谷银行专营发展不仅体现在"专业"，还体现在"专注"，对相关行业深入了解以便进行有效的风险管理。我国大部分科技商业银行经营与管理银行定位则较宽泛，未对科技型企业进行行业区分和定位。

②金融环境差异大。良好的外部环境，如发达的创投市场、优质的高技术企业群体和较为宽松的监管环境，为美国科技银行的自然孕育和发展创造了条件；而我国在这方面仍有很多不足之处，这既是人为构造科技银行的原因，也是我国科技银行发展的制约因素。

③控制风险的方式与理念不同。硅谷银行注重依靠专业风投机构进行风险"前期把控"，靠高利差收入和股权投资等方式获得高收益，覆盖高风险。我国科技支行则普遍与当地政府、担保机构等共同建立风险补偿机制，

注重风险"后期分担"。形式传统且追踪控制水平较低的风险控制机制导致我国科技银行不能做到在贷款前全面了解目标企业状况，贷款后未能对对象的财务状况进行有效监控。

④部分科技银行贷款利率浮动与高风险不匹配。硅谷银行的贷款利率普遍高于其他商业银行，即使对有风投机构或担保公司介入的企业，仍需要提供知识产权质押担保，同时还要附加一些条件，比如取得企业部分股权或期权，从而分享科技企业高成长的回报，因此获取较高的贷款收益。我国现阶段成立的几家科技银行也具有自主决定贷款利率的权限，但部分银行反而从降低科技型中小企业融资成本的角度考虑采取"优惠"的低利率。然而，金融市场基本运行规律要求风险与收益相匹配。低利率科技信贷的做法是与上述规律相悖的，不以营利为目的低息贷款应该是政策性银行的职责范畴，而不应该由商业银行性质的科技银行实施。

二是社区银行初起步规模不大。2013 年 7 月份以来，福建、上海、重庆、江苏、深圳多地银监局下发了关于社区银行发展的指导意见，越来越多商业银行积极转变经营方式，稳妥推进社区金融服务，社区银行建设热情日益高涨。在深圳，目前招行和民生银行分别有 10 家社区银行获批，渤海银行、华夏银行、中信银行、珠海华润银行等也拿到了筹建"通行证"。但是，深圳社区银行的发展仍处于起步阶段，现阶段还面临着诸多问题和障碍。相比于美国成熟成功的富国银行模式，我国社区银行目前最突出的困难可体现在以下三点：一是中小银行与大型传统银行相比，实力悬殊，规模差距大，寄希望于中小型银行发展社区银行的压力不容小觑；二是相关法律法规的缺失、监管环境及制度的不完善。目前，国内关于社区银行的法律规范仍属空白，为社区银行的实践发展带来了诸多隐患。三是社区银行市场供需缺口较大。一方面我国中小企业数量多并呈现逐年快速增长的趋势，市场对社区银行的需求也逐渐增大；另一方面社区银行专业人才储备不足、营业经验的缺乏造成了供需双方矛盾的不断加大。

三是知识产权质押融资发展不足。相比于国内其他一线城市，深圳的知识产权融资发展较缓慢，这与深圳作为全国金融创新中心的城市定位不相适应。近年来，深圳市政府出台了多项措施，努力通过用好用活知识产权来努力破解刚成立的、轻资产的中小企业融资瓶颈。2012 年出台的《深圳市促进知识产权质押融资若干措施》从机制、平台、评估、放贷、担保、交易、配套服务、推进保障等八个方面力争推动知识产权质押融资工作。依照该措施，由深圳市再担保中心为全市的知识产权质押融资业务提供再担保，再担保中心、融资性担保机构、商业银行按照 5∶4∶1 的比例承担贷款风险。数据显示，此担保体系杠杆效益明显：从 2011 年至 2013 年，办理知识产权质押贷款的银行个数从 4 家上升至 11 家，全年贷款总额也从 2.4 亿元飙升至近 16 亿元。此外，深圳市南山区科技创新局也在全市率先推出纯知识产权（主要是专利）的"质押融资贷款项目"，开创了深圳市知识产权质押融资的"南山模式"。该模式正在全市推广，福田区已出台知识产权质押融资激励措施。另外，虽然深圳已推出无形资产抵押担保、信用担保来促进科技成果转化，但目前由于缺乏知识产权交易机制，开展无形资产抵押业务风险很大，该业务并不成功。

四是小额贷款公司处于试点稳妥审慎推进状态。相比银行贷款，小额贷款公司的审批时间和流程相对比较快捷，加上灵活多样的审贷模式，小额贷款公司迅速成长为众多中小企业短期筹措资金的首选方式。近年来，深圳市政府修订出台了多项配套政策，拓宽了小额贷款公司融资渠道和经营范围，健全了小额贷款公司监管政策体系。例如，2009 年初深圳出台的《深圳市小额贷款公司试点管理暂行办法》、2013 年的《关于促进小额贷款公司稳健发展的若干意见》和《深圳市小额贷款公司试点监督管理工作指引》等。截至 2013 年底，深圳共有 86 家小额贷款机构经批准正式开业经营。初步预计，目前营业的 86 家小额贷款公司注册资本合计人民币 136.13 亿元；本年度新增贷款 251.19 亿元，贷款余额 103.4 亿元，自开业以来累计发放贷款 59.14 万笔，为社会解决了 708.5 亿元融资需求。

五是保险业科技保险服务探索新模式。深圳民营经济发达，全市共有中小企业数量超过 50 万家，占全市企业总数超过 99%。但由于缺乏有效的抵押担保，中小企业，特别是科技型中小企业融资难问题十分突出。保险提供了一种信用保证方式促进知识产权交易，及时将创新成果转化为生产力。据深圳保监局介绍，2013 年保险业增加值占深圳金融业比重超过 20%，占深圳 GDP 比重接近 3%。保险业支持前海开发取得积极进展，保险机构聚集效应正逐步显现。另外，中国保监会已于 8 月正式出台支持深圳（前海）保险业改革创新的 8 条具体政策，其中包括 QDLP 政策落地，首批 10 亿美元额度用于境内合格投资者开展境外投资。

近年来，深圳保险业积极发挥功能和作用，探索开展贷款履约保证保险业务，帮助中小企业和个人方便、快捷获得低成本融资，主要措施包括以下几个方面。首先，深圳于 2008 年申请成为国家科技保险工作试点。此后，深圳市出台了多项政策法规，保险业为各类高新技术企业提供了近 2.5 亿元风险保障，有力保障了高新技术产业的稳定经营，尤其是保障了创业投资的中小型高科技企业的成长壮大。其次，深圳市科技与信息局设立了专项资金用于支持科技保险工作。再次，深圳保险机构已为高新技术企业开发了知识产权保险、首台（套）产品保险、产品研发责任险、关键研发设备险、成果转化险等创新保险产品。此外，深圳政府完善了科技保险风险分担机制，支持保险机构与银行、小额贷款公司等合作开发知识产权质押贷款保险、信用贷款保险及小额贷款保证保险等为高新技术企业融资服务的新险种。

2. 经验借鉴

（1）建立以风险投资为主导的资本市场运作机制。健全的资本市场体系为旧金山湾区的科技创新提供了强大的资本支持。因此，大力发展深圳的风险投资行业、推动深圳资本市场体系的改革创新有着重大意义。

一是大力发展政府创投引导基金。虽然美国小企业投资公司计划最终未能取得最佳效果，但是该计划在过去半个多世纪中确实为美国的创新经济发展作出了巨大贡献。政府需谨慎直接参与风险投资的运作，一旦加入，则投资机制和投资激励机制的科学设计显得尤为重要，政府自身须避免陷入实际效果和设计初衷背道而驰的尴尬境地。首先，可学习美国政府推行的向风险投资者和风险企业提供的无偿资金的 SBIC 政府补助措施，发展深圳政府的种子资金计划。此外，政府补助的另一种方式是对高技术风险企业提供亏损补贴，逐步建立中小企业资金援助制度。

二是要引导和优化风险资本来源结构。要继续推进政府风险资本存量与增量改革，调整风险资本来源结构中政府和民间资本的占比，不断弱化政府资金的主导作用，加强民间自由资本的使用。如积极引导养老金、保险金等被动的机构投资者进入风险投资领域；通过创新税收优惠、贷款担保和政府采购等经济激励手段引导市场个人自由资本进入风险投资领域。

三是要创新政府资金对企业的供给方式。运用政策杠杆集聚整合科技创新要素资源，不仅要用好直接政府科技投入，更要重视运用间接政府科技投入，因为政府可调配的间接资源总量远大于直接资金投入。目前深圳可运用的间接科技投入资源有：鼓励企业研发投入的加计扣除所得税政策、新产品开发免税政策、高新技术企业税收减免政策以及政府优先采购扶植政策等。财政直接科技投入应主要用于构建科技创新计划、建立操作执行系统以及政府购买科技创新创业社会化服务。

四是要完善资本退出机制。由于风险企业虽然成长很快但规模通常偏小，且在其成长过程中因需不断增资，故使得其各项业绩指标难以达到传统证券市场的要求。为此必须开辟面向中小企业（特别是高新技术的中小企业）的证券市场，学习美国纳斯达克小型资本市场的经验。首先，在设立模式上，创业板市场应采取独立式的设立模式，成立一个独立的非从属市场，与主板市场之间建立起平行、互补的关系，这样才能使主板和创业板开展平等竞争，有利于形成高效、有序的良性竞争格局，提高市场效率。其次，在上市规则上，可适当降低创业板市场的门槛，简化部分上市程序，放宽相关财务指标，促进更多的有发展潜力的成长型企业进入市场。再次，从市场层次上看，学习纳斯达克多层次多功能的市场组织结构，从上市公司规模、成长性和盈利情况的多层次性等特点来满足不同层次公司希望通过创业板上市融资的需求。此外，亟须建立健全相关法律法规体系，形成完整的支持和保证创业板市场与上市公司运作的制度环境，同时继续完善市场监管体系，保证执法的客观性和公正性。最后，需要增强市场风险防范意识，健全风险控制体系。通过制定更加严格的上市公司监管标准、强化上市公司的信息披露制度来增加创业板市场运作的透明度，尽量避免创业板上市对象由于高风险性带来的隐患和问题，保障市场交易的公开、公平和公正，控制交易风险。

（2）大力发展以银行业为主导的间接融资支持。

硅谷银行模式。与美国相比，中国欠发达的金融环境（如未发展成熟的创投市场和资本市场，严苛的银行监管环境以及未建成的信用评价体系）意味着完全复制美国硅谷银行模式并不合适，探索科技银行的中国化模式才是关键。

一是增强科技支行的独立性。科技银行属于风险银行，通过未来股权投资的高收益来覆盖贷款的高风险，而科技支行还是传统的商业银行的经营模式，可以通过设立具有法人地位的科技银行来加大银行的经营自主性。一方面，科技支行可选择采取"一行两制"的政策来保持科技支行的独立性，杭州银行科技支行的"五个单独"即为典型。另一方面，提倡建立中外合资的具有独立法人资格的科技银行，例如"浦发硅谷银行有限公司"，充分吸收国外科技银行的管理经验，将政府信用和民间信用相结合，进而实现从科技支行到科技银行的跨越。此外，鉴于目前科技支行在科技型中小企业服务方面已积累了一定经验，所以，应支持条件成熟的商业银行成立"法人或准法人"的科技金融专营子银行，或鼓励发展良好的科技支行改制为科技独立法人银行。科技银行应该是支持科技型中小企业发展和科技成果产业化、科技和金融知识兼备的专业银行，能够弥补现有金融体系和银行功能上的不足。

二是实现业务形式多元化。中美不同的银行监管制度体系意味着两国在科技银行业务的多元化方面也存在较大差异。如我国《商业银行法》规定商业银行在中国境内不得向非银行金融机构和企业投资，这使得硅谷银行的"债权转股权模式"在中国无法实践。但是，有关部门可逐步放宽限制，允许风险管控能力强、监管评级高的银行在向科技创新型小微企业提供贷款融资的同时，获得企业的部分股权或认股期权，并允许银行向私募股权进行直接投资或发放贷款。

三是拓展业务范围和种类。贷款利率自主浮动、创新质押方式和担保方式、允许参与风险投资和拥有多样化的投融资工具均是实现业务多元化的可行方向。可借鉴美国硅谷银行的成功做法，通过与创投机构建立紧密联系、获取创投机构反馈的信息进行贷款的风险控制降低风险；通过获取企业的期权收益，放宽贷款客户的风险标准，提升贷款客户增量，平衡科技型中小企业的高风险。

四是培养科技银行复合型专业人才。硅谷银行的许多员工都有高科技领域或专业风投机构或资金营运等方面丰富的工作经验，并在相关领域有较深的人脉关系，复合型专业人才在"关系投资"中起到了关键作用。科技银行员工需有金融和生物医药、新能源新材料、软件设计、机械制造等专业的复合知识背景，具有敏锐的洞察力和较强的创新意识。因此，借鉴硅谷经验，深圳应构建以政府投入为引导，企业投入为主体，政府资金与社会资金、股权融资与债券融资、直接融资与间接融资有机结合的多元化、多层次、多渠道科技金融服务体系。

社区银行模式。对照美国社区银行发展历程，特别是富国银行的成功经验，得到如下借鉴。

一是加强相关法律法规建设，加大监管力度。美国的《社区再投资法》、《小企业法》等对满足美国中低收入社区金融需求、促进社区发展、增加社区就业，为社区银行的生存定位提供了完善的法律保障。我国有关部门应大力推进相关制度的建立，争取早日落实一套较为完整的关于社区银行建立和发展的法律体系，给社区银行的设立、经营、发展及破产等全过程以法律的形式进行规范。此外，政府的政策支持和监管措施对社区银行的保驾护航作用也不容忽视。

二是大力发展小微企业客户群，实行分层营销。富国银行成功的小微企业贷款业务也归因于它依照经营特点和融资要求对小微企业进行了科学细致的规律性划分管理，实践说明，要想在激烈的市场竞争中领先、创新发展小微企业贷款，调整银行客户结构是关键的一步。应充分关注小微企业这个长期被忽视的财富，大力发展小微企业客户群，从规模、风险、收益等多个方面对小微企业进行差异划分，优化客户结构，进一步增强银行竞争力和抗风险能力。

三是坚持差异化市场定位、创新产品设计。旧金山湾区社区银行成功的很重要的原因就是其差别化的定位和个性化的产品服务，我国的社区银行也应该充分借鉴。在市场定位方面坚持差别化战略，在与大型银行竞争时避开其锋芒，集中力量做好不被其重视的低端客户市场，应致力于为中小企业和居民用户提供更好的服务。在产品设计上，一方面应该为中小企业和社区居民提供方便快捷的多元产品，如在电子银行、ATM、信用卡和借记卡、贷款服务、理财方面为顾客提供具有竞争力的价格和服务水平。另一方面，社区银行开展小微企业贷款也须立足企业特点，为它们提供量身打造的信贷产品，满足小微企业个性化需求。富国银行曾开发推出了评分卡、电话申请、免抵押担保等贷款流程创新，从而使帮助小微企业贷款变成富国银行高盈利和高增长的业务。

（3）逐步完善科技金融信用担保体系。为拓宽适合科技企业的多元化融资渠道，要鼓励和引导金融机构加快建立和完善适应科技企业特点的信贷管理制度，推进知识产权、股权质押融资等信贷产品创新，开发适合创新型中小企业风险收益特点的融资工具。为了能让更多的中小科技型企业充分利用手中的知识产权，借鉴旧金山经验，特别是注意到美国小企业管理局（SBA）在提供知识产权质押贷款等融资方面起到的关键作用，深圳需要建立一个由政府、商业银行和中介服务机构等环节所共同组成的流畅的知识产权质押贷款融资体系。

首先，要通过建立健全知识产权价值评估制度来解决评估这个基本问题。对政府而言，可借鉴美国小企业管理局的相关做法，起到"桥梁"作用，对有需求的高新技术中小企业提供贷款担保，分担金融机构的贷款风险，帮助中小企业获得金融中介机构的信任和融资帮助。

其次，应促进第三方的知识产权专业评估机构的发展。知识产权价值的评估是实现知识产权质押融资中不可或缺的一部分，加强知识产权评估机构对企业服务的意识，主动帮助企业评估无形资产，可以更好地实现知识产权交易。参照美国 M·CAM 公司保证资产收购价格机制，结合深圳联交所积极打造的帮助企业技术上柜的路线图，可以考虑将技术上柜和知识产权融资相结合，降低银行的贷款风险。

再次，要完善健全知识产权法律体系，降低法律风险。一方面要注意防范知识产权质押融资过程中的法律风险，另一方面则是在实践中切实执行知识产权保护法，及时处理各项侵权行为和纠纷。

（三）旧金山湾区经济创新发展的高等教育机构支持经验借鉴

1. 深圳与旧金山湾区比较

（1）作用比较——人力资源与技术研究基地。作为人力资源基地，深圳的大学数量与在校生人数不仅远远低于湾区，而且与一线城市如北京、上海、广州等相比，有着很大的差距。2012 年，深圳市共有全日制高校 10 所，共招生 2.76 万人，毕业 1.86 万人，在校学生 8.24 万人。高水平研究型大学有 4 所，分别是南方科技大学、清华大学深圳研究生院、北京大学深圳研究生院、哈尔滨工业大学深圳研究生院，一所普通院校——深圳大学，还有深圳职业技术学院、深圳信息职业技术学院等 5 所全日制普通高校。

从学校的数量、构成以及人力资源数量的角度来说，与旧金山湾区相比，首先，深圳缺乏若干所高水平的研究型大学作为引领来服务地方经济。其次，深圳以大学城高校研究生院和南方科技大学为代表的研究型高等院校现有人才培养规模与旧金山湾区的 5 所高水平大学相比远远难忘其项背，而且在专业设置上，深圳的研究型高校主要集中在理工科的信息电子、环境、生物、建筑，以及经管、金融和法律等专业，专业覆盖程度还不够广。深圳在高水平的劳动资源的深度和广度上和旧金山湾区有着很大的差距，深圳同等层次的学校与加州其他的五所州立大学和社区学院的人力资源的广度相比也大大落后。

深圳的创新力量突出体现在"4 个 90%"，即 90% 的研发人员、90% 的研发机构、90%的科研投入和90%的专利产出均来自企业。这说明在深圳，企业是技术研发的主体，大学在技术研究基地的作用发挥得十分有限。但近年来，深圳高校的科技基地作用也在逐渐增强。在新近公布的922个深圳创新载体中，深圳本地大学有116个；在深圳市的177个重点实验室中，深圳本地大学占到65个；在12个国家级重点实验室中，深圳本地大学占有3个；在17个省级重点实验室中，深圳本地大学占有6个。深圳本地大学的实验室还与当地产业开始了积极的合作，哈工大深圳研究生院与微软、中兴等知名公司共建近30个校企联合实验室，清华大学研究生院与腾讯于2014年成立了清华大学—腾讯互联网创新技术联合实验室，开展联合研究。

在政府资助的研发经费方面，深圳的高水平大学在得到的科研资金上与湾区大学相距甚远。截至2013年底，大学城三所研究生院累计到账科研经费18亿元，与斯坦福大学2013年的82%来自政府直接和间接支持共12亿多美元的科研经费相比差距巨大。

总体而言，深圳本地大学的技术研发基地的作用虽然在近些年得到了一定的增强，但是与旧金山湾区相比还存在十分大的差距。这首先体现在深圳本地大学并没有作为技术研究的主体。其次，这些实验室与产业的合作还不够深入广泛，没有发挥出自身的巨大潜能来服务本地区域和产业的发展。第三，政府对大学的研发资金力度投入不够，影响了其作为技术基地作用的发挥。

（2）服务产业的具体机制比较。在服务产业上，深圳大学城作为高水平大学代表具有典型性，因此以深圳大学城为主体来研究服务产业的措施。

在创新人才的培养上，北大深圳研究院通过设立创业课程，为创业人才提供有利的支持来培养创新的人才和企业来为深圳的经济做出贡献。北大汇丰商学院开设企业与企业家课程，邀请著名企业家和企业经营领袖担任授课教师，向学生传授企业创业与经营的先进理念，帮助学生了解企业的创建与发展，为未来发展奠定了基础。北大深圳研究生院还于2014年筹立了为北大深圳研究生院学生创业团队提供交流平台与支持服务的创业工坊。

在技术转移方面，哈工大深圳研究生院和清华深圳研究生院在技术转移方面通过建立校企合作的实验室，建立技术转移基地等措施来服务当地的产业。截至2013年，哈工大深圳研究生院累计与深圳500余家企业开展了实质性的合作，项目经费超过2亿元，授牌近60家企业为该院的校企合作产学研基地，通过校企联合培养的硕士研究生约占学生总数的25%。清华深圳研究生院与海外高校建立的联合实验室，省部产学研联盟和一些校企合作科研基地。2011年，在深圳市宝安区人民政府的支持下，组建了新能源领域的技术孵化和转移平台"深圳清华新能源技术转移中心"。

总体而言，深圳大学城的三所高校都采取了一些举措来服务当地产业，但它们在规模上不够集中，在措施上还比较割裂，没有像斯坦福大学那样形成统一的实验室合作、技术授权、衍生企业、学生与产业之间的互动以及帮助创业者与风险投资建立联系等一整套相互联系的系统举措。

（3）外围环境支持比较。

中国/深圳的技术转移法案和政策。在外围环境的支持上，在技术转移法律层面，中国的技术转移法案有《科学技术进步法》、《促进科研成果转化法》等法律与政策，深圳市于2013年制定了深圳经济特区技术转移条例，这些技术转移法规还没有像美国的技术法规那样具体全面，同时这些技术转移的法律政策制定的时间较短，还没有经过实践的充分检验。

从《深圳经济特区技术转移条例》和《促进科技成果转让法》以及《高等学校知识产权保护管理规定》的对比上，可以看出深圳技术转移条例在激励人员进行科研和技术授权上比国家规定采取了更大的力度来激励技术授权。

资金扶植。风险投资机构上，深圳的风险投资机构和私募股权公司都有着较大的规模，但深圳的天使投资却比较薄弱。截至2013年底，深圳市内的私募和风投公司已超过3500家，深圳注册总额将近3000亿元，占据全国1/3的份额。天使投资作为产业链的最前端，在深圳的数量明显不足。据统计，从2008年至2012年，广东省的天使风险投资额度仅为3.2亿元，深圳的投资应小于这个金额。

表 1. 12 美中技术转移、成果转让政策/法规比较

政策/法规结构	相关政策/法规名称	作用	比较结果/依据
技术转移、成果转化政策/法规（美国）	《史蒂文森·威德勒技术创新法》（1980）	第一部定义技术转移的法律，要求政府部门推动联邦政府支持的技术向地方政府和企业转移	中国有立法：《科技进步法》《促进科研成果转化法》
	《拜杜法案》（1980）	允许高校、中小企业和非营业机构对政府资助所得的研发成果拥有知识产权，并可以专有或者非专有方式授权给产业界，进行技术转移	中国有政策无立法：《高等学校知识产权保护管理规定》深圳有立法：《深圳经济特区技术转移条例》
	《联邦技术转移法》（1986）	是对《史蒂文森·威德勒技术创新法》的修订。通过授权公营实验室缔结合作研究合约，鼓励国家实验室与工业界合作建立科研联合体，以促进技术转移	中国无政策无立法
	《小企业技术转移法》（1992）	给小企业提供技术资助，让小企业与大学、研究机构共同参与项目研究，以此为基础获得新技术	中国有政策无立法：《关于促进自主创新成果产业化的若干政策》

表 1. 13 技术激励对比

相关政策/法规名称	促进科研成果转化法	高等学校知识产权保护管理规定	深圳经济特区技术转移条例
技术转移激励	高校转让技术取得收益提取不低于20%对该项技术成果的重要人员奖励。经过学校规定，由技术完成人进行产业化的，提取不低于30%的报酬奖励。技术授权产生收益应在3~5年内以收益的5%以上奖励重要贡献人员	单位科技转让收入应不低于20%奖励重要贡献人员，技术授权产生收益应在3~5年内以收益的5%以上奖励重要贡献人员	高校转移取得利润和入股的30%奖励重要贡献人员，产生收益连续十年提取不低于30%的利润奖励重要贡献人员

从风险机构支持的角度来讲，深圳也具有充足的资金储备来扶植衍生企业的发展。但深圳的天使投资相对来说较少，在扶植初创企业上的环节上力度不够。同时由于发展时间较短，深圳的风险投资机构还没有积累足够的经验以及发展出成熟的机制来为初创的衍生企业提供高水平的咨询顾问服务，提高初创企业的管理水平和创新机制。

人力资源对衍生企业的支持。在相应的人力资源方面，深圳与北京、上海、广州三个一线城市的薪酬水平相比，总体上深圳人才薪酬水平低于北京和上海，不具显著优势，尤其是中高层人员的薪酬水平呈现层级越高、差距越大的趋势，这不利于深圳吸引和留住中高层次的管理型人才。

从衍生企业的配套管理及其他人才来讲，相对于湾区，深圳配套的人力资源无论从数量和质量来说相对来说较少。由于我国的现代企业制度建立较晚，管理人员及商业服务人员在创业经验和创业知识方面较美国也有一定的差距。

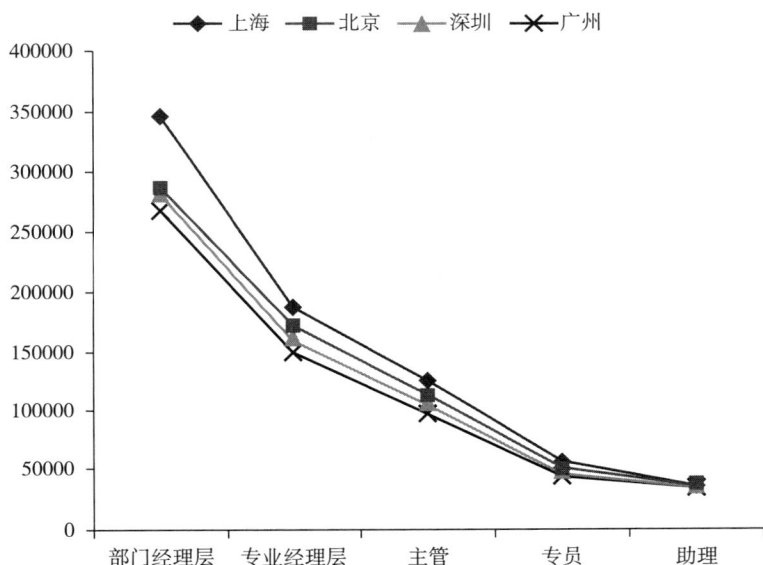

图 1.5 北京、上海、广州、深圳岗位薪酬对比（2013 年）

2. 经验借鉴

在湾区经济的发展中，大学作为高等教育机构发挥着重要的作用。下文结合旧金山湾区的成功经验以及深圳的实际情况，提出深圳市可以采取如下措施来促进大学对于整个湾区经济发挥更好的作用。

（1）深圳要加大对大学的建设力度，促使其成为湾区经济发展的重要支撑。人力资源和科学技术对一个区域的经济发展起着重要的支撑和推动作用，为了促进经济发展，深圳市要加大对大学的建设力度，促使其发挥人力资源和技术研究基地的重要作用。

一是要推动不同层次的高校的规模建设，培养出适合湾区经济发展的人力资源。深圳首先要加大对已有高水平研究型高校的资金扶植，提高其专业质量、扩大招生规模以及扩展其招生专业，发展一所或者几所高水平大规模的研究型大学来引领整个区域的发展。同时，深圳市政府还要推动普通院校的发展，通过在这些院校中推广联合教育等举措，培养出为深圳湾区经济发展服务的广大的技术人员队伍。

二是推动研究型大学的技术基础设施建设，发挥其作为技术研究基地的作用。鉴于深圳本地大学创新载体较少的现实，深圳要为本地大学投入足够的研发资金来支持其创新载体的建设，增强大学的技术研发能力。在此基础上，深圳要引导大学中的创新载体与企业的实验室以及独立创新载体积极合作，在重大课题、前沿技术等领域发挥协同作用提高研究产出，便利研究成果产业化。

（2）深圳要积极引导，促进大学探索服务产业的新型模式。旧金山湾区大学通过一系列服务产业的举措，在硅谷的形成中起了至关重要的作用。深圳可以参照其模式，并结合自身实际来促进本地学校与产业结合的独特模式。

一是要培养创新型人才，为衍生企业储备人力资源。创新型人才是一个地区经济发展的活力之源，他们通过创办企业来促进当地经济增长，带动当地就业。大学可以通过设立创业课程，支持学生的创业实践以及建立与当地企业家沟通的渠道等方式来培养学生的创业热情与能力。

二是要通过技术转移，将前沿技术转移到产业当中。前沿技术会对产业产生重大的影响，因此深圳要通过投入资金来支持大学设立技术授权办公室，引导大学内部出台鼓励衍生企业发展的资金资源、人力扶植等政策，为衍生企业提供良好的孵化环境等措施将大学的前沿技术转移到产业界中，带动产业界的发展。

三是在地域邻近的基础上，加强大学与产业间的联系。地理上的邻近会增加大学与企业合作的机会，因此深圳应引导高科技企业入驻大学周边，从而在地缘上形成便利条件。在此基础上，深圳应鼓励大学与企业在人才培养，联合研究方面进行密切合作合作，最终形成互利互惠的学校与产业的合作网络。

（3）深圳要加强外围环境支持的建设，强化大学对区域经济发展的促进作用。外围环境的法律、资金和衍生企业需要的人力资源对大学在区域经济发展中起着重要的促进作用，因此深圳市政府应该加强对这些方面环境的建设。

一是要推进法律环境建设，便利技术转移的实施。在技术转移立法方面，深圳已出台了深圳技术转移条例来明确技术转移实施的各个方面细则。下一步深圳应明确试点，大力推动此法律的具体落实，并根据落实中遇到的问题和环境的变化来对其进行相应的修订。

二是要加强金融环境建设，为衍生企业提供资金资源支持。针对深圳天使投资相对较少的现实，深圳要采取法规来引导天使投资的发展，扩大其规模为衍生的初创企业提供强有力的资金支持。在风险投资环节上，深圳要引导风险投资建立起一套完整的为初创企业增值服务方案，提高衍生初创企业的成功率。

三是要培育评估相关人才，为衍生企业提供人力资源支持。在衍生企业的发展中，管理和商业类人才在衍生企业寻找定位、提高企业效率等方面都起着重要的作用。深圳目前这方面的人才存在如下不足，一是在规模上还不能满足未来衍生企业发展的需要，二是这些人才的知识和能力也达不到衍生企业所要求的程度。因此深圳要建立相应的机制来培育和评估服务衍生企业的管理和商业运行类人才来服务衍生企业的发展。

（四）旧金山湾区经济创新发展的高层次人才支持经验借鉴

1. 深圳与旧金山湾区比较

（1）人才引进。为了吸引海外高层次人才来深创业创新，推动支柱产业和战略性新兴产业领域的人才队伍结构优化和自主创新能力提升，实现人才资源配置和产业优化升级的高端化、高匹配，推动经济发展方式进入创新驱动发展轨道，深圳市自2011年起开始实施"孔雀计划"，以推动高新技术、金融、物流、文化等支柱产业发展，培育新能源、互联网、生物、新材料等战略性新兴产业为重点，聚集一大批具备较高专业素养和丰富的海外工作经验，掌握先进科学技术、熟悉国际市场运作的海外高层次创新创业人才。

"孔雀计划"首先建立引才目录定期发布机制，每年定期向社会公开发布深圳市海外高层次人才重点引进目录；建立专项引才机制，健全海外人才联络机构体系和海外高层次人才信息库，加强与海外留学社团、境外人力市场、猎头机构和驻外机构的联系，引进和培育一批国际猎头公司机构。其次建立确认机制，对海外高层次人才确认实行认定和评审相结合的办法；并健全配套服务机制，给予80万~150万元的奖励补贴。及时解决海外高层次人才在居留和出入境、落户、子女入学、配偶就业、医疗保险等方面的问题和困难；要建立创新创业专项资助机制，建立创新创业服务扶持平台，在创业资助、项目研发资助、成果转化资助、政策配套资助等方面支持海外高层次人才创新创业。最后要建立专项投入机制，从2011年开始，在未来5年每年投入3亿~5亿元，用于海外高层次人才配套服务和创新创业专项资助。

（2）创新研发阶段。创新专项资金支持。为高层次人才提供服务支持，深圳市已经建立了创新专项资金以及创新专项资金的申请指南，以南山区为例，南山创业中心为企业提供了专项投资资金、产业化资金、融资贷款计划和融资服务等各类资金。截至 2010 年 6 月底，累计完成项目投资 29 个，总投资金额 4660 万元，直接带动 18 个风险投资机构合作投资，引导资金金额 11600 万元，通过孵化资金和风险资金的直接投资，为南山区孵化出一批高成长性企业。在已投资的 29 家企业中，有七家企业的销售收入和行业地位进入我国同行业前列，如深信服公司被美国德勤事务所已连续 5 年评为"中国高科技、高成长 50 强"。2009 年，该公司销售收入接近 3 亿元。

创新协同平台。为培养源源不断的创新人才，深圳市大力发展建设高等教育，目前主要有北大深圳研究生院、清华深圳研究生院、哈尔滨工业大学深圳研究生院、南方科技大学，深圳大学等几所研究性大学，以及深圳信息职业技术学院和深圳职业技术学院等职业技术院校。其中，北京大学深圳研究生院科研实力不断增强，纵向科研经费与横向科研经费比例达到 2∶1，承担高水平基础研究项目的能力明显提高。北京大学深圳研究生院已建和在建各类实验室 30 多个，包括化学基因组学实验室、人居环境科学与技术实验室、集成微系统科学工程与应用实验室三个国家级重点实验室。此外，清华大学深圳研究生院也已逐步建立起一批学科实验室及科研机构，包括 1 个国家重点实验室深圳研究室、1 个省部共建国家重点实验室培育基地、2 个国家工程中心分中心、2 个省部级科研机构及其分支、13 个深圳市重点实验室、9 个深圳市工程实验室、5 个校级研究机构及其分支、1 个广东省创新科研团队、1 个深圳市孔雀团队、6 个与海外高校建立的联合实验室、2 个省部产学研联盟和一些校企合作科研基地。信息科学技术、健康科学与技术、清洁生产等 3 个按国家级重点实验室或分室标准建设的重点实验室正按计划积极推进中。

知识产权保护。我国针对中小企业的立法主要有《中小企业促进法》和《大中小型工业企业划分标准》；《公司法》、《证券法》、《知识产权法》、《城镇集体所有制企业条例》和《乡镇企业法》中也有涉及。其中《中小企业促进法》是中小企业法律中的基本法，改善中小企业经营环境，促进中小企业健康发展，扩大城乡就业，发挥中小企业在国民经济和社会发展中的重要作用。

市场分析服务。近年来，许多企业都在寻求新发展，新机遇。企业进行创新和产业转型升级，对新技术的需求也在不断增大。而技术转移人才严重短缺问题，已经成为制约将科技优势转化为企业竞争优势的主要因素之一。深圳市科技服务业协会将会定期免费举办技术转移人才培训，培育技术转移专业服务人才，能有效缓解市场需求大量技术转移人才与市场自发形成有限的技术转移人才间的矛盾。

知识产权服务。在知识产权咨询方面，深圳市科技服务业协会建立了专题专利数据库，该数据库依据客户对技术创新的需求和信息采集的目的而建立，既可以是整个行业为基础的专利信息集合，也可以提供针对某一具体产品或技术为基础的专利信息集合，通过对现有专利进行分析，了解目前专利在各相关领域的分布情况和发展趋势，在此基础上对选择和决定将来公司专利技术开发的主要发展方向提供决策建议。另外，该协会还提供知识产权运营服务，通过专利运营充分实现专利的财产价值，盘活已有专利资产。提供包括专利许可、专利转让、专利托管、专利池与专利联盟、专利拍卖、技术转移等在内的知识产权运营服务。

（3）创业前期阶段。深圳湾区目前处于快速发展的阶段，大力发展前孵化服务，"前孵化器"依托高校、科研院所，支持有创业需求的人才把处于研究早期的技术产品甚至技术思路产业化，降低创新创业风险和成本，加速知识和研发成果转化，催生科技型小微企业，有效地推动科技研究与经济发展的创新结合。近年来，深圳积极推进科技成果的孵育和转化，已初步形成科技产业化的孵化服务链条。但是"成果—前孵化—孵化—加速—科技园"的整个孵化链条还不完善，迫切需要加强对科技成果转化的催生期和前孵化环节的建设。

为不断改善"前孵化器"，深圳开展了前孵化器建设试点示范。首先采用"点、线、面"相结合的方式，引导深圳高校、科研院所、大型企业建立前孵化器；其次重点促进人才进驻和成果转化，鼓励广东省"千人计划"、"创新科研团队"等科技创新创业人才进驻；第三，要构建前孵化器的创新服务体系，整合资源打造创业公共服务平台，为前孵化项目提供公共服务、进孵化器、进园区等服务，确保创业计划落地，为创新创业人才提供辅导培训、咨询、能力评估等创业公共配套服务；最后要完善前孵化—孵化—加速的创业孵化链。加强前孵化器与孵化器、科技园、高新区的合作，建立前孵化器和孵化器的对接机制和平台。

在天使投资基金服务方面，2011 年前，国内兴起私募股权投资热，大多数的创业投资家热衷于投资成熟期和中晚期项目，对于投资种子期项目的天使投资积极性不高。然而，随着中小板和创业板的蓬勃发展，不少创投机构在高估值的中晚期项目上表现得相当谨慎，多重因素致使投资前移，天使投资逐渐火热。此外，深圳务实的投资氛围和环境越来越受到投资者的青睐，深圳的创业者在项目估值和执行力上都比较务实，据不完全统计，深圳拥有创业投资机构 400 多家，管理的股权投资基金占全国三分之一。深圳率先在 2007 年成立了深圳天使投资人俱乐部，并在 2009 年出台了全国首个天使投资人备案制度——《天使投资人备案登记非行政许可审批和登记实施办法》，对从事天使投资业务实行备案登记和相关的从业规范。深圳天使投资迅猛发展的原因主要有两点：第一，投资者在这个过程中解决了退出的问题，在 A 轮或 B 轮投资时就可以退出；第二，轻资产的创业团队能给投资人带来可观回报。天使投资拓宽创业企业的融资渠道，为创业企业早期发展奠定了坚实基础。此外，天使投资家还能为初创企业提供成功的经验和有益的指导，帮助企业提高管理水平，克服创业初期的困难。

（4）创业发展阶段。一是发展风险投资。到 2013 年底，深圳市内的风投机构已超过 3500 家，深圳风险投资行业的注册总额将近 3000 亿元，占据全国三分之一的份额，无疑是我国创业投资最为发达与活跃的地区之一，其在国内风险投资行业中的领头地位毋庸置疑。正如硅谷的成功建立在其强大的企业集群之上，深圳风险投资行业下一阶段的发展方向将是形成相互依存的产业网络体系，通过增加风险企业数量、提升企业专业化程度及创新质量，强化风险投资企业集群力量，从而为技术创新产业提供更为广阔的市场平台，形成更具有发展潜力的知识密集型企业集群。二是营造深圳湾区文化。培育创新文化、营造创新环境、激发创新活力，争取在全社会形成"尊重创新、尊重创业、尊重纳税人"的人文环境，弘扬敢于冒险、勇于创新、宽容失败、追求成功的创新市场文化。为了营造深圳湾区文化，深圳市政府应推动创业教育课程的国际化建设；引入丰富的企业实践，请优秀的企业创业者介绍经营管理经验，提供创业模拟体验和创业实战训练的机会；培养创业者的企业家精神，即有独立思考和行动的能力，尊重和善于利用市场环境，不怕失败，勇于挑战，有创造性、独创力、自发性、改革开拓精神、尊重个性的精神。

（5）高速成长（成熟期）阶段。深圳市已成立高新园区、高科技企业孵化器、大学科技园、留学生创业园等，为中小企业科技创新与成果转化提供了有力支撑和载体。深圳市高新技术产业园区服务中心（深圳市科技金融服务中心）是市科技创新委员会直属事业单位，是深圳高新区综合性公共服务机构，也是深圳市促进科技金融结合的服务机构。高新区服务中心成立于1997年，2012年6月加挂了"深圳市科技金融服务中心"的牌子，现内设综合管理部、国际合作部、社会事务部、科技金融服务部、文体服务部，下设两个民非组织和一个合资公司：深圳市创新总裁俱乐部、深圳市中小科技企业发展促进中心、深圳高新区信息网有限公司。服务中心在工作中不断创新与探索，逐步建立了"一个窗口、十大平台"为主的公共服务体系。2013年，高新区以占全市1.17%的工业用地、占全市4.35%的从业人口，实现了高新技术产品产值2844.12亿元，占全市高新技术产品产值的23.9%。园区万元工业增加值能耗0.095吨标准煤，相当于全市GDP能耗平均水平的20%。

2. 经验借鉴

（1）人才政策。通过旧金山湾区和深圳湾区的人才政策对比，我们可以看到，在公共政策方面，旧金山湾区有"人才特区"建设工程，深圳湾区有"孔雀计划"，二者都为高层次人才提供了大量的研发经费和创业优惠政策，地方政府也通过担保贷款、采购优惠等各种政策支持硅谷中小企业的发展，并满足高层次人才及其家属的创业、居住、教育、医疗和文化娱乐等各方面的需求。通过对比看到，深圳湾区的"孔雀计划"是一个非常完善的人才吸引计划，自从 2011 年施行以来取得了显著的效果，吸引大批高层次人才，为深圳湾区的持续高速发展提供了源源不断的动力。

至于市场化的人才政策，旧金山湾区以员工持股计划为主，这是让员工努力工作和不断创新的核心动力，也是硅谷成功的基本要素。在知识经济时代，谁拥有更多高素质的高科技人才，谁就在竞争中处于有利地位，员工持股计划使员工既是劳动者又是所有者，强化了员工对公司的向心力和凝聚力。但是深圳湾区的企业没有普遍推行员工持股计划，这没能充分调动每一个员工的工作积极性和潜能，也容易造成核心成员的流失，因此深圳的高新技术产业应该大力普及员工持股计划，在保证留住优秀员工的同时，吸引新的优秀的人才不断加入，同时也可以培养整个深圳湾区的企业家精神、创新精神、进取精神与协作精神。

（2）创新研发。在创新专项资金支持方面，旧金山湾区在 20 世纪 80 年代就出台了《小企业创新开发法》，正式实施 SBIR 计划，并确立了非常明确的计划流程和资助模式，为中小企业在创新技术、产品和服务的起步与研发阶段提供资金支持，并鼓励其创新市场化。深圳湾区创新专项资金虽然开始于 20 世纪末，但是后来居上，成立了专项投资资金、产业化资金、融资贷款计划、融资服务等各类资金，也出台了明确的项目投资流程，成立了相关投融资服务部，通过产业化资金和融资贷款计划，为企业提供高达 5.6 亿元的贷款支持，帮助一大批企业快速发展壮大。在受支持的企业中有 63 家企业完成了股份制改造，部分成为创业板首批受理企业，新纶股份、中航信息、星源材质等一批企业更是作为行业领军企业。

在协同发展平台方面，虽然深圳的北大、清华、哈工大研究生院以及南方科技大学和深圳大学等经过近几年的建设已经初步具有了一定规模，但它们与湾区中的斯坦福大学和加州大学等 4 所学校相比，招生规模、学生人数、科研水平等仍然有不少差距。因此深圳市政府可以推动北大、清华、哈工大、南方科技大学的人才建设，推动其招生规模和批次（如在北大、清华研究生院中招收本科生）。同时扶植职业技术学校更好地发展，推动其培养出更多的符合深圳市未来产业需要的工程师队伍，并加大力度建设高等学校的实验室等的基础建设，不断增加国家级实验室的数量，引导高校之间以及它们与产业进行合作。此外各个高校还应深入推进国际化水平和素质教育水平。深圳市政府可以出台政策方便各个高校引进国际教师与留学生以及促进其与各个国际化高校之间的合作，缩小我国著名高校和世界著名高校的差距。

在知识产权方面，美国的知识产权体系已经相当成熟，有一系列保护和激励中小企业利益的法律，同时加州的法律环境非常宽松，商业秘密保护法律等相关法律远不如其他州那么严格，极大增强了硅谷的活力。此外美国国会改变了以前的策略，接受联邦经费的计划执行单位能够取得研究成果的智能财产权并加以利用，推动了高科技产业蓬勃发展。而我国的《中小企业促进法》2003年出台，截至目前虽已经形成了一套保护中小企业知识产权及相关利益的法律法规，但是还处于不断修改完善的阶段。深圳湾区也可以参考美国接受联邦经费的计划，执行单位能都取得研究成果的智能财产权并加以利用，促使企业界和研究机构的合作意愿大增，推动高新技术企业发展。另外，深圳湾区处于高科技企业的高速发展时期，中小高科技企业急需技术转移专业服务人才和各类知识产权服务，深圳市科技服务业协会作为提供专业创新创业市场化服务的团体，培养了大量技术转移专业人才，缓解市场需求大量技术转移人才的矛盾；协会还提供了为企业的技术、产品及服务开发中的决策提供参考的知识产权咨询服务，以及知识产权运营服务，为深圳湾区处于发展初期的广大中小高新技术企业发展提供知识产权一条龙服务，促进了高新技术产业的健康发展。

（3）创业前期。关于天使投资。深圳湾区天使投资最近几年才开始兴起，并于2007年才成立深圳天使投资人俱乐部，这与旧金山湾区成熟的天使投资团体相比还有一定差距。天使投资团体很好地弥补了天使投资人的缺陷。很多天使投资团体有自己的网站，创业者很容易通过互联网了解天使投资团体的情况，这相比于默默无闻的天使投资人来说融资效率大幅提高。此外天使投资团体比天使投资人更为专业，很多天使团体不仅仅提供资本，还为初创企业提供帮助与指导。因此深圳应该大力发展天使团体，利用天使团体的宝贵经验和网络联系为创业者提供帮助，深圳湾区的天使团体也可以根据自身的专长和从业经历具体规定投资领域，以便对投资对象的选择和指导，为初创企业提供更加深入和专业的指导。

关于"前孵化器"。虽然经过了多年发展，但是旧金山湾区政府并没有打造系统的前孵化服务。而目前处于快速发展阶段的深圳湾区，具有前瞻性地大力发展了前孵化服务。虽然近年来深圳湾区已经初步形成科技产业化的孵化服务链条，但是"成果—前孵化—孵化—加速—科技园"的整个孵化链条还不完善。深圳湾区应该不断改进，开展前孵化器建设试点示范，重点促进人才进驻和成果转化，构建前孵化器的创新服务体系，完善前孵化—孵化—加速的创业孵化链。

（4）市场导入。通过市场导入的初创期阶段的税制改革对比，旧金山湾区的一系列税制改革明显优于深圳湾区。在国家层面，1981年美国就首次确立了研发税收抵免政策。从1981年到2011年的30年间，美国企业"研究与实验税收抵免制度"被不断延长和修订，并越来越完善、简化、易于应用。在市级层面，2011年旧金山市政府改革了工资税，挽留了大型高科技企业，旧金山市还将进一步扩大工资税改革规模，取消工资税，改按年营收课税：按照产业不同，年营收超过100万元的公司将被分别征收0.1%~0.65%不等的税额。而深圳湾区的税收优惠政策只有国家统一颁布的《关于技术先进型服务企业有关企业所得税政策问题的通知》文件，对经认定的技术先进型服务企业，减按15%的税率征收企业所得税。相比之下，深圳的高科技公司要承担比旧金山湾区高科技公司更重的税务负担，因此深圳湾区应在国家法律法规允许的范围内，颁布各类高科技公司的税收优惠政策，减轻高科技企业税收负担，为科技人才创业与技术扩张提供条件。

（5）创业发展。风险投资是企业创业发展成长期的重要资金来源。对比两个湾区的风险投资情况，两地都已经建立了较为成熟的风险投资体系，均是各国创业投资最为发达和活跃的地区。两地的风险投资均很好地发挥了资金放大器的功能，为高技术产业化提供了资金支持；此外两地的风险投资孵化器功能也为企业提供了管理增值服务，风险资本家不仅仅提供资金，还为企业带来技术技能、操作经验以及行业接触的网络，在经营计划和战略方面为企业出谋划策，运用自己的经验、知识、信息和人际关系网帮助高科技企业全面提高管理水平。此外，硅谷不禁建立了与风险投资相关的健全的法律制度，高效运作的风险资本市场，以及多样化的中介服务机构，而且还建立了联结政府与风险投资机构、国内风险投资家与外国投资家和外国金融机构交流业内信息，规范同业经营行为的自律组织。这点在深圳湾区还处于起步阶段，深圳要大力健全风险投资法律制度，建立同业自律组织，规范风险投资的运作，促进其健康发展。

在多年的发展中，硅谷形成了其所特有的文化：绝对相信大脑潜能、崇尚思考、试验，拥抱科技新知以及勇往直前、无畏风险。而经过无数的实践证明，如果希望高新技术产业蓬勃地发展起来，就不能只盯着物质资本或技术本身，而要把主要的注意力放到创建有利于发挥人力资本作用的经济体制、社会文化环境方面去。硅谷文化是硅谷发展的重要基石，而反观深圳湾区，至今为止还没有形成鲜明的深圳文化。一个科学园区要成功举办，必须具备一些基本要素，如依托大学和科研机构、良好的基础设施和服务、密集的风险投资基金、密集的高素质科技人才等，但是仅有这些是不够的。因此深圳湾区要建立独特而富有成效的文化背景：崇尚竞争的创业环境，开放流动的学习风气，相互合作的团队精神等等。

（6）高速成长。旧金山湾区和深圳湾区都已经建立了比较完善的园区公共服务体系，为中小企业科技创新与成果转化提供了有力支撑和载体。但是深圳湾区还应加大园区建设力度，全美顶尖科技企业创业孵化器排名，排名前10的创业孵化器中有2家位于旧金山市区，企业价值达77亿美元位居榜首的Y孵化器，已经孵化了380家初创企业。而深圳湾区虽然已经有高新园区、高科技企业孵化器、大学科技园、留学生创业园等，但还没有形成全国顶尖的科技企业创业孵化器，应该紧跟旧金山发展脚步，建立顶尖科技企业创业孵化器，形成优势产业集群，通过知名龙头企业和上下游企业形成集聚，带动整个区域的快速发展。

硅谷的国际化是建立在良好的制度基础上的，这种制度充分体现了自由选择、公平竞争和合理分配的市场机制。政府基本上不参与硅谷企业的微观活动，在硅谷的发展过程中，政府所提供的最重要、最基本的资源就是完善的公共产品和恰当的政策与法律体系。为了推动深圳湾区的国际化，深圳市政府应该学习旧金山政府的做法，提供完善的公共产品和恰当的政策与法律体系，建立健全风险投资制度，促进人才聚集区域效应的产生；建立健全知识产权保护制度，提高深圳湾区国际竞争力，强化人才聚集的激励和创新效应；建立健全人力资本的股权激励制度，利于人才聚集的信息共享效应、知识溢出效应和区域创新效应的产生与提升。

五、湾区经济多元行政主体协调和制度安排借鉴

（一）深圳湾区面临的多元行政主体协调的背景

发展湾区经济，既是发挥深圳经济特区先行先试作用，积极落实中央对外开放战略的需要，也是深圳抢抓机遇，在更大范围配置资源，实现更高层次、更高质量发展的内在需求。区域协同发展是湾区经济发展的客观要求。港口城市在对外开放中最先发展壮大，达到一定规模后，会对周边区域产生外溢效应。同时，周边区域为谋求自身发展，也会主动承接外溢的相关产业和功能，港口城市和湾区腹地形成紧密依存、共同发展的关系。世界级港口需要有广阔腹地的运输需求支持，同时，广阔腹地的工业产品需要通过港口输往世界各地。正基于此，湾区内部产生了巨大区域协同发展的客观需求，这也进一步要求湾区内的政府通过法规、政策推动湾区的协调发展。

1. 深圳湾区区域协调机制的政策背景

广东省为保障落实国务院 2008 年 10 月颁布的《珠江三角洲地区改革发展规划纲要（2008～2020）》，于 2011 年 7 月公布《广东省实施珠江三角洲地区改革发展规划纲要保障条例》，其中对于区域多元行政主体的规划和协调问题做出如下规定。

（1）省人民政府制定年度工作计划，下级人民政府根据省政府计划制定本地区的计划，并报上级人民政府审核。

（2）省人民政府应当建立健全实施规划纲要的工作机制，协调解决实施规划纲要中的重大问题和跨部门、跨地区的重大事项；定期召集省政府有关部门和地级以上市人民政府，研究协商实施规划纲要的重大事项，如新建重大产业项目和重要产业基地布局等，并做出决定。

（3）珠三角地区地级以上市人民政府应当通过协作会议等形式，对设计区域协作发展的重要事项进行沟通、协商，取得一致意见后做出决定或者签订合作协议，并严格执行。省人民政府应当督促决定或者合作协议的执行。区域协作发展事项需要省人民政府及其有关部门协调的，地级以上市人民政府可以提请省人民政府及其有关部门协调，省人民政府及其有关部门认为有必要的，应当牵头协调。

（4）省人民政府应当根据经济社会发展需要，加强与香港、澳门特别行政区的沟通、协调，推动重大基础设置建设、产业发展、环境保护、公检优质生活圈、区域合作规划等方面的合作。

（5）各级人民政府在执行区域协作发展决定或者合作协议，以及其他实施规划纲要中发生争议的，应当协商解决；协商不成的，可以由共同的上一级人民政府做出决定。

条例的内容反映出在现有法规下的区域协调，主要还是采取由省人民政府及其有关部门牵头安排的传统行政模式。省级人民政府是整个区域协调机制的决定和行动主体。省级以下的行政主体在这个模式中，在涉及区域合作协调问题的方面，主要的工作是落实上级人民政府的计划，配合其他省级以下的行政主体落实经上级人民政府审核的区域协调工作。

2. 深圳湾区区域协调的实践背景

（1）深莞惠区域发展联席会议。在《珠江三角洲地区改革发展规划纲要（2008～2020）》的基础上，深莞惠区域协调主要采取的是地方政府行政领导联席会议的模式，通过缔结地区性协调协议实现区域问题的解决。目前已举行七次联席会议，并通过《深莞惠区域协调发展总体规划（2012～2020）》。

（2）深港澳合作框架协议。深圳与香港、澳门之间主要通过政府行政协议的方式，签订深港、深澳合作框架，就涉及经贸、旅游、文化、法律、重大基础建设、环保、城市规划、医疗等领域开展合作。2004年6月，深港两地政府签署了具有里程碑意义的《关于加强深港合作的备忘录》及法律服务、经贸合作和投资推广、旅游、科技等方面8个具体的合作协议。2007年5月，深港两地政府正式签署《"深港创新圈"合作协议》，全面推进和加强科技合作，包括人才交流和资源共享。2008年11月，两地政府就进一步推进深港合作、建立协作应急机制、携手应对金融危机等达成诸多共识，签署了落马洲河套地区综合研究、教育、清洁生产、文化、旅游等5项合作协议。2014年2月，深澳双方签署了《关于加强经贸交流与合作的协议》和《旅游合作备忘录》。

3. 深圳湾区现有区域协调机制存在的问题

（1）行政区与经济区的矛盾。在目前区域各地方的协调发展进程中，各地政府为了维护各自利益与争夺发展资源，行政区与经济区的矛盾持续产生，至今仍是区域协调发展的一大障碍。

首先，行政区阻碍了经济区各种要素的流通。深圳湾区的主要城市，深港澳及珠三角其他重要城市如东莞、惠州等，在行政运行机制上存在差异，很大程度上影响了深圳湾区各大城市间资金、人才等要素的自由流通。

其次，各行政区内普遍存在产业结构趋同、重复投资等资源浪费的情况。以各地雨后春笋般的经济开发区为例，这些开发区大多缺乏特色与竞争力，浪费了宝贵的土地和资金，阻碍了区域的可持续协调发展。

此外，行政区政府部门设置的差异阻碍区域协作的开展。由于各行政区的部门设置存在差异，如港澳特别行政区的部门设置和内地行政区的部门设置就有明显区别。又如深圳作为经济特区，首先开展大部制改革，其在政府部门设置上又与深圳湾区其他地方行政区有所区别。行政区政府部门设置上的差异，在一定程度上给不同行政区之间的合作对接带来障碍，影响了区域协调的效果。

（2）尚未建立全面的区域协调机制。地方政府作为地方利益的代言人，自然要为所辖地区谋求最大的利益。所以，地方政府间的合作也必然是在相互竞争的基础上展开的合作。如果不能保证每个合作者都能得到大于合作成本的补偿，地方政府必然缺乏合作的积极性。

目前，深圳湾区的主要区域协调机制是在上级政府主导下的地方政府联席会议模式。虽然联席会议制度有效地加强了地方政府间的合作，但是仍存在许多不足，其中较为突出的就是地方政府参与协调的主动性不足。上级政府是站在大局之上把握区域协调的必要性和可行性，而地方政府作为最了解本区域特点和存在问题的利益代言人，在整个区域协调决策机制中并没有相应的位置。缺少利益协调机制，地方政府的积极性必然受影响。除此之外，目前深圳湾区的协调机制还存在诸如没有成立专门独立的组织负责区域问题的规划、发展与协调解决，职能分工不明确；在个别城市损害区域利益时缺少对应的惩罚机制；出台的政策、决定缺乏约束力；区域公共服务缺乏统一的经费来源以及运作机制；缺少可操作的法律依据，没有稳定的制度保障等问题。因此，深圳湾区亟待建立全面的区域协调机制，弥补目前区域协调机制存在的不足。

（二）美国区域协调机制的实践经验

具有约束力的区域协调发展机制是促进区域协同发展的可靠保障。美国旧金山湾区为促进区域协调发展，成立旧金山湾区政府协会，下设规划、环保、交通等专门委员会，极大提高了区域协同发展的决策水平和管理效率。在现有区域协调机制的前提下，推进协调机制的多样化、多元化，推动建立具有强制约束力的深港澳湾区的区域协调组织，是深圳湾区，包括深莞惠港澳等湾区城市，建立全面的区域协调机制有效途径，是实现区域协调发展的内在需求。

1. 概述

随着大都市区中心城市不断发展，中心城市资源不足而临近市县资源得不到有效利用的矛盾突显。为了解决大都市区发展过程中遇到的区域规划方案难以实施、公共设施选址困难、工商业布局不合理、城市用地蔓延无法控制、自然资源和环境保护经济发展方面的区域冲突等诸多区域性问题，美国作了不少有益的探索，这些尝试反映在区域协调机制方面，主要有以下三种模式。

一是通过立法，实现行政区域合并。市县合并的议案，寄望减少政府机构的重复设置，同时增加资源的利用效率，但因为各方利益存在差异，行政区域合并的方案并没有产生大范围的影响。二战以来，在记录在案的超过120个市县合并议案中，只有20个合并议案得到通过。

二是通过选举，成立具有实权的大都市区政府。如波特兰大都市区政府，在长期而全面的区域协作工作的基础上，成为全美第一个直接选举产生的区域政府，主要职能是会同地方政府制定区域规划，保护环境，提供区域性公共服务。但是要通过直接选举产生一个有效的区域协调组织，如果没有持续的有效区域合作发展作为支持以及地区选民对区域协调必要性的深入认识，是很难实现的一种模式。

三是建立半官方性的地方政府联合组织。这是一种由地方政府自愿联合，获得联邦和州政府支持的半官方性质的松散型的地方政府联合组织。由于其区域性规划咨询组织的有效定位且易于成立，使这类组织在区域问题协商、协调方面的功能更加容易得以实现，发展较快。

上述三种模式各有其独特的发展背景，根据我国目前行政区域划分的相关法律以及现有的区域协调机制经验，通过立法实现行政区域合并或者是通过选举成立具有实权的大都市区政府这两种模式均不具有太大的借鉴意义，而建立自愿的、半官方性质地方政府联合组织，鉴于其良好的定位以及灵活的作用，是一个值得深入研究借鉴的区域协调发展模式。为了更好地了解地方政府联合组织的模式，下面主要介绍旧金山湾区政府协会（Association of Bay Area Governments，简称 ABAG）的发展历程以及其主要运作机制。

2. 旧金山湾区政府协会的发展历程及其主要运作机制

在美国的十大"联合大都市统计区"（Consolidated Metropolitan Statistical Area，简称 CMSA）中，旧金山大都市区的土地面积排名第 6，人口数量排名第 5，人口密度排名第 4，每平方英里多达 900 人以上，为美国的人口稠密地区之一。旧金山大都市区的全称叫"旧金山—奥克兰—圣何赛"（San Francisco – Oakland – San Jose）大都市区，具体包括以下 16 个中心城市：阿拉米达、伯克利、费尔菲尔德、吉尔罗伊、纳帕、奥克兰、帕罗奥图、佩特卢马、旧金山、圣何塞、圣克拉拉市、圣克鲁斯、圣罗莎、森尼韦尔、瓦列霍、沃森维尔。其中以旧金山、奥克兰和圣何赛三个城市的人口数量最多，故该大都市区的全称以这三个城市来命名。

旧金山湾区（San Francisco Bay Area）是一个风景优美的海港片区，也是美国的十大都市圈之一。近年来，随着人口的增加和经济的发展，湾区的土地资源也面临着比较严峻的挑战，交通、住房、环境、地震等跨区域的问题日益成为影响整个大都市区可持续发展的重要问题，显然仅靠一个城市或县难以解决这些问题。为此，旧金山海湾地区的各地方政府在自愿的基础上成立了旧金山湾区政府协会（ABAG）这一区域性组织，试图团结、协调地方政府共同面对现代经济社会中所面临的跨区域协调问题。

（1）旧金山湾区政府协会的发展历程。旧金山湾区政府协会成立于 1961 年，是加利福尼亚州第一个区域性地方政府联合组织，该组织的服务范围包括旧金山湾区的 9 个郡县（Counties）及 101 个市镇（Cities and Towns），区域中的主要中心城市为旧金山、奥克兰以及圣荷西三大城市以及硅谷地区。ABAG 的主要任务是强化地方政府间的合作与协调，亦从事部分跨域合作计划任务的执行。总结来说就是"自愿参加，统一行动，互相平等，每人一票，负责咨询协调，没有行政权力"。

1961 年，ABAG 成立之初只有 6 个郡县及 54 个城市参加。随后在 60 年代的基础建设热潮中，由于联邦政府加强了对地方事务的支持，在给协会提供日常运作经费的同时，还在相应的区域规划法案中明确 ABAG 作为区域规划审核人的地位，地方政府如想得到联邦资金的资助，在法定的区域规划范围内，其方案需要得到 ABAG 的批准。这样一来，ABAG 实际上就成为旧金山湾区的协调人，随之而来的是其成员不断增加，而服务的范围也不断拓宽。到了 60 年代末，已经有 8 个市县以及 82 个城市成为协会成员。到了 70 年代中期，随着《水污染管理法》及《空气污染管理法》的通过，该协会被指定为区域性废弃物处理计划和空气质量控制计划的管理机构，其服务范围从仅提供建议咨询的顾问扩大到了向市民提供公共服务的服务供应商。

（2）旧金山湾区政府协会的运作机制。以下主要介绍旧金山湾区地方政府协会的组织架构、主要工作内容以及经费来源这三个方面内容。

①旧金山湾区地方政府协会组织架构。组织架构分为三大部分，包括决策机构、执行机构与业务机构，如图 1.6。

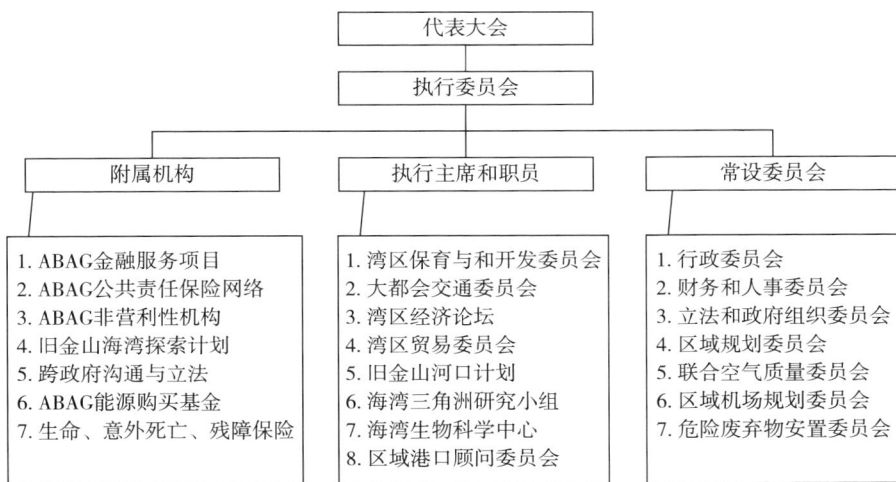

图 1.6　ABAG 机构设置图

ABAG 的最高决策机构是代表大会（General Assembly），ABAG 的代表大会由每个成员城市或县选出的官方代表组成，每年的 4 月和 10 月召开两次大会，制定政策和年度预算，通过下一年度的工作计划，并听取 ABAG 执行委员会的工作汇报。根据章程，每个代表拥有一个投票权，每一项行动都需要半数以上的城市和县赞同。

在代表大会之下，设立有执行委员会（Executive Board）。目前，ABAG 的执行委员会共有 38 个成员，从 1 月份开始，每隔一个月的第三个星期四开一次例会。这些成员由他们所属的县、市或市长会议负责任命。其主要职能是制定决策、委任委员会成员、授权财政支出和推荐政策。

在执行委员会之下，设执行长及相关事务执行机构，负责各类政策计划及方案之研究草拟，由执行长领导之总部门策划综合性区域发展策略。ABAG 还设有 7 个常设委员会：行政委员会、财物和人事委员会、立法和政府组织委员会、区域规划委员会、联合空气质量委员会、区域机场规划委员会、危险废弃物安置委员会。

此外还有其他附属机构参与各相关区域委员会的工作。由执行委员会指派会内成员参与相关区域性事务的决策或指派人员共同工作，参与计划的包括：湾区保育与开发委员会、大都会交通委员会、湾区经济论坛、湾区贸易委员会、旧金山河口计划、海湾三角洲研究小组等。

②旧金山湾区地方政府协会主要工作内容。旧金山湾区地方政府协会的主要工作可以分为三个部分：都会区发展研究分析与规划、环境管理方案的制定及推广、地方服务方案的制定及实施。

都会区发展研究分析与规划：ABAG 是由州政府指定，负责审核州与联邦政府计划的信息交换中心，协调地方提案以配合州、区域、地方的计划，并管理数个特定的规划方案。ABAG 提出湾区的发展应朝向智能型的成长（Smart Growth）方向管理，它与都会区交通委员会及湾区空气品质管理局合作，制订各项发展策略，希望区域成长为集约式的、永续性的、非小汽车导向式的交通体系，以抑制都市不当的蔓延。相关议题的研究及规划尚包括人口与经济分析及预测、次区域规划、湾区经济论坛、地震设备、电讯协助、湾区行政革新、环旧金山湾区绿道等，其中影响范围较广，较具特色的项目有：湾区绿道项目（Bay Trail Project），加州于 1987 年通过 ABAG 提出的湾区骑行及徒步绿道项目建议的立法（Senate Bill 100），授权 ABAG 负责湾区绿道的规划、执行、筹资及建设。ABAG 于 1989 年成立湾区绿道项目组，专门负责绿道的设计规划、筹资及建设。通过项目组的持续努力，绿道建设中出现的影响较大的环境保护问题、沿途居民隐私权问题也在项目组的努力下得以解决，绿道沿途主要地区政府均通过了支持绿道建设的议案并将绿道建设纳入自身的地区规划中，绿道土地使用的问题陆续得到解决，绿道建设基金不断得到各种基金会、政府及公司的资助。绿道规划总长 800 公里，经过 25 年的持续努力，目前已经完成其中 540 公里的建设，将旧金山湾区的自然、人文、历史有机地串联在一起，连接湾区 9 个郡县及 47 个城市中近 200 个地区公园，形成了湾区独具特色的生活休闲带。

环境管理方案：环境保护是 ABAG 工作的重要环节，ABAG 尤其关注河口环境保护、湾区垃圾废弃物管理、环保意识的培养和推广、推动环保相关研究等方面内容。ABAG 下属湾区保育与开发委员会、旧金山河口计划项目委员会、联合空气质量委员会、危险废弃物安置委员会等分别制定推出空气品质管理方案、水质管理与规划、固态废弃物管理、河口环境管理计划、湾区绿色企业认证计划（Bay Area Green Business Program）等环境保护方案及项目。其中湾区绿色企业认证计划是 ABAG 下属危险废弃物安置委员会在联邦及州相关部门的协助下，为了促进辖区居民及企业防止污染、节约资源及减少废弃物，于 1996 年推出的全美首个全面的中小企业环保资格认证项目。该项目制定了严格的环境保护标准，并要求认证企业严格执行相关标准。至今，在旧金山湾区，有超过 2400 家企业通过绿色企业的认证。湾区绿色企业认证计划已经成为全美企业环境保护认证的标志性项目，自 2011 年加州通过绿色企业认证项目的立法后，各地纷纷效仿。

地方服务方案：ABAG 为成员提供有效节省成本的服务，分担地方政府的公共服务责任，减少地方政府的支出。服务项目包括培训中心（Training Center）、共同责任担保网络公司（PLAN Corporation）、财务服务（Financing Service）、生命、意外死亡、残障保险（Life and Accidental Death and Dismemberment Insurance）、能源购买共同基金（ABAG POWER）、上网方案（ABAG Online）、劳工工作赔偿管理、跨政府沟通与立法等，其中较具特色的服务有：

ABAG 财务服务（Financing Service）机构，成立于 1978 年，主要为湾区的各种服务大众的公共及私人组织提供便捷、低成本、安全的资金支持。至今为止，ABAG 金融机构已经为湾区内超过 240 个地区的新建医院、交通设施、保障房、学校等公共基础项目提供超过 80 亿美元的低息贷款。该机构特别重视的保障性住房建设及维护，至今为止，已为湾区中近百个保障性社区中的约 12 万户住房提供了贷款支持。

ABAG 能源购买共同基金（Publicly Owned Energy Resources，POWER），成立于 1997 年，是一个多元权力机构（Joint Powers Agency，JPA），由各地区委员组成的机构执行委员会管理其运营，代表地区政府集中采购及提供当地所需公共能源，同时还提供能源管理及电信服务。目前，ABAG 公共能源机构为 38 个地区及太平洋电气服务区的特别区域提供天然气。集中采购及提供公共能源的方式，让分散的地区政府获得了较大的规模优势，降低能源获取成本，同时各地区政府的合理利益或者问题也可以通过每个地区在执行委员会中的代表得到表达和协调。

③旧金山湾区地方政府协会经费来源及支出。ABAG 的主要经费来自联邦政府、州政府、成员会费、服务方案及其他来源。其中，对外提供各类服务方案之收益约占总收入之 40%，为 ABAG 成立以来成长最快的收入来源，其次为联邦政府的补助款（占 20%）及州政府补助款（占 16%）。成员会费仅占总经费来源的 13%，一般是以各地方之总人口数来计算。至于经费的支用，最大部分使用于整体区域规划，占总支出经费之 47%。其次为用于各类的服务方案（占 39%），再则依次为国际合作、一般行政支出与培训等。

（3）旧金山地区地方政府协会的工作成果。旧金山地区地方政府协会成立 50 多年来，为旧金山湾区的建设做出无数贡献，其中比较突出的有：

为湾区内超过 240 个地区的新建医院、交通设施、保障房、学校等公共基础设置提供超过 80 亿美元的低息贷款；发起湾区绿色企业认证计划，要求小企业严格执行环保规范，采取额外的措施保护自然资源、防止污染及减少排放，该计划的严格标准得到了加州政府认可，全湾区目前有超过 2300 家企业得到湾区及加州政府的绿色企业认证；在 2010 ~ 2012 年间，设立了将近 170 个优先发展区域以及 100 个优先保护区域；建设旧金山湾区观光绿道项目，已完成 540 公里观光绿道的建设；与加州海岸保护机构合作开展旧金山湾区水道的规划；与湾区中众多地方政府签约，协助处理湾区河道及海湾的垃圾。

（三）旧金山湾区区域协调机制对深圳湾区多元行政主体协调和工作机制的启示

旧金山湾区的地方政府为了解决区域发展过程中出现的区域交通、土地资源利用等问题，推动成立了旧金山湾区政府协会，推动区域协调问题的解决。在推行"21 世纪海上丝绸之路"的时代大背景下，深圳湾区在区域发展过程中将面临更为复杂多变的现实挑战。为了更好地应对深圳湾区协调发展过程中的复杂问题，推动深圳湾区建立全面的区域协调机制，是深圳湾区协调发展的有效保障。因此，在现有区域协调制度上，通过立法创设一个由各地方政府组成的利益对话、相互博弈、走向融合的区域协调组织，如深圳湾区政府联合协会或深港澳湾区经济协调委员会，是深圳湾区协调发展的重要基石。在设立深圳湾区政府联合协会或深港澳区经济协调委员会时，根据旧金山湾区的经验，有如下问题应该得到注意。

协调机构的权威性：首先，通过地方立法赋予区域协调平台或者组织的法定地位；在此基础上，区域协调组织要充分履行区域协调的职能。地方行政主体在实现或保障地方主体的利益的基础上，才会积极参与区域协调，进而从根本上确定区域协调组织的权威性。专业性是保障充分履行区域协调职能的基础，因此，必须强调协调组织工作的专业性，如提供专业的区域协调规划意见，提供专业的区域重大基础建设咨询意见等；专业性最终是体现在专业人才方面。就深港澳区域协调来说，鉴于港澳地区专业服务型人才密集，在区域协调组织人员构成方面可以充分考虑将港澳地区的人才优势转化为区域协调组织的专业优势。

区域协调主体的明确性：明确的区域协调主体，有利于全面、持续地解决区域中出现的需要协调的重点事项。如旧金山湾区观光绿道的建设，ABAG的湾区绿道项目组在绿道规划、筹资、建设过程中充分发挥主体作用，成功推动了旧金山湾区这一独特的生活休闲带的成型。通过立法设立或授权独立的区域协调组织来处理重要区域协调事务或跨区域项目，明确区域协调的主体，让协调主体在区域重要问题上独立履行法定的义务同时承担相应的责任，可以充分发挥地区协调主体的职能，让区域的重要问题有专门的负责主体全面、持续地跟进处理。另外，区域协调主体还可充分发挥自身的主动性，向立法机关或政府部门提交相关立法建议或项目建议。

人员构成的代表性：公众参与的多方协商渠道和平台建设，形成多元主体共同参与的协调机制。区域协调平台或者组织的成员应来自各行政主体的相关职能部门、相关专业组织（行业协会、非政府组织、公民团体）或者公众代表（学者、民众代表），上述成员组成执行委员会，负责平台或组织的日常运作，为三地的官方和民间共同磋商区域重大事项提供渠道和平台。

设立完善的退出机制：应当设立明确的退出机制，这是区域协调主体权益的有效保障制度。当区域协调主体的权益无法得到有效的实现或者保障时，相关主体可以通过退出区域协调组织来保障其权益。退出机制的设计应尊重主体参与的自由意志，因此其中不应设立审批环节。退出机制主要是为参与的主体提供一个制度保障，只要相关主体经过申报登记，即可退出。

制度明确的发展阶段：在面临区域协调的各种需求和问题的时候，可以选择一个切入点作为该平台或组织的主要着手点，如区域总体规划、国际化法律法规标准适用及推广、环境污染防治、区域经济合作、基础设施的建设、水资源保护、公共资源优化等，依靠可靠的信息、专业的知识形成可靠专业的咨询意见。由点及面，先积累经验再根据情况进行推广，为政府区域协调相关决策的合理化提供客观、独立及专业的支持。

通过设立深圳湾区政府联合协调会或深港澳湾区经济协调委员会，逐步实现以下实际目标：制定出符合实际需求且有约束力的区域整体规划、推动区域产业配置合理化、推进区域重点基础设施的建设、推进区域环保协作机制的建立、填补地方政府在区域公共服务提供方面的不足、解决区域公共服务的供应难题等。同时逐步实现以下制度目标：建立有效的区域利益对话平台及协调机制、实现决策主体的多元化、实现区域决策机制的科学化和专业化，最终实现深圳湾区社会、经济、文化、制度、环境的整体协调发展。

六、推动深港澳湾区建设上升到国家战略

2014 年，在迈入全球性大都会的关键窗口期，深圳市政府工作报告中首次提出"发展湾区经济，以新的经济形态，促进经济全面提质增效升级"。湾区经济概念的提出在全国两会和深圳市委全会引起广泛关注，它表明深圳加快城市转型和建设国际化先进都市的决心，也表明深圳已经站在新的国际坐标系中考虑深圳的定位和发展。借助创新产业的集聚和区域协同的优势，大力参与国家海洋战略和"一带一路"的通道建设，深圳市才能实现湾区经济的升级，从而"在更大范围、更高层次参与全球经济竞争合作，实现更高质量、更高能级的发展"。

从"十二五"规划纲要（草案）开始，有关粤港澳合作的表述更明晰更具体了。"十二五"提出要加强内地和香港、澳门交流合作，继续实施更紧密经贸关系安排；深化粤港澳合作，落实粤港、粤澳合作框架协议，促进区域经济共同发展，打造更具综合竞争力的世界级城市群。"十三五"规划时段是 2016～2020 年，到 2020 年国家的三大目标分别为：全面建成小康

社会；全面深化改革在重要领域和关键环节取得决定性成果；转变经济发展方式取得实质性进展。

广东省"十三五"时期的发展目标是要落实"三个定位、两个率先"，即发展中国特色社会主义排头兵、深化改革开放的先行地、探索科学发展的实验区，率先全面建成小康社会，率先基本实现社会主义现代化。广东市发改委已发布公告向社会征集十多项相关前期研究课题，包括全面建设小康社会指标体系、创新驱动发展战略和珠三角世界级城市群竞争新优势等。其中，珠三角世界级城市群竞争新优势和粤港澳合作这两个课题与深圳湾区经济的构建与发展紧密相关，体现出广东省对发展"湾区经济"的大力支持和持续关注。

发展湾区经济，意义重大。它是深圳市委市政府超前谋划，主动落实国家建设"21世纪海上丝绸之路"战略的重大举措。发展湾区经济，既是发挥经济特区先行先试作用，积极落实中央对外开放战略的需要，也是深圳抢抓机遇，在更大范围配置资源，实现更高质量发展的内在需要。

（一）以湾区经济建设为纽带，促进深圳优势与国家战略结合

国家海洋经济的战略部署和"一带一路"的重大举措为深圳湾区经济的发展提供了战略指引和发展方向。2013年9月，习近平主席出访哈萨克斯坦，首次提出共同建设"丝绸之路经济带"的战略倡议，10月在印度尼西亚提出"21世纪海上丝绸之路"，加强同东盟的互联互通建设、发展海洋合作伙伴关系，简称"一带一路"。2013年中国与"一带一路"国家贸易额超过1万亿美元，占中国外贸总额的25%，通过"一带一路"的建设将大幅提高中国与周边国家的贸易投资与合作，成为中国实现强国梦和海洋梦的重要举措。

世界政治经济格局的变化催生了"21世纪海上丝绸之路"的构想，也成为我国新时期对外开放的重大战略，它的实施需要中央层面的顶层设计、宏观规划和政策引导，也需要地方政府的积极响应、配合实施和政策落地。对于中国改革的排头兵深圳而言，已经具备发展湾区经济的基础优势，为

了落实海上丝绸之路的重要决策部署，那么湾区经济就是必然的发展方向，这是基于深圳产业优势和宏观战略做出的正确决策。深圳作为海上丝绸之路的重要节点，将紧密连接内陆生产企业与国外产品市场，构建低成本的通道作用，而海上丝绸之路的核心便是比较成本理论，便捷的"一带一路"将会降低贸易和生产成本，还会让区域联系更紧密、更频繁、更快捷，从而加强中国与东盟在经济等各方面的合作。

深圳拥有发达的交通运输网络，并将构建高标准一体化的综合交通体系，开辟更多国际航线、提高港口中转比例，成为辐射全球的海空枢纽和服务全国的公铁枢纽，发挥海上丝绸之路的辐射带动能力；湾区经济延伸的内陆腹地也将增加对运输的需求，低廉、便捷、快速的运输将扩大海外产品竞争力，巩固了对非洲、东南亚和美国的出口规模，同时开辟欧洲等新兴市场。除了看得见的交通运输，无形的通道比如网络技术和电子商务可以为产品的采购、仓储、销售和配送建设一条网络丝绸之路，而资本、技术和品牌的无形通道则将更广泛、更深刻地增强深圳湾区的国际影响力。深圳将抓住人民币国际化和利率市场化的机遇，在跨境金融和离岸金融方面先行先试，力争跨境贷款规模超过 500 亿，比如前海通过特区优惠政策率先开展跨境人民币贷款，加快金融对外开放步伐，在东南亚欠发达地区进行贸易投资，从而利用低廉的劳动力成本降低产品成本。

科技创新一直是深圳制造业和服务业的主流文化，截至 2013 年创新经济增长对深圳经济增长的贡献率已超过 50%，聚集的上百家上市公司多是电子信息和互联网行业的龙头企业。作为首个国家创新城市，深圳重点扶持电子信息、生物医药、先进制造等高新技术产业，而高新企业的繁荣同时带动了金融和服务业的发展。深圳拥有毗邻海湾的地理优势，也基本具备创新产业和区域协同的特色，相比国内其他城市已经具有发展湾区经济的先发优势，可以相对较快地进行产业升级和经济转型。

（二）以湾区经济建设为抓手，形成粤港澳区域合作强大推力

自 2003 年内地与香港签订 CEPA 以来，内地与香港的紧密合作不断加

深，而此过程中，广东省经国家批准成为对香港服务业开放的先行先试地区；目前，在 CEPA 框架下，已累计有 79 项对香港开放的政策在广东试点实施，涵盖金融、教育、医疗、交通服务等 28 个领域，有力地深化了粤港各领域的全方位合作。近年来，中央越发重视粤港澳合作，大力推进粤港、粤澳合作框架协议，加快服务贸易自由化、重大合作平台、跨境基建项目等的重点建设，合作不断取得新的进展，经济效果显著，以服务贸易为例，近三年粤港服务贸易额年均增长 20%。

粤港澳合作不仅促进了港澳繁荣稳定，也推动了珠三角地区蓬勃发展，三地竞争力均得到提升。未来，随着港珠澳大桥的建成通车，广深港高速铁路的开通，区域合作还将更加深入，进入到教育、医疗、养老福利等诸多民生领域。广东省港澳办主任廖京山在 2014 年 8 月 26 日接受记者采访时表示，下一步广东将继续按照中央的部署，围绕实施粤港、粤澳合作框架协议，加快推进粤港澳服务贸易自由化，携手港澳深化合作共识，共同建设"更具综合竞争力的世界级城市群"。

粤港澳合作涉及重大基础设施建设对接、加强产业合作、共建优质生活圈等多个方面，加之"一国两制"背景下的合作主体政治制度、体制机制不同，又有历史、文化、社会等多方面差异，珠三角区域还存在着内部协调不力、合作效率不高的情况：一方面，三地政府均有各自的担忧和考虑，如香港政府担心三地合作步伐过大，动摇自身国际金融中心、航运中心和商贸中心的地位，使得广东或深圳往往处于配角的地位，合作创新动力不足，而澳门又以旅游、博彩业为主要产业，与港深差别较大，限制了其在合作中的话语权；另一方面，三地的现代服务业功能定位趋同，如果没有完善的利益分配机制和规范的法律法规，以及合理的区域分工，很难实现各自合理的利益诉求，甚至可能陷入各自为政、恶性竞争的乱局。

在此背景下，拥有独特地缘优势、经济优势与区域辐射效应的深圳提出发展湾区经济，正顺应了新时期三地合作发展的诉求，将在粤港澳尤其是深港同城中发挥积极的推动作用。深圳一直走在粤港澳一体化先行先试的前沿，2007 年香港回归十周年之际，深港便将两地同城发展提上日程；

2010 年，国务院批复了《前海深港现代服务业合作区总体发展规划》，将深圳前海同广州南沙与珠海横琴两地一同作为粤港澳合作的重点项目，列入国家"十二五"规划中，更是为深港下一步发展指明了方向。从地理位置上看，深圳前海面对的是处于工业化初期的东南亚各国，是中资企业走出去的第一站，因此，前海应作为深港同城的重点发展区域，成为支持中资企业走出去的大后台，在资本市场、国际金融业务以及后勤服务方面都不断向纵深推进。粤港澳地处亚太主航道，从地理上来讲就是一个天然的大湾区，又有着世界运输枢纽及"世界工厂"的优势，因此，深圳发展湾区经济，是粤港澳协作互补、共同发展的大湾区，在新目标、新理念、新机制和新方法的指导下，为粤港澳一体化发展注入巨大活力和推动力。

（三）以湾区经济建设为引领，发挥深圳辐射珠三角、带动产业群升级作用

湾区经济的发展不仅对粤港澳一体化的发展意义重大，对深圳周边地区也将有极大的带动作用，有助于广东地区的产业群升级。协同发展是湾区经济发展的客观要求，中心城市在对外开放中最先发展壮大，达到一定规模后，便会对周边区域产生外溢效应；同时，周边区域为谋求自身发展，也会主动承接外溢的相关产业和功能，于湾区中心形成紧密依存、共同发展的关系。为适应协同发展的需求，湾区内政府应该主动制定政策法规，推动区域协同发展，2014 年深圳政府工作报告中的"湾区经济"篇章，特别强调"构建区域协同发展新优势"，即城市群，以及城市群里的产业分工协作。因此，深圳的湾区经济不仅是要协同港澳，还要发挥自身金融、创新、产业升级等方面的优势，起到良好的中心引领作用，努力协同珠三角地区共同发展，进一步完善、优化城市群内的产业分工及产业协同，提升城市群产业升级。

具体来说：首先，深圳可以以其较强的国际竞争力与对外港口地位，发挥国际商务功能，拉动珠三角企业发展；其次，深圳可充分利用自己独特的银行、证券、风险资本优势、创业融资优势等，并依托香港丰富的金

融资源与国际地位，为珠三角的经济发展、创业投资、进出口、基础设施建设、国际市场和国际资本对接等提供有力的金融支持；最后，深圳应发挥其技术创新优势，助力珠三角产业升级与转型。如果与东莞、惠州、大亚湾、小金湾连为一体，纵向、横向辐射，深圳湾区将成为世界经济体量最大的湾区。

（四）以湾区经济建设为动力，提升深圳国际化法治化城市建设水平

湾区经济作为新的重大战略，服务国家开放新格局，符合深港澳湾区一体化建设新未来，适应深圳发展新要求，与其以往发展目标、发展路径既一脉相承，又根据形势需要进行了深化拓展。湾区经济的构想与深港澳一体化进程相辅相成、共同促进，携手创造深港澳大湾区经济的快速健康发展。深圳湾区的法治国际化体制建设，是深圳既有特区功能的充分体现。通过建立一套与国际化规则接轨的法律体制和运行方式，为其他地区提供改革示范，对外体现中国对外开放战略的决心与成果，同时在过程中积累一大批熟悉国际化规则制定及运作的新型人才，最终保障与促进深圳湾区整体的经济发展。

在深圳推进法规制度国际化的进程中，应当明确一点，法规制度国际化目的不在于简单的模仿，不能为了先进而学习先进，应该以深圳发展的实际需求为出发点立法，在法规制度的制定过程中借鉴合适的国际先进经验。在这方面，港澳地区作为国际化法治规则较为完善的地区有着丰富的经验，国际通行规则深入贯彻到经济社会的每一个细节，金融、会计、律师、生产性服务、教育医疗等方面的制度化都达到国际先进水平。尽管港澳与内地存在法律制度上的差异，但是这并不妨碍深圳利用港澳地区的丰富法治经验及优秀法治人才，建立国际化法律法规制度标准适用委员会，给深圳的立法提供专业咨询意见，同时注意积累总结相关立法经验及人才。

在深圳湾区建设国际化创新、法治区域的过程中，进一步发挥特区的制度实验和改革示范窗口作用，通过特区授权立法权所具备的灵活和先试

先行的优势，深圳立法机关可以将政策优势转化为自身的制度优势，给深圳湾区的建设带来全面的保障和强大的驱动力，让深圳从国际化规则的服从者逐渐变为国际化规则的参与者及制定者。

　　同时，深圳湾区的法治国际化体制建设，是湾区整体经济发展的重要保障。而深圳湾区的整体发展，则是深圳积极主动、超前谋划提出的推动落实"21世纪海上丝绸之路"战略的重要战略规划。因此，深圳湾区的法治国际化体制建设，还应争取纳入国家发展规划，充分利用国家政策和地方的现有资源共同推动湾区的法治国际化体制建设，进一步提升湾区国际化水平，推动建立对外开放发展的新格局。

（汤丽霞　海闻　任颋　曹志文　方艺擎）

第二章

制度规则视角下的深圳国际化城市治理创新研究

国家治理体系和治理能力现代化是党的十八届三中全会提出的我国深化改革的总目标。城市治理是国家治理在地方的实施。城市治理能力现代化是国家治理能力现代化的必然要求。党的十八大以来，深圳结合自身发展特色，率先提出以市场化、法治化、国际化和前海开发开放的"三化一平台"作为主攻方向，牵引和带动全面深化改革。

城市治理能力和治理体系现代化是国际化城市建设的内在要求。随着改革的全面深化，深圳正加快从区域性国际化城市向"现代化国际化先进城市"迈进。与之相适应，深圳的城市治理也正朝着现代化迈进，在立足国情省情市情的基础上，放眼全球，努力实现更高国际化水平上的城市治理体系和治理能力现代化。

本章通过考察新加坡、伦敦、迪拜、中国香港等国际一流名城的国际化城市治理特点和经验，尤其是制度规则方面的做法，研究提出深圳国际化城市治理创新的思路和对策。

一、国际化城市治理比较分析

（一）城市治理和国际化城市治理

从全球城市治理的实践上看，由于各个国家、地区政体的差别、文化的差异、文明程度的不同和经济发展阶段的不同，不同国家关于城市治理的内涵理解也不同。但关于城市治理的范畴仍有共同之处，比如城市治理的主体一般不局限于政府，还包括第三部门和社会公众，城市治理的内容一般包括政治、经济、社会、文化、生态等，城市治理的过程一般强调不同主体间的协调和互动。

国际化城市治理首先是指城市发展到国际化水平后提升和建立与之相适应的治理能力和治理体系，因此国际化城市治理既应遵循城市治理的一般规律，也应遵循城市发展国际化的特殊规律；其次是指通过推进治理能力和治理体系现代化，提升国际化水平。因而，深圳国际化城市治理旨在推动治理能力和治理体系现代化，提升国际化城市建设水平和层次，实现国际化城市建设目标。

（二）深圳的国际化程度提升情况及目标

2010 年深圳市第五次党代会提出"加快建设现代化国际化先进城市"战略目标以来，在市委、市政府的正确领导和市外办的牵头推进下，全市牢牢把握"国际化"这个"三化一平台"改革攻坚的方向和大趋势，凝聚全市上下的智慧和力量推动深圳国际化程度明显提升、国际知名度和国际影响力有力增强，国际化城市建设已成为深圳深化改革、扩大开放战略布局的关键之策。

1. 深圳正在向现代化国际化城市迈进

五年来，深圳市委、市政府围绕市第五次党代会确定的奋斗目标，凝聚全市上下的智慧与力量，研究制定国际化城市建设行动纲要，从 5 大领域 19 个方面积极推动落实，取得了阶段性的显著成效，加快了从区域性国际化城市向现代化国际化先进城市转变的步伐。

以人均 GDP 衡量，深圳正在向现代化国际化城市迈进。按照目前国际化研究，初级国际城市标准是人均 GDP 达到 5000 美元，中级标准为人均 GDP 达到 1 万美元，高级国际城市为人均 GDP 达到 2 万美元。深圳 2014 年人均 GDP 约 2.4 万美元，约处于中级向高级过渡的水平。从反映居民实际财富的人均可支配收入指标来看，初级国际化水平为 5000 美元/年，按现价约人民币 3.5 万元；中级水平为 7000 美元/年；高级水平为 1.5 万元/年。

深圳 2014 年居民人均可支配收入超过 7000 美元，约为中级向高级过渡水平。

此外，综合全球城市竞争力指数（Global City Competitiveness Index）、全球城市排名报告（Best Cities Ranking and Reporting）、全球化城市指数（Global Cities Index）等国际权威的城市发展水平的评估结果，可以判断深圳作为国际城市已经进入了世人的视野，成为国际性都会城市群体的一员，并开始发挥国际影响力。

2. 深圳与国际一流城市存在的差距

目前，深圳正在向现代化国际化城市迈进。但是，在与区域内的主要国际都会城市如中国香港、新加坡和国际最重要的都会城市如纽约、伦敦相比，仍有差距。

根据深圳国际化城市建设指标体系 4 项一级指标评估结果，深圳国际化城市与其他目标城市存在的差距体现在以下四个方面：经济开放方面，深圳的经济开放程度落后于中国香港、新加坡等，在继续扩大开放、推进城市经济的国际化发展方面仍有巨大潜力。创新文化方面，从横向比较来看，在前沿研究领域仍处于追赶地位，就业人群中的学历水平还偏低，对高端人才的集聚力还偏弱。宜居宜业方面，在城市环境建设方面领先于国内大多数城市，但和国际先进城市比较，深圳在大气环境质量等方面仍有差距。国际影响方面，从城市的全球吸引力、关联度和影响力角度来看，深圳与纽约、伦敦、新加坡、中国香港的差距明显。在国际信息传播力上仍然较弱，不能很好地发挥影响作用。

3. 建设成为具有重要影响力的国际化大都市

根据《深圳市推进国际化城市建设行动纲要》，深圳国际化城市建设的战略目标是：到 2020 年，努力把深圳建设成为东南亚地区的明星城市，亚太地区有重要影响力的区域性国际化城市；到 2050 年，深圳与中国香港及珠江三角洲城市共同发展，形成与纽约、伦敦、东京等城市比肩的国际化城市群。

深圳国际化城市建设目标的实现，意味着要将深圳建设为具有超群的综合实力和国际竞争力的国际化城市，成为生产要素的国际配置中心、经营决策的国际管理中心、知识技术的国际创新中心、信息资源的国际交流中心、生态多元的国际宜居中心，在经济、社会、文化等方面全方位与国际接轨。

提高国际化城市治理能力是实现国际化城市建设目标的内在要求。未来深圳提升城市国际化水平既需要遵循国际化城市发展的一般路径，也要注重创造条件积极探索，借鉴国际先进经验，尤其是国际化城市治理方面的成功做法，推动国际化建设走向更高水平。

（三）国际一流城市治理特点和经验

新加坡、伦敦、迪拜和中国香港在国际化城市治理方面各有特点和经验。

1. 新加坡

新加坡在短短几十年的时间里，创造了举世瞩目的发展成就，成为世界知名的国际化大都市，经济竞争力和国际影响力极大提升。在国际化城市治理方面有许多值得深圳学习和借鉴之处。

（1）政策规划立足全球。新加坡国际化发展的基础在于政府积极顺应全球经济发展趋势，制定未来经济发展战略。新加坡政府规划构建高度国际化的产业基础，通过产业规划，积极调整产业结构，助推产业处于全球产业价值链的高端。新加坡差不多每10年就有一次经济转型，这离不开政府的规划引导。新加坡政府于2009年6月成立了国家经济战略委员会，2010年公布了新加坡经济可持续发展的七大经济战略，对未来10年继续提高竞争能力和国民生活水平作了规划，目标是把新加坡打造成更具活力的国际大都市。在城市规划方面，新加坡制定了长远并且科学、具有权威性和超前性的概念性发展规划，其长远规划是将全岛分成东西南北中五大区，再分成50个小区，逐步发展，完全从发展外向型经济和国际大都市的需要出发。

（2）城市治理法治化、科学化。新加坡是一个崇尚"法律之上没有权威，法律之内最大自由，法律之外没有民主，法律面前人人平等"的法治国家。从国际化城市治理的角度而言，首先表现为立法全面，法律体系系统完备，制度规则网络四通八达，对外与国际规则和国际惯例高度衔接，对内则覆盖面广，对城市和社会管理的方方面面都作了具体规定，深入规范城市治理的各个方面。值得一提的是，新加坡作为一个高度依赖世界市场的国家，一直采取开放、自由的战略，通过参与东南亚国家联盟、倡建东盟经济共同体，提出"东盟一体化行动计划"等，在融入全球发展中学习和运用国际规则，有力提升国际化程度。其次是执法严格。新加坡法律制度操作性强，惩罚严厉。执法人员素质高，且注重对市民灵活的、人性化的法制教育。执法严格科学，使得制度规则在城市治理中有效实施，这是新加坡城市和社会管理常态化背后的重要原因。城市治理科学化，突出体现为政府、市场、社会三者构成的科学治理体系，形成"强政府、好市场、大社会"的治理模式。政府在城市治理中积极作为，发挥主导作用，是一个强政府。但是强政府并不包揽一切，而是始终奉行自由竞争的理念。该理念贯穿于新加坡政府经济政策制定及执行过程中，使市场经济充分发挥作用，如向外资全面开放国内各个经济领域，很少对外资设置限制，投资项目无须审批、不规定投资比例等等。参与主体多元化是新加坡国际化城市治理的另一特色。在充分发挥政府"有形的手"和市场"无形的手"的同时，社会在城市治理的作用也非常明显，新加坡重视发动和组织社会公众参与城市治理，并采取了多种促进公民参与的方法，民间组织、社会团体与社区管理机构协同配合，推进城市治理。

（3）以人为本的宜居城市。新加坡成为世界著名的国际宜居城市，与其以人为本的城市治理理念紧密相关。新加坡的养老、住房、教育、就业援助与失业救济、医疗等组成了社会保障体系，整个体系的制度与执行设计无不体现以人为本的理念。比如，使新加坡居民实现了"老有所养"、"病有所医"、"居者有其屋"的中央公积金制度，在核心环节给付设计上通过存缴比率的变化体现中央公积金保障会员每个年龄段不同需求，凸显了高度的人性化。又如，新加坡通过严密的制度安排保证社会保障政策举措的公平实施。在新加坡制定的概念性发展长远规划中，不仅考虑到未来如何安排工业、商业、金融、港口、机场、道路和居民住宅的合理布局，而且从国民的需求出发考虑了学校、医院、娱乐场所和自然保护区。

2. 伦敦

伦敦是欧洲最大的经济中心，世界的主要金融中心。伦敦人口多样性，国际人口比例高，在城市治理方面，追求平等共享城市发展成果，积极构建以人为本导向的政策体系，集聚国际高端人才。

（1）平等共享城市发展成果。伦敦是多元化的大都市，居民来自世界各地，使用的语言超过 300 多种。伦敦在国际化城市治理上采取了高度包容的政策导向，努力让所有的伦敦人能够共享增长所带来的收益，不同的收入水平、信仰、种族、性别、地区的人群能够平等地享有就业机会、住房、健康与教育设施等。增强伦敦的社会包容性，这是推动公共部门、私人部门和社会团体共同投入伦敦发展的重要因素，也是伦敦国际化城市治理的特色之一。

（2）以人为本导向的政策体系。金融业是伦敦最重要的经济支柱。专业人才和劳动力市场的灵活性被视为决定金融中心竞争力的重要因素。伦敦着力营造令金融人才及其家人倍感满意的工作和生活环境，如基础设施建设、住房等。伦敦发展规划的目标包括将伦敦建成一个更适宜人们生活的城市，将伦敦建成一个更具吸引力、设计更精致的绿色城市。伦敦在工作许可签证、永久居留权和保留原国籍、免费医疗、子女免费教育、家属探亲签证等方面拥有一系列优惠政策。

3. 迪拜

迪拜是世界公认的发展最为迅速的城市之一，短短几十年时间，已经发展成为中东最大的自由贸易中心，世界著名的经济、金融中心。迪拜在国际化城市建设上的巨大成功，首先得益于其优越的地理位置，其所处的地理位置决定了迪拜在时区及交通上都能成为连接东西方世界的纽带，长达 734 公里的海岸线也为迪拜提供了丰富的港口资源，使得其成为世界最繁忙的货物集散地之一。此外，迪拜政府着力打造四通八达的交通基础设施。阿联酋政府在迪拜基建上投入巨大，打造了便捷高效的基础设施体系，迪拜政府着力打造了"4 小时经济圈"和"8 小时经济圈"的航空线，将迪拜和世界主要中心城市紧密连接，形成海陆空全方位的地域优势。当然，更具战略意义的是迪拜的自贸区建设，可以说，自贸区是迪拜缔造传奇的关键，也是下一步续写传奇的关键。迪拜以自贸区建设牵引和带动城市快速发展，主要表现在以下几个方面。

（1）确立自贸区目标。迪拜设立自贸区之初，就明确了以吸引外国投资为目标，并围绕目标进行政策体系设计。迪拜制定了一系列优惠的政策措施来吸引外国投资，比如外国公司可以拥有自贸区内公司 100% 的所有权，当地政府不收取任何税收，对资金和人员流动也不设限制。

（2）制度创新是关键。根据中东地区的法律，外国人设立公司须遵循保人制度，即必须由当地人作保，且保人持股至少占比 51% 甚至 100%。保人制度限制了迪拜的经济开放建设。迪拜政府设立自由贸易区破除了难题，根据迪拜政府的相关规定，自贸区内企业可享受 100% 外资拥有、50 年免除所得税、期满后延长 15 年免税期、无个人所得税、进口完全免税、资本金和利润允许 100% 遣返以及充足的廉价能源等政策。在自贸区范围内，企业成为最大的保人。自贸区提供的诸如无国籍限制的简单高效的招聘程序等，是政府努力吸引外来人才的创新举措。

（3）更加注重软实力建设。迪拜政府全方位打造自由、开放、诚信的自贸区形象得到了世界的认可。比起地理位置的优势，自贸区不断完善和提高的"软实力"更是吸引资金和人才的关键。随着当地基建设施的不断完善，迪拜更加注重法律、制度、文化等软实力的建设，营造更加一流的法治化国际化营商环境。目前，良好的治安、简单透明的法规、完善的法律体系和高效快速的行政能力，已经成为迪拜国际吸引力的重要名片。

4. 香港

香港是全球自由贸易的典范，报告显示，香港连续 21 年位列"全球最自由经济体"榜首，这是香港能够成为世界上为数不多的集国际金融中心、贸易中心、航运中心于一体的国际大都市的重要原因。

（1）坚持市场经济和自由港政策。自由市场经济是香港经济最显著的特征，也是香港持续经济稳定、增长及繁荣的主要基石。香港的自由市场经济是在自由港基础上形成的。香港自由港政策有如下几个突出特点：一是自由贸易制度。主要表现在：对进出口贸易不设置监管，不设置关税壁垒，进出口手续简便，外来船舶免办进港申请及海关手续。二是自由企业制度。主要表现在：自由进入及经营制度，企业进入及经营门槛低，国民待遇制度。三是金融自由制度。香港采取了一系列金融自由化政策，包括解除外汇及黄金管制、"解冻"银行牌照、取消存款利息税等。香港的自由港地位，在回归之后得到了充分的保障。香港特别行政区基本法第一百一十四条规定"香港特别行政区保持自由港地位，除法律另有规定外，不征收关税"，第一百一十五条规定"香港特别行政区实行自由贸易政策，保障货物、无形财产和资本的流动自由"。

（2）奉行有限政府理念。香港政府推行"积极不干预"政策，政府的功能只是积极维护市场在配置资源、发展经济的巨大作用，尽量少干预经济。只有在市场这只"无形的手"失败时，政府才直接干预、调控、帮助或补救。香港政府的干预政策主要体现在两方面：一是直接干预政策，主要集中在对土地一级市场的干预、对金融活动的干预、对贸易领域的干预，这些干预主要立足于对极为敏感和重要的经济活动的严格控制，以确保整体经济的有序运行。二是临时性干预，主要应对经济非常态运行中出现的问题，比如按揭率管制、楼花转让管制、动用外汇管理基金干预金融市场等等。归纳起来，香港有限政府角色主要体现在：一是为市场运作创造基本条件；二是对市场弊端或危机进行干预。

（四）国际一流城市治理对深圳的启示

新加坡、伦敦、迪拜和香港作为国际大都市，在城市治理上理念先进、经验丰富。尤其是通过制度规则推进城市治理，不断提升城市国际影响力和竞争力，对深圳国际化城市治理具有重要的参考意义和借鉴价值。

1. 坚持中国特色城市治理道路

治理能力和治理体系现代化是深圳国际化城市治理的内在要求。纵观新加坡、伦敦、迪拜、香港，都是在立足本国或本地区地理交通、资源禀赋等实际的基础上，推动国际化城市治理。推进深圳国际化城市治理，必须立足中国国情、广东省情和深圳市情，坚持中国特色社会主义道路自信、理论自信、制度自信，按照中央部署和要求处理好政府、市场、社会的关系，努力构建现代化城市治理体系。在经济治理体系中，就是要使市场在资源配置中起决定性作用和更好发挥政府作用；在政治治理体系中，就是要按照党的领导、人民当家作主、依法治国有机统一的逻辑深化政治体制改革；在社会治理体系中，就是要按照党和政府领导、培育、规范社会组织，社会组织配置社会资源的逻辑深化社会体制改革。通过把治理体系的体制和机制转化为能力，发挥其功能，提高国际化城市治理能力。

2. 突出包容发展

包容是国际化城市治理的重要理念，新加坡致力打造全球绿色家园，推进社会公平正义，香港社会福利制度健全，伦敦为集聚全球金融人才制定高度人性化服务政策，都体现了包容的理念。当前，深圳国际化城市治理的包容发展，要突出三个方面：制度规则的包容性、生态环境的包容性、社会发展的包容性。首先，制度规则要有国际视野，体现全球包容性，表现为善于学习和运用国际规则和国际惯例。法治是国际化城市的共同特征，也是一座城市开展国际交往、集聚国际资源、得到国际认同的基本条件。运用特区立法权，在国际规则先行先试方面，继续当好排头兵，是实现制度规则包容性的重要途径。其次，生态环境的包容性。宜居宜业是国际化城市治理的共同目标，要正确处理好经济增长与生态环境保护的关系，更加注重人居环境建设，把一流的生态建设作为国际化城市治理的目标。再次，社会发展的包容性。国际化城市往往都是移民城市，甚至是国际移民城市。五湖四海的人聚居到一座城市，文化多样、语言多样、阶层多样、习惯多样，突出社会发展的包容，努力打造一个公平正义的社会、高效透明的政府，是吸引更多国际人才的重要软实力。

3. 推动改革创新

无论新加坡、迪拜，还是香港、伦敦，自由贸易区、自由港等政策都是城市治理致力创新的产物，也是推动城市跻身或者保持国际化城市领先地位的内在驱动因素。创新是深圳的基因，也是新的历史条件下这座城市发展的生命线和灵魂。深圳的国际化城市治理，要将改革与创新紧密结合起来，以创新促改革，在改革中创新。深圳的国际化城市治理，是立足深圳、面向全球的国际化城市治理，深圳的改革创新，也是立足国情、面向全球的改革创新。因而，推动国际化城市治理改革创新，实现城市治理能力现代化，就必须围绕更好地统筹和利用国际国内两个市场、国际国内两种资源、国际国内两类规则的要求，在认真贯彻中央对外部署战略要求中积极改革创新，在推动区域协同治理中积极改革创新。

二、深圳国际化城市治理创新的思路和对策

基于以上分析，深圳与国际先进城市相比，制度规则等软环境建设方面差距较为突出，在经济高度全球化的背景下，为确保在全球资源与要素的流通中占据一席之地，进而增强城市配置和利用国际优质资源的能力，增加城市的附加值，达成更加广泛的国际认同，制度规则安排成为深圳国际化城市治理的重中之重。

建议一：以服务经济开放为核心，坚持制度规则大胆创新

30 多年来，在中国走向世界的进程中，深圳引领时代风气之先，承担着排头兵的使命。深圳经济发展从起步开始就与经济全球化紧密联系在一

起，充分利用自身比较优势，持续扩大对外开放，推动了各种国际要素资源的快速聚合。

新的发展时期，深圳提出要在建设"开放型经济体系"上率先探索，为新一轮改革开放提供支撑和保障。一是要以市场为载体。市场经济已经过几百年的摸索锤炼，发展市场经济本身就是要实现与国际通行规则与惯例的对接，以市场经济的发展为服务载体，深圳要发挥"四个窗口"作用，按照国际规则自觉、自主、自信地融入世界发展潮流，向世界展示中国特色、中国风格、中国气派。二是要以制度创新为核心。进一步建立完善有利于经济开放的政策框架和服务体系，促进集聚和利用国际资源的能力增强，并在提升经济的国际辐射力、竞争力上见到更大的成效。深圳要有超前的战略眼光、全球化的视野，在对外交往中要求与国际惯例接轨、按国际规则办事，抓住全球经济产业技术变革的重大机遇，适应全球产业、科技、贸易发展的新变化、新趋势，实现自身跨越式发展。以国际化的标准，建立一套更加符合国际通行规则的框架制度。

对策1：充分发挥产业技术优势，积极参与国际规则的制定。深圳经济开放要在"被动接受"与"主动参与"中并行发展。"被动接受"是指深圳的对外经贸合作严格以国际通行规则和惯例规范自己，"主动出击"即不仅要被动按照国际标准办事，而且要充分利用深圳部分先进产业技术在全球的领先优势，积极参与国际标准的制定，如深圳本土企业华为的5G标准已经成为争取欧盟标准制定的话语权，并将以此来引领在亚洲等区域的标准制定，最终实现5G全球化标准华为制造。

对策2：重点培植一批国际水准的中介组织，积极参与国际贸易及国际实务。随着经济全球化不断加深，一些传统意义上的政府权力让渡给中介组织或国际组织已成为趋势，深圳要在重要经济领域建设一批国际水准的中介组织，并使之成为相关国际经济组织成员，代表深圳参与国际合作交流和经贸谈判，应对由制度规则引发的国际贸易摩擦。

对策3：重点支持一批具有国际竞争力公司企业，大力实施企业"走出去"发展战略。企业"走出去"离不开政府支持，美国对于跨国公司给予更加优惠的税收鼓励政策，如税收减免和抵免、延期纳税、亏损冲减纳税等，使跨国公司纳税远远低于国内企业。深圳要加大支持企业"走出去"的力度，建立"走出去"战略基金，鼓励企业在境外上市、申报知识产权，在对外投资、进出口信贷、出口信用保险等方面给予优惠。特别是针对企业"走出去、请进来"过程中面临的市场、法律、技术标准等问题，加快建立国际知识产权库、国际法律库、国际标准库等服务平台，加快形成有利于企业开展跨国经营的支撑服务体系，由"出口导向型"向"跨国公司导向型"转变，通过投资与贸易结合增强全球配置资源的能力。

对策4：加强与东南亚地区交流合作机制，积极参与"21世纪海上丝绸之路"建设。目前，深圳企业到东盟国家开展投资、贸易业务的已有几十家，其中包括华为、中兴、创维、康佳、招商局、中建二局等大型企业；东盟国家在深圳投资的企业也近400家，如赛格三星、汤姆逊等，东盟唯一全球500强企业、世界石油工业收入排名第二的马来西亚国家石油公司最近落户深圳。深圳最有条件发挥海上丝绸之路战略支点城市作用成为中国与东盟各国在人流、信息流、物流、资金流的交汇点，深圳要在中国与东盟区域合作中发挥独特而且积极的作用，建立与东南亚交流合作长效机制，以此引领经济社会进一步对外开放，积极服务国家总体外交。

建议二：构建与全球投资贸易规则制度相衔接的营商环境

在全新的全球投资贸易时代，我国向全球贸易、投资伙伴呈现的不再是低成本的地价、廉价的劳动力和各种优惠政策，而是用优良营商环境展现其吸引投资贸易的魅力，这一经验也在深圳快速发展的30多年里得到验证。营造国际化、市场化、法治化的公平、统一、高效的营商环境已成为提升城市国际竞争力的一个关键环节。在加快营造国际化、市场化、法治化的营商环境方面深圳具有区位、经济、技术、资源等优势，理应继续走在全国前列。

从前文对几个国际一流城市的简要分析中可以看出，营造良好营商环境治理的重要方面是城市有效开展国际交流与合作、参与国际竞争的重要依托，是提高城市国际竞争力的一个重要环节。当前，我们的改革正步入深水区，全球投资贸易规则正在发生重大变化，围绕资金、技术、人才、资源和市场的竞争日益激烈，营商环境的优劣决定了高端要素资源的流向与集聚，因此，提升深圳国际竞争新优势，就必须在加快经济转型升级、提升科技含量的同时，更加重视营造国际化、市场化、法治化的营商环境。

对策1：牢牢把握国际通行规则，加快形成与国际投资、贸易通行规则相衔接的基本制度体系和监管模式。深圳要着力营造与国际通行规则相衔接的营商环境，才能主动参与新一轮的国际分工，在更开放的环境和更高标准的竞争中实现新的发展。当前，新一轮贸易投资规则谈判已成为全球经济格局调整的一个重要趋势。以美国为主导的跨大西洋贸易与投资伙伴关系协定（TTIP）、跨太平洋战略经济伙伴协定（TPP）、诸（多）边服务业协议（PSA）等新一轮贸易规则正在悄然成形，成为WTO体制外的各类贸易投资规则谈判，这些正在变化着的高标准国际规则是世界经济格局一次重大调整，中国排除在外，对我国的现代化建设提出了竞争性的挑战。深圳作为沿海经济发达城市，必须按照习总书记的要求，牢牢把握国际通行规则的演变趋势，形成与国际规则相衔接的制度体系和监管模式，特别是要充分发挥前海对外开放和深化改革的平台作用，加快建设高水平的自由贸易制度规则体系及监管平台。

对策2：以自贸区制度规则建设为着力点，打造国际化营商环境。面对新一轮的改革开放，国家大力探索扩大沿海自由贸易试验区。按照规划，前海蛇口自由贸易试验区已划入广东自贸园区，自贸区的建设也将以制度创新为核心，以深化粤港澳合作为重点，着力营造法治化国际化营商环境，推进投资贸易便利化先行先试，扩大金融、商贸物流、航运等服务业开放，探索全面深化改革、扩大开放的新模式、新路径。深圳应该抓住这一发展机遇，力争在前海蛇口形成对高标准贸易投资规则的适应能力，倒逼服务贸易开放，通过服务业的发展促进经济转型升级，提升参与高水平国际竞争的能力。

对策3：发挥好"两只手"的作用，营造公平竞争市场营商环境。按照习总书记的要求，建设公平竞争的市场营商环境，政府要用好"看不见的手"和"看得见的手"。一是要进一步简政放权，减少行政审批事项，建立政府权力清单制度，探索负面清单管理模式，推进财税、金融、价格、科技管理体制等方面改革。二是要求理顺政府和市场、政府和社会的关系，取消和下放行政审批事项。首先要把转变政府职能的文章做足、做到位，最大限度地放权给市场。对非行政许可审批事项该取消的一律取消，确需保留的要依法调整为行政许可。三是要全面推进工商登记制度改革，努力为实体经济发展和公民投资创业提供便利。四是要探索由工商部门会同税务、质监、商务等部门建立外商投资项目备案以及企业设立"一表申报、一口受理"工作机制。五是要完善政府权力清单制度。政务公开是政府审批制度改革的关键，各部门还在实施的审批事项，要尽快公布目录清单，这实际上是加快向负面清单管理方式转变。六是要整合市场监管执法职能。探索集中行使行政管理部门的行政处罚权，以及与行政处罚权有关的行政强制措施权和行政检查权。

建议三：以制度规则为保障大力发展国际化金融产业

纵观世界一流城市，金融业的发达与否直接决定了城市综合竞争力和国际影响力。正如文中提到的迪拜，正式通过制度规则的安排，实现了城市的飞跃式发展，促进了城市经济转型发展。深圳要成为一个真正的世界一流城市，金融业的发展成为重中之重，其中制度规则的安排又是核心驱动力。从全国范围看，暂时还无法推行的改革方案、相关政策，如存贷款利率的市场化、金融产品及衍生工具的开发、货币市场空间的进一步拓展等相关领域都应该允许先行先试，从而突破目前某些制度与法律上的瓶颈。

对策1：建立与世界接轨的离岸市场。在人民币资本项目管制以及资金价格不能市场化的条件下，前海成为一个离岸金融中心。与传统的国际金融市场相比，离岸金融市场有如下特点：一是不受市场所在国法律和政策的管制，允许资本自由流动；二是离岸存款没有准备金要求，对存款利率没有限制；三是免税；四是借款者一般信用较高，银行贷款风险相对较小。

从政策层面上给前海以支持，首先使前海成为全国金融改革实验区。

对策 2：建立防范金融风险的金融执法体制和应急机制。金融产业是把双刃剑，风险防控体制机制也必须有所构建，具体可以考虑几个方面要素：一是在岸账户与离岸账户必须分离；二是居民交易与非居民交易分离；三是离岸账户主要吸收境外非居民存款，境内居民通过离岸账户投资必须履行一定的监管手续，并有一定的额度和用途限制。对居民参与离岸业务实行审慎原则；四是离岸账户可以用非居民账户吸收的非居民存款向在境内企业发放贷款，允许境内企业利用离岸市场发行外币企业债，并纳入外债管理范围，在这一点上，可充分利用已经存在的股市市场；五是限制离岸账户向居民发放贷款；六是建议设立前海亚洲美元单位进行离岸账户统计，防范金融风险；七是对从事离岸金融业务的银行实行分级牌照发放管理制度，根据资信、实力情况决定其业务经营范围。离岸经营牌照实行年审制。

对策 3：建立与世界接轨的金融流通大平台。抓住目前香港、新加坡债券市场尚不够发达的机遇，争取前海在债券市场建设上先行突破，包括交易品种、交易规模、交易方式等各个方面。着手一些衍生金融产品的试点，进一步规范市场，尽快推出国债远期交易与开放式回购，恢复国债期货交易，研究股指期货推出的可行性。推行资产证券化特别是银行资产、住房抵押贷款证券化。抓住目前世界处于低利率期的有利条件，大力发展衍生金融市场和长期债券，特别是其他金融中心暂时还不太发达的金融品种。力争成为国内外金融机构集聚中心、金融市场中心、资本营运中心和资金调度与清算中心。

对策 4：以积极稳健的政策制度推动前海金融中心建设。建设国际金融中心，政策要积极，行动要谨慎。从伦敦、纽约、东京国际金融中心建设中可以看出，政府政策及决策正是国际金融中心的最终形成主要推手，但金融的脆弱性也决定金融业对外开放的谨慎性。如 1985 年，在美国的要求下，日本完全实施了金融自由化，由于政府放宽了限制，企业利用资本市场进行设备投资、股票和房地产投机，金融秩序濒临崩溃，泡沫经济的破灭、汇率股价动荡使得东京国际市场的地位下降。新加坡方面，政府对金融市场开放的态度积极而又谨慎，把握了一个很好的"度"，特别是在本币业务上，新加坡的限制还是比较严的。一方面它欢迎外国银行到新加坡开业，另一方面又严格规定其经营范围，一般只允许其从事离岸银行业务，限制开展其他新的业务。这些举措使新加坡安然渡过1998年的亚洲金融危机。前海目前金融业的开放还处于初步阶段，更需要政府更加积极而又稳健的开放政策。

建议四：以国际视野破除创新驱动发展的制度藩篱

如前文所述，按照《全球竞争力报告》（Global Competitiveness Report）以人均GDP水平对一国发展阶段的划分标准，深圳处于刚刚进入创新驱动型的阶段。围绕这一特征，深圳有必要继续积极借鉴国际先进经验，特别是新加坡、伦敦、纽约等国际创新典范城市的发展经验，精心谋划科技创新制度的顶层设计，让成熟的制度规则成为激发创新驱动的最大活力。

对策1：在全球产业分工中调整创新政策重心。2008年金融危机后，世界各主要国家都在调整优化产业结构，积极推动战略性新兴产业发展成为新的经济支柱。深圳虽然自2012年以来也陆续出台了《关于努力建设国家自主创新示范区实现创新驱动发展的决定》等多项促进科技创新的文件，明确未来高新技术产业的发展定位，但是战略性新兴产业仍是一个技术发展尚不成熟的朝阳产业，这需要深圳进一步研究和摸清创新产业发展规律，在全球产业分工链条低端向高端攀升过程中不断调整、完善创新政策体系，便于深圳抓住战略性新兴产业发展机遇，在参与未来全球产业分工中占领高地。

对策2：为知识产权保护营造国际化法治化制度环境。当今世界是知识经济的世界，知识经济的根基是对知识产权的法律保护。深圳虽然已经在知识产权保护方面走在了国内城市前列，但距建成"知识技术的国际创新中心"仍有不小差距。为此，深圳应充分利用特区立法权，借鉴新加坡在这方面的成熟经验，进一步建立健全知识产权（IP）保护法规制度和研发（R&D）生态系统，提升知识产权国际公约和与贸易有关的知识产权协议的履约能力，建立知识产权转化交易和知识产权境外应急援助等机制，让企业在深圳就能享受到覆盖全球的知识产权保护。此外，还可以通过建立知识产权行政执法综合信息库和全市知识产权诚信档案等手段，形成知识产权保护长效机制。

对策3：为国际优质人力资本积累提供制度支持。伦敦上百年的国际化城市治理经验告诉世界，创新型人才是国际化城市治理的第一资源。针对就业人群中的学历水平偏低、对高端人才的集聚力偏弱的问题，深圳要充分发挥毗邻香港的优势，以前海自贸区和"深港创新圈"为杠杆，充分利用香港在专业人才方面的优势。香港金融、法律、会计等专业领域的国际化人才众多，中文英文双通；香港与深圳文化、语言相近，可以吸引香港的专业人才在深圳聚集，弥补深圳本地国际化专业人才的不足；香港与东盟国家有密切的关系，在东南亚有广泛的华人网络和专业人才，深圳可以香港为"跳板"搭建信息共享平台，实现深港、深圳—东盟优质人力资本双向交换和流通。

建议五：通过严密的制度安排保障社会征信体系建设

众所周知，社会信用体系是市场经济发展的必然产物。经过上百年的市场经济发展，发达国家形成了相对比较完善的社会信用体系，实现了信用体系和市场经济互为促进的良性循环。在社会主义市场经济面临新常态的今天，深圳有必要在借鉴国际先进经验的基础上，以深圳质量引领社会征信体系的制度创新，为特区经济结构转型插上信用的翅膀。

对策1：以国际经验和深圳质量筑牢征信体系的制度基石。提到征信，就必然会涉及法律、制度。以美国为例，美国对征信的立法是由于20世纪70年代征信业的快速发展所导致的系列问题而开始，走的是一条在发展中规范的立法过程。到现在，美国不仅具备了较为完善的信用法律体系和政府监管体系，而且与市场经济的发展相伴随，形成了独立、客观、公正的法律环境。我们可以"深圳质量"为标尺，用"拿来主义"的精神充分借鉴国际先进经验，减少不必要的程序和环节，加快形成规范征信体系建设的国际通行制度环境。

对策2：建立与国际通行规则接轨的征信规则体系。在构建国际一流的社会征信体系中，其实美国等西方国家已经形成了一套非常成熟的解决方案。美国公民，包括合法在美居留的外国留学生、访问学者及其他常住的外国人，都会取得一个社会安全号（SSN，Social Security Number），每个人的诚信行为都与其密切关联，产生完全记录，包括银行信用、遵守交通规则的驾驶信用、社会行为信用，凡是人与社会交流所产生的个人信用都会留下痕迹，全方位覆盖、数据清晰、约束有效、简便易行。如果深圳率先在国内试用"社会安全号"，不但针对广大市民，也可以适用于常住深圳的外籍人士和经常在深从事生产、生活的港澳人士，通过征信体系一体化加深深港澳经济关联度，增创深港澳湾区协同发展新优势。

对策3：以制度规则创新推动诚信观念深入人心。科学借鉴新加坡"执法严"的罚款制度，通过构建奖惩分明的社会征信体系，褒扬遵法守信先进典型，惩戒违法失信不良行为，形成"守信者一路畅行、失信者寸步难行"的社会氛围，使诚信融入市民日常工作和生活的方方面面，内化为特区建设的文化自觉。

建议六：以包容发展理念牵引城市供给制度规则的改革创新

包容是国际化城市治理的题中应有之意，伦敦、新加坡、中国香港等无一不在践行包容理念、保障社会公平正义方面作出了表率。深圳提出的"深圳质量"，不仅仅是经济质量，更重要的是市民生活质量和城市供给服务质量。要在包容发展上做好示范，就必须在城市供给方面做好人性化、科学化的制度安排，营造安全、舒适、方便、多元化和富有人文特色的城市生活，从而增强城市的附加值和国际吸引力。

对策1：探索引入国际资本和市场机制，实现城市供给主体多元化。深圳不到2000平方公里的土地上承载了1400万常住人口，其中户籍人口不足300万，严重的倒挂进一步加剧了城市供给的压力。为此，应在城市公共资源供给领域引入市场机制，推动供给主体的多元化，进而实现公共服务均等化。例如，对公共资源服务供给者，如学校和医疗机构等由公立转向民营的市场化配置路径进行积极探索，探索外资办学（医）、社会办学（医）、多元办学（医）的格局，从源头上扩大高品质公共资源的服务供给。

对策2：创新服务机制，推动城市供给国际化、专业化。人们对公共资源的需求已经从传统的需求转为追求更高层次精神满足和更为健康的生活方式，对特色教育、个性教育、教育理念认同、健康管理、中医保健、医疗经纪、私人医生服务等新兴服务的需求快速增长。针对这些新的需求，必然要求深圳创新服务模式、更新服务内容、发展新型业态。例如，义务教育阶段提供国际化接轨课程；教育评价体系多元化；建立医疗机构与养老机构之间的业务协作机制，探索健康养老新模式；吸引民（外）资，发展信息及通信技术（ICT）在远程教育、远程医疗、电子病历和整合支付手段等领域的应用等。

对策3：搭建城市供给网络交易平台，实现公共资源获取便捷化。公共资源是一种要素，其交易配置必须有一定的市场才能进行交换。总结我国已开展公共资源市场化配置试点的公共资源交易平台经验（如杭州市公共资源交易中心），建立比较完整、统一的公共资源交易平台，为公共资源市场化配置提供交易、监管等制度支持及保障。特别值得一提的是，在公共资源交易平台建设中，应注意外籍人士的需求和习惯，如支持多国语言、设立英语客服专线等，积极营造无差别、国际化的城市供给网络交易平台。

建议七：以城市生态环境建设机制为核心打造深圳"绿色竞争力"

国际化城市治理的基本要求是实现城市的可持续发展，可持续发展的关键就在于城市生态环境机制的不断创新。在新的发展时期，深圳应更加自觉促进人与自然关系的深刻变革，培育城市绿色成长模式，永葆"国际花园城市"的青春与活力。

对策1：以宜居宜业为核心，塑造城市绿色发展价值观。绿色城市生态是一个广义的概念，也是一个城市哲学意义的价值观。所谓城市绿色生态建设不仅仅在于纯粹自然的绿色意义，还在于绿色经济、绿色人文。城市国际化的生态意义就是多元化的绿色生态的集合，深圳国际化城市治理必须在全体市民中塑造城市绿色文明的集体自然观念。

对策2：完善城市生态法规制度，增创绿色发展新优势。比如，深圳正在推行的《深圳市小汽车增量调控管理实施细则》，就为缓解城市交通拥堵、改善大气环境质量、推广绿色出行提供了制度指引。下一步，深圳可以围绕"城市绿道、城市绿地、生活圈绿地、城市公园、城市低碳"等方面开展立法尝试，从而以法律路线图构建城市生态地图。建立健全绿色专家委员会，在城市绿色规划和发展方面发挥作用。建立绿色网络监督平台，设立媒体绿色信息平台。

对策3：建构政企联动机制，集聚城市绿色发展新势能。深圳应在城市绿色生态建设领域设立社会资本准入机制，吸引华为、平安、招商、正威、中兴、比亚迪等知名企业参与深圳滨海与多山的地理与生态资源开发，充分利用本地IT产业和互联网科技发达优势，制定和实施城市国际化绿色发展战略蓝图，实现城市地理自然生态与城市产业之间的有效深度融合，打造城市绿色竞争力。

建议八：为多元和谐文化发展提供制度活力

深圳经过35年的发展，经济硬实力已达相当程度，但文化软实力这一短板所导致的"木桶效应"，已成为深圳国际化水平从中级向高级迈进时无法回避的问题。当前，深圳要积极以制度创新的活力激发文化发展的活力，在坚持社会主义核心价值体系的基础上，塑造深圳开放、多元、包容、和谐的城市文化特质，形成国际一流城市应有的文化软实力和文化影响力。

对策1：坚持"政府主导、市场主体"的文化发展体制。在全球化的今天，任何产业的发展都需要"无形的手"和"有形的手"二者之间的有效配合，单单靠市场或者政府来发展是远远不够的。考察韩国首尔的文化发展体制不难发现，与英、美、法等先期现代化国家不同，它采取了后现代国家一般采用的模式，即文化发展以政府为主导的体制。深圳文化建设总体处于起步阶段，与市场化程度较高的国际化大都市相比，深圳的文化发展想要形成后发优势，应该学习首尔发挥政府的主导作用。同时，还应充分发挥市场在文化资源配置中的基础性作用，充分引导、培育、调动各种市场主体与市场资源参与城市文化建设。

对策2：完善社会精英与普罗大众共同参与的文化发展机制。从世界先进国际化城市的文化发展情况来看，只有每个个体积极参与的文化才具有强大的生命力。深圳未来的城市文化发展，必须推动"以精英为主"转向"以精英与大众共同参与"的文化参与机制变革。政府部门应当不断完善公共文化设施和扩建场所，特别是要积极推动社区文化活动的开展，推动文化深入基层、走向大众，形成文化发展的强大合力。

对策3：创新社会多元化文化投入机制。综观众多国际化城市的文化投入机制，基本都是以社会投入为主，政府投入只占较少部分。而在我国，主要却是政府财政投入，深圳也不例外，然而这种投入模式是难以为继的。深圳在城市文化发展投入机制建设方面，必须充分学习借鉴国际先进经验，从土地、税收、金融等多个方面，积极鼓励社会企业、公益组织机构乃至对文化有兴趣的个人投入文化事业产业，形成全民办文化的全新格局。而政府的文化发展投入可以转向教育、基础设施等重点公共文化服务领域。

建议九：以现代化国际化的制度规则推动社区治理创新

社区是社会在基层的缩影。加快建设现代化国际化先进城市，基础在社区，工作重点也在社区。深圳应致力于社区治理创新，建成一批高水平的国际化社区，在社区率先实现"国家治理能力和治理体系的现代化"。

对策1：试用国际成熟模式推动社区自治体制创新。新加坡在社会管理上非常有特色的一个方面是社会基层的治理，其基本模式是政府指导与社区自治相结合。在社区治理中，新加坡政府的作用只是通过对社区组织的物质支持和行为引导，把握社区发展的大方向。深圳作为改革的先行地，可以试用这一成熟模式，在坚持党的领导和社会主义制度的前提下，进一步下放管理权限，科学减少管理环节，最大限度激发社区自治活力。

对策2：积极创新各类社会组织培育和发展机制。在社区治理中，新加坡政府十分重视社会团体、宗教团体、服务中介组织参与社区建设，既分担了政府管理工作，发挥了社区自我管理作用，又增强了居民对社区的依赖感和归属感。相比新加坡，深圳不仅各种社会组织数量少，尤其是针对青少年的社会组织更是稀少。为此，深圳应积极创新社会组织培育和发展机制，发展群众性、公益性、服务性、互助性社会组织，退让一点政府空间，以购买服务的方式把一部分政府职能转移给专业化社会组织，逐渐构建起政府、基层组织、居民共同参与的社区自治模式。

对策3：以前海为平台，创新国际化、专业化社会工作人才引进模式。尽管香港与内地存在法律制度上的差异，但是这并不妨碍深圳利用香港地区优秀社会工作人才。首先，深圳应以推进前海全国人才管理改革试验区和深港人才特区建设为契机，加快引进一批高素质的社会工作师和"科班"出身的专业社会工作人才，推动社区事业发展。其次，探索尝试与国内高校合作培养专业素质好、基础扎实的专业社会工作人才，建设一支专业社会工作者队伍。再次，要加强对专职社工的管理，定期开展岗位技能培训和考核，为居民提供更高效、更优质的服务。

（曹志文　方艺擎　王中政　董剑）

第三章

"2014 国际化城市建设研讨会"
嘉宾主题演讲报告

湾区创新中心的发展及其对其他区域的意义

美国旧金山湾区委员会经济研究院院长兼首席执行官　肖恩·伦道夫

今天，世界的经济是由城市与地区引领发展的，这些地方吸引了大量的投资，有大量的制造业产生。更重要的是，大量的人才都聚积在这里，同时也有大量的贸易服务业等在这一地区发展。而这些地方、城市、地区，是怎样相互联系，并且它们是怎样形成我们的未来？在这里我想跟大家分享旧金山湾区创新发展的挑战及经验。

旧金山湾区地域范围很大，旧金山市则在半岛的角上，在最南端，LA（洛杉矶）还有伯克利大学也在那一块，那里差不多有 700 万人。与中国相比较，人口并不多。我们有 101 个城市和 9 个不同的小镇，跟美国大多数地方不同，跟深圳不同，并没有一个主要的城市，所以必须让我们的城市相互合作。最有名的当然是旧金山市了，它作为这个地区的服务中心，也是一个具有历史的地方，现在也作为一个技术的中心、一个完整的创新体系是怎样的？下面我谈谈几点看法。

首先，来看看我们的研究机构，我们有五所研究性的大学。其中四个加州大学（加州大学伯克利分校、加州大学旧金山分校、加州大学戴维斯分校及加州大学圣克鲁兹分校），再加上斯坦福大学，还有五个国家实验室。大学与国家实验室，特别是大学，发挥了十分重要的作用。它们提供着不同的技术还有人才，更重要的是，它们吸引着来自全美以及全球的人才，在这里建立他们自己的企业。可以看到，在旧金山有很多从这些大学毕业的人，建立了许多优秀的企业。但是，归根到底还是人才决定了一切。

我们可以看到，这些不同的机构不单凭着自己的努力发展，他们也相互合作。如加州伯克利大学，他们的新校园跟别的校园进行一系列的合作，也常常跟一些私营企业进行合作。还有劳伦斯·利弗莫尔和桑迪亚开放校区，他们更多是跟一些产业进行合作，运用他们学校的一系列设施，探索他们所需要的产业。

不仅如此，我们联合生物能源研究所，它们都专注于生物能源研究，包括六个不同机构。还有加州科学创新中心，由两部分组成，每个研究所都基于一个加州大学的校园。目标就是如何积极地影响我们的经济，这是一个十分成功的公私合营的范例。同时我们也有企业研究实验室，它们更多的是专注一些实用型的研究，这些名字大家应该都很熟悉，比如谷歌、苹果、安捷伦、惠普、基因泰克公司等等，这些都是总部在我们地区的公司，同时还有很多其他美国公司总部在这里。这一地区被认为是拥有丰富资源，同时在这里设立总部也会带来很多的优势的地区。所以像亚马逊、微软、沃尔玛等也在那设立了总部。

此外，还有来自世界各地的公司在这里设立总部，这里是一些比较有名的例子，当然还有更多别的国际化企业也在这里设立公司。深圳也在这里设有公司，比如说华为等。所以这是一个国际化的进程，受环境影响，这些公司不单是在这里设立总部，同时也利用湾区的一系列优势设立了研究中心。

私营企业和组织当中，可以看到这些孵化器和加速器。这样可以助力新兴企业成长，我们差不多有八九十家这样的机构，有些是独立的，而更多的是由城市、学校、公司或政府资助的，它们获得资助后，得益于学校的帮助，并建立一系列的公司。与此同时，政府也会资助这些企业，来帮助它们在加利福尼亚州发展。

假如你就读于一所大学，需要得到一些资助，那么可以通过联系银行获得更多帮助。2013 年旧金山湾区吸收了 35% 的全美风险投资，现在可以看到更多的公司在这里设立合资的企业。同时我们的企业风险投资也在增长，风险投资一直都吸引着很多新兴企业到这里发展，这些企业可以通过风险投资来获得更多的资金和资源。

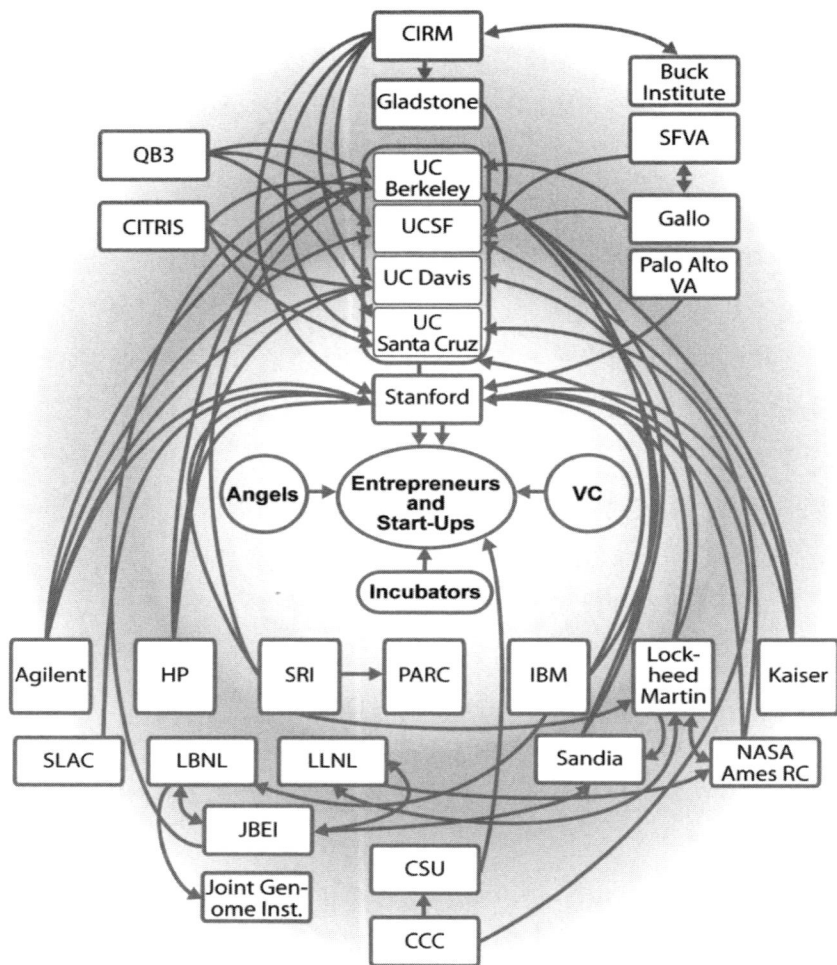

图 1　创新生态系统图

这张创新生态系统图看起来有点复杂，我们与图中很多机构进行交流，沿垂直方向看有很多大学，底部是一些研究所、国家实验室，旁边是不同的组织。我问过这些人想跟谁合作，他们的回答让我感到震惊，每个机构、每所大学都跟其他所有的机构和大学进行了合作，几乎全部都得到了风险投资的支持，同时也获益于这些孵化器和加速器，这些对于我们的创新是十分重要的。

假如，有这些跨领域的联系，我们就可以很快地进行创新和发展。所以我们不应该只局限于某一个单一项目或者领域。我发现在全球范围内，我认为自己是一个创新的公司，全球范围内有很多很好的主意，他们聚集在一起去分享，特别是在旧金山湾区区域，在这个地区的公司，他们更多的是相互合作。

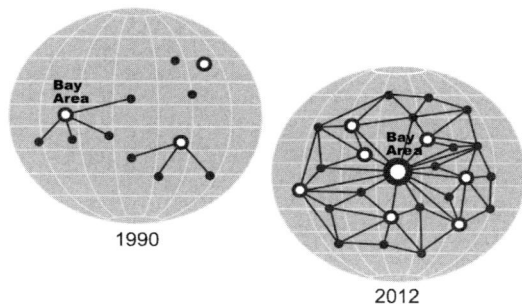

图 2 全球创新中心的延伸

资料来源：James Haggerty，"U. S. Loses High. Tech Jobs as R&D Shifts Toward Asia"，Wall Street Journal，January 18，2012.

通过我们的创新，并且通过我们这种更加紧密的国际联系进行创新。同时这里聚集了很多人才，这些公司可以找到更多的劳动力、创新人才以及研究型人才。这也是一个国际化城市形成的原因，对于今天的经济也是十分重要的。

下面来谈谈我们的创新系统动态，有很多新兴企业都是由移民创建的，大部分来自中国和印度。当谈及企业文化，我们可以看到他们承担风险、承受失败。假如不冒风险，我们很难成功，假如敢于冒险，我们很可能会取得成功。因此想要获得更大的成功，就应该承受更大的风险。这种文化，跟世界一些其他地区的文化有着很大不同。刚刚提到的旧金山湾区的这些网络，还有社交，有正式的、非正式的，来自不同组织的这些人进行交流，通常这些创新的想法就在交流之间发生。

这里的想法是："流动性就是人才、信息、理念的流动性。"我们这里的人才，可以在学校、实验室、企业之间相互流动，不断地整合、融合。在这一过程中，有更多的创新诞生，这就是创新的运作模式。在一个国际化的城市当中，我们很熟悉的一点就是，在我们这种物理连接性上面，好比我们有很多的这种货物跟人才的流动，就像我们可以看到这里有很强大的海运能力，每周有 37000 人次从我们这里飞往欧洲，17000 人次从这里飞往中国。如今，我们通常认为人才是一个企业的核心，而现在这些人才，包括居民、外国人，还有受过高等教育的人才，他们不断地追求更高品质的生活，他们的选择也是十分重要的。他们所关注的是更洁净的空气和更纯净的水源，对于他们自己还有家人都是这样。同时他们也希望有一个更开阔的公园，可以去一些公共的地方进行休息、娱乐，有可以让大家自由行走、散步的公共区域，在旧金山就有许多这样的地方。

要拥有更多文化交流的机会。在旧金山有很多的年轻人，他们有更多的机会去认识不同的文化。

图 3　湾区地图

从这张地图中，我们可以看到深色的部分，就是一直受到保护的、空旷的、绿化的公共场地，而它们之间的距离也十分近。同时在我们这些湾区地方，通过法律设定，这些地方必须对公众开放，公众可以获得在这些公共场地休息、娱乐等一系列的权利。

现在我进行一下总结，对于深圳我们可以从中学习到什么？每座城市、每个地区都是十分独特的，有自己的长处，没有一个统一的开发模式。所以旧金山湾区的模式并不是唯一的标准，这是很难模仿的。但是有几点，国际化城市不管是纽约、伦敦或者新加坡，它们有一个共同点——一个创新的中心。深圳跟世界其他城市比起来，做得十分之好，即有一个更强的因素，就是技术，而并不是去生产，在深圳可以产生更好的技术。对于全球的人才，城市应该是开放的，因为他们会对经济做出贡献。

最后，对于这些人才、信息的流动，应没有任何的壁垒。我们可以让这些人相互联系、交流、互动没有任何的阻碍。而网络还有这些交流，则是一些软性的东西，这样可以让我们的想法相互交流、传达。

我们的大学有着吸引全球高等人才去那里学习的能力，这一点对于企业也是同样的。在全球范围内吸引中国的人才，让他们觉得这里是一个我们应该居住的城市，这一点影响着我们全球国际化城市的发展，而有了这些人才资源之后，我们将可以更好地融入全球化的经济。同时，对于我们企业来说，对于它们的人才来说也是这样，所以我们整个体系、机构，十分重要。

深圳，我认为已经是一个国际化城市了，作为第一个经济特区，有开放的环境，已经可以让深圳更进一步了。同时对于新企业的增长与发展也有很好的土壤。就在昨天，我参观了深圳的高科技企业，给我留下了十分深刻的印象。它们在研究、产出等方面，有高效的流程，希望有机会可以利用深圳、广州、香港、澳门这一个区域的资源，我认为这是一个珠江三角洲区域的一系列优势，我们已经有了很好的基础和更多的机会，让自己变得更加的国际化。

现代化都市的包容性与多样性

中国经济体制改革研究会副会长、国民经济研究所所长　樊纲

　　建设现代化国际大都市、建设湾区名城，这是多种因素的一个集合体，很多因素都决定着能不能建成一个国际化大都市，能不能建成一个湾区名城。

　　刚才旧金山的代表已经讲了其中的许多因素。正如一个企业成功不成功，大家经常说的那句话一样："成功的企业方方面面都要成功，不成功的企业一个因素做坏了就不成功了。"所以，确实需要我们通过这样的研讨，通过各种研究，方方面面来思考如何才能真正建成一个国际化的大都市，如何才能建成一个湾区的名城。我在这里想谈谈以下几方面的因素。

一、开放

　　要用一种开放的心态、一种开放的理念、一种开放的方式来发展城市。湾区为什么容易发展？首先是因为从历史到现在，水路运输依然是最便宜、成本最低的一种运输方式。人类历史上，沿海地区、沿海城市都是最早发展起来的。那时，人们借助水路运输的便利，或者是把货物运出去，或者是把人运出去，或者是把资源运进来。到了现代，越来越多国际市场的发展、国际的交往，都是围绕着水路运输的发达而展开的。深圳作为中国的沿海城市，这几十年的发展也充分证明了这一点。我们具有得天独厚的开放发展条件，特别是有着毗邻香港，有着和世界市场直接接轨的便利。从

这个意义上来说，我们要充分重视发挥我们这个地区得天独厚的优势，进一步用开放的心态来使我们自己的发展获得动力。开放在现代经济学上有一种怎样重要的意义呢？开放是对于落后国家发挥后发优势的一个基本条件。现代经济学、现代发展经济学越来越重视人力资本的积累。经济的发展越来越不是因为劳动，或者资本本身的投入，而越来越因为制度的建设和人力资本的发展。制度的问题我待会儿后面还会讲。

有的经济学家甚至曾经论证过，说发达国家会永远发达，落后国家永远追不上发达国家。为什么？因为发达国家的知识存量现在已经这么大，他们每天创造的知识增量，就会比发展中国家知识存量本身还要大，因此发达国家会永远处于领先的地位。在这个意义上，作为一个落后国家，我们确实有后发劣势。但是我们怎么克服劣势，真正追赶上去？一个基本的条件，就是开放，让发达国家的知识存量外溢到你这个地方来。

现代增长理论一个重要的概念，就是外溢效应。现在我们的发展，实际上恰恰证明了这一点。我们过去三十年，是因为有了开放，不仅让企业进来了，也让知识通过留学、网络、企业的传递等途径传到我们这里来了。我们通过观察各种企业之间投资、贸易和发展，学到了很多东西，这就节省了我们学习知识的时间，节省了我们创造知识的大量成本。

所以，利用世界各国已经积累起来的知识存量、所创造的知识增量的外溢效应来推动我们这些落后国家的发展，来缩短发展进程，是至关重要的。

建设城市也是一套知识。一个城市、一个地区的发展，其中有一系列的经验积累、知识积累，以及制度建设当中所涉及的各种各样的知识积累。一方面，作为改革开放的特区，深圳在进一步开放的过程当中，不仅要在企业层面、市场层面，而且要在城市建设层面上，更多地汲取世界各国的经验教训；另一方面，我们不仅要对外开放，也要对内开放，以一种更加开放、包容的心态对周边的城市、地区开放，使内陆地区的发展和深圳的发展结合起来，让我们的城市能够做得更大、做得更强，能够吸引更多的人才到这个地区来发展，我们才能够真正成为一个现代化大都市。

此外，开放不仅仅是"引进来"，还有"走出去"。现在，中国企业也逐步大了，中国资本也比较雄厚了，我们在全世界范围内配置资源的需求也越来越大了。在这个意义上，我们的企业确实要有国际化的思维，不仅仅是怎么"引进来"的问题，更重要的是怎么通过诸如"21世纪海上丝绸之路"等国家战略"走出去"的问题。西方在"走出去"这一步上，是靠炮舰打出去的，通过殖民地去占领殖民地，我们不走这条路。我们现在要思考的是，如何通过贸易、投资、在海外市场购买资源、技术等途径进一步增强配置国际资源的能力等等。

二、创新

在创新这个问题上，我想特别强调一下创新的制度。大家都知道，刚才也介绍了，著名的旧金山湾区最重要的就是有一股创新的力量。为什么要有创新的力量？在我们看来，不光是要有教育机构和科研机构，还在于要有一套制度，包括刚才说的生态环境等等。通过这套制度使得市场、人才、机构等方方面面能够发挥最大作用。这方面我们都很着急，作为一个落后国家，我们的创新能力显然具有后发的劣势，一定意义上来说这也是一个历史的必然。我们在发展的初期，就是在学习、赶超，所以可能在相当长一段时间内，我们在人才、人力资本方面不具备优势。

所以，现在应该认识到我们面临的一个重要瓶颈，是创新制度。谈到创新制度就很多方面了，它也是一个多元的集合体。对于我们来说，怎么保护知识产权，大概是中国现在的一个重要问题。在过去非常长的时间里，我们知识产权问题主要是和发达国家闹纠纷，因为我们正在学习，因为我们正在模仿，正处在早期发展过程当中。其实，最初约瑟夫·熊彼特所描述的创新的进程，包含两个阶段：第一个是创新，创新者获得创新利润；第二个是模仿阶段，模仿阶段完成了之后，创新利润就逐步消失了。现在为了鼓励创新，我们通过知识产权保护制度使得创新的盈利时间可能更长一点，创新利润可能更大一点，这样对创新者提供的激励可能更大一点。因此在早期，我们可能都在进行一些模仿的事情。这时候我们对于保护知识产权的认识还不够，往往是一些西方发达国家的企业和组织等来到我们这里进行知识产权保护的工作。但是现在，当我们自己也到了创新的阶段，我们的企业也初步具备或者说正在具备前沿创新能力的时候，如何保护知识产权，就成了发展企业最重要的问题。当然，不是说只有到了这个时候才重要，以前不重要；而是现在我们要想发展创新，想要通过知识产权保护制度增强创新的动力，建立创新制度更显得尤为重要。

在这个意义上，深圳应该在全国走得要更前一步，力度要更大一步。除了要提供孵化器，要提供金融发展的条件，包括创投、天使投资、政府的各种创新基金，包括鼓励发展各种教育机构、科研机构以外，健全制度特别是知识产权保护制度是当前的重中之重，这是决定我们今后能不能成为一个国际性创新城市的关键。刚才说创新的人才是流动的。你这里不能保护他的产权，他会到其他地方去保护产权的，所以在这个意义上，我们要高度重视有关创新制度的建设。

三、服务业的发展

服务业的发展涉及刚才已经讲过的，关于创造人的生活和企业生存环境的问题。一个现代化的大都市，它一定要有健全的服务业体系，现代经济的发展也需要各种服务业有大的发展。包括最近大家看到的，我们 IT 产业有了大的发展，互联网有了大的发展，在互联网的带动下，物流业有了大的发展，物流业跟现代互联网电商等等是相辅相成的产业。这就不仅仅是一个生产性服务业，它也是一种生活性服务业，它为消费者创造好的消费条件。然后就是各种医疗、卫生、教育，从学前教育一直到高等教育，其次是各种科研服务，再次是各种金融服务，包括会计、法律服务等等这一系列服务业的发展。这些在中国，应该说也是处在早期发展阶段。为什么说早期呢？虽然我们改革开放这 30 多年，可能走得比别人更快一点，但是中国真正要达到世界前沿是一个 100 年的过程，现在我们还处在发展早期。应该看到，我们城市未来的发展，在很大程度上就取决于服务业的发展。

四、寻找城市及湾区发展的内在规律

比如说，旧金山湾区能不能复制？从某种意义上来说，每个地方都是不可复制的。大家想一想，我们这个湾区别的地方也不可复制，因为我们这个湾区有很多独特的东西。我们有两个金融中心，香港、深圳——深圳是一个区域性金融中心，旧金山湾区没有；有最大的港口设施、最大的吞吐能力，旧金山湾区没有；背后有珠三角，巨大的制造业生产能力，旧金山湾区也没有。如果这个区域将来继续发展，也是别的地区不可复制的，在这个意义上讲，哪个地方都不可复制。此外，还有些历史因素，比如刚才说到的"美国波士顿128公路模式"，那是在当年高新科技的发展下形成的。而旧金山湾区，就是靠IT、网络这些因素发展起来的，所以历史因素也不可复制。因此，刚才我说要思考、要研讨方方面面的因素，一个地区发达了，它发达的各种因素是什么？这个是我们要研讨的。

比如，旧金山湾区没有像香港、深圳两个金融中心，但是它一定要有金融，没有金融发展不起来；它没有大的港口，但是物流一定要发达；一定要有人的交流，人力资源的交流。所以，重要的不在于单纯的复制，而在于怎么学习它那些推动经济发展、城市发展、现代业发展的必要因素和内在规律，因为这些发展规律很多是相同的、可以复制的，并且基于这些规律复制出来的东西是不尽相同、各具特色的。

五、关于政府服务

城市是一个公共体，政府所要做的事情，就是在城市发展的过程当中，提供一系列服务。在这个意义上，政府是特殊服务机构，提供的特殊服务是什么呢？公共服务。公共服务的第一项是建立制度，是保证包括法律制度在内的各种良好制度顺畅运行，包括进行制度改革等。制度是公共品，制度是需要通过政府的行为，包括立法、司法等等一系列的行为加以落实的，没有制度，一个城市就没有秩序，经济发展就没有基本制度保障。然后，就是政府要提供各种公共基础设施、公用品、各种公共服务，包括环境、交通等方方面面具有公共性的服务。在这个意义上，政府不一定直接去做很多事情，但是政府要搭建平台，政府要提供服务，要建立创新制度，要提供资金，要提供孵化器等等，这些很多都可以通过和私人部门合作来实现。此外，在市场的基础上，在私人基金的平台上，政府也可以通过追加资金来提供服务。简言之，政府不一定直接做很多事情，但是要在公共品的问题上尽到职责。在这个问题上，我想多说一句。在中国，现在大家往往批判的是政府"越位"的问题，政府干涉过多的问题。但是最近一些情况的变化、一些问题的发生，让我们看到往往政府"缺位"也会形成问题。特别是在城市发展问题上，政府是提供城市发展所必需公共品的重要载体。政府如果"缺位"，城市的发展就会出现各种问题，出现系统性的问题。所以，政府就是要"做政府该做的事情，不做政府不该做的事情"。

我非常赞赏深圳市政府高度重视城市发展的问题，高度重视"建设现代化大都市，建设湾区名城"这样的命题。城市化发展是一个大的方向。过去，特别是过去这十年当中，中国经历了两次经济过热，通货膨胀、资产泡沫、房地产泡沫等等，它是"过热经济"。那个时候的城市化只重视开发土地，只重视建设。现在中国回归到正常的增长，开始搞新型城市化，开始重视人的城市化。其实城市化本质上是人的城市化。这意味着什么？意味着人口要进一步流动，人要进一步集中。我们需要发展规模经济，而规模经济的载体就是城市，所以我一直鼓吹"大城市"。为什么人类都走向大城市的道路？这其中有它的道理、它的规律。

现在，深圳提出要建国际化大都市，正式的说法是"国际化城市"、"国际化湾区名城"，我觉得这是顺应潮流。相信在大家的共同努力下，深圳一定能够早日建成国际化湾区名城，谢谢大家！

全球化及巨型城市

美国查普曼大学城市发展与规划系教授　乔尔·科特金

十分感谢，很高兴来到这里！30 年前我来过深圳，那时这里还是一个小渔村，现在已经有很大的不同了。我今天想讲的是有关"国际化城市"的问题。

基本上城市能够成为一座大都市，通常是面积变得更大。而现在有一些发现，有我研究新加坡时的发现，以及在查普曼大学以及与福布斯合作时的发现。那就是城市面积的大小，并非决定城市发达程度最重要的因素。新加坡只有 500 万人，但它却是众多城市当中的领导者。更重要的就是，我们的效率，还有交通通达度等，这些都是十分重要的。

另外我想谈论的是"显要城市"。这个城市是否需要我们去它那里，而我们是否想要去它那里，是否是一个必要的地点；还有另外一个湾区经济的优势，比如洛杉矶，还有东京湾等。而这几点，就是我想谈的，未来国际化城市建设所要面对的因素。

我们常常会从历史角度来看待这些长期面临的问题，在这一过程中，政府干预是十分重要的。我们的城市总在竞争状态下发展着，这是柏拉图在公元前说过的一句话："城市有些兴起，有些衰落，这都是十分正常的事情"，比如说底特律，它现在已经衰落了；现在的硅谷，过去也面临过困境，现在又兴起了。所以现在这是一个动态的过程，现在我们的城市化不断地进行着，竞争当然就会更激烈。如今，我们给国际化城市有一个排序，排序的方式就是，根据这些城市留给大家的影响是怎样的？用一个量化的方式来看，我们更注重的是城市质量。

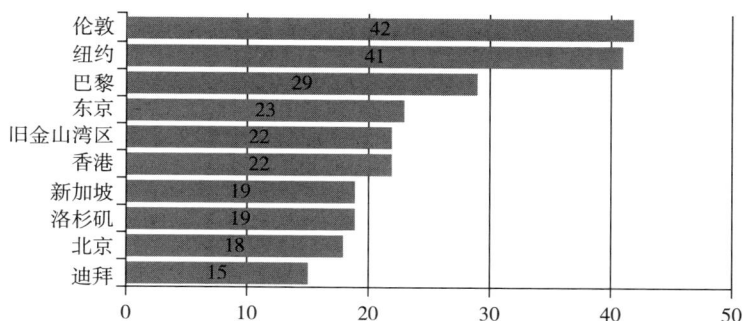

图1　TOP10　全球城市排名

从图1中可以看到伦敦、纽约、东京、中国香港、迪拜等，而有趣的是，这些城市 10～20 年前并不是很重要的城市，比如说迪拜，在过去绝对不会被认为是一个很国际化的城市，但是由于它的湾区地理位置，导致现在的结果。

表1　　　　　　　人口百万以上城市（2014 年）

序号	国家	城市	人口
1	日本	东京	37.56
2	印度尼西亚	雅加达	29.96
3	印度	新德里	24.13
4	韩国	首尔	22.99
5	菲律宾	马尼拉	22.71
6	中国	上海	22.64
7	巴基斯坦	卡拉奇	21.59
8	美国	纽约	20.66
9	墨西哥	墨西哥城	20.30
10	巴西	圣保罗	20.27
11	中国	北京	19.28
12	中国	广州—佛山	18.32
13	印度	孟买	17.67
14	日本	大阪—神户—京都	37.56

续表

序号	国家	城市	人口
15	俄罗斯	莫斯科	158.89
16	美国	洛杉矶	15.25
17	埃及	开罗	15.21
18	泰国	曼谷	14.91
19	印度	加尔各答	14.90
20	孟加拉国	达卡	14.82
21	阿根廷	布宜洛斯埃利斯	18.94
22	伊朗	德黑兰	13.43
23	土耳其	伊斯坦布尔	13.19
24	中国	深圳	12.86
25	尼日利亚	拉各斯	12.55
26	巴西	里约热内书	11.72
27	法国	巴黎	10.98
28	日本	名古屋	10.24
29	英国	伦敦	10.15

资料来源：See Demographia World Urban Areas（http：//www. demographia. com/bb-worldua-pdf）。

表2，我们看到东京，还有中国的一些城市，比如深圳，也是十分国际化的城市，还可以看到城市发展速度的排名。

表2 人口增长最快的城市

序号	国家	城市	2014 年人口	2000～2010 年增长率
1	巴基斯坦	卡拉奇	21.59	80.5%
2	中国	深圳	12.86	56.1%
3	尼日利亚	拉各斯	12.55	48.2%
4	中国	北京	19.28	47.6%
5	泰国	曼谷	14.91	45.2%
6	孟加拉国	达卡	14.82	45.2%
7	中国	广州—佛山	18.32	45.2%
8	中国	上海	22.65	40.1%
9	印度	新德里	24.13	39.2%
10	印度尼西亚	雅加达	29.96	34.6%
11	土耳其	伊斯坦布尔	13.19	25.3%

资料来源：See Demographia World Urban Areas（http：//www. demographia. com/bb-worldua-pdf）。

我们可以看到巴基斯坦的卡拉奇，还有中国的深圳，我认为它们是凭借本地的制造业从而不断发展的。而现在，制造业并不能够持续地推动我们城市的发展。对于中国而言，制造业仍然是十分重要的。而怎样才能成为一个显要的城市呢？

假如一个城市，对于区域经济活动发挥重要作用的话，那么它就是显要的。像新加坡对区域经济发展起了重要的作用，并且跟世界其他地方相互连接，因此就变成一个显要的城市了。还有些其他例子，比如说伦敦是金融城，在我的研究过程中也发现，城市进化过程中，好比二三十年前伦敦和纽约，假如它们持续当年的势头，就不会有今天，还有现在作为全球娱乐中心的洛杉矶，也取得了很好的发展，这就是它们各自的一些特点。现在全球已进入了信息化时代，我们可以看到，休斯敦作为一座能源中心在影响着我们，很多全球比较大的能源公司都在休斯敦。同时，在新加坡、中国香港我们可以看到亚洲的金融中心。我会用一些数字证实我刚才的说法。从我们的股票市场来看，纽约没在上面，我们可以看到榜上面有伦敦等等，假如我们把深圳跟上海加到一起，它们已经超过了东京。这跟过去二三十年前比起来，已经是一个翻天覆地的变化了。

在美国的娱乐产业中，洛杉矶差不多占了一半的娱乐产业数额。而这是让洛杉矶成为一个显要城市的要素。

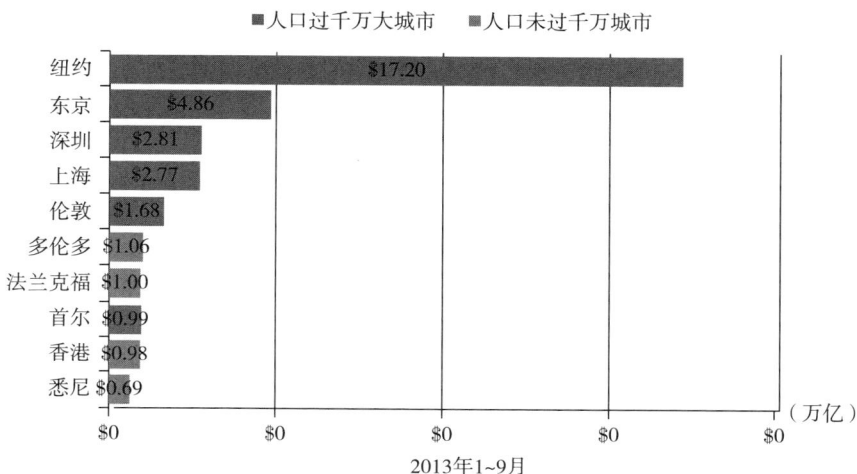

图 2　交易股票价值：股票市场

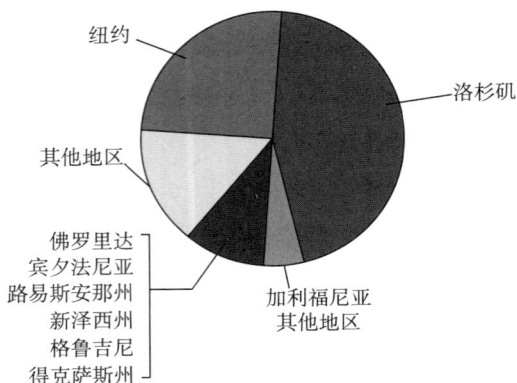

图3　超过一半的美国娱乐产业在加利福尼亚生产和就业

同时我们看到整个生态系统，我们可以看到我们榜单上面有特拉维夫还有海法等等城市。而这些城市在技术方面取得了很高的成就，比如说第三名是洛杉矶，第四名是西雅图，虽说这些湾区城市并不能够占到头名，但是他们也是排在一些比较靠前的位置上面，现在我们可以看到，从能源领域、就业角度来看，我们就可以看到，休斯敦排在第一名，还有达拉斯，它其中也有相关的能源企业，在北美它是一个在能源产业上面发展十分迅速的城市。那么，国际化城市在未来将会面临什么样的挑战？

表3　　　　　　　　全球生态系统指数启动报告

1	旧金山湾区	11	巴黎
2	特拉维夫	12	悉尼
3	洛杉矶	13	圣保罗
4	西雅图	14	莫斯科
5	纽约	15	伯林
6	波士顿	16	滑铁卢
7	伦敦	17	新加坡
8	多伦多	18	墨尔本
9	温哥华	19	班加罗尔
10	芝加哥	20	圣地亚哥

资料来源：Startup Genome Startup Ecosystem Repot 2012。

第一，是不平等差距不断加大。假如世界变得越来越信息化，大家对于教育还有资源的需求不断变多，但是人与人之间的平等，这是一个更大的问题。

第二，就是高房价，这让我们的很多城市面临着很大的困难。比如说在旧金山，房价也是十分高的。同时还有这种国际化跟本地化的矛盾，也是国际化城市所面临的一个问题。所以每个城市都有自己的难处，要去面对自己的问题。

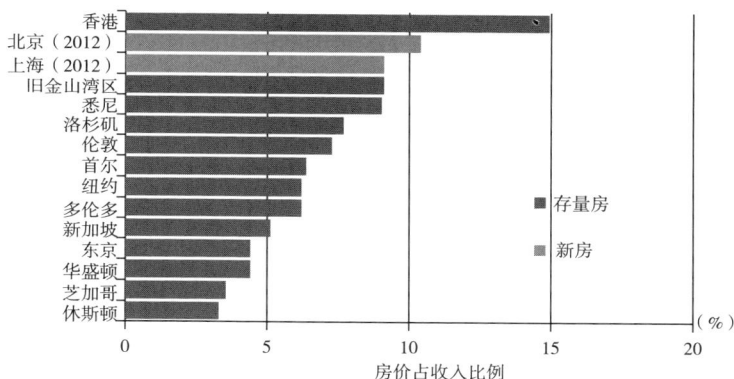

图 4　住房支付能力：2013 年 TOP20 城市排名（可得数据城市）

在这张图上我们可以看到在全球范围内，香港的房价十分高，这里显示的是房价跟人均收入的比例。可以看到香港、北京、上海位置都十分靠前，所以这就是国际化的弊端，对于个人和家庭都有着很大影响。以旧金山为例，差不多有 50% 的人，他们 20 多岁去了旧金山，但现在生活并不如最初那么好，因为他们的父母生活就不是很富裕，加之自身的背景也不是很好，所以他们也面临着很大的困境。

而现在我们要考虑的是，人们去深圳、香港、新加坡，他们是干什么呢？他们是创新还是创造自己，城市变得更加排外。所以我想要研究的就是城市的作用到底是什么？是要建立许多高楼大厦让别人赏心悦目，还是让我们的人民变得更加富有？我有一个新加坡的同事，他研究发现，目前上海婴儿出生率十分低，差不多只有 0.7%，所以这些地方经过二三十年的发展之后，城市的老龄化问题会很严重。在日本，这样的社会现象就没有太多的可持续性发展，所以我们该如何改变这种情况，让更多的年轻、有潜力的人以及家庭去城市。现在我想说的就是，把我们的想法传递给大家，而这一点可能跟大家平常所听见的一些声音不太相同，但是我希望我们的嘉宾，我们的政府可以想一想，我们的目标是什么？我们牺牲了什么？我们有哪些潜在的危险，谢谢大家！

湾区经济建设与法治建设

北京大学国家发展研究院院长　姚洋

很高兴受大会组织者的邀请来参加今天的论坛。我第一次到深圳是在26 年前的 1988 年，如果不是因为出国读书的话，恐怕我今天也是一个深圳人。深圳无论从什么意义上讲，都是一个奇迹。30 多年前深圳什么都没有，今天已经是一个国际化的大都市，这绝对是一个奇迹。

今天我们看到，深圳已经开始关注区域化的东西，以前深圳是埋头做自己的事情，现在提出来考虑湾区经济，要成为国际化的大都市，我觉得这的的确确是城市化的趋势。党的十八届三中全会谈到城市化时，强调未来的城市化，应该是基于区域基础上的城市化，而不是片面的大城市化。深圳把自己的定位放在整个珠三角湾区来考虑，是一个非常大的进步。既然把深圳放在整个珠三角湾区来考察，就要找准深圳在其中的定位。在这个地区，香港、深圳、广州加起来的经济总量，已经和世界上最大湾区的经济总量相当。在未来 10～20 年间，我们估计整个珠三角的经济总量是其他湾区经济总量的两倍以上，从现在这个速度来看，应该是毫无问题的。也就是说未来的 10～20 年间，珠三角将成为世界上经济密度最高的地方。

此外，珠三角已经形成了自己的特色，这些特色可能也是世界上其他湾区所不具有的。一是它的多元化。各种各样的城市，各种各样功能的城市，各种各样形态的城市，都汇聚在一个小的区域范围内。二是它的专业化。我参加过珠三角总体规划的一些工作，发现珠三角在某些专业领域是我们国家专业化程度最高的地区。三是它的网络化。其实把地图摊开，你就会发现珠三角高速公路、铁路已经形成了一张网，没有哪个城市占据绝对领先地位，它在整体上已经形成了网状的状态，这一点应该是远远领先于中国其他地方的，因为京津冀地区非常单一，长三角基本被上海左右。

那么在珠三角，深圳的定位是什么？还是要找准深圳自己的优势。从金融来看，香港无疑是这个地区的金融中心，也是亚太的一个金融中心，这个地位是无可替代的，香港有它长期的历史积累。广州是一个行政的中心，是个消费的城市。深圳之所以成为今天这样的城市，主要是发展制造业，在过去的 10 多年间又转向高科技产业。如果用旧金山湾区来比喻珠三角地区，深圳最好的定位应该是硅谷，深圳有条件成为珠三角地区的硅谷。

深圳是以开放起家的，前面好几位演讲者也谈到开放、包容，深圳在这方面已经做得非常好，但是这不足以支持深圳长期的发展。的确，过去30 多年深圳靠开放发展得很迅速，但是我个人感觉，这个能量在中国目前而言已经接近耗尽了，因为今后所有的城市都是开放的，不仅仅珠三角在开放，上海地区也在开放，上海未来可能会成为和香港一样的亚太金融中心，极有可能取代东京的地位。

当前，国家正在经历经济转型。特别是金融危机以后的这几年，我们面临着 GDP 增速回归到 7% 甚至以下的"新常态"，面临着也许 20 年后劳动力供给不足的问题，面临着产业结构调整的问题。产业结构最大的变化是制造业占比开始下降，去年第一次服务业比重超过了制造业，制造业就业的比重也开始下降，今年上半年服务业增加值占全部 GDP 的 50% 以上，今年全年服务业占全部 GDP 的 50% 估计已成定局。这样说来，我想深圳是走在全国经济转型的前列，因为前海主要是搞高端服务业，特别是一些服务于制造业的服务业，比如说设计、法律、咨询、会计等。

在这样的大背景下，深圳要想在珠三角地区扎根，在全世界找到自己的定位，可能还是要靠科技创新。谈到科技创新，科技创新靠什么？当然，资金是重要的，可是在中国目前这种状态下，实际上是不缺资金的。现在中国的情况是资金多、项目少，是资金找项目，而非项目找资金。深圳的金融在全国来说足够发达，PE、风投都走在全国前列。土地是不是一个问题？土地当然是一个瓶颈，特别是深圳早期搞出口加工业占了大量土地，但这也是可以调整的。特别是高科技这个行业，其实占地并不是很大。人才是不是一个约束条件？大家知道，高科技以人才为主，但这要看你需要哪个层次的人才，可能大家一想到人才就想到硅谷的人才。我想深圳离硅谷那个层次的创新还有很大距离。所以，我们是不是一定要把眼光定准了硅谷那个层次的人才？因为那个层次的人才是非常贵的，我很多朋友都在硅谷工作，他们的年薪都是 20 万美元起。这样的工资待遇，就我们国家目前来说是很难达到的。

但是如果把人才层次往下降一点，沿着深圳现在的产业升级的道路往下走，深圳缺不缺人才？我觉得深圳根本不缺人才。只要有比较好的收入、比较好的条件，全国的人才都会往深圳集中。所谓的吸引人才，我想是按照林毅夫教授的说法，要符合自己的比较优势，你想一下子延揽到很高端的人才也是不可能的，但是沿着自己的升级道路延揽人才是极有可能的。

硅谷的成功在哪里？当然是由于美国的环境，是由于斯坦福大学在那里集聚了一批人才。但是，硅谷能成功还有两点非常关键，一个是金融的自由化程度，另外一个是法治。所以下面我想重点讲一下，法治在提升深圳经济方面能起到怎样的作用。此外，如果能找到一些切实可靠的突破口，那对于深圳发展是最好的。

法治往往是国家层面的东西，如果国家层面不动，在基层要把法治提上一个台阶，实际上是有难度的。党的十八届四中全会给了我们振奋人心的消息，因为它的主题就是提升中国的法治水平。在这个大背景下，我觉得有了一个契机，就是推进法治建设。法治建设听起来很抽象，我这里想着重谈几点比较具体的东西。

第一，知识产权保护的问题。我们国家有知识产权保护法，但是执行的力度是极其低的，而且知识产权保护法制定得比较抽象，执行起来有一定的难度，这里不仅仅是说保护专利的问题，还有一些制度安排的问题。我是在威斯康星大学读的博士，美国法律规定在学校实验室里产出的创新成果，其知识产权是属于大学的。这是对的，否则就会出现大学教授偷技术的问题。但是威斯康星大学设计了一个非常好的机制，就是学校和教授联合拥有专利。这使得很多老师，特别是生物学的老师到校外去开办自己非常小型的公司，这些小型的公司使得威斯康星大学所在的麦迪逊市蓬勃发展，成了美国中西部少有的一个生物技术创新中心。实际上，在现有框架里，能不能想出一些制度安排来鼓励创新，是我们应该加以思考的。

我们在延揽国外优秀人才的时候，是不是一定让他们回国来创业？让他们来这儿办企业？是不是可以有一些产权的安排、专利的安排，把他们的专利引回来，而不一定要把他们人引回来。因为你要把他们人引回来实际上是有难度的，刚才说过了，国内的收入还难以达到他们的要求，但是如果能通过有效的制度安排，把他们的智力引进来，我想能起到事半功倍的效果。习近平总书记、李克强总理多次强调，我们要挖掘制度红利，深圳能不能像改革开放初期一样敢为人先，把制度改革在全国先行一步，把制度的红利再挖掘得更深入一些，成为全国"排头兵"，这样深圳的发展想再跃上一个台阶可能更容易一些。

第二，股东权益保护的问题。在中国这一点做得是极其差的，我们都知道股市上发生的事情是什么样的，我们对小股东没有很好的权益保护。国际研究表明，对小股东权益的保护，是一个国家金融发展的关键所在，这个论断有全世界数据支持。深圳有两个板块的股市，能不能在这方面走在全国前面，把小股东权益的保护提到一个新高度？

第三，执行的问题。无论实施什么样的法律、制度，比如说前海地区要引进新的法律制度等等，我觉得这都不重要。实际上，大家可以看一下中国的法律体系，它已经比较完备，而且越来越完备。如果能把现有这些法律都执行了，把法院所有判决都执行了，那中国的法治水平会大大提高。

第四，普遍的法治教育的问题。这个问题非常重要。在很多情况下，企业不守法或者交易双方不守法而产生的小问题、小麻烦，大家都不愿意去法院，因为动用法律工具是极其昂贵的。大家都不想用，怎么能让法律最后在现实中起作用？我想要有一定的法制教育。中国物质文明的进步远远快于人的现代化的进步。很多时候是物质已经"超现代化"，但是人的思维还是处在"前现代化",没有法治观念。在这方面,政府应该多带头,把法治观念灌输到政府里头,灌输到企业还有普通百姓身上,这是建设法治国家、法治城市不可或缺的。

　　总结一下,以上所说的有些可能是太细致入微的东西,但是英语里有一句名言,叫做"魔鬼在细节里头",没有这些细节,可能我们就无法起步。深圳已经迈出了很重要的一步,在加强法治建设的道路上如果再能迈进一步,深圳离国际化大都市就不远了,谢谢大家!

建设国际化城市

美国佐治亚理工大学山姆·那姆国际事务学院院长　约瑟夫·班科夫

　　佐治亚理工大学有幸成为深圳虚拟大学园的一分子，并受邀在此次研讨会上就"建设国际化湾区名城"发表一些意见。经过成为中国首个经济特区这一深思熟虑、大胆的尝试后，深圳的发展惊人。前海将采取怎样的额外措施，这一问题为我们创造了条件，来设想一个经济特区将如何在研究、发展、试验、创新和服务与技术的商业化这几方面成为全球领导者。前海毗邻香港和澳门，附近拥有深圳雄厚的技术、金融和保险公司。虚拟大学园和可用的惊人人才以及来自中国各地乃至世界的潜在投资为前海成为一颗世界之星创造了独特的条件。只要意识到中国的关键目标在于创新，那么就有机会在这个小区域对各种仲裁、金融和知识产权流程及规定进行试验和进一步调整，从而将前海打造成一个实现中国创新经济增长的"实验室"。本文提出了一些建议，各位领导可以考虑推动和加快该区域的创新增长[①]。

　　1980 年 5 月，在邓小平同志的领导下，深圳成为中国第一个经济特区。

　　作者自 2012 年 7 月开始任职山姆·那姆国际事务学院院长。他之前曾是亚特兰大 King & Spalding 律师事务所的资深合伙人，主要负责知识产权相关问题和纠纷。他曾担任亚特兰大奥委会和悉尼奥委会的电视法律顾问。目前，他任职亚特兰大中心城市联盟创新委员会主席，致力于加强乔治亚州亚特兰大市的技术创新环境。

　　①　作者在此特别感谢那些在他创作过程中给予其帮助的人。他们是佐治亚理工学院深圳院长 Zhou Tong 博士、佐治亚理工学院研究生 Zhen Yuchen 和 Tian Ning 以及佐治亚大学法学院应届毕业生 Bu Rui。本文所提意见和建议为本人原创，并不属于其他人员和政府组织。任何事实或理解错误也纯属个人责任。

邓小平的"改革开放"政策在此区域已被发扬光大，并取得了巨大成功，将这一沿海城市转变成一个重要的经济中心。毗邻香港和澳门，位于珠江三角洲，这一地理优势将深圳置于亚洲海上走廊（"21世纪海上丝绸之路"）并为整个地区带来了重大的额外增长。

在深圳实行的各种财政改革和体制改革创造了一个大环境，这一环境如今享有繁荣的经济、开放的市场、积极创新和改革的领导能力[1]。而大部分的成功应当归功于当地领导和中国政府允许进行大量试验和改革的意愿。

在考察世界上其他成功湾区经济案例后，深圳提出了发展湾区经济的五个关键要素：高水平的开放、引领创新、适宜的生活和工作环境、群体发展和区域合作[2]。

虽然这些都是重要特征，但湾区城市的成功增长——如纽约、伦敦、旧金山——取决于城市能吸引、留住并发展的人才，并为他们提供一个能培育其才华、使其更具创造性，并适当回报他们的环境。这通常被称为"创新经济"。更重要的是，这些成功的湾区城市一般存在显著的文化差异。城市间的文化差异经常被融入他们的能力中使其更具创造性。

当然，要想成为一个创新社区，并不一定需要依附于任何特定文化。正如邓小平的经典语录所说："不管白猫、黑猫，抓到老鼠就是好猫。"因此，深圳应该继续打造自己的创新文化品牌——但很显然，在全球市场取得成功的创新文化必将会尊重其他文化和制度，并有能力与之合作和竞争[3]。

中国领导层显然已意识到创建中国式创新文化的重要性。这一愿景是实现从"中国制造"到"中国创造"的过渡。深圳在其两阶段规划中要面临的挑战是如何更好地着手建设其基础设施和创新框架，从而建设一个先进、现代且国际化的城市。"城市和地区仅仅是供给和需求的产物，如果你

---

[1][2] 《2014年深圳湾区经济发展》，深圳市人民政府外事办公室。

[3] 作者希望读者不要产生任何误解。作者不是建议与"西方"体制"和谐"共处是知识产权发展的唯一路径。中国需要找到符合中国历史、文化及其需要和能力的发展道路（并非只有一条）来与世界其他国家和地区进行互动并影响他们。

想规划一个地区的未来，归根结底是要规划住在此处的人的未来。"①

过去 32 年来，我曾是许多创新公司的知识产权律师和顾问，而现在我是乔治亚州亚特兰大市中心创新中心的规划主席，这些个人经验教会我"有用的创新"无论在哪里都像是一个有牢固三脚的古老木"凳"。这三个"支脚"是：①人才的相互信任和尊重；②创新价值的保护；③支持创新的研究、发展和所需的资源。这三点中的每一点都与其他点息息相关。

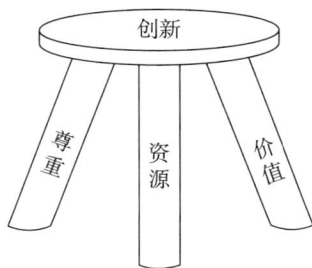

图1　创新的三个"支脚"

（1）相互信任和尊重。不仅需要人才，还需要尊重和鼓励来自不同背景和专业的人才间的相互合作。尊重人才还需要保护人才创造出的创新价值以及创新价值衍生出的奖励和激励。

（2）创新价值的保护。需要国家支持的创新保护体制——除了大量专利和商标，要做的还有很多。价值保护和人才尊重需要一个公正的体制来确定知识产权的来源和有效性以及实施知识产权的价值。它还需要一个受大众信任，能解决创新行业纠纷的体制，该体制需要公平地保护那些创新和支持创新的个人和企业。

（3）所需资源。所需资源是指用来支持创新的经济和物质基础设施。有用的创新不会因有投资就自动产生。它需要个人和集体人才的创造。因此，大小型企业以及企业家们需要有机构和许可来增强其实力，从事（和

---

① 2014 年 6 月，HUGE 有限公司创意总监 Peter Saville 于西班牙毕尔巴鄂城市领导座谈会（BUILD）上的言论。

奖励）其创新工作。它还需要那些对创新有兴趣的人（不管是个人还是公司）有能力分享并获得其投资利益。

一、深圳的发展和作用

在提供创新所需的三元素这点上，深圳做得很好。总部位于深圳并创建或利用技术的主要中国公司包括：①华为（世界上最大的电信设备制造商）；②中兴通讯（世界第5大电信设备制造商）；③腾讯（中国最大的互联网公司）；④迈瑞公司（中国最大的医疗设备制造商）；⑤顺丰快递；⑥平安保险；⑦比亚迪汽车公司。

现在，前海深港现代服务业合作区（"前海"）针对现代服务行业的公司提出一些激励措施。对于拥有合格技术的先进服务企业，前海为其减免15%的企业所得税（"EIT"）（取代以往的25%）。深圳政府还会退回一些潜在的个人所得税（"IIT"），还制定一些其他规定来确保快速通关，为前往前海开业的香港专业人士和在该区建立全资国际学校和医院的香港服务供应商提供补贴。前海曾是深圳的一个小渔村，其巨变正体现了深圳的承诺和领导。

深圳还创建了一个虚拟大学园来实施《建设全球化城市的行动计划》，该计划旨在创建一个多语言环境，建立国际社区和学校，并在国际名城中扩展深圳的国际化友好城市网①。

2013年，佐治亚理工学院有幸成为第一个入驻深圳虚拟大学园的美国大学②。2014年4月，佐治亚理工学院宣布佐治亚理工学院——深圳与天津大学合作举办电气和计算机工程（ECE）理学硕士项目。这个新合作项目正是中美两国教育合作的努力成果，也是深圳和美国佐治亚州亚特兰大友

---

① 《2014深圳湾区经济发展》，深圳市人民政府外事办公室。
② 2013年4月12日，深圳市市长许勤热烈欢迎佐治亚理工学院院长 G. P. （"Bud"）Peterson 博士成为深圳虚拟大学园的第55位成员。

好城市协议的结果①。

这并不是佐治亚理工学院与中国的首次共谋发展。早在 1985 年 4 月，中国政府与佐治亚理工学院领导人就签订了一份"历史协议"，计划投资 120 万美元来建设合资公司，帮助协调新技术在中国的发展。根据该协议，创建了一家中美各持股 50% 的合资公司，这种形式的科学技术公司在美国是首家也是唯一一家。由中国科学技术协会（CAST）、佐治亚理工学院以及其他私人投资者出资建立的这家"营利性"合资公司致力于帮助美国公司和中国企业创办其他合资公司，帮助他们获得许可协议。

中国同佐治亚理工学院于 1985 年签订的这份协议标志着中国早期的现代化计划。该计划在 4 个经济特区引进了新型经济改革——包括首个经济特区深圳。这些协议是中华人民共和国与美国佐治亚州多年协商的结果。乔治亚州前任州长 George Busbee 当时发起了这些讨论②。

创新在中国未来的作用：中国领导层已明确表示科技自主创新在未来至关重要。2014 年 6 月，中国国家主席习近平在中国科学院第十七次院士大会和中国工程院第十二次院士大会的开幕演讲中均强调中国科技发展的方向是"创新、创新、再创新"③。

习近平指出："我们要实施创新驱动发展战略，最根本的是要增强自主创新能力，最紧迫的是要破除体制机制障碍，最大限度解放和激发科技作为第一生产力所蕴藏的巨大潜能。"④ 在呼吁深化中国科技体制改革的同时，习近平郑重宣告要破除一切制约科技创新的思想障碍和体制藩篱。他还强

---

① 在深圳市科技创新委员会主任陆健博士、深圳市教育局局长郭雨蓉女士、深圳市科技创新委员会副主任邱宣女士以及深圳市教育局高等教育处处长许建领先生的支持和领导下，这段显著的合作关系已得到发展。

② 中—佐治亚合资公司共有 120 万投资资金，由前任州长 Busbee、佐治亚理工学院研究处副处长 Tom Stelson、佐治亚理工学院地球物理科学学院院长 C. S. Kiang、可口可乐公司前任首席财务官 Sam Ayoub、Kidder Peabody & Co. 副总裁 Lamar Oglesby、中国电子部首席工程师 Wang Shi - guang、中国国际信托投资公司副董事长 Yang Guang - gi、中国航空协会会长 Shen Yuang 以及中国科技票据交易所总裁 Yu Qi - yu 组成的董事会管辖。1975 ~ 1983 年期间，George Busbee 任佐治亚州州长，之后，他加入亚特兰大 King & Spalding 律师事务所，成为作者合作伙伴之一。资料来源：1986 年 2 月 28 日《亚特兰大宪法报》B3 版。

③④ http：//news. xinhuanet. com/english/china/2014 - 06/09/c 133394743. html.

调要建设资源库、共同努力寻找科技创新的突破口。习近平还说,在追求科技创新时,应将人才培养放在首位①。在同一大会上,中国国家总理李克强针对中国经济形势的稳定增长发表讲话。李克强说:"从中国的长期发展来看,要想释放亿万民众的创造力,我们必须改革。别无选择。"李总理在大会上表示"中国经济必须提升至中上水平。而我们唯一的选择就是创新。这是中国发展的基本道路"②。

李克强说道:"我们不仅要授予科学家和工程师荣誉,还要增加他们的收入。改革后的研发机构应拥有对其科技成果的处置权,而机构的科学家和工程师们应享有优先购股权和股份认购权,这样,他们的收入便可提升至中等偏上水平。我们必须向整个社会证明科学的有形价值和无形价值。"③在这一背景下,深圳前海区无疑有机会在增强和加快中国研发和创新商业化进程上发挥关键性作用。

二、中国的知识产权战略

2008 年 6 月,中华人民共和国国务院发布了一份针对中国未来的《国家知识产权战略纲要》文件。该纲要的制定旨在提升中国知识产权创造、运用、保护和管理能力,建设创新型国家,实现全面建设小康社会的目标④。为了实施《国家知识产权战略纲要》,中国还采用了一项特殊的国家专利发展战略(2011~2020 年)⑤。

"在 21 世纪,随着知识经济的快速发展和全球化进程的加速,专利技术已成为一个国家核心竞争力的战略资源……

"在过去的 30 年内,中国的专利事业取得了显著的成就。全面制定了专利相关的法律和法规。创造和运用专利的能力不断增强,检验和批准专利的能力明显提高。具有中国特色的专利保护模式已经初步建立。宣传和

---

① http://news.xinhuanet.com/english/china/2014-06/09/c 133394743.html.
②③ http://english.peopledaily.com.cn/n/2014/0617/c98649-8742026.html.
④ http://english.gov.cn/2008-06/21/content_1023471.html.
⑤ http://graphics8.nytimes.com/packages/pdf/business/SIPONatPatentDevStrategy.pdf.

运用专利信息的水平稳步上升。专利人才库基本上满足专利工作的发展需求。国际专利交流与合作进入了一个新的阶段。这些都为中国的技术创新和经济发展创建了有利的社会和法律环境。

"但是，由于中国建立现代专利制度的历史较短，随着局势的发展，目前仍然存在无法满足中国经济和社会发展要求的一些问题。专利制度未与社会主义市场经济完全融合，而其在指引产业结构调整和升级及提高中国的创新能力方面的作用没有得到充分发挥。专利政策与中国的经济、科学和技术政策未密切相符，而且鼓励和保护创新的有效专利政策制度还未完全建立。市场主体的核心专利数量不足，且运用专利的能力较低。专利管理制度和机制需要改进，而专利保护相关的法律实施也需要进一步增强……"①

专利发展战略为促进中国专利申请的剧增奠定了特殊的数字目标基础：到 2020 年，中国将成为专利创造、运用、保护和管理水平相对较高的国家……每 100 万人的发明相关的专利数量及国外专利申请的数量将翻两番。新兴产业的某些重点领域和传统产业的重点技术领域将获得大量的核心专利……指定规模以上工业企业的专利申请比例将达到 10%……

到 2015 年，每年发明、实用新型和设计相关的专利申请数量将达到 200 万。中国在每年授予国内申请人的发明相关的专利数量方面将位于世界前两位，而且专利领域的质量将进一步提高②。中国对知识产权的关注及中国努力获得的和被授予的专利数量的增加都取得了显著的成功。2006~2010年，中国专利局公布的专利申请年均增加了 16.7%。由于中国一直为提高知识产权而努力提高其创新能力，2011 年，中国的专利申请数量位居世界第一，超过了美国和日本。到 2015 年，预计中国的专利申请数量将达到 50

---

① 国家专利发展战略，第 1~2 页，http：//graphics8. nytimes. com/packages/pdf/business/SI-PONatPatentDevStrategy. pdf。

② Suttmeier 和 Yao，《中国的 IP 转变》，国家亚洲研究局专题报道#29，2011 年，第 12 页引用国家专利发展战略。

万左右①。

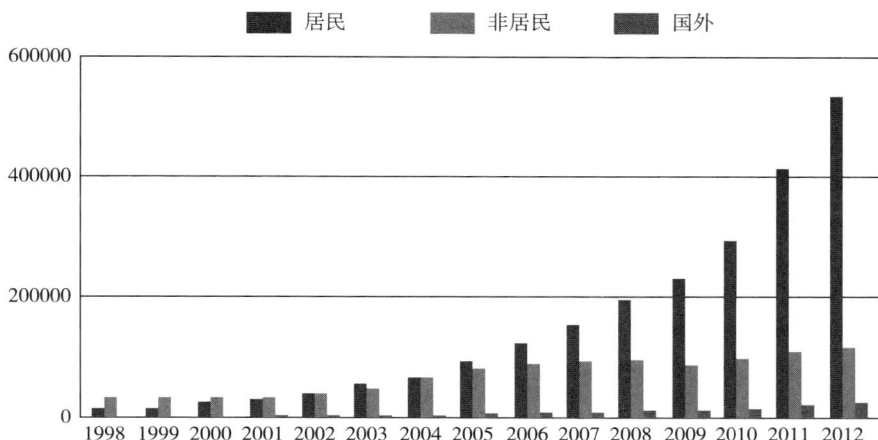

图2　专利申请数量（1998～2012 年）

资料来源：世界知识产权组织统计数据库，最后更新日期：2014 年 3 月。

　　毫不奇怪，专利数量的剧增使中国知识产权（IPR）的管理和实施承受着很大的压力。发生在中国法院系统内的国内知识产权纠纷就是其主要影响之一。

　　知识产权公正行使的重要性，因其对可能创造或运用的知识产权价值的创造和公平分配的刺激作用而得到确认。"通过合理确定人们拥有的特定知识和其他信息权利，知识产权制度在创造和运用知识的过程中调整了不同人群享有的利益……在当今的世界里，随着知识经济和经济全球化的发展，知识产权日益成为国际发展的一种战略资源和国际竞争力的核心要素，而且是建设创新型国家的一股重要力量。"② 知识产权战略的实施导致中国国内知识产权纠纷数量的急剧增加。知识产权战略促进了法律发展，并使由法官管理的专业知识产权法院体制得到进一步发展，而这些法官由于成为中国学历最高最专业的法官而闻名于世。但是压力巨大："法院的扩张使

---

　　① Suttmeier 和 Yao，《中国的 IP 转变》，国家亚洲研究局专题报道#29，2011 年，第 12 页引用国家专利发展战略。

　　② 国家知识产权战略大纲，中华人民共和国国务院，2008 年 6 月 5 日。

得知识产权诉讼案件显著增加，而大多数案件都是中国诉讼当事人与其他中国人的对抗。2009 年的知识产权民事案件数目达到 30626 个，2010 年增至 42902 个。2010 年的版权案件数目大致为 24700 个，商标案件数目从 2009 年的 6906 个增至 2010 年的 8460 个，而专利案件数目达到 5785 个（之前为 4422 个）。这些数据表明中国在知识产权方面已经成为世界上诉讼案件最多的国家。与中国相比，2009 年，美国的版权案件数目仅为 2192 个，商标案件为 2792 个，而专利案件为 1674 个。"①

2013 年，最高人民法院关于知识产权待处理案件之数量的报告表明案件数量将继续增加：与 2012 年相比，地方法院受理和处理的一审知识产权民事案件的数量分别增至 88583 个和 88286 个，增长率分别为 1.33% 和 5.29%。在每个知识产权部门内，与去年相比，案件数量和比例变化如下所述：新受理的案件：9195 个专利案件，下降了 5.01%；23272 个商标案件，上升了 17.45%；51351 个版权案件，下降了 4.64%；949 个涉及技术协议的案件，上升了 27.21%；1302 个涉及不公平竞争的案件（其中包括 72 个涉及垄断纠纷的一审民事案件），上升了 15.94%；2514 个涉及其他知识产权纠纷的案件，上升了 13.91%②。

三、商务纠纷的解决——深圳的机遇

中国创造的知识产权在其评估、管理和运用方面仍然面临着重大的挑战。在 2013 年 11 月 12 日于北京召开的中国共产党第十八届中央委员会第三次全体会议上采用了一份重要的政策文件，确定了与全面进行深远改革相关的重大问题③。其中包括决定加强对知识产权（IPR）的保护、改进鼓励创新的机制，以及探索设立知识产权法院的方法④。这可能为深圳前海区

---

① Suttmeier 和 Yao，《中国的 IP 转变》，国家亚洲研究局专题报道#29，2011 年，第 13 ~ 14 页。
② 2013 年中国法院的知识产权保护，http：//www.court.gov.cn/zscq/bhcg/201404/t20140425_195314.html。
③ 第三次全体会议蓝图可能与邓小平 1978 年开始的经济改革一样重要。习近平主席同意市场是帮助中国人民实现"中国梦想"的"决定性力量"。
④ http：//english.people.com.cn/90785/8458097.html。

内的进一步创新提供了另一个战略机遇，从而可以达到吸引知识产权投资和巩固既有商业基地的双重目的。深圳在自由化商业仲裁委员会中位居第一，并且应当希望成为第一个建立专门法院来根据第三次全体会议的指令处理知识产权纠纷的城市。

中国已放宽多个经济区的仲裁规则，从而为吸引投资和有效解决成功的商业中心一直产生的商务纠纷奠定基础。1983 年，深圳经济特区成立了华南国际经济贸易仲裁委员会（又称深圳国际仲裁院；之前称为中国国际经济贸易仲裁委员会深圳分会——"SCIA"）。

SCIA 成为第一个依法成立且拥有自己的法人治理模式的仲裁机构。SCIA 采用了先进的国际商事仲裁制度并实施以委员会为中心的管理模式，在决策、实施和监督方面达到互相制衡，从而确保仲裁机构和仲裁法庭的独立性①。

SCIA 是探索中国商事仲裁方面的先驱。它是第一个包含拥有外国裁判权的仲裁人（1984 年）和第一个提出于国外执行的仲裁裁决（1989 年）的机构。其管理委员会和仲裁人中超过三分之一的成员来自中国大陆之外的其他地方②。

中国的一些法院在仲裁协议和判决的执行方面面临着技术挑战。这使得仲裁协议的参与方变得不确定，并促使最高人民法院（PSC）发布一项关于减少中国法院在作出任何决议之前审理 SCIA 报告交给 PSC 的案件数量的法令③。

国内的其他贸易区正采取措施提高其仲裁法庭的效力和效率。2014 年 5 月 1 日，新上海自由贸易区的自由贸易试验区仲裁规则开始生效④。在 2014 年 4 月 8 日宣布新试验规则的新闻发布会上，声明了这些新规则将使自由贸易区的商事仲裁进入一个更为专业的国际化阶段，并且是在自由贸易区建

---

①② http：//www. sccietac. org/main/en/aboutus/introductions/index. shtml.

③ 最高人民法院，《关于正确审理仲裁司法审查案件有关问题的通知》，2013 年 9 月 4 日，第 194 号。

④ http：//www. shiac. org/English/FreeTradeZoneRuleEN. pdf.

立国际法律环境规则的一项重大举措[1]。

新自由贸易试验区仲裁规则和现行上海国际仲裁中心（SHIAC）仲裁规则及中国其他机构的仲裁规则（包括深圳）之间有很大区别。这些区别在上海国际仲裁中心国际商事仲裁研究中心和华东政法学院（ECUPL）中国自由贸易区法律研究院发表的（非官方）《中国（上海）自由贸易试验区仲裁规则之解析》中列出[2]。正如芮部[3]所总结的，非官方解析所提出的主要区别在于自由贸易试验区仲裁规则所含的内容：

（1）更为广泛的临时救济规定，包括仲裁前临时救济。

（2）主诉讼中法庭组成之前关于任命紧急仲裁员就紧急临时救济的运用进行裁决的规定（紧急仲裁员程序）。

（3）关于从上海国际仲裁中心仲裁人团外部任命仲裁员的更为实质性的规定（仲裁员开放任命）。

（4）合并仲裁和多方联合诉讼的扩展性规定。

（5）关于由调解员代替法庭进行调解和上海国际仲裁中心成立调解员小组的明文规定。

应用即决裁判程序的最低减让标准为人民币 10 万元，而小额索赔程序的索赔额不超过人民币 10 万元。

与全球缔约方可用的其他仲裁论坛相比，在对新自由贸易试验区仲裁规则进行深入的分析中，芮部提出了一些可能进一步提高自由贸易区对全球缔约方的吸引力的建议。在未进行深入研究的前提下——这些可能值得领导者进一步考虑。

（1）如果仲裁申请被正式受理且不久之后发出了仲裁通知，允许在提出仲裁申请后正式受理仲裁之前向紧急仲裁员提出紧急救济申请。

（2）要求紧急仲裁员及时制定计划，以便在紧急任命后特定时限内考

---

[1]　http：//www. shiac. org/English/NewsDetails. aspx？tid = 7&nid = 630.

[2]　http：//www. shiac. org/upload/day_ 140430/20140430110640784. pdf.

[3]　芮部（Rui Bu），《新中国（上海）自由贸易试验区仲裁规则之下的紧急仲裁员程序和开放仲裁员任命：新时代的曙光?》，佐治亚大学毕业论文。

虑紧急救济的申请，从而加速进程。

（3）批准紧急仲裁员同意任何合理的临时救济，并在提出后对其进行约束，但是明确限制紧急仲裁员对签署仲裁协议的各方的权力。

（4）明确规定正式成立的官方仲裁法庭不受紧急仲裁员的决定或事实认定的约束。

（5）尽管自由贸易区规则当前允许各方"推荐"未列于批准仲裁员名单上的仲裁员，但规则中应当明确规定未列于名单上的仲裁员的批准应当迅速执行，并且其评审只需依据清楚和客观的标准。

在前海采用的自由贸易试验区商事仲裁规则及修订案可增强并使 SCIA 和前海因作为商事仲裁论坛而出名，而且使深圳前海区在根据总书记习近平的指令"大胆探索和实验及独立创造"时进行进一步的实验并获得发展。

四、知识产权纠纷的解决——深圳前海区的机遇

由于成立了专门的知识产权法院或法庭，将对前海区的发展提供最大的帮助。由于多数高新技术企业已坐落于深圳及为促进进一步创新研发而举办了虚拟大学活动，这个位置将最为理想。

也许还有利于在各个技术领域成立独立的专家小组，小组成员将作为受到仲裁协议约束的知识产权纠纷中的潜在方任命的仲裁员，或者作为可能先于法院中任何知识产权诉讼的调解过程中的专门调解员。与中国寻求共识的著名文化一致且为了减少知识产权相关的诉讼案件数量——法院诉讼之前需要调解，使用非常熟练和受过训练的调解员（与任何相关诉讼都无关）可在保护创新者和社会利益的同时避免不必要的时间浪费、开支和争论。

为加快解决法院中的知识产权纠纷，考虑前海区需要经过最高级别的迅速（和一致的）司法审查的所有知识产权司法裁决的直接上诉也许有用。这也许是成立新知识产权法院的一部分，并将扩展当前适用于中国国内法院的"涉外投资"相关的规定。

最后，在努力整理中国公民间大量专利纠纷时，中国可能考虑为允许进行进一步的实验和发展其他创新而创立中国专利的自动和"强制许可"。

有用的创新很少涉及单一的专利概念。为了在进一步的科技发展中推进社会的利益，创立可为所有人所用的强制许可将在技术和创新的进一步增长的同时保护专利的商业价值。

如果一种商用产品或有用服务的创立是由于任何相关强制许可下的实验，所用的专利持有者应被给予适当的新创新优惠。用于实验的强制许可可能也需受知识产权法院监督的相关技术专家进行"专家评估"——评估各方的相对贡献，及为分享来自联合知识产权的任何经济利益而为新创新分配任何知识产权份额的专利。

五、对中小型创新企业的支持

创新不是按照指令发生的，企业在创新尝试中为确保利益规模也一样。有些最为卓越的创新来自从未读完大学的单位——或车库或宿舍内的新创公司。

为创造一个整体的"创新环境"，为小型企业和企业家提供财务支持和良好的环境变得越来越重要。由于小型化也不是创新的保证，拥有能够提供少量种子资金的财务支持系统也有必要，从而使这些小型企业为创新所作的努力不断增加。提供这种支持的"创业基金"通常通过积累富人资本或希望投资新创公司的其他投资基金或"替代"投资资产来获得。与李克强总理发表的评论"……研发机构及其科学家和工程师应当享有认股权和股票认购权，这样才能促进收入增长……"[1] 及深圳私营商业银行当前的津贴一致，可为创建多种私人投资工具或地方税收减免支持的"创业基金"或可能为前海区创新吸引前海重大外商投资的其他鼓励措施而做出努力。这些基金也有可能作为房地产业当前的国内高水平投资替代品而为中国个人的创新投资提供更广泛的机遇。

---

[1] http://english.peopledaily.com.cn/n/2014/0617/c98649-8742026.html.

六、结论

在通过分享发现知识推进社会利益和为了共同利益而推进利益的同时，全球面临的知识产权挑战是通过确定创新者的地位，并为其提供经济回报来促进创新。本文中的建议仅作为供深圳和前海区的领导者进行进一步思考的理念。

中国准备将历史和文化与国家和地方领导者的积极性和领导力融合。前海和深圳代表了经济改革和社会发展中的早期和持续投资。这些著名区域继续发展的能力通过第三次全体会议的指令得到明确保证。深圳市的国际化及其持续的经济增长将取决于其对创新的持续关注和作为个人与企业为吸引和教育人才及提供开发非凡人物的潜力所需的社会、财政和技术基础设施所做的努力。佐治亚理工学院很荣幸能在这一重要使命中发挥作用。

湾区经济、产业转型与高等教育

北京大学校务委员会副主任、北京大学汇丰商学院院长　海闻

深圳要发展湾区经济，其中很重要的一点就是要善于总结世界上其他湾区发展的经验和规律。政府要"想得大一点，想得远一点"，以长远的思路和眼光来考量湾区经济的未来，只有这样湾区经济才能更好地融合、发展。

围绕今天的会议主题，我主要讲以下两个问题，一是什么是湾区经济及湾区经济的产业结构，二是深圳如何发展湾区经济。

第一个问题，什么是湾区经济？

这是深圳市市长许勤先生首先提出来的，也成为深圳国际化城市建设的一个目标。湾区经济不同于港口经济，也不同于内陆经济，实际上是一种港口经济和内陆经济的结合，所以说它比较特殊。比方说，我们改革开放的时候，很多人注意港口，非常注重外贸，怎么能够把外贸的水运、海运与制造业基地结合起来？这就是湾区经济。

全世界典型的湾区经济有很多，今天主要想介绍旧金山的湾区经济。今天有好多专家介绍了旧金山湾区，我本人也是在美国加利福尼亚大学（戴维斯）读的经济学博士，也在旧金山州立大学教过书，对旧金山湾区比较熟悉。旧金山湾区包括旧金山市这几个城市，其湾区经济有什么特点呢？它目前有制造业、服务业还有航运业等。初期是自然经济，也就是我们说的第一产业，逐渐变成制造业和航运业的结合，到了现在，基本上是服务业和航运业的结合。

旧金山湾区有两个特点,一是服务业占比达到 93%。从 70 年代到现在,40 多年的时间,它的制造业比重开始增加,现在又逐渐下降。在 70 年代,旧金山湾区制造业占了 15% 左右,现在旧金山湾区制造业只占 3% 左右。服务业在不断地增长,从当时的近 80% 到现在的 93%。这是整个旧金山湾区的演变过程。在服务业里面,信息产业大概占 5%,金融业占 7%,教育和医疗占 13%,这些大概共占 25%。在整个经济结构里面,旧金山湾区的专业技术服务占比非常大,达到 23%,这些东西加起来,包括信息产业、专业技术服务、金融业和教育医疗,比重达 50%。当然还有其他的服务业,像旅游、酒店等,其结构是非常现代的,反映了现代经济的结构。它的服务业占比实际上比美国的平均水平还要高,美国服务业平均水平大概是 80%,而旧金山湾区的服务业基本上占到 93%。

二是区域内产业结构呈现互补性。70 年代以来的 40 多年间,旧金山湾区的制造业逐渐从 7% 左右下降到 2%,但是旧金山市的制造业占比反而在增加,从 9% 增加到 13% 左右。也就是说,虽然区域内制造业占经济比重都在下降,但是不同城市的制造业比重还是有变化。同时,像旧金山湾区服务业里面的批发零售增长特别快,从 1% 增长到 9%;旧金山市商务和技术服务产业的比重增加也非常快,从 1% 增长到 4%。这说明一个问题,我们讲湾区经济的时候,要把旧金山市及其周边城市放在一起考察,它是一个综合的产业布局,而不是每个地方独立的产业布局。总的来讲,旧金山市现在主要是一个窗口,很多产品是在湾区其他城市生产、研发,然后通过旧金山市向全世界出口。

这是一个参考的例子,当然每个湾区有各自特点。我认为作为粤港澳湾区中的重要城市,深圳未来产业结构的方向,大家要心里有数。

第二个问题,深圳的湾区经济如何发展?

深圳要发展湾区经济,其中很重要的一点就是要善于总结世界上其他湾区发展的经验和规律。我认为旧金山湾区、纽约湾区、东京湾区等世界著名湾区在发展过程中有以下几条规律。第一,市场机制的发展。市场机制不是政府规划的,它是市场充分发展后形成的一种格局。比方说,有的湾区以制造业为主，有的湾区以金融服务业为主，有的湾区以其他产业为主。这都是市场自然形成的，根据当地比较优势发展出来的，其市场一定是发达的。第二，国际化一定是对外开放的。所有湾区一定是国际化的，否则不能称为真正的湾区。第三，教育一定是很发达的。因为湾区经济是不断更新、不断发展的，它发达的基础就是科研和教育。第四，以法律为基础和保障。有了法律的保障，才能够使人们不断地创新，不断地规范各方面的发展。我觉得以上规律是需要遵循的。

在此基础上，还必须厘清深圳发展湾区经济的优势、差距和挑战。

1. 具备的优势

一是区位优势。深圳发展湾区经济有很多优势，首先是区位优势。我们很像旧金山，除深圳外，周边还有东莞、惠州。如果说深圳、东莞、惠州整个区域发展起来，有一点像旧金山及其周围形成的湾区经济，有内陆有港口，而且又有服务业、制造业，所以这是比较好的区位优势。二是创新优势。深圳是改革创新做得比较好的城市，我们是中国改革开放的窗口，有很多先行先试政策。此外，深圳是一个移民城市，没有地方传统包袱，这也是一个优势。三是领导意识。这一点我非常欣赏，深圳能够主动开阔眼界，今天的国际化城市建设研讨会连办四届，市领导都非常重视，各个区领导也都在。另外，深圳 2014 年政府工作报告提出"聚焦湾区经济"，这意味着我们不光要着眼深圳，还要考虑到深圳与周边地区的融合。

2. 存在的差距

一是产业结构不合理。刚才我也介绍了，将来要发展比较高端的"现代湾区经济"或"国际化湾区经济"，信息、金融、教育、医疗、技术服务和商业服务这几块是要高度发达的，但是目前来讲占比还较低。而旧金山湾区里面的信息、金融、教育、医疗和商业服务大概占到近 50%，深圳目前只有不到 10%。制造业现在仍是我们的主要产业，占 45%，而旧金山湾区的制造业已经下降到 3%，这是我们未来调整的方向。倒不是说我们一下子降下去，但是一定要知道产业结构发展的趋势。当前，深圳产业结构调整还面临着很多机遇。一方面，尽管中国的 GDP 增速从原来的"高速增长"变成现在的"中速、低速"，但是总的来讲中国还处在起飞过程中，这个过程要延续四五十年，我相信中国还是有很大的增长潜力。另一方面，目前全国都在进行城市化发展和产业升级。产业升级与收入水平和消费结构紧密相关，80 年代解决温饱，90 年代解决耐用消费品，21 世纪初前十年解决汽车和住房，现在产业结构就是瞄准生活质量，教育、医疗、文化等方面。全国的产业转型可能给深圳带来很多机会，深圳要抓住机会，推动自身产业结构转型升级。二是高等教育水平不高。科技也好，创新也罢，跟教育是有密切关系的。旧金山湾区有 33 所公立学校、47 所私立大学，这个地区共有 96 所大学；深圳包括东莞、惠州，总共是 10 所大学左右，但人口却是大学地区的近 4~5 倍，所以说这个差距是非常大的。昨天《参考消息》上说，美国 43% 的人口接受过大学教育。所以，千万不要认为大学扩招是造成失业的主要原因，中国的高等教育还远远落后，今后大学是一个普及教育。大学也是有层次的，比如说美国，一流大学做研究，像伯克利、斯坦福等，培养了许多诺贝尔奖得主；第二类是培养白领的，比如旧金山州立大学；第三类是培养蓝领的大学。他们的大学是一个体系，对人才培养非常重要。另外大学对科学发明、技术转让非常重要。不同时期的技术创新与教育环境的关系是不一样的。到了现代，高等教育对于技术创新非常重要，比如斯坦福对于硅谷是非常重要的。还有一点是教育跟企业的互动也十分重要。所以说高等教育对湾区经济的重要贡献是不可忽视的。

3. 面临的挑战

一是市场与政府的关系。有些事情是政府不能做的，我们要发展湾区经济，并非是鼓励政府大量补贴或政策倾斜，其实更重要的是让市场去发展。前段时间讲改革的时候，我的意见是政府不但要消除阻碍企业发展的制度障碍，同时也要撤回对企业的政策支持。简言之，既不要去妨碍企业发展，也不要人为地支持某些企业发展，让市场去决定它们的生存与发展，这是非常重要的思路。比方说，不要阻止服务业发展，但是政府也不要为了发展服务业而刻意投入、人为推动，否则往往会出现畸形的状况。政府要做什么？政府要回到它自己该做的事情。过去十年，我认为政府干预太多，对经济发展也产生了一些负面影响。党的十八届三中全会回到核心问题，"让市场在资源配置中起决定性作用"，就是以市场来考虑产业结构和经济发展。此外，政府要做法治建设，还有教育、医疗。像美国的地方财政将近要花 50% 来搞教育，特别是加州。加州的公立大学是美国最好的，CSU、社区大学、加州州立大学和加州大学等。除了钱以外，还有土地资源非常重要。我在深圳这么多年，感觉到建学校用的土地资源并不多，现在有些学校还没有建。从长远看，一定要把土地留下来办学校。深圳有几十所大学不算多，我们现在是发展很快，但是土地都用做商业用途了，我非常担心以后想发展教育都没有土地了。所以政府一定要长远考虑，留出土地来发展深圳的高等教育。二是区域协调的问题。比方说旧金山湾区的发展，不是说旧金山政府只管旧金山，它是由市场去协调的。我们现在有个挑战，就是深圳没法把东莞、惠州等周边地区的经济一起总体规划，这是现实问题。当然最好是所有政府只做政府的事情，经济结构的发展是由市场协调。这样就能形成合理分工，否则深圳、东莞都搞金融，就不能自然地形成一种内部协调和融合。区域协调的问题是未来中央政府、地方政府应予以通盘考虑的重要问题，政府要"想得大一点，想得远一点"，以长远的思路和眼光来考量湾区经济的未来，只有这样湾区经济才能更好地融合、发展。

以深港为核心的珠江口湾区

香港科技大学创校校长　吴家玮

珠江口湾区的经济发展甚有建树，举世瞩目。如今面临转型，务须再接再厉，有所突破。21 世纪是全球化的知识经济时代。知识经济以人才为本，而人才不为国界或地界所限。若能借镜旧金山湾区，吸引和留住来自全球五湖四海的人才，珠江口湾区的前景更将无限光明。

20 年前，我在香港推动一个"湾区"观念，发表了几篇文章。一时找不到那几篇文章，记忆中，主要的论点有：①珠江口的一系列城市正在稳步成长，将来必会连成一片。②这系列城市理应多方面合作互补，结成湾区型的大都会。③有此一日，这个湾区在方方面面都能与旧金山湾区比美。

请允许我在此重提旧事，把这个湾区与旧金山湾区相比，略论现况和前景①。

一、怎么定义"珠江口湾区"？

不瞒你说，当时我所提的是"香港湾区"。听来难免有点"沙文"；倒不因为我是香港人，而是以实力来说，当年珠江三角洲的城市群，确以香港为首。

当时我为了使香港科技大学的同事们关注整个地区，请他们看着珠江

———————————

① 读者们请注意：这不是一篇学术报告，所谈只属概念，没作深入研究。又，所引用的地图均从网上下载，来源不明。

口的地图，跟我一起想象以下的旅程。

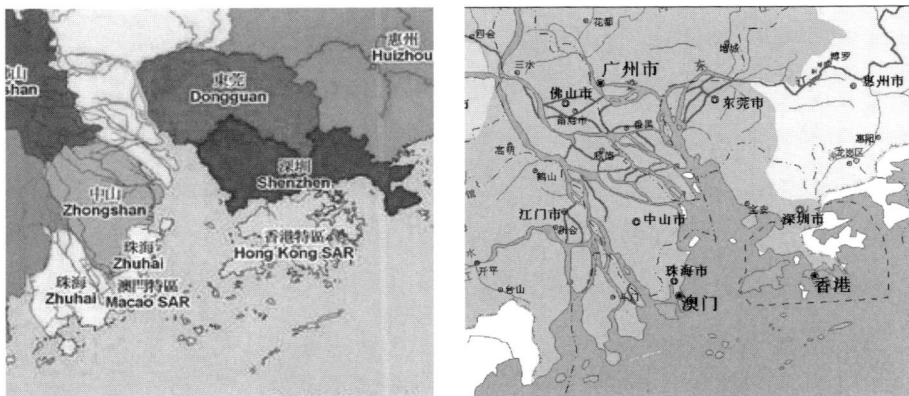

图1　珠江口地图

从香港特区向北出发，走进深圳特区。穿越当时尚未被划入特区的宝安，进入东莞。立即向西，经虎门大桥到达当时不属广州的番禺南沙。然后回头向南，途经中山，进入珠海。最后经澳门特区渡海回到香港。这就是我所称的"香港湾区"。我以连接深圳、南沙和珠海的三角形为香港的腹地，向同事们解说为什么香港科技大学要在深圳和南沙建立研发基地，为香港担当华南龙头的志向作应有的贡献。

当时港珠澳大桥的计划还没出笼，港人对珠海多少怀有远不可及的感觉，因而没把珠海考虑在内。至于深圳和南沙，不久后就有行动：与北京大学和深圳市政府合建了深港产学研基地和医学中心，并与霍英东基金会合建了南沙资讯科技园区。

邓小平南方谈话后，深圳蓄势待发，但是经济力量远远不及香港，甚至需要依靠香港。或许正因如此，深圳的政府和社会人士对"香港湾区"的说法特感兴趣。我说：当时已经看到深圳展翅欲飞的势头，或许应该称之为"港深湾区"。深圳的朋友们不以为然，称之为"深港湾区"。多年后，有感于香港的僵化，竟有人说，这样下去有那么一天不得不称之为"深圳湾区"。虽是笑语，却掩藏不了一丝伤感。

今天回头来看图中的地带，天时地利人和都发生了巨变。核心北移，地理依然；湾区还是湾区，基本概念无须更改。我的说法是：珠江口的这个湾区将与"大广州"合作互动，以哑铃形地带的面貌出现，为广大华南地域的发展担当龙头角色。

二、与旧金山湾区相比：地形、景色、气候

地形、景色、气候是天然条件。

旧金山湾区位于美国西岸的加利福尼亚州，濒临太平洋。

从北到南有两列山脉，之间是广阔的长形山谷；岛屿不多。

珠江口湾区没有山脉，没有高山，没有广阔的山谷；岛屿众多。

两地的地形和景色各有所长：旧金山湾区比较壮观，珠江口湾区比较秀丽。

较大的分别是气候。旧金山湾区享受太平洋暖流的调节，冬暖夏凉，堪称四季如春。珠江口湾区则呈现亚热带海岸特征，终年大致温和，只是夏季偏向炎热和潮湿。这方面旧金山湾区略胜一筹。

旧金山湾区的山脉源自地壳运动：太平洋板块和北美板块迎面相撞，形成地质断层；因而地情不稳定，经常会出现地震。珠江口湾区则没有显著的断层，罕见破坏性的地震。这方面珠江口湾区略胜一筹。

总的来说，两个湾区天然条件不相伯仲。

三、与旧金山湾区相比：人口、社会、政治

人口、社会、政治是人为条件。

旧金山湾区包括围绕旧金山海湾的八九个县；土地面积约 18000 平方公里。人口约 800 万。珠江口湾区包括围绕珠江口的上述几个城市；土地面积约 10000 平方公里。人口则由于流动性强，变化很大，较难统计；不过单说深圳，常住人口就超过 1300 万，香港也有 700 多万。两个湾区相比，人口密度相差好几倍。

旧金山湾区的隐忧是劳动力不足，导致第一产业消逝，第二产业没落，

总生产量有降低趋势，并过度依赖新移民。

珠江口湾区的隐忧是流动人口不稳定，贫富不均，劳动力错配，福利负担将会过重，及"腾笼换鸟"所难避免的失业和就业问题。

前者付出的社会代价来自静态。不进则退，很难"拎着鞋带提升自己"（英谚：pull oneself up by one's own bootstraps ——凭自己的力量走出困境），可能逐步走向僵化。

后者付出的社会代价来自动态。变数众多，既难规划，亦难调控，可是生命力强劲。若能看清方向，善加引导，群策群力，前景乐观。

政治气氛的重要性不言而喻。社会一旦僵化，群众对前途会失去信心。消极者寻求发泄，积极者发动抗争。政治失去理性，思想走向极端。越是如此，发泄和抗争越有市场，形成恶性循环。旧金山湾区幸有硅谷，政情安定，思维开放，生活多元化；不断吸引和留住智力移民，至少一时能以科技创新来抵制和冲破僵化。

珠江口湾区拥有两个经济特区和两个行政特区的政治优势。应该以团结稳定的精神，推动市镇精诚合作，实现有无互补；以大胆创新的气候，激励人们活跃思想，落实体制改革；以海纳百川的气概，鼓吹社会实事实干，并尽快走向国际化。

四、与旧金山湾区相比：经济、交通、涉外

经济、交通、涉外是反映城市国际化的重要元素，范围极广。略举数例。

旧金山湾区是美国的经济重镇：湾区里的旧金山市一度是美国金融中心之一，只是今非昔比；湾区里的硅谷却仍是当今全球最重要的风险投资中心。旧金山和奥克兰一度是美国西岸的货运物流中心，却已被洛杉矶取代；再加上美国的传统制造业一落千丈，以旧金山港湾为基地的太平洋货轮，满载而来，空舟而归。幸好南半岛上的青年知识工作者及不断来自亚洲的新移民，继承了硅谷的创业传统，令高科技企业成为当今湾区经济的主要支柱。

珠江口湾区是中国的经济重镇：香港至今仍是全国最重要的金融中心，在国际上名列前茅；只是过去被定为人民币金融中心的上海正在崛起，其自贸区即将发挥作用，成为香港的竞争对手。深圳与香港必须善用前海，在传统金融业上致力合作，并全力开展风险投资。至于货运物流，虽则香港的优势今非昔比，深港两市的总和却居高不下，长期保持华南龙头的地位。高科技企业目前远逊旧金山湾区，其潜力却不容轻视；后文将略作点评。

交通是两个湾区的强项。

旧金山湾区位居美洲大陆边缘，是太平洋东岸的交通要塞，拥有三个国际机场。特别繁忙的国际机场属北部的旧金山市管治，地理位置却在中部的半岛，服务对象包含整个湾区。奥克兰市和圣荷西市的两个机场则以国内交通为主。

珠江口湾区位居亚洲大陆边缘，是南中国海通向太平洋和印度洋的交通要塞，亦拥有三个国际机场。香港的机场四通八达，特别繁忙。澳门机场较有针对性。深圳机场有众多国内航线。此外，珠海亦有机场，只是国际业务限于货运。

两个湾区都有密织的高速公路网。

至于轨道交通，旧金山湾区相当落后。一大缺陷是没有贯通加利福尼亚州的南北高铁。于此，政治上、经济上、社会上都见重重障碍，极难克服。

珠江口湾区则四通八达。深圳北站既是枢纽站和中转站，亦是重要的高铁终端。陆路交通连接所有国际机场，理应畅顺，却面对另类缺陷。一是香港方面修建工程的迟缓和延误，包括港珠澳大桥和高铁的香港段。二是出入内地和港澳间的关卡：通道有限，常见阻滞。前者只是时间问题，两三年后将迎刃而解。后者则是政治问题，必须更新政策，打通瓶颈。

至于涉外关系，旧金山湾区有 40 个外国总领事馆和 32 个荣誉领事。

珠江口湾区的香港有 60 个外国总领事馆，及包括荣誉领事在内的 62 个领事。考虑到香港的历史、经济、一国两制、国际局势，外国机构特多不足为奇。澳门的几个领事馆与香港重复,不另计内。其他湾区城市都隶属广东省,外国机构集中于省会广州。

看来两个湾区好像旗鼓相当,事实上珠江口湾区落后不少。

一般说香港堪称名正言顺的国际城市,实不尽然。历经一个半世纪的英国殖民统治,香港表面上固然很国际化,其实除商业外,多方面所形成的只是"准英国化"和"准中国化"的两个板块——包括政治意识、经济水平、社会活动、文化内涵、生活习惯。其他国家在香港各占自己的角落和立足点,像是散落的"内飞地"(enclaves),都不属主流。情况与当年被多个国家同时侵入(甚至瓜分)的上海相比,有所不同。姑且不论是优势还是耻辱,历史为上海造就了包容和平衡的国际化发展,延伸至今。笑言只需比较两地大街上咖啡店的来源国家,就能证实这个论点。

澳门,400多年的葡萄牙统治事迹,佐以吸引大量外国游客的赌业,为澳门带来异国风味,却不能以此衡量其国际化水平。

深圳作为经济力量强劲的千余万人大城市,其国际化水平与同等级城市相比,瞠乎其后。湾区的其他城市更无涉外关系可言。

国际化的现状与科技、教育、文化结构息息相关。

五、与旧金山湾区相比:科技、教育、文化

旧金山湾区起源于略东地区160多年前所发现的金矿。之后受惠于海湾位置所带来的优势,包括交通、物流、军事。第二次世界大战后的崛起和历久不衰,则必须归功于其科技、教育和文化事业。

20世纪三四十年代,旧金山湾区的业余无线电爱好者在电子管设计上不断创新,技术水平超越美国东部的大企业,获得正在备战中的国防部的青睐。进入二战及接踵而来的冷战,电子工业扶摇直上。之后更从军用演变至民用。晶体管、芯片、电脑、万维网、社交媒体……逐一出现,令湾区的南半岛成为举世闻名的高科技企业基地。

数不胜数的文章和书刊介绍了硅谷的产生,列举和分析多种因素。除天时地利人和,以及一连串少见的机遇,最主要的因素一致公认是斯坦福

大学与电子工业的不解之缘，也就是说教育事业与科技事业的互动。

斯坦福大学固然是起因，湾区拥有多所其他大学，它们以科研创造专业知识，以教学培养各类人才，以应用和咨询为社会提供全方位服务，彼此间既竞争又互补，功不可灭。高等院校还直接与科技研发单位（包括国家资助的和企业开办的）、间接与金融服务单位（包括天使基金、投资银行和风投公司）联系，落实技术成果的转移，在学术研究与应用开发间搭桥修路，有形无形地建立伙伴关系。

珠江口湾区原来是科技沙漠，教育亦相对落后。甚至近日，以大学来说唯香港拥有十来所高等院校，包括两所综合型大学、一所研究型的科技大学、两所原属英国式理工学院的应用型大学、两所类似美国式博雅学院的文理科大学、一所师范学院、一所公开大学，及几所私立院校。澳门有两所大学，近年来甚有起色。深圳素来只有一所大学和几所北方名校的研究生院分院，近年来正在试办一所科技大学。其他湾区城市，除成人院校和一些学院和校区外，没有自己的大学。

以研究所来说，位于深圳的几个大企业针对自己的需要开办了一些研发单位。此外拥有知名度者寥寥可数。

科技和教育方面，于质于量珠江口湾区都远远落后于旧金山湾区。再者，旧金山湾区的研发单位和大学分布均匀，珠江口湾区的研发单位和大学则过分集中于南端的深圳和香港。深圳的应用科技胜于香港，香港的高等教育胜于深圳，两地理应相辅相成；可是体制上受一国两制之限，心理上蒙历史背景之害，合作不多。

珠江口湾区不缺财源。若珠江口的北部在政策上有所改进，南部在心理上有所突破，湾区的科技和教育事业富有提升空间，应该能够迅猛发展，甚至势如破竹，一鸣惊人。

文化方面，旧金山湾区可说是五彩缤纷。单就斯坦福大学所在地来说，25 岁以上的成人里，2/3 是大学毕业生，1/3 拥有硕士或博士学位。仅仅 60 平方公里、6 万多人口的小镇，就拥有自己的歌剧团、2 个交响乐团、3 个话剧团、6 个公众图书馆、3 个艺术中心，17 个画廊。此外，35 个公园、4

个社区活动中心、2 个自然生态中心、无数户外运动场地和商业小区，经常举办不同风格的文艺活动，为大学师生、企业职工、周围城镇的居民，及不计其数的国内外访客提供健康的文化和休闲场所。

大学、研究所、文艺场所都是国际化的温床。请看：斯坦福大学的本科生来自 55 个国家，研究生来自 86 个国家；很大一部分深造后留居旧金山湾区，以此为家，在此扎根。原来就是多国移民集居的旧金山湾区，让科技、教育、文化为它锦上添花，自然而然地带来更进一步的国际化。

珠江口湾区毕竟改革开放前极大部分还是农村渔乡，与旧金山湾区无法相比。30 多年来，胼手胝足，凭劳力密集的传统制造业发展了经济，迄今尚未及在高等教育、科技研发、文化事业上猛下苦功。

从乐观角度来看，缺点也是优点：白纸上好画图！没有既得利益，没有保守势力，没人拖后腿。珠江口湾区的都市国际化和农村城镇化，面对的是广阔的空间。

将前海打造为湾区经济前沿平台

深圳市人民政府外事办公室（港澳事务办公室）主任 汤丽霞

各位专家、各位嘉宾，同志们：

大家下午好！

以"建设国际化湾区名城"为主题的 2014 深圳国际化城市建设研讨会已于上午隆重开幕。今天下午，我们专门安排半天时间，就前海湾区的建设发展进行实地调研并召开专题研讨会，主要目的是进一步深化此次国际化城市建设研讨会的各项成果，并重点就当前和今后一个时期前海如何打造国际一流湾区积极建言献策，助力全市湾区经济实现更高质量、更高能级的发展。

前海的意义非同寻常。党的十八大后，习近平总书记离京视察的"第一站"就选择来到深圳前海，这充分体现了对前海的高度重视和殷切期待。当时，受市委、市政府委托，我在前海向习总书记专题汇报了深港政府间合作协调机制、重大基础设施建设、重点领域交流合作、深港青年创新创业园建设等深港合作情况。习总书记强调，要准确把握中央赋予前海的战略定位，依托香港、服务内地、面向世界，努力在前海画出"最美最好的图画"。

过去几年，市外办（港澳办）认真贯彻落实习总书记关于加快前海开发开放的指示精神，牢牢把握以"三化一平台"为重点的改革主攻方向，始终将服务前海开发开放作为全市外事港澳工作的一项重点内容和政治任务摆在突出位置，全力以赴加以推进。比如，在国际化城市建设方面，我们坚持把前海作为国际化"先行区"进行打造，在开发标准、运营模式、管理服务、制度规则等方面瞄准国际水准，努力让前海成为深圳现代化国际化水平最高的城市名片。又比如，在深港合作方面，推动前海与港方设立联合工作组，在前海启动深港青年"梦工厂"建设等，为前海开发开放提供机制和人才支持。再比如，在企业"引进来"方面，我们充分利用国际友城交往和因公出访等外事渠道，重点向全球重量级企业宣传推介前海，主动为前海打造现代服务业高地招商引资、牵线搭桥。可以说，近年来我们始终坚持从外事港澳工作方面为前海开发开放作出积极努力。

党的十八大之后，习近平总书记发出了建设"21世纪海上丝绸之路"的动员令，深圳市委五届十八次全会紧扣这一国家战略，首次明确提出"聚焦湾区经济，打造更高质量的经济形态"。在党的十八届四中全会即将召开之际，许勤市长在今天上午的国际化城市建设研讨会上提出，要以建设国际化湾区名城为动力，推动今后一个时期全面深化改革取得新突破。深圳作为粤港澳湾区枢纽城市和改革开放前沿城市，理应在发展湾区经济的进程中继续为国家当好全面深化改革"排头兵"。下面，我谈几点意见。

一、以湾区经济建设为纽带，促进深圳优势与国家战略结合

世界政治经济格局的变化催生了"21世纪海上丝绸之路"的构想，它的实施不仅需要中央层面的顶层设计，也需要地方政府的配合实施。深圳提出湾区经济战略，其目的就在于充分发挥自身独特优势，在构建国家"21世纪海上丝绸之路"战略支点的进程中，推动深圳实现"更高质量、更高能级的发展"。

一是充分发挥金融创新优势。深圳要抓住人民币国际化和利率市场化的机遇，在引进、消化、吸收国际先进成果的基础上，推动股权融资、跨境金融、离岸金融方面先行先试，进一步加快金融对外开放步伐，为中国与东盟在经济领域的合作提供有力的金融支撑。二是充分发挥科技创新优势。湾区不是传统的经济、政治中心，而是依靠创新科技和新兴产业发展起来的世界创新中心。深圳作为后工业化中心城市，要发展战略性新兴产

业和未来产业等高新技术产业，通过科技创新带动金融及相关服务业发展，以"科技创新＋金融服务"的独特优势和强大势能驱动产业升级和经济转型，进而更好地加强与世界各国特别是东南亚国家在高新技术产业等方面的合作。三是充分发挥交通网络优势。一方面，加快构建四通八达的立体化综合交通体系，开辟更多国际航线，提高港口中转比例，成为服务全国的公铁枢纽和辐射全球的海空枢纽，充分发挥"21世纪海上丝绸之路"的支点作用，从而推动中国与东盟、非洲、欧洲在经济等各领域合作。另一方面，利用网络技术和电子商务等"无形的通道"为产品的采购、仓储、销售和配送积极开辟一条"网络丝绸之路"，使资本、技术和品牌等要素更广泛、更深刻地增强深圳的国际影响力和国际话语权，让深圳更好地为国家"21世纪海上丝绸之路"建设服务。

二、以湾区经济建设为抓手，形成粤港澳区域合作强大推力

自2003年内地与香港签订CEPA以来，粤港澳三地在涵盖金融、教育、医疗、交通服务等28个领域实现了全方位合作。近年来，中央高度重视粤港澳合作，大力推进粤港、粤澳合作框架协议，合作不断取得新的进展，经济效果显著，以服务贸易为例，近三年粤港服务贸易额年均增长20%。

未来一个时期，深圳要以发展湾区经济为抓手，树立"携手香港、协同珠三角、面向全世界"的基本思路，加强与周边地区协作，开拓更加广阔的经济腹地，提升湾区经济发展整体水平，携手港澳深化共识，共同建设"更具综合竞争力的世界级城市群"。一是推进粤港澳服务贸易自由化，深入落实CEPA和粤港服务贸易自由化政策，加快推进服务贸易体制改革，不断加强与港澳的交流合作，在服务贸易领域努力形成要素自由流动、资源高效配置、市场深度融合、经济紧密关联的格局，推动粤港澳湾区向全球优质资源配置枢纽转变。二是推动跨境基建项目建设，加快建设广深港客运专线、莲塘/香园围口岸、深圳河治理等跨界基础设施，推进落马洲河套等边境地区合作开发，加强基础设施互联互通，进一步降低贸易和生产成本，不断优化粤港澳湾区生产要素、效益和价值体系。三是推进珠三角

一体化发展，加强深莞惠合作，推动深茂铁路、深中通道、穗莞深城际轨道、赣深高铁等项目的规划建设，打通区域合作战略通道，形成湾区经济发展联动效应，在更大范围内集聚资源、赢得市场、拓展腹地、外溢发展，打造湾区驱动新引擎、发展新空间、产业新格局、城市新形象、支撑新架构和体制新优势，促进环珠江口湾区乃至整个粤港澳湾区的崛起。

三、以湾区经济建设为引领，发挥深圳辐射珠三角、带动产业群升级作用

正如许勤市长在 2014 年政府工作报告中所谈到的"聚焦湾区经济，构建区域协同发展新优势"，协同发展是湾区经济发展的客观要求。中心城市在对外开放中最先发展壮大，达到一定规模后，便会对周边区域产生外溢效应；同时，周边区域为谋求自身发展，也会主动承接外溢的相关产业和功能，于湾区中心形成紧密依存、共同发展的关系。因此，深圳的湾区经济不仅是要协同港澳，还要发挥自身金融、创新、产业升级等方面的优势，起到良好的中心引领作用，努力协同珠三角地区共同发展，进一步完善、优化城市群内的产业分工及产业协同，提升城市群产业升级。

具体来说：第一，深圳可以其较强的国际竞争力与对外港口地位，发挥国际商务功能，拉动珠三角企业发展；第二，深圳可充分利用自己独特的银行、证券、风险资本、创业融资等优势，并依托香港丰富的金融资源与国际地位，为珠三角的经济发展、创业投资、进出口、基础设施建设、国际市场和国际资本对接等提供有力支撑；第三，深圳应发挥自身产业优势，助力珠三角产业升级与转型，与东莞、惠州等联为一体，纵向、横向辐射，共同打造世界经济体量最大的湾区。

四、以湾区经济建设为动力，提升深圳法规制度国际化水平

相对于基础设施等"硬件"，目前我们在制度规则等"软件"上与国际化标准的差距还比较明显。深圳要发展湾区经济，其中很重要的一点就是

要通过国际通行规则先行先试，建立一套与国际通行规则相衔接的法规制度和运行方式，以法规制度的国际化为湾区经济发展提供支撑和保障。

首先，应当明确，提升法规制度国际化水平的目的不在于简单地模仿，而是在学习借鉴的基础上，以深圳发展的实际需求为出发点来加强法治建设，推动深圳法治建设向科学化、专业化迈进。其次，要充分依托特区立法优势，充分借鉴国际先进经验，在经济、文化、社会及政府管理等领域，率先研究如何将国际上成熟的制度规则在特区法规制度中"移植"和"嫁接"，并切实做到严格执法、依法办事，加快形成法治化、国际化营商环境。此外，要敢于以"深圳质量"和"深圳标准"引领新一轮国际通行规则的制定，让深圳从国际通行规则的跟随者逐渐变为国际通行规则的参与者及制定者。再次，深圳的法治建设还应争取纳入国家发展规划，充分利用国家政策和地方现有资源共同推动法治建设，进一步提升粤港澳湾区在法治建设等方面的合作水平，不断开创对外开放新格局。

五、以湾区经济建设为契机，推动前海成为湾区经济前沿平台

作为深圳新时期市场化、法治化、国际化改革的一个"聚合点"，前海是"十二五"时期粤港澳合作的三大平台之一，更是深圳发展湾区经济的"核心区"，在深圳建设国际化湾区名城的进程中应该承担更重要的角色，发挥更重要的作用。一是加快先行先试。在用好用足国家赋予的 22 条先行先试政策的基础上，在前海率先形成一批可复制、可推广的制度成果，不断扩大对外交流与合作，推动前海实现跨越式发展。二是突出深港合作。通过"深港合作会议"、"前海深港联合工作组"等深港高层交往机制，不断深化深港在现代服务业各领域的务实合作，进一步推动两地在创新创业、教育、医疗、科技、文化等重点领域重要区域的合作，努力在前海集聚形成深港协同发展新优势。三是创新人才服务和管理。以推进前海全国人才管理改革试验区和深港人才特区建设为契机，深入实施《高层次人才"一站式"服务暂行办法》，继续推进"人才安居"等工程，提升人才服务和管理的国际化、专业化水平，千方百计为前海开发开放集聚更多国际一流人才。

高等教育与城市的国际化发展：动态合作关系

北京大学国际法学院副院长　严思德

在 2012 年深圳国际化研讨会上，我曾发表了演讲，认为在一个城市的国际化发展过程中，高等教育机构对城市建立丰功伟业的愿望能够发挥独特而强大的作用（"高等教育在发展中的独特作用：创新催化剂"）。

本文以在 2012 年演讲中提出的主题为基础，同时引用与深圳紧密相关的国际案例，从而阐释高等教育对发展的直接影响。对于促进和发展深圳的优质高等教育，同时利用深圳的高等教育所产生的能力，推进发展中的深圳向首屈一指的国际化大都市的目标前进所采取的举措，我将在结尾处给出相关评论和建议。

在 2012 年的论文中我主张：高等教育在大城市的国际化发展中发挥着重要而独特的作用。好的大学可能不存在于大城市中，但是在大城市中，很少或者说不可能找不到好的大学。好的大学对其所在的城市做出重大贡献至少表现在三个方面。

一、大学拥有充满创造力的文化

学者的路标是有抱负的、可实现的、理想化的。精神生活不需要被常规的限制所束缚，比如说商业必须盈利、政府必须利用可获取的一切资源开展工作。而学术思想必须依据现实和历史，其在性质上就是追求更好的东西，不断追求新的观念和认知。学术是自由畅想一切可能发生的事情。

这一定位贯穿所有学科——一些学科牢牢地固定在科学和技术等具体方面；一些学科倾向于体制和组织等，例如法律、商业和社会科学；而其他学科则纯粹是理论性的学科。尽管学科有所不同，但是各个领域的学者都各自做出了重要贡献——科学家做出了突破性发明；法官做出了明智决定，从而制定公平、有效的法律；社会学家对人类组织给出新见解；或者，哲学家通过难题来提升思维敏捷度。

学者们制造了一种积极的紧张局面，这是一种不满足、渴求更多更好的欲望。脱离持续的改进，任何城市都不会发展壮大或保持良好状态。对现状的满足就是对发展的扼杀。好的大学是安于现状的敌人。深圳是一座移民城市，而我是其中一员。我意识到在人类历史上没有任何一座城市像深圳这样，可以在规模和影响力上获得如此迅速的发展。

这种不满足促使深圳这座大城市不断寻求发展和壮大，它与描述好的大学的不满足属于同一类型。目光总要向前看，今天召开这次会议，我们不是要探讨深圳的现状，而是要探讨深圳应该怎样发展以及必须如何发展。我记得上一学术年，深圳召集我们这些北京大学的学者制定一项全面的计划，以使深圳成为世界上少数的最具影响力的城市中心之一。这是大城市应该思考和运作的方式；这也是好的大学应该思考和运作的方式。

这种鼓舞性的想法引导深圳邀请并支持北京大学、清华大学和哈尔滨工业大学在深圳设立分校，创建新的华南理工大学。对高等教育的投资是一种社区研究和开发形式。像深圳这样的城市已经认识到此类投资的重要性，并且在此投资中收获了多倍回报，并将在未来很长一段时间持续收获回报。

二、好的大学将人才带入城市

大学人才分为两种类型——教师和学生。教师是今天的人才，学生是未来的人才。这两种人才对于他们工作和学习的城市的成功都非常重要。

教师可以提高城市的智力资本。智力资本有直接和间接两种影响，而且在通常情况下，这种影响不仅体现在大学中，还体现在大城市中。明智的人会从他们所做的一切事情中萌生各种想法。他们是从其所做的一切事情中萌生创造性观点的催化剂。创造性是具有传染性的，而学者可以在整个城市中传播这种创造性。

学者是典型的世界公民，他们通过现代通信系统与全球学术界完美结合。入驻深圳意味着他们通过其广泛的网络传播深圳的故事。如果可以，我愿意把自己作为一个例子，每天只要一有机会我就向世界上不了解深圳的具有影响力的人们分享有关深圳的见闻。主要由于深圳的发展速度，其重要性远远超过世界对其的认知。深圳面临的一个重大挑战就是缩小这种认知差距。而深圳的学者可以在缩小这种差距中发挥重要作用。

当我环顾国际法学院的教室，我看到的不仅仅是中国的未来领导者，还有世界的未来领导者。一些学生将在深圳开展他们的事业。很难知道其确切数量，因为这些有才华的学生有很多可以选择的机会，但可以肯定的是，这个数量远远超过选择在另一个城市继续从事其所受教育的数量。将这些人才留在深圳会对这个城市的未来产生无法估量的价值。没有什么比保证有一群最优秀、最聪明的学生对深圳的未来更为重要。即使是仅在其接受教育期间留在这个城市的学生，也会被这个城市感染并保持不同程度的联系。至少他们会扩大对深圳的重要性的认知，但他们更有可能成为终身与深圳这个大家庭有着联系的人——深圳的移民不管在哪里都会传递关于深圳的积极信息。

三、人才吸引人才

对一个城市重要性的认知是一种阐述城市重要性频率的功能。如果一个大城市无人问津，则其很难被认为是一个大城市。如果城市的居民抓住每一个机会阐述它是一个大城市，那么他们对城市的认知将产生巨大影响。正如之前所说，学者可以与更大的、全球性社区紧密相连，更重要的是他们可以影响舆论。

简单地说，学者被公认为优秀人才，并且人们极为重视优秀人才的看法。虽然很难量化这一"涟漪"效应，但它是真实的，并且非常重要。当一家公司决定在哪里设置其总部时，会受候选城市的人才基础影响。当个人决定是否要在一个城市中开展业务或寻求专业机会时，该城市的人才基础将会成为他们考虑自身以及家庭因素之后做出决定的一个重要因素。而且，他们极为重视孩子的教育环境。同时，优秀人才想要结交同样优秀的人才，并且会坚持他们所追求的生活质量。

很多人可能发现在前面的见解有直观的说服力，具有重大影响力的人必定是那些从事高等教育的人，但是，是否有真凭实据证明大学的存在与城市发展之间的关联，或者这仅仅是学术界中的人们沾沾自喜一厢情愿的想法？

在本文中我将交替使用发展和国际化发展这两个术语。通常情况下，这两个术语可能存在分歧，由于深圳的历史、发展轨迹和发展方向在本质上与国际舞台接轨，因此在调节发展中使用"国际化"这个词是多余的。

在研究证实高等教育机构有益于城市发展的模式时，自然会想到美国的硅谷和 128 号公路走廊。硅谷，是一片地域宽广的旧金山湾区，已成为爆发性高科技发展的代名词。与斯坦福大学的关系通常被认为是这种成功背后至关重要的推动力量。

128 号公路走廊位于更大的波士顿地区，尽管在美国以外的地方没有硅谷知名，但也是另一个非常成功的高科技企业的孵化器。正如硅谷自成立以来一直与斯坦福大学相关联一样，128 号公路走廊一直与麻省理工学院紧密联系着。

这些大规模的城市发展与强有力的学术机构有着重要关联，并且其在全球范围内的成功是不容置疑的；而难以证明和衡量的是他们之间的因果关系。幸而，有大量的研究证明大学合作关系对于这些和其他高科技行业的发展有着相当积极的影响。劳工统计局分析了 Dorfman、Rogers 和 Larsen 以及 Saxeman 的论文，显示硅谷的高薪、高科技职位的就业率超过全国平均水平的 6 倍，128 号公路走廊超过全国平均水平的 4 倍。Zucker、Darby 和 Brewer 证实，在生物技术领域有一个显著的"明星"学者（在其领域受到高度赞誉和认可的学者）和新兴生物技术公司的地理巧合。同时，Zucker、Darby 和 Armistion 在随后的研究中揭示了"明星"学者的参与和公司的财务业绩具有显著关联性。

有趣的是，尽管有重要的研究证明在硅谷和 128 号公路走廊存在优秀大学对经济发展具有积极影响，但这种相关性并非普遍存在。

耶鲁和卡内基梅隆大学的研究发现："①新行业较更成熟的产业更依赖于大学，且②相较于基础领域，应用学术领域的研究与产业创新有着更为直接的关联性。"这些观察结果对深圳尤为宝贵。幸运的是，深圳在新兴的尖端产业类型中发现了积极影响的最显著关联性，而这些产业类型是其目前发展和不断发展的核心。

放眼欧洲发现在美国硅谷和 128 号公路走廊的经验得以确认。在 Reinhilde Veugelers 和 Eleana Del Ray 于 2014 年 1 月份就欧洲出口网络论欧洲经济学（EENEE）（EENEE18 号报告"大学对于创新（区域性）增长和就业的贡献"）的论文中，对其中的研究文献有着优秀和广泛的回顾。报告中有大量证据表明大学的参与对于创新的直接影响。报告中还引用了 Cockburn、Henderson（2001）和 Cohen、Nelson 和 Walsh（2002）的论文，表明除了直接贡献以外，大学教师对于吸引私人研发投资也有着积极作用。

为了呼应上文提到的耶鲁和卡内基梅隆大学的研究，Vandenbussch 等人（2006）的论文表明，越是处于世界技术前沿的产业，高等教育的影响就会越显著。深圳在未来计划投资高精尖技术，以发展其经济，填补世界重要需求的空白，高等教育对于像深圳这样的城市而言尤为重要，而上述研究结果为这一主张提供了强有力的证据。

而且有足够的证据证明深圳投资高等教育机构和开展与城市中的高等教育机构建立动态合作关系，依据世界上其他地区的经验，对于成功的投资和参与有 3 个先决条件作为定义标准：①学术机构是有着"明星"师资力量的优质机构。②相关机构和参与教师的专业知识与项目需要的专长相匹配。③项目属于全球技术前沿类型，可以提升深圳在全球城市中的声誉和威望。

深圳在高等教育领域有着创造性和有效思考的历史和传统。如前所述，面临好的大学需要多年的努力建立声誉，加上深圳是个年轻城市的这一问题，正如上面所提到的那样，深圳成功说服了中国三大高校在深圳设立分校，以在这个城市中即时提供强有力的学术力量。再者，深圳以创造性思维在城市中扩大高等教育能力，以促进城市在创建"特色学院"项目中应对其面临的挑战并满足其发展志向。该项目完全适合识别潜在的高等教育合作伙伴，他们将成为深圳国际化和发展的宝贵财富。

在"建立和发展专业（特色）学院"的备忘录中列出的项目指令包括："促进高等教育的集约型发展"、"推进高等教育机制"和"集合（在深圳的）国际化优质教育资源"。

在项目声明中阐述的基本原则准确追踪全球高等教育成功参与发展和革新的经验："由创新推动并专注于质量，专业院校将会培训高层次专业人才。高校应以市场需求为导向、提供满足需求的特殊课程，并成为特定领域的小规模且独立的教育机构。高校应该以开放性为导向、引进高端教育资源、吸引国际专业人才（包括建立一套全球招聘系统）并使用先进的教育和管理服务。"

深圳以该项目绘制了与高等教育成功合作的蓝图，这将增强其全球声望。特别值得注意的是，前海正在借用并复制深圳创建期间所使用的公式——建立以高质量、创造力和创新性为重要基准的特区。

深圳所取得的斐然成就和前海的崭露头角，将会很快成为占主导地位的全球金融服务力量，显示出模范的影响力。如果该计划的实施生机勃发且前途光明，那么与新教育"开发区"的合作关系将会对深圳的未来和全球的高等教育产生迅猛而巨大的影响。

附录：英文稿

Higher Education and the International Development of Cities: A Dynamic Partnership

Stephen T. Yandle

Vice Dean

Peking University School of Transnational Law (STL)

For the 2012 symposium on the internationalization of Shenzhen I gave a talk that asserted that institutions of higher education in a city can play a unique and powerful role in fulfilling the cities aspirations for greatness through the international development of the city ("The Unique Role of Higher Education in Development: Catalyst for Creativity") .

For this paper I will build upon themes developed in the 2012 talk, but will try illustrate the direct impact of higher education on development, citing international examples of particular relevance to Shenzhen. I will close with comments and recommendations regarding steps that Shenzhen might take that would simultaneously promote and develop high quality higher education in Shenzhen and harness the resulting capacity of higher education in Shenzhen toward initiatives that would advance the goal of developing Shenzhen into a premier international city.

In the 2012 paper I argued:

Higher education can play an important and unique role in the international development of a great city. Great universities may exist outside of great cities, but it is rare or impossible to find a great city without a great university or universities. There are at least three ways in which great universities significantly contribute to the cities in which they are located:

1) universities have a culture of creativity, 2) universities attract talented people to the universities, and 3) talent attracts talent — having talented people at the universities attracts talent people outside of the universities.

1. Universities have a culture of creativity.

The guidepost for academics is the aspirational, the possible, the ideal. The life of the mind need not be bound by normal limits as say for business which must produce a profit or for government which must work within available resources. While academic thinking must be informed by current reality and history, it is by nature engaged in a quest for something better. There is a constant search for new ideas and understandings. The academic is free to imagine what could be possible.

This orientation crosses all disciplines – some firmly moored in the concrete like science and technology, some oriented to systems and organizations such as law, business and social science, and others purely theoretical. Though different, academics in the various areas each make important contributions – the scientist with a break – through inventions, the judge with a wise decision that shapes the law fairly and effectively, the sociologist with a new insight into human organization or the philosopher who sharpens thinking on hard questions.

Academics create a positive tension, a restlessness, a thirst for more and better. No city can become great or remain great without continuously improving. Satisfaction with the status quo is the killer of greatness. Great universities are the enemy of the status quo. Shenzhen is a city of immigrants. I am one of them. I am aware of no city in human history that has grown in size and influence as rapidly as Shenzhen. The restlessness that has made Shenzhen a great city that seeks to expand and extend its greatness is the same type of restlessness that characterizes great universities. The gaze is always forward looking. Rather than have a conference on where Shenzhen has been, we are having this conference today on where Shenzhen should go, where Shenzhen must go. I recall last academic year the city soliciting the input from those of us at Peking University in developing a comprehensive plan for Shenzhen to become one of a very small number of most influential urban centers in the world. This is how great cities think and operate: this is how great universities think and operate.

This type of aspirational thinking is what led Shenzhen to invite and support Peking University, Tsinghua University and Harbin Institute of Technology in establishing campuses in Shenzhen and to create the new South China Technology Institute. Investment in higher education is a form of community research and development. Cities like Shenzhen that have recognized the importance of such an investment have experienced a many fold return on that investment and will continue to reap returns long into the future.

2. Great universities bring talented people to the city.

University talent comes in two forms – faculty and students. Faculty are the talent of today. Students are the talent of tomorrow. Both are important to the success of the city in which they work and study.

Faculty raise the intellectual capitalof the city. That intellectual capital has both a direct and an indirect impact, and the influence is felt not only in the university, but also in the city generally. Smart people generate ideas in everything that they do. They are a catalyst for creative thinking in everything that they do. Creativity is contagious and academics spread creativity throughout the city.

Academics are typically global citizens, well connected to a global academic community through modern communication systems. Being located in Shenzhen means that they spread the story of Shenzhen through their widespread networks. If I may cite myself as an example, rarely a day passes that I don't have an opportunity to share knowledge about Shenzhen to influential people throughout the world who do not know Shenzhen. Primarily because of the speed of its growth, Shenzhen's importance far exceeds the global recognition of that importance. A major challenge to Shenzhen is to close this recognition gap. Academics in Shenzhen can play a major role in closing it.

When I look across my classroom at STL I see the future leaders of not only China, but of the world. Some will make their careers in Shenzhen. It is hard to know how many, as these talented students will have many opportunities to choose from, but surely far more than would have done so had they pursued their education in another city. Retaining such talent in Shenzhen is of immeasurable value to the future of the city. Nothing is more important to the future of Shenzhen than ensuring a pipeline of talent from the best and brightest students. Even those who stay in the city only for the duration of their education will be touched by the city and remain connected to various degrees. At a minimum they will expand the knowledge about the significance of Shenzhen, but more likely they will become life long connected members of an extended Shenzhen family – a Shenzhen diaspora who will spread a positive message of Shenzhen wherever they might be.

3. Talent attracts talent.

The perception of a city's importance is a function of how often it is said that the city is important. A great city that no one talks about will have difficulty being perceived as a great city. The citizens of a city can have a great impact on the perception of the city simply by saying at every opportunity that it is a great city. As noted earlier, academics are well connected in a larger, global community and more important they are opinion influencers. Simply put, academics are recognized as talented people and people place great weight on what talented people think. While it is difficult to quantify this "ripple" effect, it is real and significant. When a business is deciding where to locate its headquarters, it will be influenced by the talent base in a candidate city. When individuals are deciding whether to except a business or professional opportunity in a city, the talent base in that city will be an important element in their decision for both themselves and for their families. The educational environment for their children will be of immense importance. Talented people want to be around talented people and the quality of life that talented people insist upon.

Many may finding the assertions in the preceding pages intuitively persuasive, certainly those engaged in higher education, but is there hard evidence to support the linkage between the presence of universities and development, or might this be just self – congratulatory wishful thinking by those within the academic community?

In this paper I will use the terms development and international development interchangeably. While there is a possible divergence generally, for Shenzhen with its history, trajectory and aspirations so intrinsically linked to the international stage using the word international in modifying development is redundant.

In search of models that would confirm the benefit of linkages with higher education institutions to a city's development one would naturally be drawn to Silicon Valley and the Route 128 Corridor in the United States. Silicon Valley – the greater San Francisco Bay area – has become synonymous with explosive high tech development. The connection with Stanford University is generally understood to have been a vital driving force behind the success. The Route 128 corridor in the greater Boston area, though not so widely know as the Silicon Valley outside of the United States, is another highly successful high tech business incubator. Like the Silicon Valley has been linked to Stanford since its inception, the Route 128 Corridor has been linked to the Massachusetts Institute of Technology (MIT).

That these massive urban developments had vitals links to high – powered academic institutions and were successful on a global scale is beyond dispute; what is different to prove and to measure is the casual relationship. Fortunately, there is plentiful research to support the highly positive impact of University partnerships on development of these and other high tech industries. Bureau of Labor statistics analyzed in papers by Dorfman, Rogers and Larsen, and Saxeman show that employment in high paying, high tech positions exceeded national averages six – fold in Silicon Valley and four – fold in the Route 128 Corridor. Zucker, Darby and Brewer demonstrated that in the biotechnology field there was a strong geographic coincidence of "star" academics (academics who are highly acclaimed and recognized in their fields) and new biotechnology firms. A subsequent study by Zucker, Darby and Armistion showed a strong correlation between the involvement of a "star" academics and the financial performance of the firm.

It is interesting to note that, while there is significant research to support the positive impact of the presence of strong universities and economic development in the Silicon Valley and the Route 128 Corridor, the correlation is not universal. In a study by Yale and Carnegie Mellon it was found that, "1) new industries are more reliant on university research than are more mature industries, and 2) research in applied academic fields is more directly relevant to industrial innovation that research in basic fields." These observations are of particular importance to Shenzhen. Fortunately for Shenzhen the highest correlation of positive impact is found in the types of new, cutting edge industries that are the core of Shenzhen current and evolving development.

A look to Europe finds confirmation of the experience in the United States in the Silicon Valley and the Route 128 corridor. There is an excellent and extensive review of the research literature in a January 2014 paper by Reinhilde Veugelers and Eleana Del Ray for the European Export Network on Economics of Education (EENEE) (EENEE Report No. 18, "The contribution of universities to innovation (regional) growth and employment.") . In the report there is substantial evidence of the positive direct impact on innovation from university involvement. Also cited in the report are papers by Cockburn and Henderson (2001) and Cohen, Nelson and Walsh (2002) that show in addition to the direct contribution that faculty from the university provide there is also a positive impact on attracting private research and development investment.

Echoing the Yale and Carnegie Mellon study noted above, a paper by Vandenbussch et al. (2006) showed that involvement of higher education has a greater impact as the industry is closer to the world technology frontier. This provides strong re-enforcement for the proposition that partnerships with higher education are particular beneficial in a city like Shenzhen which is banking its future on the success of investment in cutting edge technology that will anticipate and fill the world's important needs.

While there is ample evidence to support Shenzhen investing in his higher education institutions and developing dynamic partnerships with the higher education institutions in the city, from the experience elsewhere in the world three prerequisites emerge as defining criteria for successful investment and engagement:

That the academic institution be high quality with "star" power faculty.

That the expertise of the institution and involved faculty match the expertise needed for the project.

That the projects be globally cutting edge that will advance Shenzhen's reputation and prestige among world cities.

Shenzhen has a history and tradition of thinking creatively and effectively in the realm of higher education. As noted earlier in this paper, when confronted with the problem that great universities need years to build their reputations and Shenzhen being so new, the city as noted earlier convinced three great Chinese universities to establish campuses in Shenzhen to provide instantaneously a high profile academic presence in the city. Again Shenzhen is thinking creatively to expand the high education capacity in the city to help the city meet its challenges and aspirations in the creation of the "Featured College" program. This program is perfectly suited to identify potential higher education partners that could be valuable assets in the internationalization and development of Shenzhen.

The program directives listed in the memorandum for the "Establishment and Development of Specialized (Featured) Colleges" include, "to promote intensive development of higher education," "to promote higher education mechanisms," and "to gather [within Shenzhen] international high quality education resource."

The basic principles described in the program announcement track precisely to the global experience for successful involvement of higher education in development and innovation:

"Drawn by innovation and a focus on quality, the specialized colleges will train high – level professionals. The colleges should be oriented by market demand, offer special courses that meet the requirements, becoming small but independent education institutes in specific fields. The colleges should be oriented by openness, introducing high – end education resources, attracting international professionals (including building a global recruitment system) and utilizing advanced education and management services. "

With this program Shenzhen has produced a blueprint for a successful partnership with higher education that will enhance its global prominence. It is particularly notable that the formula borrows from the formula that was behind the creation of Shenzhen and is being replicated in the Qianhai – the establishment of a special zone in which high quality, creativity and innovation are the crucial benchmarks. The stunning success of Shenzhen, the emergence of Qianhai, which will soon be a dominant global financial services force, show the power of the model. If this plan is followed with vigor and clarity, the partnerships with the new education "enterprise zones" will have a quick and dramatic impact on both the future of Shenzhen and global higher education.

第四章

"2014 国际化城市建设研讨会"
论文选编

建设国际化湾区名城

外交部外交政策咨询委员会委员、前驻英国大使　查培新

　　建设国际化湾区名城，是一个需要深入研究的大课题。对此，我愿发表一点粗浅的看法。

　　一个城市是不是国际化名城，自己说了不算，要大家公认。大凡国际化名城总应该有几条标准。标准是什么？我想至少有三条：第一，基本实现在国际范围内的资源配置。也就是说，能够较好地利用国际国内两种资源，国际国内两个市场。第二，有广泛的国际交往。不仅是经济来往，还要有活跃的人文交流，同外部世界有全方位的交流。第三，在国际上要有一定的知名度。提到城市的名字，国际上普遍都知道。有人以为只有大城市才有知名度，其实不然。一个城市关键是要有自己的特色。瑞士有几个城市，规模都不大，但知名度却不低。总之，一个城市只有在外向度、开放度和国际知名度上都达到一定的水平，才能被称作为国际化的城市。

　　用上面的标准来衡量，深圳尽管还不能说已经是一个世界一流的国际化名城，但在向现代化国际化名城迈进上确实已取得了长足的进步，取得了巨大的进展。深圳的经济是典型的外向型经济，无论对外贸易还是海外投资都已达到相当高的水平。深圳已经建立起一批交流平台，对外交流已相当活跃。腾讯、中兴、华为等一批企业已经成为国际化的大公司。像华为公司海外的营业额已经超过国内的营业额。深圳具有区位优势，紧邻港澳，面向东南亚。深圳最早开放，发展迅猛，只用了短短 30 多年时间，就从一个小渔村发展成为一个大都市，创造了著名的深圳速度，目前 GDP 已位居

全国城市的前五位。深圳已经有了一定的国际知名度。总而言之，深圳已经具备建设国际化名城的一切条件和良好基础。现在的关键是抓住有利时机，争取在建设国际化名城上迈出更大步伐，争取百尺竿头，更进一步。

进一步建设国际化名城，关键在进一步扩大开放。目前我国的对外开放已经进入一个新的阶段，标志就是"一带一路"战略的提出和上海设立自由贸易试验区。今天的开放已经完全不同于 20 世纪 80 年代。如果说当年主要侧重于引进来，现在则必须是引进来与走出去齐头并进，而且要将更多的精力放在大踏步地走出去。如果说当年主要是加工工业和制造业的开放，现在则是一、二、三产业的全面开放，而且要将更多的精力放到服务业尤其是现代生产性服务业的开放上。目前国际贸易的特点之一是服务贸易迅速增长，在全球贸易中所占比重不断上升。货物贸易和服务贸易平衡发展是贸易强国的重要标志。

建设国际化湾区名城必须适应对外开放进入新阶段的客观要求，尤其要在以下几个方面下功夫。

第一，要探索有利于进一步开放的新体制、新机制。应该承认，现行的体制机制还有不少方面不能适应进一步开放的需要，因此必须全面深化改革。改革的目的是实现社会治理体系和治理能力的现代化，关键是处理好政府与市场的关系，让市场在资源配置中发挥决定性的作用。现在的主要问题是一些不该政府管的事，管得过多，政府该管的（如市场监管、公共服务），又管得不够。还存在职能交叉、多头管理、效率不高等问题。要通过改革，理顺关系，建立起同进一步开放相适应的体制机制。先行先试，重点就在探索建立新体制新机制。要结合行政审批制度的改革，把该交给市场的交给市场，该交给中介组织的交给中介组织，该下放的彻底放下去，简化审批程序，提高审批效率。切实转变政府职能。要建设保障扩大开放的法律法规体系。对改革开放初期制定的法律法规进行清理，该废止的废止，该修订的修订。急需立的新法加紧制定，要重新解释的重新解释，不完备的加快完备。

第二，要加强人才培养和干部队伍建设。事业成败，关键在人。有了人才，一切人间奇迹都可以创造出来。国际竞争归根结底是人才的竞争。有了人才才能抢占国际竞争的制高点。建设国际化的名城，关键也在于要有一大批国际化的创新型人才。人才队伍建设，一个是引进，一个是培养。要双管齐下。深圳是个典型的移民城市。过去三十多年，深圳吸纳了来自全国各地的人才。现在要做的，就是对全世界敞开胸怀，吸纳来自全球各国的人才。2013年我国海归人数创历史新高，留学回国人员达30万人之多。留学人员正呈加速回归的趋势，正是引进人才的大好时机，应该加大人才引进的力度。要广纳天下英才，不求为我所有，但求为我所用。要积极营造尊重知识、尊重人才的良好氛围。支持一切人才创新创业。对人才要放手使用，用其所长，做到人尽其才，才尽其用。使所有的人都在实际工作中增长才干，不断成长。

第三，要建设开放包容对外友善的社会氛围，培育城市人文精神。世界是丰富多彩的。文明的多样性是世界的突出特征。每个国家每个民族都有自己的文化传统。一个国家需要有文化自信。首先要继承自己优秀的文化传统，并且随着社会实践的发展不断发扬光大。同时要善于学习世界上一切优秀的文明成果。文明的交流和互鉴是推动文化发展和文明繁荣的有效方式。要有海纳百川的胸怀，善于学习别的国家别的民族的优秀文明成果。这样才能使自己变得更加繁荣更加强大。任何时候，我们都不应该妄自菲薄，更不能妄自尊大。每个国家都有自己的长处和短处，取人之长、补己之短才能不断进步。一个国际化的城市必须开放包容，不断学习，才能发展得更快。好的人文环境是建设国际化名城必不可缺的条件。有了这样的环境，世界各国的人士来到这个城市，才会有宾至如归的感觉，人才才会向这里聚集，人气才会越来越高，吸引力才会越来越大。

自改革开放以来，深圳一直处在改革开放的前沿，走在改革开放的前列。在扩大开放的新阶段，相信深圳将继续走在前列，先行先试，取得新进展，开创新局面，积累新经验。

海法城市开发的挑战，着重开发海法港

以色列海法市市长 尤纳·亚哈夫

前言

海法，以色列北部首府，是海法大都市的主干城市。该大都市约有 110 万人口，主要由以下三部分构成：其中约 272000 居民来自大都市核心区域，即海法城市，286000 居住于内环，余下 516000 人口分布于外环（据 2013 年海法统计报道）。

历史上海法的一个小海湾周边就存在商务活动。在土耳其时期，通过铁道与临近的阿拉伯国家疏通，而这座城市历史地位的重大变革则发生在英国统治时期，荣升为大英帝国的战略基地。届时英国在当地大力发展经济和军事基础建设，如建立深水港，燃料基础设施，包括炼油厂、原油油库、蒸馏油厂，铺设海法和伊拉克之间的燃油管道，修建燃油码头以及海法港机场。大英帝国统治政府奠定了海法的经济地位，其城市雏形基本形成，为其发展奠定基调。

根据城市管理处的规划，理想的海法应该"北方都会山环水抱，是以色列最美都市，利用区位优势，建立国际性海港城市，促进旅游业和休闲业的繁荣，逐渐发展成为充满创新活力的经济中心，在教育、文学、科学、医药、技术、高新产业、生物科技、清洁技术方面取得领先地位，并将其打造成为一个国际化、多元化、海纳百川、以人为本的大都市，让这里的每一位公民为了创建环保、可持续环境而携手努力，在空气零污染、交通工具多样化方面取得卓越成就，塑造一个在文化、艺术、体育领域朝气蓬勃的海法"。

关于发展方向，海法一方面努力应对21世纪来自城市、国家、国际的挑战，一方面致力于实现多种可能性。该文章着重介绍海法的城市发展方向以及面临的种种考验，重点介绍如何让海法港挑起大梁，推动大都市发展。

发展的秘密武器：多样化

海法在自然条件、城市、人员、经济等方面具有得天独厚的特点。

自然特点——海法有众多独具特色的天然景点，其中不乏在以色列都名列前茅的，如以色列独一无二的纯天然长滩，那里有大片的沙滩、平坦的路面，中间流淌着哈基顺河（HaKishon），卡梅尔山绿树成荫，与海水相接，绿色的山谷景观则像是手指一般与周边城市交缠在一起。所有这些青山绿水的天然景色成就了海法独特的美。而这些景色又一直沿着卡梅尔山两边的分水岭延伸。城市的发展顺应了当地的自然美景。

住宅区及各类建筑——海法的自然特性造就了其形式多样的住宅区和建筑类型，包括集约建设的高楼大厦、填空性建筑、低层住宅、拥有不同建筑结构的大小公寓以及平地和丘陵地区的平屋建筑等等。所有这些给海法的居民提供了丰富选择，让其可以综合考虑区位、预算和喜好选择自己所爱。

人员结构——人口多样化：这是以色列，尤其是海法的一个特大标志，这里有不信教的、宗教的、正统犹太教徒、新老移民（尤其是来自前独联体）、基督教阿拉伯人、穆斯林阿拉伯人、巴哈教徒、艾哈迈迪穆斯林、德路斯人等。海法是唯一一个犹太人、阿拉伯人和穆斯林包容共存的多元化城市。这种和谐的关系对民风有深远影响，为各界人士包容合作奠定基础。

经济活动摇篮——在海法经常要举行各式各样不同经济领域的活动，为大都市人口提供广阔的经济平台和丰富的就业机会。其中包括商业中心和购物商场、民政管理、办事处、炼油厂和石化工业中心、高科技和生物技术网店、轻工业区、重工业、商务和客运港口、酒店、旅游基础设施。在这里举办的经济活动还有高科技和生物技术发展，以及与这些行业同步发展的教育机构、技术研究机构、大学、学院及提供经济支持和吸引人口入住的先进医疗中心。

城市面临的挑战及其发展进程

基于多元化和经济杠杆因素，海法集中投资经济发展以及一些关键领域。

建设现代化集装箱港口，辅助海法港——在海法港的旁边再增建一个现代港口（地中海第三大港口），该计划已经获得批准。首先依据未来船舶设计建立一个拥有不同大小防洪堤的大型现代化集装箱码头。该计划还涉及港口的发展阶段，包括构建全新的现代化燃油码头、化学品码头及其他。港口发展是海法大都市与以色列北部经济发展的重要支撑点。

酒店和旅游基础设施完善——过去几年，海法市政府一直在努力吸引投资者建设新的酒店，开发和完善旅游配套基础设施。截至目前，先后有 50 家酒店投入建设。同时，旅游基础设施相继开发，包括海滨步行街、市中心商务休闲区的改造和建设、码头扩建（即基顺河污水处理）和老港区的海滨区开发。

体育和休闲场所建设——近几年体育和休闲场所的项目建设蓬勃发展，如最近竣工的欧洲最现代化的体育馆——萨米奥弗体育馆，其能够容纳 3 万观众；其他企业则将注意力转向沿海岸的风景长廊，希冀将它们连接起来，建立一个完整、对外开放的海滨长廊；此外，全市还积极主办帆船和极限运动比赛。

市中心区的改造——在历史上扮演城市商务核心的市中心也曾遭遇经济衰退。为振兴该区域、吸引经济文化活动，全市已创建多家企业，其中最主要的是临港校区项目，而选址则是之前做仓库使用的毗邻港口。海法拆除破旧的基础设施，发展了全新的城市空间，且资助企业家在此新建学术机构，如海法大学的辅助机构——卡梅尔学术中心，大学、研究机构和学生宿舍。学术活动活跃了该地区的商业和文化活动、休闲场所、咖啡馆、酒吧和艺术家工作坊。同时校园机构还促进周边区域的改造，带动住宿业繁荣，因为很多学生选择在中心区居住。

与此同时，土耳其市场也在翻新，且为带动城市活动，还发展了延续项目，包括城市建设和周边街道改造。除了开发和整治之外，海法也在各个建筑地点广泛举行各种事件和文化盛事，支持城市改革。

滨海区发展——历史悠久的海法港口建于市区和大海之间。海法市曾发起一项行动，目的是制定将老港口的西向东移计划，将其改建成倚靠旅游码头的城市滨海区。慢慢的，这些码头不再用于船只停泊，转而用于举行休闲、娱乐、酒店或商业活动。该计划主张选择向公众开放的区域进行改造，该区域包括宽阔、连绵的岸边长廊，这里有连接城市肌理——德国殖民地和市中心的广场。根据该计划，港口的仓库将被建成滨海区的幕墙，同时还增设商业、休闲、就业、旅游业建筑。这样一来，港口就摇身一变成为海岸边的活动中心。该计划旨在建立一个入口，使位于本古里安轴（海法的主要旅游路线，列入联合国教科文组织 UNESCO 世界非物质文化遗产的巴孛陵墓和巴哈伊花园就坐落着其前面）的游客可以行至海滨区域。依照该计划，将海法市区与大海相连，艰难但成功转移旧码头的工作内容，复苏其商业活动，这同世界其他港口城市的经历一样，对海法的城市发展会产生深远影响。而且在海法，将码头向公众开放瞬间就将该城市发展成为休闲娱乐的活跃场地，掀起了城市改造的阵阵浪潮。

市区改造——由于以色列人口众多，海法还面临着一个挑战，就是中央政府设定的缓解城市拥堵的目标。要完成该目标，在坚持可持续发展观的同时还要高效利用土地。鉴于一系列清洁发展项目、冷凝项目以及与国家土地规划（为建筑物抗震设防并使建筑物适应当前抗震标准，同意追加建筑土地比例）相关的城市改造项目，城市住宅区改造顺利收工。

以高效多样公共交通为基石，带动城市可持续发展

海法大都市的居民拥有多样公共交通方式可供选择，这些交通方式还在不断完善，且全天 24 小时保证运用，主要有：

Metronit（快速交通系统）——在指定车道行驶的铰接式公交车。公车发车间隔短、服务水平高，包含下辆车服务和连接公共交通中心、居民区、景点的车道。鉴于 Metronit 系统"公车间隔短、可靠、高效、灵活"的优势，2014 年，曾获得了著名的绿色地球环保奖，据统计，该系统每天服务成千上万的乘客，并保证其在人口密集的城市快速通行，零塞车、零污染。

公交车——公交路线将社区与各个名胜景点相连；连接交通中心的线路、邻域线路和夜线，打造了一个无障碍、四通八达的交通网格。

列车——市郊列车线连接海法南部、海法湾和科瑞特 Qrayot（城市郊区），城际列车又带您顺利达到以色列其他城市。

交通中心——海法湾和海法南部卡梅尔海滩中央站的交通中心帮您协调各种交通工具之间的换乘。此外，海法还有 Carmelit 地铁，并在不久的将来将建造缆车铁道，将海法湾与海法大学和以色列理工学院连通。

振兴海法港，成为海法都市发展的主角

大英帝国统治期间，占用了大量土地来建设海法港的经济基础设施：港口、燃料基础设施和机场。后来又增建了发电厂，供工业和城市建设使用。目前，海法港的土地部署情况如下：

海法港——经过多年发展，根据中央输送技术建设了新码头，同时新型船舶的尺寸也在逐年增大。

石化工业、燃料基础设施——在开展海法港活动的同时，在陆地和海上不断开发炼油厂、石化工业和燃料工业，期间成立了工厂、原油油库、化学品仓库，铺设管道以输送石油产品和化学品，同时在港口建设进出口

支持系统和连接器。

机场——由英国建造的机场占用了很大一部分土地，且仍在运作。

发电站——坐落在毗邻港口的舍门（Shemen）海滩，在过去几年不断扩建。

传统工业和轻工业——在海法湾的周边区域发展活跃。

商业、休闲、办公——20世纪的最后十年，在海法湾修建了大量主干道以及商业、休闲和办公中心，且仍在壮大发展中。

哈基顺河（Hakishon）——将海法港一切为二，同样占用了大片土地在其周围建设休闲和体育场地。

20世纪七八十年代，海湾地区遭遇了由工业发展引起的严重空气污染，基顺河水被倒入其中的工业垃圾所污染。从那时起，海法投入大量资源改善空气质量，在过去十年已取得显著改善。今天，看一下大都市区域所有检测站测得的空气质量指数，你就知道海法的空气相当好。基顺河经过拯救，再次成为鱼类、鸟类的栖息地。

市政处理所面临的挑战是将海法湾从后方搬到前方，同时平衡相互竞争的各种用途的用地。为实现"共存"，让海法承担起大都市的主角，就需要设立严格的环境规则。这一改革正在进行中，需要取得各种用地的新平衡，划分区域以及重新定位其他领域。该过程包括几个阶段：

海法湾燃料基础设施用地改革——将占据昂贵海岸地区的老油库搬迁至石化业新选址后方。这样一来，一方面可以将稀缺海岸区域腾出，做其他使用；另一方面，还将严格依照环境质量准则，采用 B. A. T（最先进技术），遵循抗震新标准等新型规则，建设一个全新现代化石油基础设施。此外，还计划将石油和化工管道搬迁到多功能的服务隧道。

燃料、化工厂集聚——在严格遵循环保要求，避免环境问题的前提下，计划建设一个化工和石油工厂的集聚地，目前已经得到批准。

海港发展分配用地——以色列港口公司依据海法港的国家发展概要做出的先进总体规划流程，后面区域主要用于发展海法港和港口码头。

加强连接海法和 Qrayot 郊区的主城干道——以强化大都市这两部分之

间的城市连通性，海法将投入资源改变连接干道周边的活动，用城市活动代替工业活动。为此，构建了购物商场、商务区、办公室和娱乐中心，其中包括闻名遐迩的西纳商场（Cinemall）、剧院和娱乐综合楼都竖立在干道沿线，还有活跃的公交系统 Metronit 做支持。

交通系统升级——近年来，海法湾的交通基础设施实现了快速的更新换代，如架设各种综合出行方式的交通枢纽、连接海法港和全国交通系统的道路改进以及 Metronit 的建立。目前铁路系统也在升级当中，包括海法湾至以色列东部边境的铁路建设，可直接通至约旦边境。这一基础设施的诞生加强了海法湾的核心地位，为经济、城市发展奠定基础，解决未来之需，使交通和经济与邻国紧紧相连，促进以色列与邻国的和平发展。

哈基顺河（Hakishon）整治及周边公园建设——如果说赫斯塔德（Histadroot）是能够连接大都市两个部分的轴线，哈基顺河则是横轴，通过延哈基顺山麓至较高地段建设一系列的公园，连接大都市各个城市。在现有公园基础上，增设了一个大型公园，该项目尚未竣工。这一项目包括清理河流底部淤积，再现原先的河湾。另一个沿河公园的建设已列入海法最近部署的发展规划中。

环境质量的持续改善——要完成这一目标，需要海法港在工业运行中严格执行环保标准。此外，随着天然气管道延伸至海法，发电厂、炼油厂及其他工厂开始使用天然气，在未来几年，其他工厂也会加入该行列，环境质量会继续得以改善。

总结

面向未来的城市发展，最核心的一点是多元化和可持续发展，取得各类用地——商业、住房、基础设施、公园区等之间的平衡，同时设定具有约束力的规则，实现共存。

海法湾仍在改革之中，努力将自己打造成为海法大都市的心脏。这一目标的实现需要有勇有谋，制定规划决策，通过各个工厂共同执行环保标准，才能取得各个领域的平衡。如果要将城市发展和工业、基础设施建设同步进行，环保标准的执行是至关重要的。

为实现与邻国的经济合作，促进和平共处，海法同样完善了可持续发展的海港和交通基础设施。在和平时期，随着海法战略地位的加深，海法港将会升级为一个国际性港口城市。

附录：英文稿

CHALLENGES IN HAIFA'S URBAN DEVELOPMENT, WITH EMPHASIS ON HAIFA BAY AS THE BEATING HEART OF THE METROPOLIS

Yona Yahav, Mayor of Haifa

Preface

Haifa is the capital of northern Israel, and is the primary city in the Haifa metropolis. There are some 1.1 million citizens in the metropolis area, divided in the following manner: approx. 272,000 residents in the metropolis' core, namely the city of Haifa; approx. 286,000 residents in the internal ring; and approx. 516,000 residents in the outer ring (according to Haifa's Statistic Almanac, 2013).

Financial activity existed around a small harbor in Haifa throughout history. During the Ottoman period, Haifa was connected to neighboring Arab countries by a system of railroads. The great change in Haifa's status occurred during the days of the British Mandate, when Haifa was turned into a strategic basis for the British Empire. The British constructed financial and military infrastructure in Haifa: a deep harbor in Haifa Bay; a fuel infrastructure that included: a refinery, a crude oil depot and a distillates farm, a system of fuel pipes between Haifa and Iraq, and a fuel terminal. In addition, an airport was constructed in Haifa Bay. The financial foundation created by the British Mandate's government pretty much shaped the character of Haifa in general, and the face of Haifa Bay in particular.

The ideal Haifa, as outlined by the City's Management visions Haifa as: "the most beautiful city in Israel, the northern Metropolis with mountains, sea and landscapes. An international port town, with urban sea façade, a flourishing center of tourism and recreation; a growing financial center of innovation and creativity. A city of groundbreaking excellence in education, literacy, science and medicine, a leader in technological development, hi tech, biotech and clean tech. A multinational, pluralistic and tolerant city, whose residents are its center, who strives to create a green and sustainable environment, with achievements regarding pollution – free air, and various efficient transport means. A rejuvenating and renewing city in the fields of culture, arts and sports."

Haifa focuses its developmental directions by creating a variety of possibilities, while coping with the development challenges the 21st century sets, including municipal, national and international challenges. This paper will survey the city's directions of development, as well as the urban challenges Haifa faces, with emphasis on the evolvement of Haifa Bay into the beating Heart of the metropolis.

Diversity is the secret

Haifa was blesses with a variety of characteristics: natural-physical, urban, human and financial:

Natural characteristics—Haifa has a spectrum of unique physical and natural characteristics, some of which are the most beautiful in Israel: the only natural long beach in Israel, that is largely sandy, flat planes in the midst of which runs Eitan (HaKishon) River, the tree – covered and green Carmel Mountain which glides to the sea, and a natural set of green valleys that intertwine like fingers with the city's neighborhoods. All of these endow Haifa with a unique beauty reflected in myriad different outlooks of the green and blue landscape. The outlooks are stretched along the rolling ridges from both sides of Carmel Mountain's watershed. The urban development pattern follows the natural characteristics and is adapted to them.

Residential neighborhoods and types of building—Haifa's physical characteristics enabled the development of a large variety of residential neighborhoods and types of building, including high rises in saturated construction, infill development, low rises, small and big flats in different building configurations, and flats in level and hilly areas. All these give the city's residents a wide scope of choice, and each has the possibility to choose the building character that fits one's preferences, including location, budget and architectonic preference.

The human fabric-heterogenic population: Israel in general and Haifa in particular are characterized by a population of high heterogeneity: secular population, religious population, orthodox Jews, new and old immigrants (especially from the former CIS), Christian Arabs, Muslim Arabs, Baha'is, Ahmadi Muslims and Druses. Haifa is unique in being a tolerant pluralist town where Jews, Arabs and Muslims live in coexistence. This human relationship influences the atmosphere and forms a fine basis for cross – sector cooperation.

Financial activities basket—activities from different financial areas take place in Haifa, and supply a wide financial basis and diversified occupational possibilities for the metropolis' population. Among others, the financial activities in Haifa include commercial centers and shopping malls, civil administration, offices, a refinery and a petrochemical industry center, hi tech and biotech sites, light industry zones, heavy industry, a commercial port and a travelers' port, hotels and tourism infrastructure. The financial activity in the city also includes: high tech and biotech development, high education institutions who synergize with the high tech and biotech industries, a technological institute, universities and colleges, as well as advanced health centers who also serve as a financial lever and an attraction for qualitative population.

Challenges and change processes the city conducts

Haifa invests in financial development that is based on diversification and intensification of the financial levers, as well as in focused development in a number of key areas:

Development of a modern container port in addition to the existing Port of Haifa—a plan was lately approved for the construction of an additional modern port—the third in size in the Mediterranean—that will function alongside the existing port. At the first stage a large and modern container terminal with piers of varying sizes will be constructed. The terminal is adjusted for future design ships. The plan also includes the future stages in the port development, including the construction of a new and modern fuel port, a chemicals terminal and other docks. The port development is a pivotal anchor in the financial development of the Haifa metropolis and northern Israel.

Development of hotels and tourism infrastructure—in the last years the municipality endeavors to attract investors to erect new hotels, and invests in the development and enrichment the supportive tourism infrastructures. As of now, 50 hotels are at various establishment stages. In parallel, a tourism infrastructure is being developed, including the construction of shore promenades, renovation and development of commerce and leisure areas in downtown, the enlargement of the marina is the Kishon River's effluent, and the development of an urban seafront in the old port area.

Development of sports and recreation sites—a number of projects for the development of sports and recreation sites are being conducted in recent years. The pièce de resistance is the recently completed Sami Ofer Stadium, the most modern stadium in Europe, with a capacity of 30,000 seats. Other enterprises focus on the development of unique scenic promenades along the Haifa shores, in the aspiration of connecting them to a continuous sea promenade open to the public. In addition. The city hosts sailing and extreme sports competitions.

Renovation of the downtown area—in the course of the years there was a business regression in the city's downtown, which functioned as the historic main business center. In the purpose of reviving the downtown and attract financial and cultural activity to it, the city has created a number of enterprises, foremost of which is the Port Campus project, focused on a central downtown site in the area that borders on the port, that previously held deserted warehouses. The city replaced the old infrastructure, developed the urban spaces and aided entrepreneurs to erect an academic campus in the site, including the Carmel Academic Center, an extension of the Haifa University, colleges and institutions and also students' dormitories. The academic action drew to the area commercial and cultural activities, leisure, cafes, pubs and artists' workshops. The campus influences the renovation of the surrounding downtown areas, and many student who study there also reside in the downtown area.

In parallel to this project, the site of the Turkish Market was renovated, and there's a continuation enterprise that includes urban development and the renovation of the infrastructure in adjacent streets, in the purpose of attracting urban activity. Alongside the development and renovation activities, the City holds extensive events and cultural activities in these sites, in the purpose of supporting the urban renewal process.

Development of a seafront façade—the historic Port of Haifa is located between the downtown and the sea. The City initiated a move to prepare a plan for shifting the historic western port eastward, and changing it into an urban seafront façade, alongside the travelers' port, that will continue to exist. The port's docks that will gradually be evacuated from port usage, will be used instead for activities: leisure, entertainment, recreation, hotels and commerce. The plan favors areas that are open to the public, including a wide and continuous shore promenade with squares and piazzas that echo the bordering urban texture—the German Colony and the downtown. The plan converses the port's warehouses to the usage of the urban seafront façade, and enables the construction of additional buildings for commerce, leisure, employment and tourism. These will function as activity centers that will follow the walking routes along the shoreline. The plan emphasizes the creation of a main entrance gate for pedestrians at the end of the Ben Gurion axis – the city's main tourism route, at the top of which are located the Shrine of the Báb and the Baha'i Gardens, inscribed on UNESCO's World Heritage List. The connection of city and sea, which is the super – purpose of the plan, will generate a substantial urban change in Haifa, as happened in many port cities around the world that coped successfully with a similar challenge of reviving an outdated port commercial area, whose activity was relocated to new docks. Opening the docks to the public in such cities instantly turned the area into a lively locus of leisure and recreation that generates waves of urban renewal all around it.

Urban renewal—Haifa confronts the updated urban crowding goals set by the central government, resulting from the fact that Israel is a crowded country. Matching these goals obliges an efficient use of the land, while being true to principles of sustainable development. The urban renewal in the residential field is managed successfully in the city thanks to a number of apparatuses: clearing and development projects, condensation projects, as well as urban renewal via national land planning program that grants additional building – to – land ratios due to the fortification of the structures against earthquakes, and adapting them to the current earthquake standard.

An efficient and variegated public transport system as a basis for sustainable city development

The residents of Haifa metropolis have at their service an extensive and variegated public transport system, which is in a constant process of improvement, and operates at all hours of day and night, throughout the week. Among others, the passengers have at their service:

The Metronit (bus Rapid Transit System) —a system of articulated buses moving on designated lanes. The Metronit arrives very frequently, the level of service is high and includes Next Bus service and lanes that connect public transport centers, residential neighborhoods and places of interest. In 2014, the Metronit won the prestigious Green Globe environmental prize, due to its ability to "combine speed, reliability and efficiency of light rail transit, along with the flexibility that is made possible when operating a bus service." The Metronit services tens of thousands of people daily, rapidly, with no traffic jams or pollution in the dense urban space.

Buses—lines that lead from the neighborhoods to various places of interest: lines that connect traffic centers, neighborhood lines and night lines that create a traffic grid that serves each and every point in the city.

Train—suburban train line connect southern Haifa with Haifa Bay and the Qrayot (suburban cities), and the interurban lines connect Haifa to all parts of Israel.

Traffic centers—a traffic center in Haifa Bay and the Carmel Beach Central Station in southern Haifa, allow for an efficient passing between various means of transport.

In addition there is a subway in the city, the Carmelit, and in the near future will be constructed a cable railway that will connect Haifa Bay to the Haifa University and the Technion.

Restoration of Haifa Bay and making it the beating heart of the Haifa metropolis

A substantial part of the array of land uses that characterizes Haifa Bay was dictated by the financial infrastructure laid by the British during the Mandate: a port, fuel infrastructure and an airport. Through the years were added a power station, industry and urban uses. Currently, the array of land uses in Haifa bay includes:

The Port of Haifa—developed over the years, and new docks were built in it in accordance with navel conveying technologies and the physical size of the new vessels, which increased through the years.

Petrochemical industry and fuel infrastructure—parallel to the development of the port's activity in Haifa, on land and in the sea, an affinity to the refinery, the petrochemical industry and the fuel industry was developed in Haifa Bay. Factories were built, crude oil depot and a chemicals depot, pipes were laid to convey oil products and chemicals, and import/export – supporting terminals and connectors were built in the port.

Airport—the airport constructed by the British continues to operate and is a big land consumer.

Power station—erected next to the port in Shemen Beach, and was expanded during the last years.

Traditional and light industries—active in a number of areas in Haifa Bay.

Commerce, leisure and offices usage—as of the last decade of the previous century, a number of main arteries and centers of commerce, leisure and offices were developed in the Haifa Bay area, and are constantly continuing to develop.

HaKishon River—bisecting Haifa Bay, Kishon is also an important land consumer who has to be allocated areas in the array of land uses for recreation and sports purposes.

During the 1970s and the 1980s, the bay area suffered from a high level of air pollution, as a result of the industrial development. Industrial waste was spilled into the Kishon River and contaminated it. Since then, many resources were put into improving the air quality, and in the last decade there was a dramatic improvement in air quality. Today, the air quality in Haifa is good, as shown in air quality indexes measured in the monitoring stations spread all over the metropolis. The Kishon River has undergone a dramatic rehabilitation process, and is once again a living river that hosts fish and attracts birds.

The challenge the municipality deals with is turning Haifa Bay from a backyard into a front yard, while creating a new balance between the different land uses that compete on the same piece of land. This obliges a strict system of environmental rules that will allow the land usages to "coexist" and turn Haifa Bay into the beating heart of the metropolis. The change process is in the middle, and requires new balance between land uses, allocation of areas to each of the uses, as well as relocating land uses to alternative areas. The process includes several stages:

A change in the fuel infrastructure array in Haifa Bay—relocation of the old oil depots that occupy expensive shore areas into a new site in the rear of the petrochemical industry. This rotary maneuver will allow the evacuation of scarce shore areas for the benefit of other land uses on the one hand, and on the other hand the founding of a new and modern petroleum infrastructure that will be built in accordance with strict principles of keeping the quality of the environment, while adopting the B. A. T (Best Available Technique) principle, and adapting to all new standards, including the upgraded earthquake standards. In addition, a plan was prepared to relocate the oil and chemicals pipes to multi – purpose service tunnels.

Concentrating the fuel and petrochemical plants in a defined area—a plan for a site where the petrochemical and petroleum plants will be concentrated, while implementing strict environmental requirements and avoiding environmental nuisances was recently approved.

Allocating areas for port development—rear areas were allocated for the development of The Port of Haifa and the Bay Port, based on a master plan prepared by The Israel Ports Company, relying on a national outline plan for The Port of Haifa, which is in an advanced planning process.

Strengthening and condensing the main urban axis connecting Haifa with the Qrayot – in order to strengthen the urban connection between the two parts of the metropolis, resources are invested in changing the activity along the axis connecting Haifa to the Qrayot from industrial to urban activity. For this purpose were erected shopping malls, commerce areas, offices and recreation centers—foremost of which is the Cinemall, a complex of theatres and recreation—along this axis, where the Metronit is active.

Upgrading the transport systems—in recent years, Haifa Bay is undergoing an accelerated process of upgrading of the transport infrastructure: erecting a combined transport hub for all means of transportation, development of roads that improve accessibility from Haifa Bay to the national transport systems, as well as the establishment of the Metronit. The railroad system is in the middle of an upgrading process, including the construction of a railroad from Haifa Bay to Israel's eastern border, on the way to Jordan's border. This infrastructure intensifies the centrality of Haifa Bay, and creates a great basis for financial and urban development. This future – facing infrastructure will enable transportation and financial connections with the neighboring countries, once peace between Israel and its neighbors will be achieved.

Continuation of the rehabilitation of HaKishon River and the establishment of parks alongside it—while the Histadroot Ave. axis is the one supposed to connect the two parts of the metropolis, HaKishon River is the lateral axis that will connect the metropolis' cities by the development of a chain of parks from the slopes of HaKishon to its higher parts. The existing park will be joined by another large park which is part of an undergoing project. That includes cleaning the sediments from the river's bottom, and recreation of the old bend in the river. Another park along the Kishon was marked in Haifa's recently deposited outline plan.

A continuous improvement in the quality of the environment—the continuing improvement in the quality of the environment is achieved by implementing severe environmental standards on the industry operating in Haifa Bay. In addition, the power plant and the refinery and other plants began using natural gas with the arrival of the gas pipe to Haifa. In the coming years, additional plants are supposed to begin using natural gas, so further improvement in the quality of the environment is expected.

Summary

The key to future – facing urban development is a diversified and sustainable development which keeps the balance between various land uses: occupation, dwellings, infrastructure and park areas, while setting binding rules that enable the various land uses to coexist.

Haifa Bay is in the middle of an upgrading process on its way to become the beating heart of the Haifa metropolis. The way to achieve this goal required brave planning decisions, in order to create a balance in the array of land uses, and implementing a set of strict environmental rules for the plants. Upholding these environmental standards is vital, if one wishes to enable urban uses to live side by side with the industry and the infrastructures.

The future – facing port and transportation infrastructures are adapted for financial cooperation with neighboring Arab countries, once peace between Israel and its neighbors will commence. In times of peace, Haifa's strategic location will help upgrade Haifa Bay to the status of an international port town.

应用新方法和新手段
规划一个有吸引力有韧性的城市

瑞士苏黎世联邦理工大学副校长 杰哈德·斯密特

生机勃勃的国际都市已经成为全世界先进国家的观光胜地与商业灯塔。国际都市容纳越来越多的人口并为每一个所在国创造了巨大的价值。在过去的数个世纪里,欧洲、美国和南美的很多大城市都有过相似的发展历程,而在未来的几年,亚洲将为迁移到当前城市以及新城市的人们(主要来自于国内移民)创造前所未有的新的生活与工作空间。为了能拥有一个可持续发展并且有韧性的未来,对现有城市的扩张和新城市的设计进行合理的规划将至关重要。否则,过去的错误将会一再重复。通过学习最佳实践、全球化、网络化以及功能性 IT 环境的发展,综合性方案首次能在城市改造和未来城市的规划阶段中得到应用。位于新加坡的 ETH 未来城市实验室为全世界快速发展的城市开发了这些方法和手段。

简介

城市以及城市化地区目前已经容纳了全球一半的人口。在接下来的三十年里,该比例有望升至三分之二。人口数量最多的一些国家和地区(例如中国、印度和非洲)的城市将是这一发展趋势的主要推动力量。这一发展趋势并非没有先例:自从欧洲发生工业革命后,美国以及后来的南美洲地区迅速从一个农业社会转变为城市社会。在中国的部分地区,从农村转变为城市社会的类似转化早在数世纪前就已发生过，北京因此成为世界最古老的城市之一。

18、19 和 20 世纪，快速发展的城市并未考虑和借鉴过亚洲、中东和南美曾出现过的一些最大城市的经验，因为工业化时代的城市规划者无法获得与这些（最大）城市的兴衰相关的全方位信息。汲取这些经验对避免犯下同样的错误至关重要。但现在情况已经发生了根本性的变化，赤道南北的城市正在扩张，这是世界上发展最快的城市地区，我们可近距离观察并充分记录亚洲、欧洲和美洲地区大城市的成功因素及其面临的挑战。在 21 世纪，城市基础设施的规划、融资和建设已经不再是城市面临的主要挑战，但应避免出现导致 20 世纪城市问题的错误规划、设计与资源配置。

历史上城市规划的主要特点是新智力方法的相对缓慢发展和长期性有形物质的较强实际应用价值。城市及其基础设施的规划和建设目标可持续存在数个世纪。即使是今天，基础设施及其占用的土地都代表着国家的大部分资产。随着现代社会创造出越来越多的非物质价值以及鉴于有形物质的有限性，信息逐渐取代了有形物质在过去所占有的地位。因此，在当今社会，信息在城市发展和未来城市的设计与管理中扮演了举足轻重的角色。因为信息是由数据组成的并且信息能够发展成为知识、建筑、城市和领土，信息已经成为未来城市的核心概念和虚拟材料。所以，数据、信息和知识对于理解和设计未来城市至关重要。

学习过去

若以建成数百年后依然存在并居住大量人口作为衡量标准的话，世界上只有少数城市是有韧性的。但因为许多大城市的起源依然未能完全为我们所知，在许多情况下，这些城市得以发展、消亡甚至消失的原因也难以弄清楚。我们尝试着以今天的视角并本着特定的文化背景去寻找城市兴盛与衰落的原因，但只有形成城市综合科学后，城市兴盛与衰落的真实原因才会浮出水面。城市科学必须能对城市随时间发生的变化进行分析并在某种程度上帮助预测城市的未来前景。

功能性城市取决于公共决策和组织，独立于地理位置、文化或气候及其起源。在这些城市的城市设计中，城市系统的建造及管理方面的决策只有在未来才能看到其效果。对于首批这类城市而言尤其如此，因为没有先例可以遵循也没有最佳实践可供参考和学习。目前，每一个设计与规划决策都是留给未来的一个标记，无法保证城市能完全或部分地达到这一目标。这是理念与现实之间的鸿沟，对设计与组织领导能力提出了要求（参见图1）。

在历史上，城市规划的特征体现于两种极端情况之间的规划过程：一方面，存在一个决定和下令完成特定城市设计的决策者，这个决策者基于为领导者工作的一名或一组规划师所提供的建议作出决策。另一方面，又存在完全由公众作出决策的程序，城市在这一程序下完成设计和建设。两种极端情况通常无法长期保持有效运转，而且想要长期可持续发展和保持韧性的城市系统应更多地依赖公共决策而非个人或意识形态进行设计和管理。

直到21世纪第一个十年的中期，城市居民仍占全部人口的少数，数千年来城市人口一直在缓慢地增加。市民和其他城市可观测到一个城市在一段时期内的成长和发展成熟及其运转情况。到了19世纪和20世纪，随着城市快速发展与工业化进程并头前进，专业化城市规划的必要性已经逐渐成为人们的共识。

在19世纪和20世纪，建筑材料种类的增多和能源、交通成本的下降带来建筑表面、形状、细节、颜色、建筑高度以及城市空间组织的极度多样化。随着世界人口暴增和城市人口在所有人口中所占比例的稳步上升，这一进程不仅将会继续，而且还会加速。全球范围内各个地区的城市化速度各不相同：工业化国家的城市化率超过了80%，而且他们的人口总数也开始稳定下来或是已开始下降。

设计未来：未来城市实验室

在接下来的三十年里，现有城市和新城市中将有超过20亿人需要新住房和工作场所。这些城市大多位于亚洲和非洲，主要分布在热带地区以及赤道南北的延伸带。这一发展趋势将为城市设计和规划带来新的挑战，因为以前从未有这么多人生活在空间及自然资源（包括水和食物）如此窘迫的状况中。与此同时，将有超过三分之二的未来建筑在这些地区拔地而起，大多数的建筑师和城市规划者是在建筑容积远不够宽广的国家接受教育的。而且，在这发展最快的区域，极缺能对城市系统有整体了解的城市规划者和城市设计者。

鉴于这种情况，新加坡国家研究基金会和瑞士苏黎世联邦理工学院于2010年9月成立了新加坡—ETH全球环境可持续性研究中心（SEC）。未来城市实验室（FCL）是SEC成立后的第一个跨学科项目。这个项目聚集了来自欧洲、亚洲以及美洲的各个领域的研究人员和教育工作者（其中包括建筑学、城市规划、城市设计、城市仿真、土木与环境工程、计算机科学、交通规划、历史性建筑保护、建筑科学、建筑工程管理、材料科学以及城市社会学领域的专家）。起初四年，FCL有200多名学者和学生参与到活动中，让它成为一个亚洲重要的研发中心（未来城市研究室，2014）。未来城市实验室的首批工作成果包括：参与或发表了400次/篇的论文、国际社会和展览；位于埃塞俄比亚的第一个居民点已经开工；在不同深度和程度上介入了赤道附近数个城市的规划建设。由于未来城市实验室的建设，信息架构主席推出了有关未来城市的重要公开网络课程（未来城市，2014）。该课程的注册学生人数已经超过了5000人。

了解城市

城市是人类随着时间的推移而创造的最复杂人工制品。它们相对容易构思，但难以融资和建设，更难的是进行成功地管理并打造一个繁荣、宜居、可持续发展以及有韧性的城市。因此，了解城市是未来城市实验室的第一个中心目标。

一开始，未来城市实验室采纳了城市代谢的概念作为一个基本框架。这将有助于理解并将城市看做是一个接受、调整、管理和配置各种资源存量与流量的复杂系统。城市最重要的资源是人、水、材料、能源、资本、空间和信息。为了让城市实现可持续发展，最有效的方式是在城市中让这些资源循环流动，而不是继续按照不可持续的输入输出线性逻辑（即加工、包装、配送和消费来自世界各地的原材料并浪费掉剩余部分）发展城市。在一个可持续发展的城市中，城市代谢将是循环进行和高效率的，而且不会产生浪费：一道加工进程的输出品是下一道加工进程的输入品，而且还会产生价值。

未来城市实验室认为，任何发展都必然是在不同的尺度上发生的，而这些尺度是相互关联的。尺度范围从纳米级到全球级不等，能够通过动态流动建立相互间的联系。因此，城市研究和城市设计要求考虑到不同领域的深度，包括建筑构件和建筑物的微尺度和城市群的适中尺度再到都市圈和区域性的宏观尺度。人、材料和信息将这些尺度连接起来，各个尺度的元素在其自身范围内必须是可持续的，从而保证整体系统的可持续性和韧性。

城市的（重新）设计和管理

一个城市是永远都不可能一步建成的；在经历了最初的设计和建设阶段后，在人口稳定下来后，大部分的城市元素都需要进行重新设计和改进，并且还应更好地对城市进行管理。设计阶段和管理阶段的工作决定了一个城市能在多大程度上达到可持续发展的目标。这些阶段还决定了是否能长期保持韧性：韧性指的是从灾难（灾难可能因内部或外部因素发生）中复原的能力。

在这一阶段，城市管治起到了至关重要的作用。过去的城市规划者通常应用几何和数学规则设计、建造和建设城市。规划者期望城市实现预定功能并能长期发展。他们很少制定与越来越独立越来越频繁迁移并要求改变的市民进行持续互动的计划。如今，群众外包和感知系统提供了有利的手段以动态地影响城市的设计和管理。这主要是通过拥有智能手机的大量市民（这些人积极影响了所在城市的发展）的协助和互动应用到现有的城市系统。现在的城市还安装了越来越多的传感器，安装这些传感器的目的是监控城市的日常运转以及发出与预期的自然危害或其他威胁相关的警报。

感知与信息源系统会生成城市大数据。群众外包与城市感知系统的结合能增加城市的韧性，但前提是必须采取必要的管治防范措施以避免感知系统与源数据被滥用（施米特，2014）。

大数据与现在—未来屏障

来自最小信息元件的数据和信息可转化为知识。所产生和收集的数据与过去的条件或事件相关。一旦采集到的数据与刚刚发生的事件相关，我们可以说获得了实时数据。即使这些数据马上就会成为历史数据。不存在关于未来或是来自未来的数据。

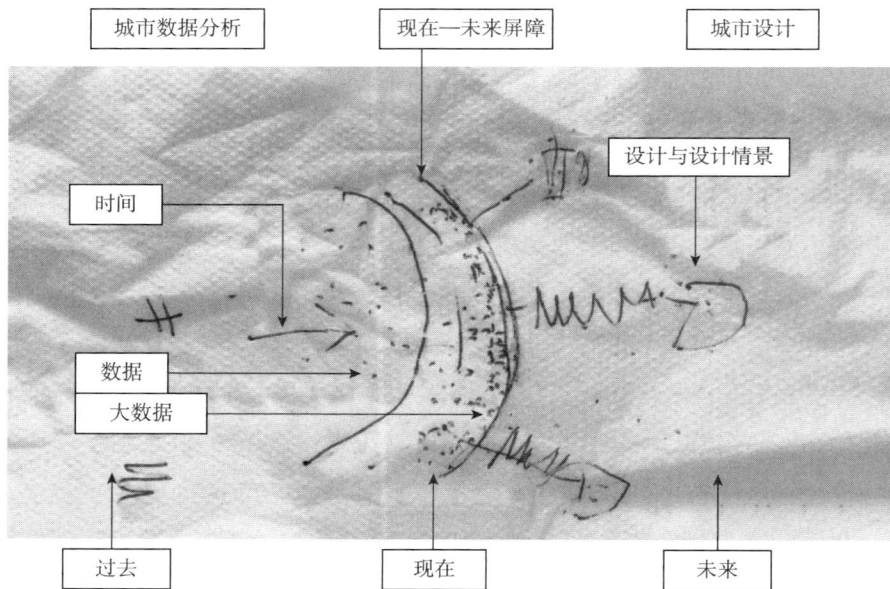

图1　现在—未来屏障略图

在日益增多的领域里，数据采集量呈现了指数性增长的态势。随着智能手机的普及，数十亿的人们将生成本地化及特定的数据。因此，"大数据"的含义变得显而易见。在连续时间内，越来越大量的数据或数据"墙"将现在从未来分离出来：我们称之为大数据现在—未来屏障。数据代表了对一种情形或一个对象的部分描述。数据有助于为过去或现在的特定方面提供证据。基于证据的说明不会自动支持未来情景的产生。已知机制实行的这些行为即称之为设计。

设计是建筑学和未来城市概念中的最关键活动。设计是跳跃大数据现在—未来屏障的活动，并且有可能建立起未来的完整情景。我们可基于通过早先的设计和城市的结构所提供的一些证据对这些情景进行测试。设计是消除想要的未来情景与现有条件之间的鸿沟所需的必要活动。设计是至今尚未完全得到开发的一种认知活动。将设计定义为科学的尝试一直未能取得成功，但是越来越多的团体在探索设计学的潜力。

应用新手段规划有吸引力有韧性的城市

响应型城市的概念

建设"智能"城市的尝试数不胜数，而且"智能城市"也已成为对一种新型城市系统的描述。通过城市感知、巨量信息技术网络以及从各种数据源持续进行监控和数据采集，可获得与对城市的自动观测相关的信息。对数字城市、网络城市、智能城市或互联城市的描述都是大同小异的。这些尝试旨在提高城市的效能并更有效率地利用城市资源（Komninos，2009）。在欧洲，智能城市被视为可在都市区推动增长的一种方式（Paskaleva，2009）。在实践中，建设智能城市的目标导致了韩国 Songdo（松岛）或中国天津生态城和 Dongtan 的发展。在南美地区，巴西的 Curitiba（库里提巴）市和厄瓜多尔的 Yachay 因其智能城市建设成果而广为人知。在海湾地区，阿联酋的 Masdar（马斯达尔）市正在建设之中。

虽然智能城市的概念在全世界都得到关注和发展，但智能城市模式的成功却不一定是可以得到保证的。若是缺乏整体概念并且不能保证巨大的技术基础设施在未来能得以适当地使用、了解和维护，有些技术城市的特征在长远来看甚至可能是反生产力的。这将导致失控和难以整体监测，从而自动产生过度和不可控的数据收集活动。

让我们看看瑞士，瑞士的城市是世界上最宜居并在商业上大获成功的城市之一，而且这些城市还结合了利用智能城市的优势获得的知识，"响应型城市"的概念也应运而生。响应型城市这一概念对智能城市的概念进行了延伸并且结合了更全面的城市规划理念与设计特征。最重要的是，它加强了人性化的因素。响应型城市这一术语描述的是使用各种数据并利用以前未曾使用之数据储存库的城市。它还能促进城市政府、市民及其自然环境之间的感知和视觉互动，从而让市民有机会直接参与城市规划与设计。这一方案是基于普适计算法（使用可用的大数据）以及不确定、可能性计算和事先未知的相关性达到预期目的的。这一方案能支持市民、社区和城市管理当局更好地了解城市的功能并且还可以提供额外的规划选项。因此，响应型城市能持续发展并且能适应所有居民的需求及其所需的环境，从而最终让一个城市变得更可持续、更有韧性。实现响应型城市所需的必要技术支持包括传感器技术和网络民用基础设施，新的可变选项则包括认知心理学方面的洞察力以及城市环境中市民的认知、感知和行为。核心技术将是在城市设计中使用大数据。

基于大数据的城市设计

在过去，人们通常基于相关原则、先例、目标和记录中的数据完成城市设计。但在未来的城市设计中，越来越多的大数据将能起到重要的作用：将以往的成功设计与基于大数据的城市设计结合起来。这种类型的设计并非只由数据驱动，因为这类只利用大数据的方案将排除太多的重要设计元素，而在当前这些设计元素是无法通过大数据获得的。

基于大数据的城市设计将大数据的优势和潜力带到了城市设计、城市规划和城市管理中。为这一目的提供支持的一个方法是内在跨学科研究。它将消除数据感知、数据分析、可视化和城市设计过程之间的鸿沟。在城市系统的发展过程中，它需要对自我组织、动态与事件的突现进行识别。它还应为城市设计及城市规划与未来城市的管理之间的长期结合提供基础，因为将用到相同的结构和数据。为此，有必要发展和应用"市民设计学"和"感知设计运算"的概念。在发展的初期，这些概念最适用于数据丰富的城市，这些城市拥有足够的数据以产生有意义的结果并对仿真结果进行验证。必须在一开始就考虑到数字的来源、获取和安全储存方式，否则将无法追溯到城市设计和管理中特定决定的来源。

基于大数据的城市设计提出了关于未来城市的一个基本问题：如何创造和更新城市规划、城市设计和城市管理决策的最佳基础并为其提供支持。随着数据和大数据预计将成为呈几何级别数增长的用于循证型高质量决策的信息来源，大数据和设计及城市系统管理之间的闭环将能直接改善城市的宜居性和韧性。与仅将大数据用于分析当前与过去情况的方案不同的是，基于大数据的城市设计通过将高级数据分析法整合到未来城市设计和规划流程超越了以往的视野。

为了在设计中能用到数据分析法，主要任务将从收集数据转为从中提取高级信息和知识。另一个额外的任务是将已经提取的信息提交给设计者以告知实际的决策程序。因此，应用范围将能延伸到城市模型的综合。为避免出现完全由数据驱动的设计，必须维持基于主观决策和互动提出的要求。

若是在三个层面上出现积极结果，则基于大数据的城市设计获得了成功：在基础研究层面上了解和利用城市数据并且因此增加了用于设计过程的形式化专业知识；在应用研究层面上将已开发的方法整合成交互式规划支持方案或概率性模型综合系统，通过不同的可视化规划效果起到作用并为设计者、政治家、市民和其他利益相关者提供一种工具；在应用层面上，基于大数据的城市设计将有助于响应型城市概念的型材并且将能交互式地探究它所生成的设计情景。

认知设计运算

认知运算之类的新型运算方法将 IT 应用扩展到了新的领域。IBM 的 Watson 运算法及其相关的程序是在这一方面取得的重要进展。在对局中将运算装置视为敌手或在稍后将计算机视为 Jeopardy（危险边缘）的一部分仅是一个开始，而且还有很多其他的应用根据（Kelly 和 Hamm，2013）。将此能力扩展到日常生活中的其他领域将会变得越来越容易。认知运算是在 20 世纪 50 年代晚期作为一个概念开始出现的，它建立在之前被称为人工智能的基础上。当事情逐渐变得更为清晰时，它已不足以人工地再创造人脑应有的功能，研究者尝试将认知能力包含在系统中以用于作出决策。他们还使得认知系统的功能更接近于人脑的工作方式。到了 1970 年代和 1980 年代，人工智能的缺陷开始变得明显，它的发展也就慢慢不再受人关注，到了 1990 年代，随着认知科学取得进展，人工智能方面的研究也就恢复了活力。此外，自从定义人工智能以来的数十年中运算速度得到了极大的提高，从而也推动了认知运算的发展并使其结果更为全面。

建筑学从一开始就是人工智能和认知运算的极佳应用领域。但是建筑学领域相对数和绝对数都较小的研究者所取得的进展看上去要小于他们实际获得的成就。人工智能方法和技术在建筑设计中的应用在 1970 年代和 1980 年代的美国和稍后的欧洲被引进到了设计教育领域。建筑学是一门很有意思的应用领域，因为它要求将可因规则型系统产生的结构化输入和过去的经验以及对未来的预期结合起来。这些要求的混合几乎是与现有运算工具相同：城市管理当局定义的结构化输入；作为未来设计决策基础所必需的历史数据和信息；以及与用于定义未来城市或改进现有城市的形状及表征完全不同的用户要求。

城市设计对于认知运算而言甚至是更为有趣的应用领域，结构化信息和规则的总量相对建筑学来说较少，但源自市民输入、交通需要和外部要求的决策数则远高于单一建筑。这就要求能更好地收集和挖掘可用数据表示的所有意见、建议和请求。

认知设计运算将是以上情况的结合：就建筑设计而言，它将采用非常有效的抽象法以及与材料、气候和数千年来人类活动相关的深层知识。在两种情况中都至关重要的是，随着大数据和将这些大数据挖掘出来以用于模型和个人参考的可能性的出现，城市设计运算系统将会变得越来越强大有力。

市民设计学

市民设计学是一个尚未有正式定义的新概念。它基于市民通过互联网提交的设计建议进行有效的合作和沟通，从而创造公众参与城市规划的新途径。通过征稿从大量市民那里获得内容的基本方法是群众外包。在市民设计学中，这是一种设计群众外包。公众科学其他领域的经验（例如鸟类学或天文学）显示，市民愿意并能够做出更大的贡献：他们能够并且愿意去了解他们的城市，因此应在一开始就在设计或重新设计过程中对他们加以鼓励。市民可通过群众外包机制提供他们对城市的看法，他们可以自愿提交日常生活中的数据。他们还可提供更多的帮助或是对城市动态更有概括性（相对从调查中获得的数据而言）的深刻洞察。市民设计学因此能为未来城市的定居者和利益相关者提供参与到设计进程的可能性。参与城市设计进程的市民包括渴望参与研究并愿意花时间完成相关工作的人；或是因其之前的职业或不同城市的生活经验从而拥有广泛设计知识并能够定义最佳实践的人。在其他市民设计项目中，可展现出群众的智慧——足够大的由未经训练的普通人组成的群体能得出与专家相似或是更好的结论——这些智慧可为城市设计所用。因此，设计研究过程中的公共参与是至关重要的，而且能最大化当前的技术能力，可让找到群众外包和市民设计学的最有效方式以及深刻了解市民的集体设计知识和智慧。

结论

建设一个宜居、可持续发展和有韧性的群岛或海湾城市是很有可能的。基础性的先决条件是存在有吸引力的建筑物以及城市的商业发展能支撑高密度综合性的城市公寓和酒店群；可持续和无污染的企业发展环境；高容量、无辐射的本地及节能型区域交通系统；可再生和可持续的水供应，群岛中的水为人、景观、工业和娱乐提供了主要的支持；可持续的食品供应（主要来自于邻近区域）；可持续和无污染的能源供应与生产。第二组先决条件也是很重要的，包括允许市民参与的开明的城市政府；有意改善和促进城市发展的受过良好教育的市民。前两组先决条件总是行之有效的，而第三组先决条件则是新兴的要求，并且只能通过科技进步和网络实现。这些先决条件包括大数据的发展；市民设计学的出现；通过市民设计学取得的成果为认知设计运算所提供的支持。如今，随着城市的快速扩张，历史将提供一个新的独特计划建设一个有吸引力、可持续发展并且有韧性的群岛或海湾城市。从未有比现在更好的条件以让我们抓住这个机会。

致谢

作者在此感谢他在瑞士苏黎世联邦工学院以及新加坡—ETH 中心（SEC）的同事。尤其感谢 Stephen Cairns 教授，因为他创造了"响应型城市"这一概念，同时感谢"苏黎世相遇纽约"的组织者。由 Jürg Brunnschweiler 和苏黎世市长 Corine Mauch 代表的这项活动于 2014 年 5 年在纽约举行。该活动聚集了数千名市民和科学、艺术以及城市设计领域的专家聚集。本文的很多想法都受到他们的启发。

参考文献

[1] 未来城市实验室（2014）. http：//www. futurecities. ethz. ch/about/fcl/

[2] 未来城市（2014）. https：//www. edx. org/course/ethx/ethx – fc – 01x – future – cities – 1821#. U9lJC1bNs_ 4

[3] Kelly，J. E. III 和 S. Hamm（2013）. 智能机器：IBM 的 Watson 和认知运算时代. 纽约：哥伦比亚大学出版社

[4] Komninos，N（2009）. 智能城市：迈向互动与全球创新环境. 创新与区域发展国际期刊（Interscience 出版公司）1（4）：337 – 55

[5] Paskaleva，K（2009）. 促进智能城市的发展：欧洲电子城市管理的进展. 创新与区域发展国际期刊 1（4）：405 – 22

[6] Schmitt，G（2014）. 信息城市. Zürich：电子书（即将来临）

建设一座国际化知名湾区城市
——深圳的欧洲创新中心

中国·欧盟文化与创意产业联盟主席 菲利普·科恩

简介

为了成为一个真正的国际化都市，深圳必须成为中国创新人才的一个温床。前纽约市长布隆伯格认为文化活动和生活质量是维持竞争力的关键因素，他说："我一直相信人才吸引力比资本吸引力更能有效并且更能持续地推动城市发展。"

深圳在经济上一直颇具吸引力。在全球城市竞争力排行榜中深圳在经济实力方面排名第二，并且在金融成熟度方面排名第二十五，但在社会与文化特征方面却排在六十名之外，而在人力资本方面的排名也仅为第四十七位，从而有损深圳全球化城市的形象并且不利于吸引人才。所导致的后果是相比上海和北京而言在吸引文化与创意产业方面面临着更多的困难。鉴于南中国是主要的制造业中心（家具、工业产品和服饰等），这是一个失去了的机会，但也因此为创新型企业创造了巨大机会。

作为一座现代化城市，深圳必须有自己的城市灵魂，有着超越经济成就的独特特性。深圳不应仅能提供创造财富的机会，而且还应创造和提供优越的生活环境。领先的世界级城市都能通过提供各种各样的文化与娱乐活动为其市民带来高质量的生活环境和智力幸福感。为此，更重要的是必须提供充分的社会与文化交流机会。

为了响应产业需求，培训本土创新型人才应成为一项优先级政策。应为创意中心和创意孵化器提供政府支持，从而帮助创新型人才进行创业。对创新型中小企业的发展所提供的支持和对创新型中小企业的吸引力，将帮助深圳成为创新型经济最活跃的中心，而创新型经济则是一种越来越专注于对中国消费者需求作出响应的经济。

城市是鼓励创新的理想之地。事实上，文化与创意产业的生产流程需要持续进行改进和满足创新要求，并且还需进行信息交换和交流，从而产生无形资产并吸引人才以便对生产流程进行更新。深圳是一座仅有 30 年历史的城市，无法依托于丰富的历史遗产，但这恰恰给了它建设一个能促进创新的生态系统的机会。深圳可通过制定和实施创新政策实现以下目标：

——帮助深圳公司提高创新能力从而维持城市的国际竞争力。

——在商业与政策层面上制定向创新型专业人才倾斜的政策并让这些专业人才参与政策制定过程。

——使城市能吸引到世界各地的人才。

本文提出了一个旨在让深圳吸引国际创新人才的项目，并致力于建立一个能让国内外创意产业在本市开枝散叶的生态系统，从而为中国创新经济的发展做出贡献。

本文的目标是让深圳更好地运用其文化和创新资源以成为"充满无限可能的城市"（法文中的"La Villes des possibles"）。充满无限可能的城市指的是下一代的创新城市，这类城市创造了一个可通过孵育试验和技术、商业、创新能力的交叉，培养诱导新产业出现并蓬勃发展的环境。

中国是最古老的文明古国之一，这个国家有着极为悠久的创新与发明史并拥有非同寻常的文化资源。中国在唐朝时期（公元 6 世纪）就已经大规模印刷书籍，远比西方要早。深圳则是世界上最具创新能力的城市之一，是新经济领域，许多知名企业的所在地，吸收了来自全中国各个地方的不同文化，这种对文化创造力和技术创新资产的融合是深圳的主要优势之一。

深圳是一个创新城市，文化和创意产业与创新密不可分

经济发展越来越依赖于培育竞争力，增长和收入则需通过对"创造力"的合理运用获得。竞争触发机制和科技—经济知识是提高经济发展质量和实现差异化发展从而获得竞争优势的必要因素。在当今世界，日益重要并构成鲜明竞争要素的事项通常是建立于创新人才、技能、创意和流程所产生的非物质维度基础上的；换句话说也就是创造力。

在有关创造力的科学文献中，文化对创造力的支持通常是非常重要的。文化的角色超越了艺术成就或馈送到宽带网络、电脑和消费电子设备之"创意内容"的范畴。基于文化的创造力来源于艺术文化或创意产品，即能够培育创新的活动。

对于创意产业而言，创造新型需求已变得日益重要，这不仅取决于产品的功能及其成本，更重要的是扎根于个体和群体的灵感。在这种新的商业模式中，市场营销和服务（尤其是设计）与产品同等重要。这就要求在制造层面上获得的生产力不足以建立竞争优势时应合理运用创造性技能和想法。

直到最近，最基本的两种竞争要素依然是价格和技术。如今，消费者已在市场上琳琅满目的价格和技术性能相差无几的产品面前无所适从。好的产品往往轻易被复制并且被压到极低价格，基于文化的创造力则因为打破常规而在激烈的市场竞争中脱颖而出。创新型人才是创新经济中的关键要素，因为他们能发展理念、提出想法和提炼有用的信息。若要建设创新型生态系统，则应提供进行创意交流的机会。

深圳的主要实力取决于作为一个"商业友好型"城市的尺度，成为真正的商业友好型城市能让深圳吸引到投资者。市民和城市设计应表现出开放性和多样性。它的交通基础设施（机场、港口、铁路枢纽）应满足商业与贸易需求。

但是，城市发展的必要条件还包括城市管理者的政治意愿和雄心，即是否有意愿使深圳成为一个创新型城市并推动城市国际化的发展以及是否

重视创造力和创新的价值。这已引导深圳取得了一些显著的成就：

——UNESCO（联合国教科文组织）在 2008 年将深圳列入其创新城市网络，并给予了深圳"设计之都"的称号。这一提名旨在扩大"创意深圳"知名度。深圳孕育了大量的室内设计、图形设计、工业设计和软件设计公司。深圳市政府直接扶持创新设计产业的发展并提供了重要补贴。2009 年，这一补贴总额达到 7800 万元人民币。而且深圳将 12 月 7 日定为设计日，这是促进创造力和设计思维的好方法。

——深圳致力于促进知识产权的保护和利用，从而刺激创新并吸引投资。该市设立了一个知识产权信息中心并在 2010 年成为了相关的协会，旨在保护设计产业的知识产权（此外还有数字设计作品注册中心）。

——深圳是中国最大文化与创意行业交易会——中国（深圳）文化产业博览会（ICIF）的主办城市。ICIF 由中国政府提供赞助，有可能会发展成为文化产品和旅游产业的国际性交易平台。这个博览会据称已吸引到 350 万参观者。此外，深圳还举办了时装（深圳时装秀）或珠宝等方面的创意行业交易会。这些交易会尚未成为能吸引外国投资者和创新人才的全国性和国际性 B2B 平台。因此深圳需追赶北京、上海以及邻近的香港。

深圳的文化政策旨在鼓励市场和私营企业成为行业发展的驱动力。创意产业不被认为是有着特定需求的行业，而是被认为与任何其他经济部门并无二致。其重点是以提供补贴或配置土地（通常作为房产开发计划的一部分）的方式鼓励私营投资：

——作为对迁入深圳的公司的激励（显而易见的是在动漫、视频游戏方面吸引外来投资者）；

——奖励赢得国际竞赛的公司（例如设计比赛）；

——为金融投资提供便利（提供担保）。

使深圳成为吸引人才的创意中心

深圳是一座开拓型的城市，这个城市充满着企业家和冒险家（移民）。深圳应以其独特的特性树立改革典范。在中国，这个城市已经知道如何建立起一个强大的经济体，它还将向世界展示如何建立一个强大的创新型城市，在经济发展的同时取得艺术与社会繁荣。

深圳是有灵魂的：中国经济超凡的灵魂。这个城市有责任展示中国同样还将是一个宜居之地。深圳的多元文化主义与对技术和金融创新的认同是刺激创造力发展的良好机会。深圳与众不同的文化、历史和地理是创造力的一个重要来源。它的多样性和拼凑而成的遗产将会塑造其命运并决定其未来。多元主义和开放性的影响是孕育创造力的关键特征。这些特征已深深烙印在这个城市中，并成为这个城市 DNA 的一部分。

如今，这个雄心勃勃的城市在决定吸引"创造者"的同时，制定了推动本土经济发展和在新经济领域取得成功的目标。为了能吸引到创造型人才，城市应有各种便利的设施、高科技服务、良好的生活与娱乐条件以及自由和宽容的氛围。总而言之，应开展城市活动（国际节日、音乐会、交易会等），提供夜生活和有吸引力的购物体验，举办艺术活动，拥有引人注目的建筑物以及有相关的政治意愿。

深圳有潜力成为亚洲的创意投资中心。这个城市的第三波外来投资将来自于寻找新市场的中小企业，尤其是创意部门（时尚、设计、建筑、动漫、音视频、游戏）的中小企业。中国需要创造型人才帮助发展本土的时尚、消费性产品和娱乐领域品牌。

深圳应着力制定特定程序以吸引公司来深投资，并将深圳变成领先其竞争对手的创意中心。中小企业所需要的服务与财富 500 强公司不尽相同。KEA（欧洲事务所）在公共和商业领域有着良好的声誉并且业务遍布欧洲，因此能帮助深圳市政府将深圳发展成为欧洲文化与创意产业的中国平台。

各城市和地区正加入吸引 FDI（外商直接投资）和创新型人才的竞争中。为了取得成功，深圳应从经济特区逐渐变为"文化与创意特区"，并应成为文化与创意活动的一个试验区，从而激发所有层面、公共管理、物流、技术、商业、艺术与贸易等各方面的创新。作为"La Villes des possibles"（充满无限可能的城市），深圳应为中国从"中国制造"转型为"中国创造"的目标做出自己的贡献。这就意味着应制定一个战略，从而使得创新型专业人员、有创造力和想象力的人能够各尽其才，并且还应更加强调通过创造型人才（尤其是设计和艺术方面）提供文化产品并促进城市国际化的发展。

城市管理者应专注于使城市能吸引到创新型人才，但同时也应实施为明日中国的创意产业（时尚、音视频、音乐、出版、设计）培养本土人才的战略。

深圳是理想的创业之地，并且注定会成为国际化城市：

——位于珠三角地区，地理位置优越；

——它是一座富有而开放的城市；

——拥有极具竞争力的产业（尤其是 ICT 与金融行业）；

——是一个动态、有活力、多样性及多元文化的城市，城市人口较为年轻；

——有着强大的现代化的交通基础设施；

——有开拓和创新的政治意愿。

重要的是深圳必须通过提供强有力的知识产权环境和保证严格执行法律展示它的价值理念和创新性。中国依然因为境内存在的大范围盗版及不尊重知识产权的行为而声名狼藉。现代化的经济必然不能接受对人民和财产的威胁。深圳应通过向市场参与者提供法律保证（无论通过何种方法，也不论程度如何）显示其特性。

中欧创意中心

KEA 致力于在深圳建立一个能吸引欧洲创意中小企业（时尚、设计、动漫、建筑、广告等）的创意中心。这个中心应：

——为设在深圳的企业提供激励措施（更便宜的租金、更有吸引力的办公地点、提供帮助了解中国市场的商业服务），从而与上海或北京竞争；

——组织与中国公司（制造商、零售商、经销商、投资者）的 B2B 对接活动；

——为寻求在中国销售的欧洲品牌（即使不是中心的一部分）提供零

售空间（展示室）。

这个中心应有：

——含有合伙办公空间的办公区（部分对外开放）；

——会议室；

——展览区；

——组织开展座谈会和研讨会的区域（可为欧洲和中国公司开展经销、法律、海关、品牌、补贴、本土文化等方面的培训）。

这个创意中心将能吸引到商店、酒店和餐馆落地，它还将是人们会面、进行创作、表演、玩乐和吃喝的时尚之地。

这个命名为中欧创意中心的地方将能吸引欧洲和中国政策制定者的注意力，从而成为中国和欧盟之间交流与贸易计划中的一部分。专家与贸易会谈将能在中心举行。

中心还将建成一个时尚孵化器以吸引年轻的中国时尚设计者并对其进行培训，从而发展他们自己的品牌。

创意中心将成为进行创意交流的场所，中心的一部分将向公众开放以促进交流和开展创造实践。中欧创意中心将不同于深圳当前的一些创意群聚区，这些地方只专注于收租而不是促进创意产业的发展。

KEA 期待着与深圳市政府合作建立一个能为城市国际化战略和城市竞争力的提高做出贡献的创新生态系统。KEA 已与欧洲的很多国际性城市开展过文化与创意产业战略方面的合作，这些城市包括：阿姆斯特丹、柏林、伯明翰、里尔、南特、拉文纳、博洛尼亚、蒙斯（2015 文化之都）、毕尔巴鄂等。来自欧洲的经验（上述城市依然是世界上最具创新能力的城市）将能用于深圳。

深圳建设国际化湾区名城的国际借鉴

北京国际城市发展研究院院长　连玉明

深圳提出建设国际化湾区名城的目标是要成为世界级湾区经济区域中的核心城市。深圳具有独特的地理优势、产业优势和集群集聚发展优势，可以说具备了建设国际化湾区名城的基础条件。世界上著名的湾区，譬如美国旧金山湾区、纽约湾区，亚洲东京湾湾区等在长期的发展过程已经为我们探索了许多成熟的发展经验，值得深圳在国际化湾区名城建设中借鉴。

一、湾区经济的基本概念和建设条件分析

（一）湾区本质上是大都会区域的概念

湾区经济概念早在20世纪80年代就有人提出，但迄今没有形成统一的定义和系统的理论研究。从城市经济学角度上来讲，湾区概念一定意义上是大都会区概念；从产业经济学的角度上讲，湾区经济是临港产业群，或称为濒海产业圈，两者结合就形成"湾区经济"。譬如在所谓的东京湾大都市圈，它不只是东京湾，不只有东京、京都，还往外延伸到神户、横滨、名古屋等，形成巨大的大都市连绵带。

（二）海洋地理地貌是湾区经济形成的先决条件

靠海而有海湾的地方都可以叫做湾区。东江、西江，北江的入海口共同形成了珠江的河口地带，即环珠江口湾区。地理形态上呈现出大致对称

的 A 字形，即广州为顶点，一边连接香港、深圳，另一边连接澳门、珠海，深圳在环珠江口湾区的区域位置独特，湾区资源丰富，这也是深圳建设国际化湾区名城的重要地理优势。

（三）强大的产业体系是湾区经济形成的关键支撑

城市要发展成一个大都市圈，本身需要强大的产业群支撑，这是湾区经济形成的第二个条件，也是决定性的因素。因此可以说，强大的濒海产业集群、发达的经济网络（包括交通网络和供求网络）和社会网络、大规模的城市集群，共同构筑起"湾区经济"。深圳本身具有良好的产业结构和产业环境，深圳的市场经济氛围浓厚，民营企业数量多、规模大，服务业在国民经济中的占比也较高，金融、物流、咨询等行业发达。

（四）集群集聚发展是湾区经济形成的基础条件

经济学最基本的问题就是有限资源如何在时间上和空间上合理配置，以最大限度地节约交易费用，获得更高的回报。资源要素的空间集聚可以产生规模收益，这个道理谁都明白。利用湾区的各种有利条件，即通过集中利用湾区的市场、交通设施、产业之间的协作与配套等条件，可以使原有人口、科技、信息等要素产生集聚性的"放大"效应。所以，节约交易成本就是湾区经济赖以存在和发展的意义。环珠三角湾区在成长为我国重要的城市区域过程中，深圳已经与各城市之间形成良好的互动合作机制，尤其是深圳与香港已经建立起了越来越紧密的合作，这是其他城市、其他区域无法比拟的优势。

二、国际著名湾区发展的主要经验

世界级湾区经济带主要有旧金山湾区、东京湾区、纽约湾区等，分析这些湾区的发展过程，我们可以总结出供深圳参考的重要经验。

（一）高度开放的现代经济结构

湾区因为港口连接世界的便利性，不但拥有城市间四通八达快速交通的连接，又拥有同世界各地进行交往的空中便利交通，是内陆与世界连接的重要节点，其经济体系具有高度的开放性。国际著名的湾区是各大陆最先与世界相连的地方，随着航海技术的发展，海运成为对外交流中最主要的方式之一，承担超过 2/3 的国际贸易运量。湾区经济带中的城市也具备很高的城市价值，往往具有大规模可深入的腹地，对湾区经济带中的其他城市具有很强的辐射带动效应。

（二）高端高效的资源配置功能

世界知名的湾区中的中心城市往往拥有整合配置全球资源要素，从而实现价值最大化的能力和权力。重点是要通过控制三个方面的要素实现全球资源的配置功能：一是战略性资源，如石油、铁矿石等硬资源，更重要的是包括人才、信息、资金等软资源；二是战略性产业，包括战略性支柱产业和战略性新兴产业，如信息产业、新能源产业、文化创意产业等；三是战略性通道，资源要素的流动和配置是需要一定渠道的，比如现代物流通过机场、铁路、港口才能实现它的价值。我们正在经历一个临空时代、高铁时代、远洋时代，战略性通道对资源配置是至关重要的。综合交通体系的建设是战略性通道建设的重要方面，旧金山湾区的公共交通非常发达，覆盖整个区域。公交线路通车里程为 11200km（其中 660.8km 为轨道交通）。区域的轨道交通为公有公营，为政府模式决策，企业模式管理，实行公交化、通勤化运营，并能与其他交通方式协调发展，共同组成了整个湾区世界闻名的捷运系统，并且通过与航空、航海的协同运作实现了区域与全美、全世界的互联互通。

（三）活跃多元的创新生态体系

纵观世界级湾区成功的关键因素就是有发达的创新生态体系，成为世界创新的中心。在创新体系构建中最重要的是五个因素：第一，世界一流大学；第二，世界一流的人才；第三，活跃的中小企业；第四，发达的天使投资；第五，完善的市场规则。多伦多大学教授理查德·佛罗里达把旧金山成功的秘诀归纳为"技术、人才和宽容"。数据显示，在湾区，九成的企业表示自己拥有明晰的创新战略，并且得到公司高层的绝对支持。湾区还聚集了包括斯坦福、加州理工大学等众多顶尖教育机构，源源不断地培养世界一流的人才，并催生出从实验室走向硅谷进而扩展至全球的商业成功模式。大量的风险投资、创业投资基金的支持也是过去几十年支持硅谷发展的重要金融力量。如今在硅谷的高速公路上，有一个出口就因此被命名为"风险资本家出口"，美国 35% ~40% 的风险投资资金都聚集在湾区。完善的市场规则也是湾区可以借鉴之处。在硅谷，创新生态系统自下而上自发形成，市场很少受到管制，政府充当环境创造者和培育者的角色，不断推进知识产权等相关法律制定与实施，努力取消贸易壁垒，形成了较成熟的政府与市场间的关系。

（四）优美舒适的宜居宜业环境

湾区居住区除了拥有绿色生态环境以及现代化节能建筑外，还要享受到海洋带来的清新空气和宜人温度，往往具备高尔夫、图书馆、艺术中心、运动中心、游艇、帆船、酒店等完善的配套，让各个层次的居住者和旅游者都能够找到适合自己的休闲娱乐项目，使整个湾区处于一个完美的居住生态圈中。同时，这个区域还应该是一个具有深厚的文化内涵以及传统文化地标的区域，文化和精神核心可以不断复制，才是真正具备生命力的区域。美国洛杉矶临湾地带方圆十多平方公里，是最有名的富人区，拥有完善的生活配套和包括私人飞机在内的豪华而便捷的交通工具，是好莱坞明星和洛杉矶豪富争相选择之地，也是世界闻名的旅游景点之一。东京湾区的突出特色是注重生态和可持续发展，营造了国际一流的海湾生态圈，湾区的交通等硬件配套十分优秀，建筑设计、建筑风格、建设品质和居住文化等方面都引导世界的潮流。新西兰的霍克湾东面是浩瀚的太平洋，崖岸曲折，形势险要，是世界另类游客探险的好地方。新西兰霍克湾区属于地中海气候，这里土地肥沃、风光明媚，散布着许多历史悠久的葡萄园，生产新西兰著名的餐酒。

（五）良性互动的区域竞合关系

在离心力（centrifugal force）与向心力（centripetal force）相互作用下，

湾区经济带中的城市表现出多核分化竞争与跨境集聚整合的发展态势，在集中的同时，也不断分化，但是这种分化并没有造成这些城市的衰落，而是使得这些城市的优势越来越明显，变得更加富有生机活力，从而形成一个相互依存的城市区域体系。旧金山海湾型城市的形成和发展，是分工协作、经济高度一体化的结果：从旧金山向南到圣何塞之间的"硅谷"是著名的高科技中心；海湾东部的奥克兰和里士满主要为船舶制造业、机械加工业和航天业等；伯克利和圣马特奥是著名的大学城。旧金山为金融和服务业中心，是海湾区经济的神经中枢。日本东京湾内港口群职能分工合理，使得狭小的港湾内云集 6 个世界级的大型港口，而港口间不但没有形成恶性竞争，反而取得了良好的增长业绩。

三、关于深圳建设国际化湾区名城的策略建议

在新的条件下，深圳市如何发挥自身优势，借鉴世界经验，把握机遇，实现新一轮的快速增长，对深圳未来的发展是一个具有深远意义的重大战略。深圳必须进一步增强机遇意识，加快国际化湾区名城建设，服务于国家"21 世纪海上丝绸之路"战略的落实。

（一）加快海湾拓展，致力扩大自身实力规模，在功能提升和腹地拓展上有新突破

1. 壮大总量，拓展外围，提升中心城市功能

具有综合实力强劲的城市经济（甚至区域经济），是湾区城市发展的强力后盾。深圳与世界著名湾区中的城市相比还有不小的差距。根据 2009 年普华永道公布的一份研究报告显示，2008 年上榜全球城市排名前 50 的城市中，东京、纽约分列第 1 位、第 2 位，旧金山列第 18 位，中国上榜的城市只有香港、上海和北京，分列第 16 位、第 25 位、第 38 位，深圳要想成为环珠三角湾区的中心城市还需要做大经济总量。在做大经济总量的同时，深圳要建设国际化湾区名城，核心在于要跳出深圳求发展，不能在有限空间内"打转"，必须坚持提升中心城市与扩展周边区域并重，拓展海湾型城

市框架与完善城市功能并重。要加快拓展中心城市发展空间，在优化深圳城市功能的同时，加强与周边区域合作，扩张经济发展腹地，推进资源的合理配置和优化组合，壮大经济总量，使深圳拥有更强的集聚和辐射能力。深圳应该拿出像当年上海开发浦东那样的决心，致力发展周边地区，并在政策上给予倾斜，打造"深圳浦东"，使深圳成为一个腹地开阔、潜力巨大的海湾型国际风景城市。

2. 超前规划，科学管理，提高城市整体品位

在当今开放的世界，衡量一个城市的竞争力，已不再是比较城市规模的大小，而更注重评判城市功能的优劣和城市品位的高下。深圳的城市建设，应围绕"现代化国际化先进城市"的目标定位，立足珠三角，影响东南亚。各类规划起点要高，有相当的稳定性，具备超前性，能适应经济规模的跳跃发展，维护可持续发展，充分体现人与自然、文化、经济的高度和谐统一，能增强城市吸引力、辐射力和发展后劲。深圳建设国际化湾区名城，战略上很清楚，关键在战术。要用世界的眼光规划深圳，提升深圳城市品位，而按照对现代城市规划理论的诠释："真正的城市规划必须是区域规划。"从更长远的角度和区域发展的视角看，深圳的城市规划要体现超前性，还必须着眼于整个东南沿海城市群的发展和定位，从而确定自己的坐标。同时，深圳在城市规划和建设中，既要有整体性、系统化的思维方式，又要有前瞻性的战略眼光。因此，要充分发挥深圳海岸线的功能，有意识地将深圳打造成一个港口风景开放城市，塑造出魅力独特的深圳城市品牌。

3. 拓宽思路，创新形式，提高经营城市水平

所谓"经营城市"是指运用市场经济的手段，对构成城市空间和城市功能载体的自然生成资本和人力作用资本及其相关的延伸资本等进行有效聚集、重组和市场化营运，以期达到为城市再发展提供资金的目的。按市场经济运行的要求，把具有经营性的资产实物形态转变为价值形态和货币形态，把可以投入市场营运的城市基础设施推向市场，通过基础设施的所有权与经营权实行有效剥离，促使城建资产重新配置和优化组合，推动城

市公用事业走社会化服务、产业化发展，市场化运行，企业化经营的路子。必须牢固树立"经营城市"的理念，用活经营城市的机制，着力打响"国际化湾区名城"的品牌，建立与其配套的政策平台和资金平台，由政府引导，市场操作，广泛利用国际资本和社会资金，拓宽融资渠道，利用市场机制来盘活"城市"这个最大的资源，加快深圳的国际化进程。

（二）推进区域合作，致力培育湾区经济带，在增强区域经济带动力上有新突破

1. 坚持和推进区域合作，确立深圳在湾区的核心城市地位

目前，中国主要有三个比较大的湾区发展前景最好。一是以北京和天津为"双核"的环渤海湾区，也包括胶东半岛、辽东半岛的一部分，大连、威海、烟台都属于这个湾区。二是环长江口湾区，被誉为中国的"金三角"。这里以上海为核心，是中国经济发展速度最快、经济总量规模最大、最具有发展潜力的经济板块。三是环珠江口湾区，是中国最发达的经济区域之一。城市集群和产业集群沿着"A 字形结构"分布，以广州为顶点，佛山、中山、珠海为西翼，东莞、深圳、香港为东翼。根据世界著名湾区经济带的发展规律，每个湾区都必将产生若干个核心城市，在环珠江口湾区，深圳，无疑是最具有这种潜能并已具雏形的城市之一。借鉴旧金山湾区的经验，深圳必须设法加强与周边的城市尤其是香港的经济联系，推动经济高度一体化，向城市群的方向发展。对于周边地区和城市的发展，深圳不应该存在担忧心理，而应该携手共进，致力于壮大自身。20 世纪 50 年代末，旧金山的中心地位受到奥克兰的挑战，50 年代后受到圣何塞的挑战，但旧金山仍然保住中心城区地位：一是通过空间结构的调整；二是通过经济结构的调整保持领先和主导地位。深圳重要的在于自身的提升，通过产业结构、经济结构和基础设施结构的调整来巩固自己的领先和主导地位。

2. 构建和完善协调机制，深化区域合作基础

在考虑深圳城市总体发展战略的时候，必须跳出深圳看深圳。要善于把在深圳周边地区集聚的经济能量转化成促进深圳城市发展的强大动力，在完善深圳功能的同时进一步带动周边城市共同的繁荣发展。打破传统行

政区划的制约，形成湾区经济带的概念，构建和完善区域合作的协调机制，形成决策层、协调会、执行层、服务层组成的环珠三角共同体，按照世界级大都市区域城市群为统一整体进行统筹规划。尤其要注重深港合作机制的建设，致力于深港大都会的建设，促进港深及中国内地的各类生产要素的合理流动，这是关系到港深都会建设成功与否的关键。在港深都会建设中，充分发挥河套地区特殊地理优势，建设"特区中的特区"成为港深都会的示范区，在河套地区率先进行两地人员自由流动探索。重点是加强基础设施对接，在"一国两制"和不失各自特征的前提下，共同制定城市规划和交通运输规则，改善出入境管理方式，实施交通便利化，建设港深一小时都会生活圈。使两地人流、物流、资金流、科技流高度流通。港深两地政府可以在"一国两制"和不失各自独立性及独特性的前提下，考虑组建深港都市规划机制，通过共同协商，成立港深大都市规划委员会，从深港两地的共同目标出发，对区域基础设施布局、产业布局、环境保护、边境开发、城市发展长远目标与定位等进行深度交流，在达成共识的基础上，制订港深构建国际大都会的策略性城市规划和交通运输规划。

3. 整合和规划产业布局，强化区域联动发展

环珠三角湾区的产业结构调整，要根据发挥优势和共同发展的指导思想，打破行政区划界限，统筹规划。坚持以市场为导向，加快区域性产业结构的优化和调整，协同整合产业优势，培育若干具备世界级竞争力的产业群落以及合理分工和梯度互补的产业体系。为此，经济带范围内各城市应该停止"积极地通过增量投资调整区域竞争性产业结构"的努力，不宜强调在自身行政区划内培育和形成所谓的主导产业、支柱产业，以避免重复建设和产业结构同构现象，而是要充分发挥自身优势，在区域性的主导产业、支柱产业定位中寻找自己的位置，因地制宜配合区域主导产业、支柱产业的形成与发展。各地可以着力于发展特色产品，提高某些重要的优势产业的竞争力。深圳特区要将经济发展与全省、整条湾区带经济发展的宏观规划更紧密地结合起来，形成互惠互利的良性循环，逐步形成大湾区的发展格局，让深圳真正起到带动整个经济带经济发展的作用，实现经济

带的联动发展。

（三）找准发力点，建设"两中心一枢纽"，在提升影响力和控制力上有新突破

1. 加快建设国际金融中心

金融是全球经济政治的核心元素，也是区域经济发展的动力。世界著名湾区往往都是国际金融的中心，环珠三角湾区有香港这样一个国际金融中心的最大优势。深圳应该充分利用这一优势，推动港深两地金融业的交互和融合。加强港深的金融合作，不仅可以带动深圳金融业的发展，而且能够从实质性的层面加深香港与内地金融活动的联系，进一步强化香港国际金融中心的地位和功能。

2. 加快建设国际创新中心

国际经验表明，创新能力的强弱在湾区发展中起到了至关重要的作用。要大力推进民营企业制度创新，释放中小企业发展活动，使企业成为创新主体。培育良好的市场环境，大力发展风险投资，使深圳成为世界风险投资的热土。遵循世界级优秀大学办学规律，淡化大学的行政色彩，在深圳培育世界级的大学，以大学带动深圳成为创新创业的摇篮。要积极推进深港创新圈建设，深圳除了巩固自身高新技术产业的优势外，还要加强与香港的创新科技合作，利用香港作为国际金融商贸中心、科研实力和完善的市场机制，将深圳建成国际级品牌、专利创造和注册中心；建成国际级高新技术产业生产基地和自主创新基地。

3. 加快建设国际交通枢纽

当今世界正在经历一个临空时代、高铁时代和远洋时代。建立一种国际化的、立体化的交通体系，才能对战略性资源、战略性通道实现有效影响和控制。要加强湾区城市之间的联系，加强深圳与世界城市的交流，必须加快构建快速、便捷、高效、安全、大容量、低成本，集航空、航海、高铁、城铁、地铁、公路等方式为一体的互联互通的综合交通运输体系，协调区域内不同城市交通网络规划与建设，促进交通一体化。尤其要加快深港港口业务整合，形成整体优势，抢占全球航运制高点。目前，香港码

头建设和集装箱货物来源、容量等均受到不同程度制约，而深圳港口发展和货物源有极大潜力。为此，港深两地应紧密合作，香港应以组合航运的方式，联合并向深圳港口延伸航运，深圳也应以组合航运方式向香港扩展航运，双方有机配合相互组合延伸扩展。通过港深机场铁路接驳，并实行"一地两检"，有效促进两地人员流动，打造全球瞩目的港深"超级空港"。在空港业务方面进行深度合作，在平等双赢的基础上，实现两地机场的小股权交叉持股。

打造"临空经济圈"和现代服务业综合体

——关于加快深圳"大空港地区"发展若干问题的思考和建议

深圳市委政策研究室（改革办）

根据深圳市《大空港地区综合规划》的概念，深圳"大空港地区"是指：北起东宝河，南至航城大道，东至永福路、工业大道、广深高速，西至滨海地区的约90平方公里的区域。随着区内现代化高等级交通基础设施的集中建设，随着前海深港现代服务业合作区建设的启动，随着深圳空港跻身国内大型枢纽机场行列，该区域交通枢纽中心地位进一步提升，区域发展战略地位日益凸显。充分挖掘这一区域的潜在价值，加快"大空港地区"的发展，培育深圳城市发展新的战略支点，已经成为各方共识。市规土委自去年起启动了《大空港地区综合规划》，市交通委2010年8月委托荷兰机场顾问公司完成了《空港产业布局规划研究》，市委政研室去年4月在相关研究报告中提出"要将该区域培育成为未来深圳城市具有全国竞争力的战略支点"，2012年2月许勤市长在听取了相关规划的汇报后提出"要坚持高端定位，将'大空港地区'打造成前海深港现代服务业合作区的延伸拓展区、宝安的新城区及深莞合作的示范区"，给予了该区域较高的明确定位。因此，准确认识和把握这一区域的价值和优势、科学合理的确定区域功能与产业布局、有效的整合区域内宝贵的土地资源、建立统筹高效的管理机制，确立积极稳妥的区域发展战略和策略等一系列重大问题，需要我们深入研究，综合考虑，并要着眼于全市发展的大局与长远利益进行认真谋划。

一、对"大空港地区"发展潜在价值与优势的再认识

加快"大空港地区"的发展已成为共识，但各方对本地区的发展诉求有所不同，宝安区提出要在沙井填海区域重点发展战略新兴产业和先驱型企业，市规土委主张以科学发展的理念在填海区域建设生态新城，市交通委则就在机场和周边区域发展临空产业开展了积极的研究探讨，区内各街道则按照各自需求加紧完善基础设施，加快推进产业升级。究竟如何确定本区域的发展战略和发展重点，需要我们对区域的潜在优势和战略价值进行认真挖掘和梳理。

"大空港地区"处于"环珠江口湾区"①的核心位置，是大珠三角地区新一轮发展的战略节点。大空港地区是穗莞深经济黄金走廊的中枢，是我市电子信息产业和制造业的主要聚集区，是珠三角传统的综合物流中心。进入新时期，"环珠江口湾区"更成为大珠三角地区新一轮发展的核心空间，

区域内各城市都将新的增长极置于"环珠江口湾区"。如，广州正在积极推进"南沙新区"建设，珠海已启动"横琴粤港澳紧密合作示范区"建设，东莞高标准的规划了"长安新城"，中山规划了"东部滨海新城"，深圳"前海深港现代服务业合作区"也进入实质性开发阶段。"大空港地区"处于"环珠江口湾区"东部的核心位置，是深圳参与区域竞争的战略支点。

"大空港地区"是大珠三角地区最重要的综合交通枢纽中心，具国际水准综合交通的突出优势。"大空港地区"云集了机场、海港、高铁、高速公路、城市与城际轨道交通等多种现代化综合交通基础设施，是海陆空一体化的交通枢纽。该区域毗邻西部港区和大铲港，区内有宝安国际机场，并聚集了广深、机荷、沿江3条高速公路、107国道及地铁1号线，未来江湾大道、深中通道2条干道，国家沿海高铁、穗莞深城际轨道、地铁6号线、

---

① 摘自广东省住房和城乡建设厅、香港发展局、澳门运输工务司联合编制的《环珠江口宜居湾区建设重点行动计划》。

地铁 11 号线、港深机场联络线将贯穿区内。"大空港地区"的交通密集度和现代化水平国际罕见，可以同东京新宿、巴黎拉德芳斯和上海的虹桥综合枢纽相媲美，具有建设世界一流"现代服务业综合体"的独特优势。

深圳机场枢纽地位的确立提升了"大空港地区"在国际生产网络中的地位与作用。经过 20 年的发展，深圳机场已从一个小型机场成功发展为大型枢纽机场，成为国内第四大航空港。2011 年机场旅客吞吐量已近 3000 万（2824.57 万）人次，货邮吞吐量约 82.84 万吨，旅客和货邮吞吐量在全球机场中排名分别为 50 和 25 位左右。机场的规模与效率的不断提升为"大空港地区"加快发展提供了强大的动力[①]，以时间价值为基础的各类高端产业将成为本地区新的增长动力，将极大推进与提升本地区在国际生产网络中的地位与作用。

"大空港地区"的独特区位优势要求我们要立足于大珠三角，以国际视野和国际水准谋划该区域的发展，致力提升深圳的区域与国际竞争力；大空港地区的交通和空港优势要求我们要高度重视和挖掘该区域综合交通枢纽的潜在价值，要通过大力发展临空经济和现代服务业，推进区域内产业升级，打造新型的产业发展空间，增强经济发展的后劲，提升深圳市经济中心城市地位。

二、要高度重视空港在推动现代城市发展与转型中的特殊作用

国际经验表明，机场已成为现代城市发展的重要驱动力，推进"大空港地区"发展，必须要充分挖掘机场和临空经济的优势，高度重视和发挥机场在城市发展与转型中的特殊促进作用。

空港是带动现代城市增长的新动力。机场是城市参与国际生产网络和国际分工的连接点。有关戴尔公司的研究表明，该公司在全球的组装厂均在机场 6～10 分钟范围内，而综合性航空枢纽荷兰阿姆斯特丹的史基浦机场

---

① 国际机场协会（ACI）的研究表明"机场旅客吞吐量超过千万人次的机场具发展临空经济区的条件"。

商务区则吸引了如荷兰航空、日本三菱、摩托罗拉等300多家国际知名公司入驻，形成了重要的国际企业总部基地，被誉为"欧洲商业界的神经中枢"。机场对城市经济的直接与间接拉动作用日益显著。国际机场协会（ACI）的研究表明，机场及临空经济区对城市经济发展具有强大的拉动作用，机场的平均投入产出比是1：8，机场每百万航空旅客吞吐量，可以产生1.3亿美元的经济效益，增加相关就业岗位近2500个。在美国联邦快递（FedEX）总部所在地孟菲斯市，超过一半的商业活动与机场相关，机场创造的近17万个工作岗位占该市所有岗位的27%（2004年）。

临空经济区是推进产业升级转型和拉动高端服务业发展的主要动力。权威研究表明：一个城市和地区航空货运量的快速上升与该地区高增值的创新产业和高端服务业发展加快，产业升级转型加速直接相关。香港大学一位临空经济研究专家甚至提出：航空货物运量和临空经济的快速发展，是一个城市经济成功转型的标志。一方面，机场及其临空经济区的快速发展能够有效地推进地区产业结构的调整。如美国路易斯维尔市曾经是传统的电器、汽车制造中心，在UPS"全球港"项目落户后，产业结构快速升级，目前已发展成以高附加值物流配送、以全球电子产品维修为核心的供应链服务、医疗保健和保险等现代服务业、旅游及会展等产业为主的经济多元化地区。另一方面，机场对高端服务业具有强大的拉动作用，世界上许多国际机场成为城市高端商业和商务活动的新聚集区。由于航空客运带来了大量高收入的消费群体，全球机场商业的效益普遍较高，2007年美国中转机场每平方米用地的商业销售额在6500～2.7万美元间，大大高于城市其他区域购物中心4800美元的同期水平。2008年美国纽约肯尼迪机场商业销售额达4.42亿美元，成为全美商业效益最高的区域之一，韩国仁川机场同期商业销售额竟达10亿美元。美国芝加哥欧海尔机场附近的商务办公区已成为美国中西部地区最大的写字楼市场。

深圳机场具备了发展临空经济的条件，但临空经济发展不充分，其对城市经济的拉动作用受到局限。国际机场协会（ACI）的研究表明，旅客吞吐量超过千万人次的枢纽机场具有发展临空经济区的条件，据深圳机场集团提供的材料，2011 年深圳机场为社会带来经济效益 511.25 亿元，提供了近 15 万个就业岗位，促进了周边地区的经济增长。但总体上看，深圳机场与周边地区产业的关联度不高，临空经济发展不充分，也没有形成真正意义上的临空经济区，对区域和城市经济发展的直接带动能力不强。

因此，要加快"大空港地区"的发展，必须要高度重视空港对区域发展和产业转型升级的带动作用，要规划建设以机场为核心的临空经济区，为区域发展和城市增强竞争力提供新的动力。

三、要统筹"沙井新城"和"深圳临空经济区"的开发建设，形成区域发展的双引擎

目前所做的《大空港规划》，将机场以北的沙井滨海地区作为"规划区"，并确定在规划区内率先启动建设"沙井新城"，而对机场及周边地区，也就是以机场为核心的约 50 平方公里的原航空城片区只作为"研究区"，尚未对该片区的功能定位予以规划考虑，甚至对在"大空港地区"发展临空产业有所顾虑，认为机场和临空经济有噪音和污染，不利于实现区域的科学发展。

我们认为，要科学地看待临空经济，要高度重视临空产业的发展，加快"大空港地区"的发展，要开发建设"沙井新城"，同时也要积极规划和加快建设"深圳临空经济区"。要通过开发"深圳临空经济区"和"沙井新城"，形成区域发展的两个引擎，壮大"大空港地区"的产业规模，提高经济发展质量，提升"大空港地区"的经济地位和综合城市发展水平。

加快开发"沙井新城"是推进特区一体化，提升西部滨海地区城市化水平的正确抉择，是构建深圳在"环珠江口湾区"战略支点的重大举措。《大空港规划》将福海大道以北、东宝河以南、景程路以西的近 31 平方公里（含部分填海用地）的地区规划为"沙井新城"。"沙井新城"将以科学发展的理念，规划建设成为集居住、旅游、服务业、战略性新兴产业为一体的宜居宜业、设施完备的现代化生态新城区。我们认为，规划建设"沙井新城"是具有前瞻性的重要决策，"沙井新城"的建设对加速深圳的一体

化、城市化、现代化、国际化具有重要意义。同时，对深圳在"环珠江口湾区"构建新的城市发展战略支点也具有重大意义。

以深圳机场为核心整合周边区域，将大空港区域向南拓展，构建"深圳临空经济区"，对区域和城市发展具有更重大的影响和意义。目前《大空港规划》将规划区域的南端确定为航城大道，我们认为考虑到新的 T3 航站楼向南出入，也考虑到临空经济区与前海功能的衔接，未来应将大空港规划区域向南拓展到西乡大道。

基于大空港地区特殊的综合交通枢纽优势和发展临空经济的潜在优势，我们在加快规划建设"沙井新城"的同时，应当充分发挥该区域交通枢纽优势，以机场为核心统筹机场周边区域，加快规划建设"深圳临空经济区"，建设"深圳临空经济区"将对深圳城市和大空港地区的发展和转型产生深刻影响。在机场周边建设"深圳航空城"，相关部门和专家早有提议，市两轮次的城市总体规划也一直将机场周边确定为"航空城功能片区"，深圳机场集团本身也曾经在机场用地红线范围内规划了"深圳航空城"，2006年市规土委也编制了《深圳空港枢纽地区发展规划》，但始终没有将"深圳航空城"的建设付诸具体实施。目前深圳机场客运吞吐量近 3000 万人次，周边综合交通枢纽优势进一步凸现，已经具备了建设临空经济区的必要条件。国际经验表明，以机场为中心的 6 公里或 15 分钟交通范围内的区域是临空经济的核心区，是与航空运输联系最紧密的高端临空产业的聚集地，市交通委完成的《深圳宝安国际机场空港产业布局规划研究》也根据对机场客货流的预测，并提出了以机场为核心，包括福永、沙井、西乡街道部分地区的片区适宜发展成"临空经济区"。为此，我们建议以机场红线 28 平方公里为核心，整合东至广深高速、北至福海大道、南至西乡大道的近 60 平方公里的区域，高标准地规划建设"深圳临空经济区"，着力发展临空经济。包括：以航空物流为核心的高附加值物流配送，以商贸、会展为核心的商贸服务，以高端物流、供应链服务为核心的高端服务，以电子信息等产业为核心的研发创新与高技术制造，吸引具国际影响的大型公司设立总部基地，打造深圳市新的产业增长空间。

把"深圳临空经济区"打造成为类似于上海"大虹桥"商务区概念的、具有国际影响的"现代服务业综合体"。国内外成功经验表明,依托机场为核心的综合交通枢纽中心有条件发展成为世界一流的"现代服务业综合体"。综合交通优势是现代服务业发展的重要依托,如日本东京的新宿,依托10条地铁线路交汇的枢纽地位,汇集了巨大的客流,成功从歌舞伎町集聚地转型为东京最重要的商业中心与城市副中心。法国巴黎的拉德芳斯,依托交通枢纽进行了高强度的商业及商务开发,成功从巴黎市郊发展为集商务、购物、居住、旅游、观光等多种功能于一体的现代服务业综合体,成为法国乃至欧洲大陆最大的新兴国际商务办公区。正在规划建设的上海虹桥商务区也是依托虹桥综合交通枢纽集航空港、高速铁路、城际铁路和城市轨道交通等交通基础设施为一体的优势,拟建设一个以26.3平方公里为核心,60平方公里为拓展区的高标准、设施先进、无先例的世界级商务区。按照相应规划,虹桥商务区将成为未来上海西部的新中心、服务长三角区域的高端商务中心,并形成以总部经济为核心,以高端商务商贸和现代物流为重点,以会展、商业等为特色,其他配套服务业协调发展的产业格局。"深圳临空经济区"的综合交通优势与上海虹桥枢纽相近,发展临空经济区,打造"现代服务业综合体"应成为"深圳临空经济区"最重要的发展策略。

四、对"大空港地区"产业选择与布局的思考

确定同步推进"沙井新城"与"深圳临空经济区"的建设,把临空经济区打造成为世界一流的"现代服务业综合体"的发展策略,我们要结合城市转型和产业升级,对"大空港地区"的产业结构与产业布局进行综合考虑。

目前"大空港地区"产业发展的主要问题是:临空产业和临空经济发展不充分,机场与周边地区的经济发展长期脱节,区域产业结构与交通枢纽中心地位匹配不足。目前"大空港地区"产业发展面临的主要问题:一是围绕机场核心运营的相关产业发展比较完善,但临空产业和临空经济未

得到充分发展。主要表现为，与临空经济密切相关的金融保险、会展、高端商务办公、研发等高端服务业发展滞后，机场周边缺乏高等级的商业和商务中心，如机场 5 公里范围内，仅有一家五星级酒店。二是机场与周边地区的规划和经济发展长期脱节，产业和基础设施关联度不高。福永、沙井、西乡等相邻街道主要发展加工制造业，形成了以电子信息、五金、印刷、塑胶制品、简易电子设备、手袋等消费类产品为主的传统产业区，机场周边聚集了大量的旧村、工业区、低端的工业厂房和 700 多家"三来一补"企业，与航空运输相关的产业比重较低。三是区内高等级现代化的交通基础设施集中兴建，但与综合交通枢纽中心地位相配合的现代物流产业发展不充分。"大空港地区"现代化综合交通不断集中，但产业发展仍基本保持制造业发展态势，而与交通枢纽密切相关的综合物流、保税仓储、配送与加工、电子商务、生产链管理、展贸一体化等产业没有获得相应发展，区内产业结构与区域功能优势不匹配的矛盾日益突出。四是宝安区、周边街道和一些企业在产业升级和城市更新中虽已开始重视与机场发展需求配合与衔接，但缺乏统筹和规划推进。如航胜电子和中集集团正在福永街道建立航空产业园，紧邻机场的下十围、兴围两社区也成了"小物流"公司的聚集地，顺丰、天地华宇等一些具一定影响的大型物流公司已在怀德社区等周边区域设立营业点，但缺乏科学的强有力的统筹和规划，还没有形成气候。

国际上以机场为核心的区域临空经济发展迅猛，高端临空产业不断壮大，并呈现显著的产业特征和圈层特征。一般来看，在临空经济区内聚集的产业主要包括两大类。一是与航空运输直接相关的产业，如地勤服务、旅客服务、货物处理、飞机养护与维修、特色商业与休闲、航空公司总部或运营基地等产业。二是与航空运输密切相关的产业，如以保税仓库、物流配送与转运、货运代理为核心的现代物流业，以金融保险、会展酒店、商业商贸、咨询及客户服务、总部经济为核心的高端服务业，和以电子信息、生物制药、精密光学仪器等时间敏感的高新技术产业为核心的高新技术研发与制造。同时，由于相关产业对环境及时间敏感性有不同要求，各产业在临空经济区内的分布，一般以机场为核心，呈现"四个圈层"的分布，即核心区—临空区—带动区—辐射区。①核心区。指与机场直接相邻，为机场正常运营提供支持性服务的区域，除维修、地面后勤服务等航空辅助业务外，航空公司总部或运营基地及为旅客提供休闲、娱乐、购物的服务业是现代枢纽机场核心区的重要产业，如香港机场是国泰、港龙等6家航空公司的基地机场，机场内布置有3.8万平方米的商业零售、餐饮和娱乐中心，拥有30多家世界知名品牌的服装设计店。②临空区。多是现代物流、会展、商贸商务等高端服务业的集聚区。世界多数大型机场的临空区都有发展成熟的航空物流区与保税物流区，而会展、商贸商务等高端服务业在紧邻机场地区集聚也成为机场临空区发展的重要趋势，如香港、韩国仁川都在航站楼附近建立了大型的国际商务和会展中心。③带动区。是时间敏感的电子信息产业、光学仪器制造、生物制药等高新技术产业的研发与生产集聚地，如新加坡的白沙芯片园和淡滨尼芯片园，北京首都机场周边的空港工业区、天竺出口加工区都处在这一区域。④辐射区。由于与机场距离较远，相关产业与机场联系不如上述三个区域，在工业城市，这里主要是各类加工制造业的集聚区，而在后工业化的城市，这里因既远离机场噪音又拥有便捷的交通条件，成为发展旅游、居住等产业的优良区域，如韩国仁川计划在机场辐射区开发以居住、办公为核心的松岛新城以全面提升机场区域的综合发展。

"大空港地区"应以机场为核心，依临空经济发展规律，引导各片区发展相关的产业，促进区域产业发展与升级转型。综合考虑国际临空经济区经验、深圳机场及其周边地区的发展现状，我们对机场及周边区域产业发展和布局的思考是：①机场南片区（T3航站楼及南部片区）。应以T3航站楼为核心，规划建设集商业零售、餐饮、娱乐、金融保险、总部基地于一体的高端商业商务区。本片区受航空噪声影响小，与T3航站楼紧邻，又是环境优美的滨海地区，是发展高端会展与商务区的最优空间。目前机场红线内已规划了包含十几个商业、商务项目的综合服务区，应将机场红线外紧邻的航城大道以北的固戍片区进行统筹规划，吸引跨国公司和国际知名企业在此设立总部，将本片区发展为大空港地区最具特色的高端服务业集聚区。②机场东片区（AB 航站楼及东部片区）。交通条件优越，改造和发展空间大，应以 AB 航站楼为核心，将本片区打造成集商贸、会展、酒店为一体的区域性商贸服务中心。本片区紧邻广深、机荷、沿江高速和地铁 1 号线及规划中的地铁 10 号线，与周边城市联系方便快捷，是区域重要的综合交通枢纽。目前市交通委和规土委已明确将 AB 航站楼转型为临时性的深圳第二会展中心，为适应会展业发展的新趋势，充分发挥本片区区域综合交通枢纽地位，可以考虑将我市华强北等区域的专业市场和相关电子商务运营企业吸引至此，并依托珠三角电子信息、成衣制造等产业集群，在本片区培育"展贸一体化"概念的全球最大电子市场。常态化的商贸会展产业将极大地提升本片区的商业氛围，带动附近的下十围、兴围等旧村向区域性商贸商业中心转型。③机场东南片区（机场东南及后瑞、草围、三围、固成片区）。应结合机场红线内航空公司运营基地、航空货运转运基地、航空物流园和保税仓，打造能够与香港、广州机场相竞争的现代物流与生产链管理中心、航空自由贸易区。要依托深圳和珠三角的产业基础，完善现代化物流基础设施，聚集最有可能使用航空快递和设施的半导体及计算机芯片制造、医药及生物科技、计算机及电子部件制造、时装服装及附件供应、珠宝制造及供应等产业的物流和配送环节及生产链管理机构，形成国际航空货运中转中心与生产链管理中心。为进一步提升深圳航空物流优势，应考虑给予本片区特殊的、符合国际惯例的贸易政策，以促进航空自由贸易区的形成。④机场东北（机场北部、东北部片区）。包括福海大道以南的新和、福永、福围、怀德等社区，应结合区内现有产业基础，构建以研发为核心的高新技术研发与制造集群。本片区分布着理光、万利达、航盛电子等具一定研发能力的高新技术产业，福永北—沙井南片区也是《深圳高新技术产业园区发展专项规划（2009～2015）》确定的以"高技术产业研发、生产基地，临港高科技产业、航空产业基地"为核心的高新园区。应依托本片区及珠三角强大的电子信息产业等高科技产业基础，引导通信设备、电子元件、精密光学仪器、生物制药等时间敏感的高新技术产业在此建立研发与生产基地，构建具有国际影响力的高科技制造和研发集群。

⑤"沙井新城"片区。要在充分考虑和紧密配合空港和空港经济发展的前提下，充分利用其空间优势和生态优势，以科学发展的理念，将本片区规划建设成为集居住、旅游、服务业、战略性新兴产业为一体的宜居宜业、设施完备的现代化生态新城区，成为特区一体化建设的先行区。

五、加快"大空港地区"发展，将为前海开发提供重要支撑，有力促进深圳市西部高端服务业"黄金走廊"的形成

"前海深港现代服务业合作区"已被确定为国家发展战略，肩负着引领带动我国现代服务业发展升级、为全国现代服务业创新发展提供新经验的重要使命。加快"大空港地区"的发展将为前海的开发提供强有力的支撑，促进其作为珠三角服务业中心的形成。同时，"大空港地区"高端产业的崛起，也将促进和带动深圳市西部形成一条连接后海、蛇口、前海、宝安中心区，以及大空港地区的高端产业和服务业"黄金走廊"。未来，"大空港地区"及西部各产业聚集区将形成互相支撑，相互支持的格局，共同成为深圳城市的"第三战略高端增长极"，成为深圳新的产业中心。

前海成为亚太地区重要的生产性服务业中心和世界服务贸易重要基地需要"大空港地区"的有力支撑。根据《前海深港现代服务业合作区总体发展规划》制定的发展目标，到2020年前海要成为亚太地区重要的"生产性服务业中心"。生产性服务业是贯穿于制造业生产诸环节，与制造业直接相关的服务业，包括交通运输、现代物流、金融服务、信息服务和商务服务等多个行业，生产性服务业的发展离不开制造业的支撑。"大空港地区"是前海发展的腹地，处于珠三角电子信息产业等制造业集群的核心，又是区域内最重要的交通枢纽，对区内制造业有着很强的聚集能力，未来其临空产业和高端服务业的高速发展，将进一步提升本地区产业的发展水平，对前海现代服务业的发展提供最直接的支撑，成为前海发展的强有力保障。

前海对大珠三角和国际辐射功能需要通过"大空港地区"的交通枢纽优势和临空经济优势向外辐射。根据《前海深港现代服务业合作区总体发展规划》的定位，前海不仅是深圳市最重要的现代服务业集聚地，还将成

为"世界服务贸易重要基地"。从香港的经验看,香港的世界服务贸易中心地位不仅要依靠强大的产业支撑,还需依靠港口、机场等综合交通优势枢纽充分拓展其对区域及国际市场的辐射能力。"大空港地区"具有国际水准的综合交通枢纽的优势,是连接国际国内的重要窗口,加快"大空港地区"的发展,将增强整个区域对产业和生产要素的集散能力,增强前海现代服务业向外辐射的能力,进而促进前海加快成为具有区域和国际辐射能力的"生产性服务业中心"和"世界服务贸易基地"。

未来从后海到沙井新城将形成深圳西部的"黄金走廊",成为深圳市发展的"第三战略高端增长极",成为具国际影响的生产性服务业中心。随着前海现代服务业和"大空港地区"临空产业的发展,深圳市西部地区产业结构将呈现高端化趋势,并形成一条高端产业带。在政策、区位优势、产业聚集的催化下,前海将成为创新金融、现代物流、总部经济、科技及专业服务、通讯及媒体服务、商业服务等六大生产性服务业的基地。而在前海的辐射带动下,"大空港地区"依托空港和临空经济将成为区域内以供应链管理和航运衍生服务为核心的现代物流中心,成为集电子商务、科技创新和研发、商贸、会展于一体的综合性商贸服务中心。宝安中心区将成为以现代化花园式滨海城区和总部经济集聚地为目标,建设集休闲、购物、工作、居住为一体的国际化综合服务新城区。后海依托深圳湾体育中心、南山中心商务区、华润总部等公共服务设施和商贸商务设施的建设已成为具复合功能的城市商务商贸中心区。蛇口则计划通过蛇口网谷、海上世界城市综合体等建设,升级为信息及科技服务产业集聚地和我市最具特色的滨海休闲娱乐中心。可以预计,由前海、"大空港地区"、宝安中心区、后海和蛇口共同的西部地区将成为深圳市高端产业的黄金走廊和珠三角高端服务业的聚集区,进而成为深圳市继罗湖、福田之后外的"第三增长极"和产业中心。西部高端产业"黄金走廊"的加快形成也将为深圳市的城市化和"特区一体化"发挥重要的推动作用。

六、构建机场和临空经济区管理新体制，增强区域发展统筹协调能力

推进机场与周边地区协调发展，构建"深圳临空经济区"，必须要改革现有深圳机场管理模式，建立适宜临空经济区发展和"现代服务业综合体"发展的新体制。

深圳机场与周边地区未能实现统筹的发展，临空经济和临空产业未得到充分发展，在很大程度上受到现有管理体制的束缚。具体表现为，一是机场集团作为国有企业，注重企业的盈利和业绩考核，对机场的公益性与公共性考虑不足，对区域统筹发展考虑较少。深圳机场集团是市国资委所属的国有企业，接受国资委的经营业绩考核，因而机场集团更注重机场客货运量、利润、资产增值等经营效益，关注自身红线范围内利益的最大化，缺乏参与周边地区发展的动力与意愿。虽然 2005 年深圳市颁布了《深圳宝安国际机场管理办法》，并成立了市空港管理委员会，力求在更高层次统筹机场发展，强化机场公益性，降低机场企业的短视行为，但由于机场集团的企业性质，空港委缺乏有效的手段与方法实施对机场的管理，仅能从行业管理的角度对机场的相关决策提供政策建议。二是作为机场运营商，机场集团更多专注于核心业务的运营，缺乏与周边地区协同发展的动力要求，对临空产业协同发展缺乏积极性和统筹能力。如，虽然国际知名货运公司UPS 已经把亚太地区的转运中心搬至深圳机场，但原亚太转运中心（菲律宾）与 UPS 有紧密业务联系的近千家公司却并未跟随 UPS 迁往深圳，原因是一方面机场只注重 UPS 的引入，而对与 UPS 相关的产业和公司的引进和发展缺乏主动性，另一方面，相关临空产业和公司要在机场周边获得合适的土地和发展空间，机场集团缺乏协调和统筹能力。三是作为一个企业，机场集团既没有对红线内土地进行综合开发利用的权利，也没有对周边土地开发进行统筹的能力，导致机场土地开发比较粗放。如，机场一、二期征地没有确权到机场集团名下，使得机场部分设施建设周期较长，机场相关运营设施的建设长期滞后于机场业务的发展。又如，尽管《机场管理办

法》要求使用机场规划用地应当征求机场集团的意见，但有关部门在实际批准使用机场土地时，并没有征求机场意见，部分与航空业务无关的项目也被安排到机场大红线范围内，如约 50 万平方米的机场用地划进了固戍物流园区。此外，航空公司等驻场单位使用机场用地缺乏统筹规划，采用直接从政府受让的方式，导致一些已取得土地的航空公司大量土地闲置，同时一些急需拓展业务的航空公司无地可用。如汉莎航空已停飞深圳机场所有航班，退出了深圳市场，而其在深圳机场内大量用地无法调剂使用。

总结国内外机场和临空经济区发展成功经验，香港机场独立的法定机构管理模式和上海虹桥、首都机场政府统筹管理的模式值得我们借鉴。欧美机场的管理大都强调机场发展要兼顾公益性与效益性，同时要注重机场与周边区域的统筹协调发展。构建深圳机场和临空经济区的新型管理体制，香港机场和上海虹桥、首都机场的管理模式值得借鉴。一是香港机场的法定机构管理模式。政府成立法定机构，并授予其对机场及其周边区域的管理权、运营权和土地开发权，统筹机场区域的协调发展。1995 年香港政府设立了香港机场管理局，作为专责运营和管理机场的法定机构，并制定了《机场管理局条例》。依照《机场管理局条例》，特区政府并不考核机管局的经营效益，而规定了"审慎的商业原则"和"以维持香港作为国际及地区性航空中心为目标"的原则。政府通过机管局的董事会进行监督与决策。机管局人员均由行政长官任命，董事会中部分董事由相关政府机构的公职人员和知名社会人士兼任，以便机管局的决策充分考虑经济效益与社会公益性的平衡。《机场管理局条例》及《批地协议及条件》则授权机管局运营机场所需的行政管理、土地使用权、特许权经营等权利，以利于机管局对机场地区日常的运营与管理。从香港机场运行的效率上看，法定机构性质的机管局充分平衡了机场的经济效益与社会效益，消除了国内机场存在的机场公司既是运营者又是管理者的缺陷，既促进了区域的协调发展，又促进了机场与航空公司及其他相关机构的协同发展。二是上海虹桥、首都机场的政府统筹管理模式。政府统筹管理模式是指在机场周边设立临空经济区（商务区），并成立临空经济区（商务区）管理委员会，制定机场及周边区域发展的总体规划、统筹区域发展、引导产业聚集，加强机场与区域发展重大事项的协调及监督工作。2010年上海市出台了《上海市虹桥商务区管理办法》，并以政府派出机构的性质成立了"上海虹桥商务区管理委员会"，副市长亲自挂帅，负责虹桥商务区的统筹与管理。虹桥商务区管理委员会作为功能区管理与协调机构，主要负责整个区域总体规划和产业政策的制定与监管，并通过"重要情况沟通和重大问题协调机制、重要审批催办督办机制、重大事项通报机制及虹桥商务区专项发展资金"四项手段统筹与协调虹桥商务区的发展。北京首都机场也在区域层面设立了以顺义区区长为主任的"首都临空经济区管理委员会"作为统筹协调临空经济区开发建设的决策与协调机构，以谋划和决策临空经济区的整体发展战略、协调各利益主体之间的重大利益关系。而在具体的管理与开发中，根据不同功能区的需求，采用了政企合作、机场入股等多种方式开展管理与开发，如国门商务区即是由顺义区政府的派出机构"北京国门商务区建设管理委员会"负责开发、建设与招商，管理模式接近于一般的开发区模式；而"首都机场大通关基地"、"北京天竺综合保税区"等多个机场外临空经济园区则是由首都机场集团与顺义区政府等机构合作成立的"航港发展有限公司"负责开发管理与运营。

改革深圳机场现行管理模式，构建深圳临空经济区管理新体制，可以考虑采取两种途径。一是将深圳机场集团升格为深圳机场管理局，作为法定机构赋予其对机场及其周边区域的统筹管理和发展的职责。具体设想为：整合机场红线及周边50平方公里的区域，设立"深圳临空经济区"，由深圳机场管理局负责整个区域的发展和开发；由深圳市机场股份公司全面负责深圳机场的航空运营业务，市国资委和机场管理局负责对其经营进行监督；借鉴香港经验，制定《深圳机场管理局条例》，赋予深圳机场管理局发展机场及临空经济区所需的行政管理、土地使用权、特许权经营等权限，机场管理局要注重区域统筹发展，临空经济区的产业发展，并要兼顾机场发展的公益性与公共性；将国家《民用机场管理条例》赋予机场的管理职能和现市交通委承担的行业管理职能全部交由机场管理局履行。二是成立

"深圳临空经济区"管理委员会，负责对机场及其周边区域的管理和统筹发展。具体设想为：整合机场红线及周边50平方公里的区域，设立深圳临空经济区，把深圳临空经济区定位为市级的产业功能区，重点发展临空产业和临空经济及现代服务业，临空经济区的发展目标是成为"现代服务业综合体"；临空经济区管委会主任由副市长兼任，宝安区和机场集团的主要负责同志兼任管委会副主任；深圳机场集团仍然主要负责深圳机场的航空运营业务，并负责机场红线内重大基础设施和重大项目的投资和运营；临空经济区管委会则负责整个区域的总体规划和产业政策的制定与监管，机场与区域发展重大事项的协调及监督，协调各利益主体，并重点负责机场周边区域的土地整备、基础设施建设和城市更新；同时将国家《民用机场管理条例》赋予机场的管理职能和现市交通委承担的行业管理职能全部交由临空经济区管委会履行。从机场和临空经济区发展的长远考虑，为了使深圳机场和临空经济区具有国际竞争力，未来可采用迪拜机场国际自由贸易区管理模式。赋予临空经济区管委会更高的管理权限，使其成为由港口、海关和自由区组成的联合体，管委会可以直接向投资者颁发营业执照，还提供行政管理、工程、能源供应和投资咨询等多种服务。

七、进一步做大做强深圳机场，使其成为具有国际影响的区域性枢纽机场

由于机场对城市和区域发展的巨大影响，加快"大空港地区"发展必须要进一步做大做强深圳机场，提升深圳机场枢纽地位，使其从国内大型骨干机场逐步发展成为具国际影响的区域性枢纽机场。

深圳机场的硬件条件已逐步满足国际枢纽机场的要求，但仍有部分软性因素制约其进一步发展和壮大成为国际枢纽机场。经过20多年的发展，深圳机场已发展成为国内第四大航空港，是具145条国际国内航线（其中国际航线35条），沟通国内外102个城市的大型枢纽机场，也是国内高端商务客流集中、经济效益最好的机场。随着第二跑道和T3航站楼的建设，深圳机场的硬件条件将逐步满足国际枢纽机场的要求，但仍有部分软性因素

制约其成为国际枢纽机场。一是深圳机场空域紧张，影响机场运作效率和运输能力提升。由于地处香港、广州两个国际枢纽机场之间，深圳机场的空域较为狭窄、航路紧张，且受多方空域管制影响。据机场集团提供的数据，82%的深圳机场离港航班需经过广州机场管辖的空域，离港航班需受深圳、广州两方空域管制区的限制，极大地影响了深圳机场的运营效率，直接导致深圳机场离港航班延误率高，2010 年深圳机场离港航班正点率只有72.03%，处于所有国内机场的倒数第三位。另外，由于历史原因，深圳机场规划中的第三跑道与香港机场跑道呈 115 度夹角，存在着严重的空域冲突，且难以协调，可能影响第三跑道的建设，影响深圳机场运输能力的提升。二是由于定位的限制，深圳机场的国际航线少，国际化程度偏低。在民航总局编制的《全国民用机场布局规划》中，深圳机场并不是如北京、上海、广州一般的国际枢纽机场，而仅定位为区域干线机场。而从发展现状看，深圳机场的国际化程度偏低，2010 年深圳机场国际旅客吞吐量仅 129万人，占旅客总吞吐量的 4.83%，国际旅客仅为广州机场的 25% 左右；国际货邮吞吐量状况略好，18.3 万吨的吞吐量占总量 22.62%。考虑到企业性质的机场集团难以完全协调解决深圳机场面临的软性约束，市政府应对机场予以支持，尽量降低上述软性约束的影响，将深圳机场建设成具国际影响的枢纽机场。

市政府应加强与相关部门协调，为深圳机场争取更广阔的空域。由于我国空域管理涉及民航总局、空军等多个部门，地方政府在机场空域协调中起非常重要的作用，如上海市政府为争取更广阔空域，联合民航总局和空军相关部门共同制定了《推进上海航空枢纽建设行动方案》，民航总局副局长王昌顺在去年的"全国民航规划暨机场工作会议"上也提到"希望各省（区、市）政府发挥各自优势和影响力，共同加强与军方沟通协调，争取在一定区域范围内逐步解决空域资源不足问题"。深圳市政府部门一直重视空域的协调工作，如去年在市交通委等相关单位的努力下，空军管理部门已同意将向深圳机场陆续开放 10 条临时航路的使用权，大大缓解了机场航路紧张的局面，而在市政府资金支持下研发的"深圳空管离港航班排序系统"也已成为深圳、珠海、澳门三地机场空域协调的重要工具，为深圳机场争取了更广阔的空域。未来，市政府应继续加强与相关部门的协调，努力推进国家空管委《调整珠江三角洲地区空域结构方案》的落实，力争尽快改善珠三角空域结构和航路航线结构，积极争取在深圳规划设立南珠三角联合终端管制区，改善深圳机场的空域环境。

继续推进更多具实力的航空公司在深设立基地，并继续鼓励航空公司开辟国际航线，进一步提升深圳机场的国际化程度。航线是机场价值的核心，国际航线的数量决定了机场在全球航空业中的地位。虽然国际航线的开通受航权等多方面限制，但最关键的是能否吸引具国际远程机队的航空公司在机场设立基地，如国航的 77 条国际航线有 70% 以其基地北京作为枢纽，南航以广州为基地开航的国际城市和地区也达 33 个，UPS 在深设立转运中心后深圳国际货运航线也显著增多。虽然深圳机场已是深圳航空、中国南方航空深圳分公司、翡翠航空、顺丰航空、东海航空等航空公司的基地，但相应公司远程机队较少，国际航线开拓能力相对较弱。因此，应争取国航等有实力的航空公司在深设立区域基地，以深圳机场为枢纽开拓更多国际航线。另外，考虑到深航已发展成为具 180 架客机、160 多条国内国际航线的国内第五大航空公司，应支持深航远程机队的建设，推动深航以深圳为枢纽建立国际航线资源。进一步加强政府对航空公司开辟国际航线进行鼓励。2008 年，深圳市颁布了《深圳航空业财政奖励资金管理暂行办法》，奖励开拓航线的航空客运及货运承运人，积极促进深圳航空枢纽地位的形成。几年来的实践证明，财政奖励政策有效地刺激了航空公司以深圳为枢纽开拓国际航线的动力，如顺丰、UPS 开通了多条国际货运航线，海航也成立了海航深圳分公司，驻深飞机数量由 2 架增加到 7 架，并计划在 5 年内开通深圳始发的多条洲际客运航线。因此，政府应继续以财政奖励的方式鼓励航空公司开辟国际航线，进一步增强深圳机场的国际影响力，将深圳机场建设成具国际影响的枢纽机场。

八、综合利用好"大空港地区"的宝贵土地资源

从规划角度看,"大空港地区"具有 90 平方公里的发展空间,但从区域内土地资源实际利用状况看,区内直接可用土地资源偏紧,一是大部分土地已被粗放开发,二是机场红线内土地开发效益不高,三是通过填海新增的发展空间受到多方限制,因此深入挖掘各类土地资源的潜力,综合利用好宝贵的土地资源,仍是本地区持续发展的关键。

"大空港地区"总体建设用地资源仍然偏紧,填海造地受到多方限制且面临不确定性。从土地利用现状看,"大空港地区"总体包括划定在机场红线范围内的 28 平方公里,机场周边已建成区的 25 平方公里,沙井新城启动区的 11 平方公里及可能通过填海新增的 20 平方公里土地。机场红线内土地主要用于满足机场的业务发展需求并已开发近半,机场周边 25 平方公里的土地则需通过高强度的城市更新才能实现新的开发利用,"沙井新城"建设的大部分土地还要通过填海造地获得。而填海造地受到多方面限制,存在着不确定性。一方面需填海土地位于东宝河口附近,填海可能带来一定的生态环境风险,需经科学认真地评估;另一方面规划填海区域已与珠江治导线平齐,在填海的报批上可能遇到国家海洋局、环保部等部门的阻力。另外,受机场净空条件的要求,机场及周边建筑的高度和容积率要受到限制,这也在一定程度上加剧了本区域用地资源偏紧的状况。因此,应高度重视"大空港地区"土地资源的综合利用和集约利用,充分挖掘与提升区内各类土地的利用潜力。

亟待创新机场土地管理模式,提升机场红线内土地的利用效率。从规划上看,机场红线范围内 28 平方公里的土地能够满足机场至 2040 年的发展需求,但由于机场红线西端已与珠江治导线平齐,远期机场已无发展备用地,机场红线内土地资源的高效利用关系到机场的持续发展。机场红线虽已划定,但由于机场土地的开发尚未形成集约化、统一的土地管理模式,导致目前红线内土地的开发利用的效率较低,一方面,一些与航空业务无关的项目占用了机场用地。另一方面,部分航空公司和驻场单位通过

与政府签订战略合作协议或引进少量飞机名义获取大量空侧或邻近的机场用地，建设了大量与保障服务关联很小甚至无关的项目。同时，少数已退出深圳市场的航空公司，仍然占用着大量的机场用地，如汉莎航空退出深圳市场后，其在机场近17万平方米的用地无法调剂使用。因此，应配合机场及临空经济区管理体制改革，创新机场土地管理模式，对机场红线内的土地实行统一的、集约化的管理与利用，提升机场用地的使用效率。

尽早启动机场周边地区"城市更新"和土地整备，以产业转型和临空经济的发展带动提升土地的使用效率。从机场周边地区建设现状看，除机场北部的滨海地区外，机场周边大部分地区都已进行了较高强度的、粗放式的低层次开发，同时，由于历史原因，机场周边地区大部分土地权属多样，土地大多在原村股份公司及个人的实际控制下，大量土地及违法建筑长期无法确权，土地与建筑权属复杂，更新改造难度较大。而从建设强度看，本地区土地开发强度普遍较高，如机场东北部工业区厂房的建筑高度普遍达到5层以上，再加上机场净空要求的影响，使得本地区的城市更新改造难以采用提高容积率的开发模式。因此，应以机场及周边地区管理体制改革为契机，尽快成立专门机构统筹本地区的土地整备和城市更新，严格控制新增违法建筑，积极做好区内土地确权的准备工作，并深入研究以发展临空产业推进本地区产业结构升级和城市更新的新模式，充分挖掘本地区的土地利用潜力。科学地、前瞻性地分期开发新增建设用地，为未来区域的发展预留空间。随着深圳机场的发展壮大和周边临空产业的持续发展，"大空港地区"可能成为深圳市未来最重要的增长中心之一，对发展空间的需求也可能不断增大。因此"沙井新城"的建设发展不应追求在短期内开发完成，要为未来发展留有足够土地空间。机场周边地区的城市更新也不能急于求成，要结合区域整体发展战略、机场发展壮大的需求、临空经济和产业的发展科学规划稳步推进。

附图1：大空港地区区位示意图

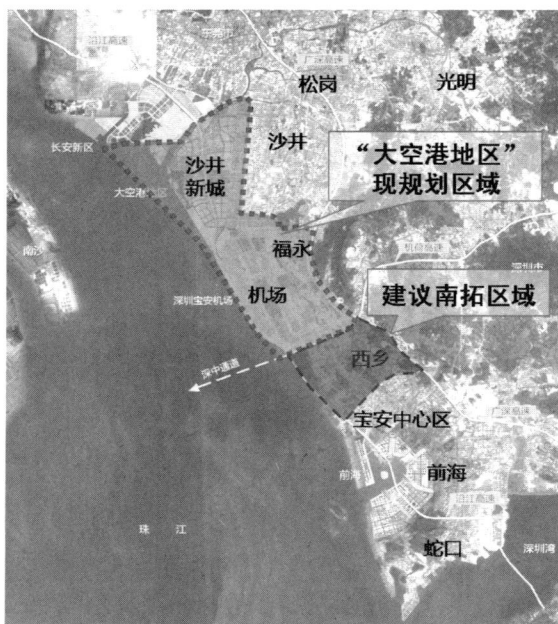

附图2：大空港地区功能分区图

附图 3：深圳西部高端产业 "黄金走廊" 示意图

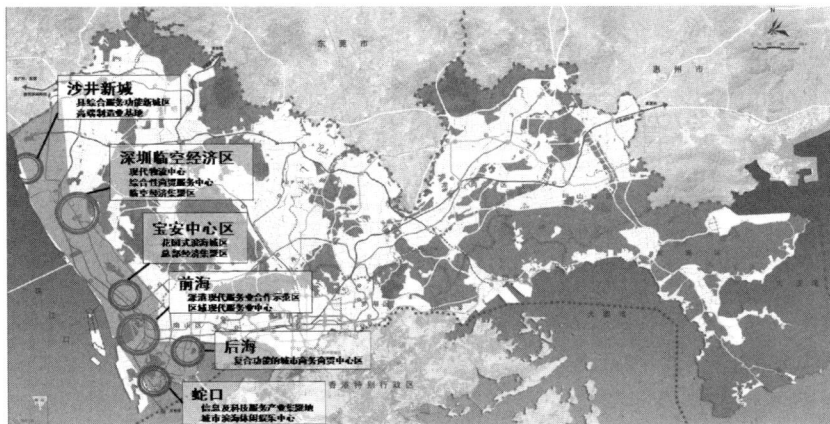

实施"环境引领"战略
树立中心城区国际化建设新标杆

深圳市福田区人民政府

2013 年 12 月 26 日，深圳市委五届十八次全会提出了"三化一平台"的改革"主攻方向"，国际化被明确为深圳改革发展的一个重要方面。在全面深化改革的大背景下，福田区对中心城区的国际化建设作了全新探索，即实施"环境引领"战略，明确国际化建设的具体路径和策略原则，树立中心城区国际化建设新标杆。

一、环境引领——福田中心城区国际化建设的必然选择

经过 20 余年的高速度、高质量发展，福田的经济社会发展达到了较高水平。2013 年，福田区实现本地生产总值 2700.29 亿元，同比增长 10.3%；第三产业增加值为 2499.40 亿元，占 GDP 比重的 92.56%，其中，现代服务业增加值 1886.46 亿元；外贸出口额 695.90 亿美元，增长 50.2%；税收总额 705.30 亿元；人均 GDP 达 3.27 万美元，超过韩国，与意大利相当。综合实力大幅提升，中心城区的核心辐射力更为增强。在这种背景下，实施"环境引领"战略，营造优质发展环境，是谋求福田新一轮转型升级发展的必然选择，也是中心城区国际化建设的新路径。

（一）国际化城市的核心还在于其环境影响力

歌德首次使用"世界城市"这个概念来赞美罗马和巴黎在文化上对世界的影响力，而历经两个多世纪的演变，国际化城市的内涵已经延伸至在

社会、经济、政治和文化多领域占据战略性节点的地位。这一系列战略性节点的叠加，以及随之产生的高端人力、资金、知识、技术和管理等，共同构成了国际化城市所必备的环境要素。著名的国际化大都会都具备强劲的环境竞争力，特别注重环境优势的创造。例如：①纽约：综合优势型。是美国的经济中心、最大城市和港口，被誉为世界之都，一直雄踞世界商业和金融中心的首位。作为重要的港口城市，纽约拥有便利的水陆交通网络和低廉的运输成本，成为国际贸易货物流的重要节点，云集了大量世界500强总部和分支机构，吸引来自全球各个领域的顶尖级人才，占尽了交通环境、产业环境、人才人文环境便利。②伦敦：智能便捷型。伦敦以数字化、Wifi 全覆盖和智能交通等多种举措，推动全方位智能环境建设，并以举办 2012 年奥运会为契机，迅速实现国际化大都市的全面复兴。作为世界上非高峰期使用因特网费用最低的大城市，高峰期的上网费用也比一般国家的平均水平低。在停车的高峰时间，可以通过网络查询地下停车位和下单预订，红绿灯的间隔时间也根据不同的时段人流量的统计和实时观测来进行调节和设置，缩短不必要的等待时间。③东京：宜居宜业型。亚洲唯一的世界级都会，在吸引不同教育、文化等背景的海外人才上不遗余力。东京实施了庞大的公寓建设计划和外国人社区建造计划，以满足外来人口的需求；东京各区政府都设有外国人专用咨询窗口，用英语、韩语、汉语进行咨询，设立外国人服务中心——"国际社区中心"。从 2000 年开始，东京就实施了"推动环境革命、促进环境优先型"战略，一跃成为世界上最清洁和能源利用率最高的都市。轨道交通四通八达，交通环境建设亮眼，东京"新干线"闻名遐迩。

（二）国内城市中心城区的国际化建设经验

通过考察全球知名国际化城市发展历程，可以看出基本上遵循这样一条规律：就是成功打造了高端集聚的中央商务区（CBD），中心城区国际化建设的率先崛起，如著名的纽约曼哈顿、伦敦金融城、东京银座等。这些中心城区都经过了"城市化—郊区化（去工业化）—中心城市复兴"的路径，中心城区成为国际化城市的核心，为区域发展贡献最大程度的竞争力。

值得注意的是，北京和上海的国际化建设，基本上也是中心城区的国际化环境建设先行一步。比如：①北京朝阳区。区域内集聚了除俄罗斯之外的所有外国驻华使馆，以及90%的外国驻京新闻机构。国际邮电局、北京国际电信大楼是国内具有世界水平的电讯中心，构成了信息枢纽。北京市60%的星级宾馆，80%左右的驻京国际组织、国际商会和行业协会，48%的国际旅行社集聚，每年在朝阳区举办的国际性会议占全市的54%，举办的国际展览占全市的31.7%，可谓占尽了国际化的先天优势。朝阳区政府出台了《朝阳区国际化社区建设指导意见》和《指标评价体系》，致力于国际化微环境的营造。②上海浦东新区。将数字化、网络化、智能化、协同化、互动化作为重要的战略规划内容，加快智慧基础设施建设。着力发展开放、多元的对外文化供给主体，上海外高桥国家对外文化贸易基地是落实我国实施文化"走出去"战略的政府公共服务平台，是落地在浦东新区的我国对外文化服务贸易的首块"试验田"。

（三）环境引领，全方位提升福田的国际化质素

在城市或城区的国际化建设中，国际化元素的融入和环境营造呈现出一种交互式作用、相辅相成的关系。环境营造是国际化的前提和必要保障，通过软硬环境的综合营造，方能吸引国际化优质资源和要素汇集；而国际化建设规划一旦成形，只要保持竞争内核稳固，对后续的综合环境因素又具备持续的吸引力，形成综合环境"先发优势"。

对于福田来说，必须明确自我定位，夯实国家经济中心城市和国际化环境基础。环境优势不仅是福田当前发展的最大生产力，而且也是面向未来发展的综合实力聚焦，实施"环境引领"战略是福田国际化建设的基本前提和明确导向。尤其是作为深圳的中心城区，更应该特别彰显环境优势。在国际经济政治秩序重构的大背景下，国际化的纵深发展空间也同步发生迁移，逐步由欧美向亚太转移，这是福田区建设国际中心城区的战略机遇。

当前，福田区处在转型升级再发展和在更高平台上实现转型升级的关键节点上，在实施"环境引领"战略大前提下持续推动城区的国际化建设，树立中心城区国际化建设新标杆，是我们的历史使命和义不容辞的责任。

二、"VALUE"——福田中心城区国际化建设的具体路径

基于以上认识，我们谨慎提出了福田区国际化建设的长远规划，即：发挥中心城区枢纽功能，改善和优化城区发展环境，通过"环境引领"战略，全面推动辖区国际化建设，已经成为当务之急。福田区第六次党代会报告中提出，"建设法治化、智慧型、高品质的国际化先导城区"，通过10~20年的努力，使未来福田成为东西方文化密切融合的法治文明之区，成为高度开放、辐射亚太的高增值智慧之区，成为更具感召力和吸引力的国际魅力之区。

近期的工作是，已经制定了《创建"地球村"福田区国际化先导城区建设行动计划》，3年内将以落实行动计划为重点，以"V－A－L－U－E"为核心价值追求，从城区形态硬件环境、开放融合人文环境、高端聚集营商环境、公平正义法治环境、一流政务服务环境"五大环境"入手，实施十六项重点行动计划，追求福田国际化建设的可见（Visible）、活力（Active）、先锋（Leading）、有序（Unbiased）以及优质（Extraordinary），努力走出一条具有"福田特色价值"的国际化先导城区建设之路。

V：追求可见（Visible），优化城区形态硬件环境

（1）完善城区双语标识建设。按照"规范存量、扩大增量"的原则，根据《深圳市公示语英文译写和使用管理办法》有关规定，新增城市规划项目均须按照标准嵌入双语标注。由各街道选择一个外籍人员较多、基础设施条件较好的街（区）打造国际化示范街（区），重点进行导视图、引导牌、标识牌的双语标注和改造提升工作。对辖区内行政服务大厅等公共场所，以及主要干道、公交站点、口岸、地铁等交通枢纽双语标志牌进行改造规范，达到清晰、合理的目标。在设置双语标识时，可根据需要增加相应的语言文字。

（2）提升城区建设国际品质。开展城区形态国际化的专题调研，以外籍人员痕迹流为依据指导城区规划建设。邀请国内外知名设计团队参与城

区项目设计，推动城区环境建设向优质精细的国际化高标准高要求进一步提升。加强城区标准化公共设施建设，加强人文景观、休闲场地建设，合理设置室外健身活动设施、报刊阅览和宣传栏，根据需求适当增加外文报纸杂志。以"中韩友谊街"为中心，进一步完善东海国际活力社区建设。培育和打造以岗厦街坊、水围传统文化、华强北商业步行街、香蜜湖片区为重点的"一坊、一村、一街、一片区"国际化新品牌，形成特色鲜明的国际风貌带。

（3）构建信息化综合服务网络。以信息化手段支撑区级办事大厅、街道社区办事大厅、网上办事大厅"三厅融合"，率先实现"无线城区、数据时代、全区覆盖、智慧生活"目标。依托福田区外国人互联网申报中心网站和福田政府在线英文网站，统筹整合全区涉外资源，为外国人提供入境落地后的综合服务网络。完善福田区外国人互联网申报中心网站，实现街道社区分模块外国人"底数清、情况明"。改进和丰富福田政府在线英文网站建设，进一步完善版块信息，增设街道社区版块，拓展线上线下功能，强化互动交流，提供咨询服务。加大对两个网站的宣传力度，制作综合服务网络二维码标识和相关宣传资料，投放至福田口岸、皇岗口岸、地铁等主要交通枢纽，提高外籍人士获取公共信息的便利性。

A：追求活力（Active），营造开放融合人文环境

（4）扩大各层次对外交流。利用市外事办和驻穗使领馆等平台资源，加强与世界先进城市中心城区的交流与合作，积极与实力相匹配的城区筹备建立友好城区关系，推动开展多层次、全方位的国际交流合作，为拓展城区发展空间打下基础。在做好世界模特小姐大赛、国际标准舞世界大赛、世界戏剧周等国际性文化活动的同时，争取引进具有国际影响力的文体活动和赛事，增加福田在国际主流艺术界的表现力和出镜率，提升城区美誉度和国际影响力。

（5）吸引国际化高端人才。建立深港澳青年创新创业人才基地。加强公共服务领域的国际化人才引进工作，在政府决策咨询机构、区妇幼保健院等事业单位理事制度改革、百名文体名人引进等工作中，引进国外或者

香港专业人才。建立人才引进绿色通道，加强对入选中央"千人计划"、"万人计划"、深圳市"孔雀计划"等高端人才的服务，为高层次创新人才提供专项配套服务。举办好"福田国际友谊奖"，吸引更多优秀国际化高端人才聚集。推动引进国内外知名培训机构和猎头公司落户福田，鼓励国际人才参与福田建设。

（6）提升国际化文化品位。加快推进安托山生态博物公园、文化站馆等建设，打造"十大文化功能区"和"一公里文化圈"，实施文体名人引进计划，持续增加福田的国际化元素。以"友之声"、美食、文化等内容为主题，探索与社会资源共同参与的新机制，每年举办多个全区性的国际化特色精品活动。各部门和街道依据自身特点和现实需求，每年申报国际化创新项目活动，鼓励植根本土文化，打造沙头片区深圳时尚文化金三角、岗厦、皇岗、水围、福田保税区深圳文化艺术品保税交易平台等具有福田特色的国际化新品牌。区里将统一遴选部分项目作为重点项目推进，年终统一组织优秀项目评审。

L：追求先锋（Leading），创造高端集聚营商环境

（7）打造湾区经济的"曼哈顿"。进一步拓展和强化 CBD 功能，加快福田 CBD "南拓、西延、东扩"。推动福田保税区改造升级和落马洲河套地区开发，拓展南片区。推进香蜜湖片区规划建设，延伸打造西片区。加快推进华强北片区更新改造，打造环 CBD 的国家级信息谷、华强北国际商街。

（8）吸纳高端资源。完善总部企业发展扶持政策，大力吸引世界 500 强等跨国企业设立区域总部或重要功能总部。重点引进并整合中美企业创新中心、ISIS 牛津跨国技术转移中心等一系列跨国技术转移平台，加快云产业园、大数据应用中心等新兴产业载体建设。以深交所正式搬迁至福田为契机，积极承接产业链中下游企业的转移，放大其在业内发展的引擎作用。借助深交所"中小企业之家"服务平台，协助辖区中小企业提高利用资本市场的能力。构建高水平的国际化会展与信息汇聚中心，借助品牌会展，扩大福田在电子信息、通信设备、医疗器械、黄金珠宝、家居服装等领域的国际影响力，增强参与国际分工的深度。

（9）服务企业跨国（境）经营。支持企业"引进来，走出去"，搭建招商引资信息平台，完善招商网站建设，针对重点区域开展招商。加强对引进的重点企业个性化跟踪服务，对成长型企业提供差异化定制服务。引进会计审计、商贸物流、电子商务等领域高端外资企业，搭建中介招商载体，为企业提供国际标准商业服务。充分发挥行业协会作用，形成企业、协会、政府"点、线、面"相结合的企业服务机制。

（10）加强深港合作。服务于"一国两制"大局，举办"港友睇福田"系列活动，邀请香港各界人士体验福田经济社会发展变化。加强香港服务业创新机制课题研究，以创新服务业机制和香港高端人才引进为重点突破领域，推动福田与香港企业在 CEPA 框架下积极开展商贸、会展、科技中介、会计、律师等现代服务业的合作。选择国际创新中心、CEPA 大厦，为深港高端服务业等产业合作提供更多优质平台。抓住粤港澳自由贸易区建设的契机，推进 CBD "南拓"即河套地区的开放开发和福田保税区转型升级，创造良好招商环境。

U：追求有序（Unbiased），打造公平正义法治环境

（11）构建公平公正公开的制度体系。开展国际化法规规则专题调研，探索引入香港等国际城市先进管理理念，出台与国际接轨的制度规定，建立健全规范统一、公开透明的营商规制体系。通过购买服务等方式引进港澳和国外国际法律顾问，提高政府部门和公共机构的国际化运作水平。加强知识产权保护，在涉外知识产权领域，遵循中外当事人一律平等、公开透明等原则，维护良好的贸易投资和公平竞争环境。

（12）引进国际化行业规则。借助驻穗领事馆、粤港澳合作等平台，引入国际先进的行业职业准则、行业培训标准、职业评估标准等，促进行业准则国际化。充分发挥行业协会、商会及民间渠道对外合作交流的作用，探索将专业性、行业性对外合作事项委托给行业协会承担，鼓励通过行业协会开展各领域交流合作。引入国际行业资格认证，实现行业证书与国际标准的对接，全面提升行业服务水平。

（13）加强居民国际规则意识培养。通过海报宣传、标志物设立、志愿

者服务等方式引导行人、非机动车辆各行其道，对于行人交通违法行为坚决予以纠正，提升市民交通规则意识。设立相关荣誉称号，举办"文明中国人"等品牌活动，开展市民德育教育，倡导热情、友善、诚信、守法、文明的市民行为。支持中外志愿者共同做好垃圾分类、排队候车、先下后上、不闯红灯、不抢道、不按喇叭等自我服务管理工作，提高城区公共文明水平。

E：追求优质（Extraordinary），提供一流政务服务环境

（14）国际化社区建设机制创新。将国际化先导城区建设的着力点放在国际化社区建设上，配套《行动计划》出台《关于推进福田区国际化社区建设"五个一工程"的实施意见》。充分发挥"五个一工程"的杠杆作用，力争在辖区各街道（至少 1 个社区）形成"一街一网一站一队一精品活动"，即一条国际街（区）、一张外国人综合服务网络、一个国际友人联络站（点）、一支外籍志愿者队伍、一个国际化特色精品活动。将"国际化社区建设机制创新"纳入福田区 2014 年重点改革项目计划予以大力推进，撬动各街道建设一批"有标准设施、有服务载体、有管理创新、有国际氛围、有人文价值"的国际化示范社区，从而推动福田国际化城区建设的整体水平。

（15）完善外籍志愿者服务队。壮大"福田之友"外籍志愿者服务队，健全队伍招募、管理、培训、联络机制，依托街道义工联成立外籍志愿者街道小分队，引导外籍居民积极参加社区志愿活动。鼓励外籍志愿者依照相关条例"自我组织、自我管理"，设立志愿服务"项目菜单"，注重发挥特长优势，组织开展特色化、专业化服务项目活动，打造特色品牌。建立外籍志愿者融合参与机制，依托社区综合服务中心，采取"社工＋义工"形式，支持中外志愿者共同做好居民自我服务管理工作。

（16）提高公共服务国际化水平。加强皇岗、福田等口岸区域基础设施与通关服务建设，推进出入境便利化。积极引进国际高端教育资源，发展中外合作办学，力争 2014 年底前完成 1～2 所国际学校的立项申报工作。扩大国际化师资队伍，健全外籍教师引进和本地教师输出机制。完善加快区人民医院与区中医院后期工程项目的建设，全面提升公立医院、民营医院和社区健康服务中心服务水平。推动成立福田中医国际诊疗中心，探索建立多语种就医服务模式。加强对街道社区窗口行业服务人员外语、外事礼仪、涉外法规法则知识的培训，全面提高双语服务水平。

三、福田中心城区国际化建设的策略思考

国际化城市建设是一个多元参与共建的大范畴，城市的统一规划、统筹发展至关重要。而区一级政府，尤其是中心城区，完全可以充分发挥主观能动性，在城区的国际化建设并且主要是国际化环境建设方面发挥重要作用。

（一）转变单纯强调经济增长的发展理念，全面实施"环境引领"战略

从建设国际化城区角度来看，全面实施"环境引领"战略，有助于纠正以往对"发展"概念的庸俗化理解，政府的工作重心将"回归"本业，明确由"抓经济"变为"抓环境"，而且是打造优质发展环境，致力于公共服务、市场监管、社会管理、环境保护的综合提升，这正是为国际化建设打基础、利长远的事情。随着"环境引领"战略的全面实施，福田的发展环境必然进一步优化，宜居、宜业、宜商的环境指数也必将大幅提升，这些都是不断增强中心城区国际影响力和辐射力的前提和基础。同时，实施"环境引领"战略也是全面深化改革的必然要求。党的十八大报告指出，"建设中国特色社会主义，总依据是社会主义初级阶段，总布局是五位一体，总任务是实现社会主义现代化和中华民族伟大复兴。"从理论体系延伸来讲，"五位一体"总体布局属于中国特色社会主义理论体系范畴，是科学发展观的演变深化和具体化。将经济、政治、文化、社会、生态文明的方方面面涵盖其中的发展，就是全面、协调、可持续的发展，就是科学发展。党的十八届三中全会更是明确界定了"政府的职责和作用"，主要是：保持宏观经济稳定，加强和优化公共服务，保障公平竞争，加强市场监管，维

护市场秩序，推动可持续发展，促进共同富裕，弥补市场失灵。作为地方基层政府，更要强化在公共服务、市场监管、社会管理、环境保护等方面的职责作用。

（二）环境建设多元主体，广泛参与共建，尽可能多地融入国际元素

实施"环境引领"战略必须要形成社会广泛参与的积极态势。政府不仅要顺应这种态势，而且要主导和引导社会与市场。一是要"放"。大力推广政府购买服务，增强认识，加大向社会购买服务力度。凡属事务性管理服务，逐渐都要引入竞争机制，通过合同、委托等方式向社会购买。进一步优化商务服务业发展环境，着力聚集更多龙头企业和高端服务品牌，重点推进若干特色商务服务集聚区建设，逐步形成功能完善、服务规范、与国际接轨的商务服务体系。二是要"引"。推进金融、教育、文化、医疗等服务业领域有序开放，积极引进育幼养老、建筑设计、会计审计、商贸物流、电子商务等国外、境外服务业领域的优质资源、机构和企业。建设国际组织和机构区域总部与重要职能部门的聚集区，紧紧抓住特区一体化和深港穗都市圈建设以及国家支持自贸区发展的契机，强化福田区与国内外的经济合作，在合理化布局的前提下，提升国际化产业体系的核心竞争力和创新力。三是要"扩"。不断扩大社区自治权，促进市民群众在社区治理、基层公共事务和公益事业中依法自我管理、自我服务、自我监督，以此来持续推动社区环境建设。探索建立国际化城区管理标准体系，坚持以国际化标准加快推进城区宜居环境建设。城区管理和建设要做到精细化、人性化，通过邀请国际知名设计团队参与设计城区建设，打造更高标准的城区景观，建设宜业宜居、低碳生态、舒适休闲的生活环境，推动城区环境建设向优质精细的国际化高标准高要求进一步提升。

（三）科学设置国际化发展环境战略实施情况评价体系

在现有行政管理模式下，实施"环境引领"战略、推进国际化建设，科学重置评估体系，是亟须开展的重要工作。目前，考虑重构十项评估项

目：一是开放型经济发展评估体系。全面评估政府各部门在广度和深度上推进市场化改革，大幅度减少政府对资源的直接配置，推动资源配置依据市场规则、市场价格、市场竞争，大幅提升对外企、外资的吸引力。二是"开门"行政服务评估体系，考评各层次各领域扩大公民有序参与的力度与广度，引入外籍人士参与评价。三是公共文化服务和现代文化市场评估体系，对文化公共服务和市场效益进行量化测算，增加国际化的衡量指数。四是公共服务和社会管理网络评估体系，对教育、医疗水平及国际化程度、社会和谐度、幸福指数、做同步跟踪监测。五是生态文明评估体系，将国土资源节约集约化利用、生态环境保护纳入统一范畴，探索评价标准与国际接轨。六是重大决策社会稳定风险评估体系。全面考评群众诉求表达、心理干预、矛盾调处、涉外隐患、权益保障机制等风险系数和应对能力水平。七是隐患排查治理体系和安全预防控制评估体系，在安全生产管理机制改革和安全社区创建工作基础上，构建辖区安全管理大数据库，以数字化手段遏制重特大安全事故，持续推进国际化社区建设。八是社会信用评估体系，加强政务诚信、商务诚信、社会诚信和司法公信度的评估。九是技术创新评估体系，强化以企业为主体、市场为导向、产学研相结合的科技产业、创新团队引进方向，加强国际技术交流合作。十是劳动标准和劳动关系评估体系，要把劳动保障监察和争议调解仲裁数据化，企业和谐劳动关系指数化，细化评估等级，设置专门针对外企和外籍来福田就业人员的评价参数。

（四）以环境战略理念重构政府绩效管理体系，助推政府行政服务优质化

便捷、高效的行政服务也是国际化城市的一个硬性要求，很难想象一个官僚体制僵化的城市管理团队可以治理出开放、包容、有序、有吸引力的国际都会。福田作为中心城区，应该在行政管理与服务方面代表全市的水平，要以绩效考核这样的现代政府治理方式来推动，通过优化政府机构设置、职能配置、工作流程，完善决策权、执行权、监督权，用"环境引领"战略理念重构考核体系，形成既相互制约又相互协调的行政运行机制。

一是要改革政绩考核机制，着力解决"形象工程"、"政绩工程"以及不作为、乱作为等问题。二是要确立民意导向。凡是涉及群众切身利益的决策都要充分听取群众意见，凡是损害群众利益的做法都要坚决防止和纠正。三是要落实好权责清单改革，完善各领域办事公开制度，推进决策公开、管理公开、服务公开、结果公开。四是要严格绩效管理，突出责任落实，确保权责一致。

（五）加快建设法治城区，全面提升法治化治理能力

法治属现代治理体系范畴，是现代治理能力的一种根本手段，高度法治化是现代国际化都市环境的显著标志。从某种意义上说，现代化、国际化的城区环境，就是依托法的精神、法律制度和法治体系构建起来的高度法治化的城市环境。全面提升法治化治理能力，是福田实施"环境引领"战略的核心内容。一是要建设法治化营商环境，最大程度上保证辖区内市场竞争公开公平公正。二是要打造法治政府。建立法律顾问制度，完善和细化规范性文件、重大决策合法性审查机制。继续完善行政执法程序，规范执法自由裁量权，加强对行政执法的监督，全面落实行政执法责任制，打造严格规范公正文明执法城区。强化行政复议工作，推行行政复议案件审理机制改革，及时纠正违法或不当行政行为。不断提高领导干部运用法治思维和法治方式深化改革、推动发展、化解矛盾、维护稳定能力。三是要在中央、省、市统一主导下，强力推进审判权和检察权运行机制改革，积极试点探索法官、检察官独立序列管理，争取区域性知识产权法院落户我区。四是要不断完善人民调解、行政调解、司法调解联动工作体系，建立调处化解矛盾纠纷综合机制。

总而言之，就是要通过全方位、多层次的改革与提升，为中心城区的国际化建设注入新活力、新动力。

发展临空经济，提升深圳湾区经济能级

深圳市宝安区人民政府

湾区经济是世界一流滨海城市的显著特征。从纽约湾区、旧金山湾区、东京湾区等世界各大湾区经济发展经验来看，国际性大都市、区域性中心城市都有一个国际性的枢纽机场作重要支撑。从某种意义上说，国际性枢纽机场引发和形成了临空经济，临空经济不仅是湾区经济的重要内容，而且推进着湾区经济向纵深发展。深圳机场处于珠江口湾区核心位置、广深港核心发展走廊和广佛肇、深惠莞、珠中江三大城市圈交汇处，机场及周边现代化综合交通体系完备，具有突出的战略区位优势，是开放性区域经济的重要增长。发展临空经济，是深圳湾区经济的应有之义。

一、临空经济是区域经济发展的重要引擎

临空经济，是指依托于大型机场的吸引力和辐射力，由直接服务于航空运输、依托航空运输的相关产业和具有明显航空指向性的产业组成的、在机场及周边地区发展起来的区域经济体系。究其实质，临空经济是依托机场人流、物流的优势，通过航空运输带动产业发展和集聚的经济发展模式。

依托于枢纽机场的辐射力，临空经济区呈现环形结构：中心机场环、商业服务环、制造配送环和外围环。中心机场环位于机场周边1公里范围内，包括机场机构、直接与航空运输相关的产业、机场商务等。商业服务

环位于机场周边 1~5 公里范围内，主要是为空港运营、航空公司职员和旅客提供航空直接相关的商业服务，如超市、金融服务、餐饮等。制造配送环位于机场周边 5~10 公里或 15 分钟车程可达范围内，主要是利用机场交通优势的高时效性、高附加值的产业。外围环是机场周边 10~15 公里范围内，主要是住宿、商务服务、休闲等产业。

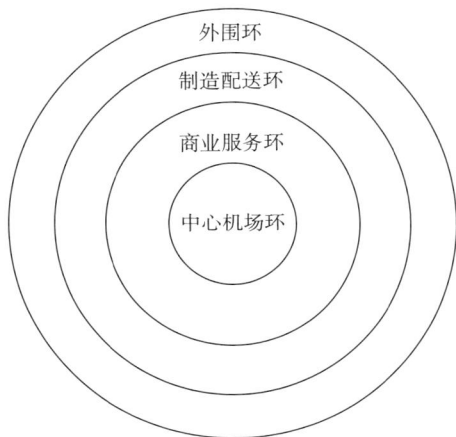

图 1   临空经济区的环形结构

临空经济能够引发三大正向效应。一是投资倍增效应。航空公司每新投入一架飞机，至少相当于引进一家亿元级的企业，机场每引进一家国内航空公司基地，将带来 30~50 家的航空上下游相关企业，若是引进国际航空公司基地，投资效应将更加突出。二是创新扩散效应。临空制造业产品的时间价值指向较高，生命周期相对较短，只有迅速占领市场，才能获得高额利润。空港直接与国内、国际各大城市互联互通，产业链上各种创新要素、资源和信息实现了快速流动，临空制造业产品推陈出新、升级换代的速度加快。三是城市空间布局的优化效应。现代空港不仅极大改善了城市交通运输面貌，特别是湾区地带，机场往往直接与海港、铁路、高速公路直接相连，无缝对接，世界级机场更是按照"一座机场一座城"的理念来进行设计与建设，使得城市发展空间布局向多中心、均衡式发展。但需要注意的是，不是有了机场就一定能够形成临空经济。除了机场自身条件与周边配套设施等硬件支撑外，临空经济的发展需要空港所在区域具有较强的经济实力。国际经验表明，空港所在区域人均 GDP 达到 3000 美元以上，才能保证临空经济的稳定和健康发展。2013 年，按常住人口计算，深圳市人均 GDP 达 2.2 万美元，机场所在的宝安区人均 GDP 达 1.2 万美元，均远远超出人均 3000 美元的水平，为临空经济的发展提供了良好的经济支撑。

二、临空产业的基本类型

临空产业具有特定的航空指向性，按照与航空业务联系的紧密程度，临空产业主要集聚吸引以下几类。

（1）高端服务经济：包括直接为机场设施、航空公司及其他驻机场机构提供服务的航空配套产业、航空维护服务、航空食品加工业、航空信息服务、餐饮业、零售业等服务业；以及为航空旅客、空乘人员等高端消费群体提供服务的休闲娱乐产业。

（2）航空物流经济：在临空经济区域内发展运输、仓储、配送以及第三方物流等物流业，具有天然的区位优势。

（3）创新经济：包括航空制造业、临空指向性较强且附加值较高的电子信息、生物医药等高新技术产业。

据相关统计，我国国内、国际航线货邮运价分别为 2.02 元/吨公里和 1.69 元/吨公里，均大大高于公路平均运输成本 0.6 元/吨公里、铁路 0.13 元/吨公里的水平。因此，只有体积小、重量轻、附加值高且时间敏感度高的电子信息、生物医药等高新技术产业，才适合于在临空经济区内发展。

（4）总部经济：随着临空经济区的发展，高档办公设施的完善，航空公司的地区总部以及高新技术企业不断地向临空经济区集中，从而形成了总部经济。

三、深圳市临空经济的发展状况

（一）深圳机场的基本概况

深圳机场是全国和亚太地区重要的交通枢纽之一，是集海、陆、空联运为一体的现代化、国际化空港。截至 2013 年底，深圳机场开通航线 151 条，其中国内航线 128 条，港澳地区航线 3 条，国际航线 20 条，全货运航线 20 条；通达国内外 102 个城市，其中国内城市 82 个，5 个港澳台地区城市，15 个国际城市；共有 36 家国内外航空公司在深圳机场运作，其中国际（地区）航空公司 11 家，客货运基地航空公司 9 家。2013 年，深圳机场完成旅客吞吐量 3226.85 万人次，在国内机场中排名第 6 位；货邮吞吐量 91.35 万吨，在国内机场中排名第 4 位；航班起降 25.74 万架次，在国内机场中排名第 4 位。在国际机场协会（ACI）全球机场报告中，深圳机场排名全球客运第 49 位和货运第 24 位。

表 1 国内主要机场 2013 年运行数据比较

机场	旅客吞吐量（万人次）	货邮吞吐量（万吨）	航班起降（万次）	单位航班旅客吞吐量	单位航班货邮吞吐量
首都机场	8371.24	184.37	56.78	147.4	3.2
浦东机场	4718.89	292.85	37.12	127.1	7.9
虹桥机场	3559.96	43.51	24.39	146.0	1.8
白云机场	5245.03	130.97	39.44	133.0	3.3
双流机场	3344.46	50.14	25.05	133.5	2.0
深圳机场	3226.84	91.35	25.74	125.3	3.5

数据来源：中国民用航空局，2013 年全国机场生产统计公报。

与首都机场、浦东机场和白云机场等机场相比，深圳机场在旅客吞吐量、货邮吞吐量和航班起降架次的绝对数值上均存在着一定的差距，但在运行效率上，深圳机场与首都机场等几乎不相上下，其中，单位航班的货邮吞吐量在六大机场中排第二位，仅次于浦东机场。

（二）深圳市临空产业的发展状况

深圳市临空经济具备良好的发展基础。首先，深圳机场自身的盈利能力较强，自 20 世纪 90 年代投入运营以来，机场虽已度过了高速发展期，但近年来总体上依然保持稳步增长态势。2013 年，毛利率为 34%，净资产收益率为 6.65%。从营业收入结构看，航空主业、航空增值业务、航空物流

和航空广告等四块业务是机场的主要收入来源，2013 年的营业收入分别为
14.34 亿、2.20 亿、6.18 亿和 1.87 亿元，分别占机场营业总收入的
56.33%、8.63%、24.28% 和 7.35%。其中，航空主业和航空物流两项业
务收入占全部营业收入比重的八成以上。相比 2011 年，航空物流所占比重
提高了 10.65%，在机场业务中的重要性更加突出。从成本上看，航空主
业、航空增值业务、航空物流和航空广告等四块业务中，除航空主业成本
增长 28.36% 外，其他三块业务成本分别下降了 2.79%、1.17% 和 6.08%。
虽然因建设 T3 航站楼，机场 2013 年的资产负债率相比往年有较大提高，达
到 34.1%，但依然处于风险较低的水平。

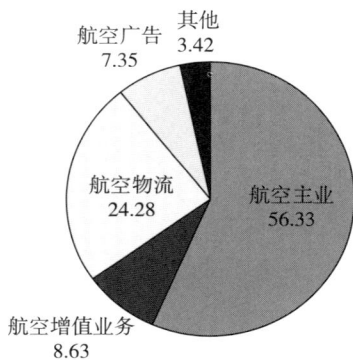

航空广告 7.35
其他 3.42
航空物流 24.28
航空主业 56.33
航空增值业务 8.63

图 2　深圳机场 2013 年营业收入结构

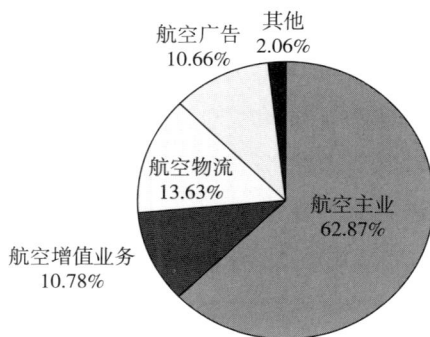

航空广告 10.66%
其他 2.06%
航空物流 13.63%
航空主业 62.87%
航空增值业务 10.78%

图 3　深圳机场 2011 年营业收入结构

根据中国民航局分析报告，我国机场每百万航空旅客吞吐量可以产生
总经济效益 18.1 亿元，相关就业岗位 5300 多个。比照深圳机场 2013 年的

客、货运生产指标,按照国际民航对运输总量的通用换算方法,深圳机场全年总计产生经济效益 768 亿元,就业岗位 22.5 万个,为深圳市社会经济发展和城市综合竞争力的提升做出了重要贡献。机场对所在区域的产业经济产生了巨大的影响。福永、西乡街道汇聚了汉莎、艾默生、东芝、日立等世界 500 强投资的法人企业 28 家,国家高新技术企业 189 家,规模以上工业企业 785 家。2013 年,两个街道的 GDP 合计 826 亿元,占宝安区的40.6%。临空制造业方面,电子信息制造业独领风骚,年产值规模达千亿元,占宝安区电子信息制造业的 50%;生物医药、新材料及汽车制造业等高技术产业发展迅速,产值逼近 100 亿元大关;飞机维修企业 2 家,产值3.6 亿元,占全市该行业的 100%。

临空服务业方面,机场优势促进了物流业迅猛发展,FedEx、DHL、美国联合包裹航空公司(UPS)、新加坡叶水福(YCH)、德国汉莎航空货运、翡翠航空货运、大田等入驻机场航空物流园;顺丰(速运)集团落户机场航空货运站,宝安区物流业增加值连续多年在全市各区中位居第一。高端服务业发展迅速,拥有沃尔玛、港隆城、人人乐等 16 家大型商场,世纪车城汽车交易市场、西部航城钢材交易中心等 12 个专业市场;科技服务业、文化创意产业也发展迅速。

深圳市临空经济发展中也存在着一些问题:一是临空产业的临空指向性还不强。临空制造业中,电子信息、生物等高新技术产业虽然发展基础较好,但以加工制造为主,科技研发机构较少;临空服务业主要集中在物流业,机场周边 5 公里内的高星级酒店仅 3 家,金融等现代服务业欠发达,传统服务业数量多但缺少特色,整体档次较低。二是临空经济区内城市规划水平不高。配套好、上档次的产业园区和住宅区不多,旧工业区鳞次栉比,建筑标准普遍较低;村民住宅区基本没有规划,违章建筑不少;医疗、电力、道路交通、污水处理等公共设施历史欠账较多。三是机场周边区域的人文环境有待提升。机场所在的西乡和福永两个街道户籍人口 12.8 万,实际管理人口近 200 万,人口结构严重倒挂,外来人口的综合素质总体偏低,流动性大,社会管理压力大;城市管理等方面精细化程度不高,一些社区内部环境脏、乱、差现象严重。

四、深圳市临空经济进一步发展的建议

2013 年 11 月 28 日，深圳机场 T3 航站楼正式启用，标志着深圳临空经济发展进入了新的阶段。T3 航站楼设计保障旅客吞吐量为 4500 万人次/年，可起降世界上所有型号的飞机，对外交通四通八达。深中通道、深港机场联络线开通后，深圳将进一步拓展经济纵深，形成连接香港、广州、佛山、珠海的"1 小时经济圈"，从而为深圳市在更大范围、更高层次参与全球经济竞争合作，形成产业发达、开放互动、区域协同的湾区经济发展联动效应，实现更高质量、更高能级的发展提供了有力的支撑。

深圳市临空经济进一步发展的建议如下。

（一）建立市港联动机制，进一步发挥空港立体交通优势

临空经济区作为区域的增长极，对周围地区的负面影响是回波效应，即空港吸引人口、资本等生产要素从其他地区流入，使机场临近地区越来越发达，相距较远的欠发达地区因要素流出而越来越落后，由此强化了区域经济不平衡现象。市里需要加强统筹，建立市港联动的合作机制，加强与机场集团及其下属公司的互访互动，加大与机场协同发展的力度，将全市湾区经济、城市发展规划与机场的发展规划有效对接，协调整合机场及其下属公司空置的产业园区、商务办公资源，布局发展深圳市和宝安区的重大产业，真正实现湾区经济下的产城融合。

（二）发展航空航天电子，进一步突出电子信息产业优势

中国航空航天电子的市场需求主要是民航空管设备和机载电子设备两大方面，其中，机载电子设备附加值高，在飞机的生产成本中占 40% 以上，市场空间在 1000 亿美元以上。深圳市是电子信息制造业大市，拥有完善的电子信息制造业生产、研发和配套体系，在计算机、通信设备、导航和 RFID 等领域具有相当的竞争优势。大力发展航空航天机载电子设备，是深圳市电子信息制造业转型升级的一个重要方向。市政府及宝安区在对接中

国航空工业集团、中国航天科技集团等央企方面已经开展了一些基础性的前期工作。目前,航空航天产业已被深圳市列入未来产业,市政府出台了《深圳市未来产业发展政策》(深府〔2013〕122 号),对航空航天等未来产业进行较大力度的扶持,下一步是吸引航空航天优质项目落户深圳,促进本土航空航天产业发展壮大,进一步完善和提升电子信息制造业产业体系。

(三)打造临空总部集群,进一步提升湾区经济发展质量

机场周边 15 分钟车程范围内,集聚了大铲湾、深圳超材料产业集聚区、立新湖战略性新兴产业基地、桃花源科技创新园、海纳百川中小企业总部大厦等宝安区最为优质的产业载体,30 分钟左右的车程,有留仙洞总部基地和深圳湾超级总部基地。湾区经济中的临空服务业应以总部经济为主导,以商务办公、城市综合体为辅助,充分利用机场周边山清水秀的自然环境优势,吸引世界 500 强、跨国公司、央企和大型民营龙头企业投资入驻,力争形成汇集 200~300 家左右的上市企业总部、航空公司、跨国公司等总部和区域总部集聚区,打造深圳湾区更高质量的经济形态。

(四)优化商务会展休闲档次,进一步强化空港辐射功能

依托 T3 航站楼启用后带来的更大量人流、物流、信息流,大力发展免税商店、商务贸易、金融保险、电子商务、广告咨询等现代服务业,完善空港的旅游集散功能;围绕航班延误滞留人员和商务人群等差异化需求,加快发展经济型酒店、星级酒店和休闲度假酒店;针对空港工作人员和城市白领的消费需求,建设开发城市综合体、大型购物中心、特色美食等高端商贸项目;建设深圳第二会展中心,积极举办与航空运输关联度较大的航空航天、电子信息、生物医药等专业化国际会展,以及航空航天科技文化交流会议;使深圳市成为国际性的空港商务服务中心。

(五)创建空乘培训基地,进一步完善临空服务业体系

随着民航业的快速发展,民航专业人才总量不足的矛盾越来越突出。目前,国际民航业的平均人机比是 100∶1,而我国民航业的平均人机比是 200∶1。据有关部门推算,未来 10 年,我国至少需要民航类人才 50 万人以

上。民航相关专业因此成为全国高校就业率最高的专业。与此同时，国内公办民航院校的人才培养模式至今仍然存在着较大不足，就是注重培养民航科技型人才，而培养民航服务型人才的专业学校只有 1 家，空乘人员的供需比例严重失衡。为吸引高素质空乘人员，国内航空公司往往是与民航院校合作办学，定向培养空乘人员。作为国内一线城市，深圳市完全可以与民航院校合作，借助城市和机场的双重吸引力，与民航院校合作设立空乘服务等特色学院，为机场和航空公司输送空乘专业人才。亦可以探索设立空乘培训基地，定期举办或承办民航空姐大赛，提升深圳城市和湾区经济的品牌形象。

附表 1 　　　　　　　　世界部分机场综合开发情况

机场名称	紧邻空港区	空港相邻区及交通走廊地带
美国奥兰多机场	货运中心、贸易港、自由贸易区、工业园、购物中心	迪士尼世界
美国亚特兰大机场	货运大楼、飞机维修工厂、贸易港、宾馆	世界会议中心、亚特兰大球场、时装商业中心
法国戴高乐机场	货运区、物流中心、商务中心、小型样品会场、宾馆、工业园	拉德方斯（商务、公园、博物馆）
法国里昂机场	货运中心、飞机维修厂、宾馆、商务中心、郊外型购物中心	阿尔普斯滑雪胜地
法国尼斯机场	货运中心、国际海洋避暑胜地	宾馆、餐厅、戏院、购物中心、戛纳会议中心
德国法兰克福机场	货运中心、飞机维修工厂、宾馆、购物中心、国际商务中心	法兰克福博览会
英国伯明翰机场	货运大楼、国际展览中心	阿斯通科学园、沃力克大学科学园、伯明翰科学园、丰田工厂
意大利罗马机场	货运大楼、工业园、商务中心	万博会场
日本东京成田机场	货运楼、飞机食品供应工厂、机务维修工厂、宾馆、临空工业园	临空工业园、货物中心、博览会、东京迪士尼乐园、筑波科学城
韩国首尔金浦机场	货运航站楼、临空工业园区	世界贸易中心、国际会议中心
新加坡樟宜机场	货运中心、自由贸易区、罗亚工业园区	游艇基地、世界贸易中心、科学公园、工业园区、中国庭院

附表 2   国内主要机场综合开发情况

机场名称	主要园区	园区性质和功能定位
首都机场	天竺空港工业区	电子信息、生物制药、光电一体化、新材料、仓储保税等五大产业
	空港物流基地	物流仓储、生产加工
	林河工业开发区	微电子、光机电一体化、数控机床、汽车零部件、集成电路等
	北京汽车生产基地	汽车整车组装、汽车零部件、部件模具设计制造等
	天竺空港经济开发区	教育、卫生、商业、展览、高新技术产业、金融服务和住宅
	天竺综合保税区	口岸通关、保税物流、出口加工
	国门商务区	航空公司总部经济和现代服务业
浦东机场	空港物流园区	海关监管仓储区、近机坪设施区、保税仓储加工区
	"一城两镇"	现代园艺农业区、临空产业区、商贸居住区、工业区、海滨乐园、水运区等
天津滨海机场	空港国际物流园区	国际、国内航空货物的仓储、分拨、配送、整理、加工、展销等
	空港物流加工区	物流、电子信息、机械、制药、汽车零部件、新材料、新能源
厦门高崎机场	厦门航空工业区	飞机维修基地、航空工业
珠海机场	珠海航空城	商贸金融、航空博览、航空维修、高新技术、仓储保税、旅游观光
香港机场	迪士尼主题公园	主题乐园、酒店、购物、饮食及娱乐设施
	东涌新市镇	居住区及配套的商业、休憩用地、政府/机构/社区设施
	航天城	航天广场、展览中心
	商贸港	商业中心、大型展览和工商展销会
台湾桃园机场	货运航站楼、机上食品供应工厂、宾馆、航空科学城、桃园工业园	世界贸易中心、TWTC 展示厅、国际贸易大厦、国际会议中心

龙岗区打造深圳"湾区经济"
产业核心功能区研究

深圳市龙岗区人民政府

2014年，是深圳贯彻落实党的十八届三中全会全面深化改革的元年，也是深圳经济转型升级战略部署的关键年。深圳市委五届十八次全会提出，要牢牢把握"市场化、法治化、国际化"主攻方向，以前海开发开放为契机，率先在重点领域和关键环节改革上取得重点突破。"聚焦湾区经济，打造更高质量的经济形态"是全面深化改革的关键环节，也是提升深圳国际化发展质量，率先树立国际化城市新标杆的重要途径。市长许勤在市委五届人民代表大会第六次会议上的政府工作报告提出，要打造产业发达、功能强大、开放互动、区域协同的湾区经济，在更大范围、更高层次参与全球经济竞争合作，实现更高质量、更高层级的发展。龙岗作为深圳的重要组成部分，如何在深圳"湾区经济"战略大背景下，找准自身发展定位，积极对接、融入"湾区经济"，将是个需要迫切思考的课题。

一、湾区经济的概念与特征

目前，学术界对"湾区经济"并没有一个经济学意义上的严格统一的概念。因此，总结世界"湾区经济"发展的经验是理解"湾区经济"的重要途径之一。

从世界经济版图看，全球 60% 的经济总量集中在入海口，70% 的工业资本和人口集中在海岸带地区，排名前 50 名的特大城市中，港口城市占到 90% 以上。目前，世界范围内比较有代表性的湾区主要有荷兰鹿特丹、日本东京湾区、美国纽约湾区和旧金山湾区，它们代表了世界"湾区经济"发展的四种典型形态。鹿特丹依托优良的港口基础设施，成为欧洲最大的海港，是湾区"港口经济"模式的典型代表。东京湾区沿岸的京滨工业带、京叶工业带聚集日本 26.8% 制造业企业，是湾区"工业经济"模式的典型代表。美国纽约湾区是世界金融中心和企业总部聚集区，是以总部经济为主的湾区"服务经济"形态。旧金山湾区则以硅谷世界创新中心为特色，形成"创新经济"的湾区模式。

以上四种"湾区经济"发展形态，其发展模式、发展路径和发展结果各不相同，但我们依然可以从中总结规律，给出"湾区经济"的一个基本概念："湾区经济"是一种依托沿海地区大型港口群和城镇群，以湾区地理、生态优势为发展基础，而形成的以航运、贸易、金融、科技等核心产业业态带动的开放型、创新型、集聚型、国际化的高质量区域综合经济形态。以旧金山湾区经济为例，它具有几个显著特征：一是高新技术产业聚集区，以计算机和电子产品、通信、多媒体、生物科技、环境技术等高新技术产业为主；二是世界级研发创新区，拥有斯坦福大学、加州大学伯克利分校、航天局艾姆斯研究中心等世界级的大学和研究机构；三是公认的高端人才聚集区，集聚了数十位诺奖获得者、上千名院士等；四是宜居宜业的人居环境，海岸线、森林、气候等自然条件优越；五是强大的国际影响力，是世界范围内信息技术、生物技术等产业的"最高地"。

二、深圳打造"湾区经济"背景与意义

（一）贯彻落实习总书记"一带一路"战略的需要

2008 年以来，全球经济进入后危机时代，世界主要经济体纷纷做出发展战略的重大调整，以美国、欧洲为代表的西方发达国家和地区先后提出

再工业化计划或工业回归计划。面临外部需求市场的急剧萎缩和内部需求市场的增长缓慢，我国也做出了经济发展战略的重大调整。一方面，通过深化经济体制改革来转变经济发展方式和提升内部消费需求；另一方面，通过扩大对外开放，建设"丝绸之路经济带和海上丝绸之路"的战略调整来开拓外部需求市场。

2013 年 9 月和 10 月，习近平主席访问哈萨克斯坦和印尼时分别提出共建丝绸之路经济带和"21 世纪海上丝绸之路"，统称"一带一路"。并表示，"一带一路"的基本要义是借用千古传诵的古代丝绸之路的历史符号，突出和平发展、合作共赢的时代主题，积极主动地发展同沿线国家的经济合作，共同打造政治互信、经济融合、文化包容的利益共同体和命运共同体。深圳作为众多布局新海上丝绸之路的城市之一，拥有一个其他城市罕有的特色——湾区经济。2014 年，深圳首次将"湾区经济"写进市政府工作报告。而且从整个粤港澳地区的发展实际看，完全有条件、有基础、有"底气"打造比肩世界一流的湾区，在国家"21 世纪海上丝绸之路"建设中发挥重要作用。市长许勤强调，深圳将力争打造世界一流的湾区经济，借此将深圳打造成为"21 世纪海上丝绸之路"的枢纽城市。

（二）呼应广东省海洋经济战略的需要

2011 年国务院批复《广东海洋经济综合试验区发展规划》，2012 年 5 月广东省政府颁布《广东海洋经济地图》，首次在全国首部海洋经济地图中明确提出，广东海洋经济发展将划定"六湾区一半岛"（大汕头湾区、大红海湾区、环大亚湾湾区、环珠江口湾区、大广海湾区、大海陵湾区以及雷州半岛），打破行政界线，以湾区为单位进行发展，辐射内陆经济，对粤东、粤西海洋经济进行重点开发。

把海洋因素提升为战略性资源，大力发展海洋经济和创建海洋科学发展示范区，不仅是广东省经济发展的重大战略部署，也是深圳经济进一步发展的重大战略机遇。深圳就处于"六湾区一半岛"中的环珠江口湾区，该湾区是六湾区一半岛中最具活力、最具实力、最具发展潜力的地域，拥有海域面积 1145 平方千米，海岸线长 257.3 千米，岛屿 39 个，陆地总面积与海域总面积之比为 1：0.59。显然，对于深圳而言，将海洋资源纳入城市、经济、社会活动的布局，走"湾区经济"的发展模式，正是对海洋战略性资源的重新认识，以及落实广东省海洋经济战略的一种呼应和战略部署。

（三）深圳经济转型升级的需要

改革开放三十多年来，从引进"三来一补"加工制造业起步，到发展以电子信息产业为龙头的高新技术产业，再到打造四大支柱产业，深圳持续推动着产业发展和转型升级。近年来深圳在探索推动科学发展的进程中，提出了由"深圳质量"到创新驱动，再到低碳发展等一脉相承的科学发展理念。

今天，"湾区经济"同样是体现深圳质量、创新驱动、低碳发展等理念的发展模式，是体现深圳市委市政府国际思维和开阔视野的发展模式，以及深圳经济社会转型升级发展的新思路。在转型期提出这个新思路，反映出深圳加快转型升级、实现有质量发展的决心和信心。充分认识自身的区域优势和产业基础优势，树立海洋资源意识，走"湾区经济"发展之路，可以使深圳的海洋区位优势得到进一步巩固，并可利用海洋经济外向度高的特点，充分利用国内外两种资源、两个市场，进一步拓展对外开放的广度和深度，承接国际产业转移，在更高层次、更宽领域参与国际合作与竞争，实现经济更高层次的、更有质量的发展，推动现代化国际化城市建设步伐。

（四）提升深圳经济掌控力和产业话语权的需要

经过三十多年的发展，深圳经济建设取得了巨大的成就。2013 年全市 GDP 达 14500 亿元，人均 GDP 2.2 万美元，进出口总额 5373 亿美元，其中出口超过 3000 亿美元，进口 1046 万。然而，面对发达国家再工业化，劳动密集型产业向印度、东南亚等国家和地区再转移的全球经济调整的新格局，深圳的经济掌控力和产业话语权仍显不足。例如，与旧金山湾区相比较，GDP 总量规模仅相当于旧金山湾区十多年前的水平；在产业的全球影响力上，深圳仅在电子信息和通信产业的制造领域具有一定的影响力，而旧金山湾区则是世界著名的创新中心。

正如党的十八届三中全会《中共中央关于全面深化改革若干重大问题的决定》强调，适应经济全球化新形势，必须推动对内对外开放相互促进、引进来和走出去更好结合，促进国际国内要素有序自由流动、资源高效配置、市场深度融合，加快培育参与和引领国际经济合作竞争新优势，以开放促改革。打造"湾区经济"，正是深圳在充分认识经济全球化新形势的基础上，主动作为，积极部署，进一步开创对外开放新局面，不断提高自身经济区域竞争力和产业全球影响力的战略选择。

三、龙岗区发展湾区经济的战略机遇与定位

龙岗地处深圳东北部，为深莞惠区域的地理中心，历来都是深圳的产业大区和深圳经济向东辐射的"桥头堡"。在深圳发展"湾区经济"的大课题下，立足自身优势，紧抓战略机遇，找准发展定位，是龙岗区发展"湾区经济"的关键。

（一）战略机遇

1. 全面深化改革带来制度战略机遇

党的十八届三中全会吹响了全面深化改革的集结号，推出了涵盖经济社会发展等15个重点领域的60项具体改革任务，范围之广、力度之大，前所未有。龙岗地处深圳特区这一改革开放的前沿，拥有丰富的改革开放先行先试基础和经验，更传承了敢为天下人先的特区精神。在新一轮的全面深化改革进程中，更不缺乏改革创新的澎湃激情。在全面深化改革进程中，深圳市委提出以市场化、法治化、国际化和前海开发开放牵引和带动的"三化一平台"改革攻坚战略；龙岗区委全面推动区级层面5项重点改革、部门层面13项重点改革及社会各领域"微改革、微创新"的"5＋13＋N"改革格局。随着这些改革措施的深入推进，必将为龙岗发展湾区经济带来更多的改革红利和制度战略机遇。

2. 世界新兴产业浪潮带来产业升级机遇

进入 21 世纪，随着相关领域关键技术的突破，世界产业发展出现了新一轮新兴产业集中涌现的浪潮，新能源、生物技术、智能制造（3D 打印）、新一代信息技术等新兴产业成为各国争相重点发展的领域。我国也推出了包括节能环保、新一代信息技术、生物、高端装备制造、新能源、新材料和新能源汽车的七大战略性新兴产业，各地方政府纷纷加大这些产业的布局力度。随着空间、环境、成本等后发优势的日益凸显，龙岗正在成为深圳市新一轮产业布局的主力城区和原特区内企业外溢发展的重要承接地。全市 18 个战略性新兴产业基地，5 个在龙岗；全市第一个未来产业基地也落户龙岗；"深圳国际低碳城"成为龙岗的国际名片；眼镜产业已列入全市传统产业转型试点，正在申报"全国知名品牌创建示范区"，全区产业转型呈现明显加速势头。

3. 区域一体化带来城市发展机遇

一方面，随着深圳特区一体化新三年计划的实施，市政府对龙岗等原特区外地区的投入将进一步加大。全市 12 个重点发展片区，4 个在龙岗；全区已列入市计划拆除重建类城市更新单元共 87 个，目前 46 个单元规划获批，且龙岗区计划批准用地面积、规划批准用地面积、土地出让用地面积、实施率等都居全市前列。另一方面，随着"深莞惠城市群"加速融合，龙岗作为深莞惠的地理中心和深圳引领莞惠、辐射粤东的"桥头堡"，又一次抢得了发展先机。同时，厦深铁路的开通，串起三个经济特区，"向东看"成为深圳今后一个重点发展方向，龙岗在区域发展格局中的战略地位大幅提升，人才流、资金流、信息流加速汇聚，能有力助推全区发展。

（二）发展定位

1. 发展"湾区经济"是龙岗统筹区域发展资源，加快建设现代化国际化先进城区的必然选择

龙岗建设现代化国际化先进城区的总目标，必须以高水平的区域经济形态为支撑，特别是国际化水平较高的开放型经济。而湾区经济具有明显的开放性、国际化特征，以及强大的聚集、辐射、引领和带动作用，是一

流区域经济的代名词，是当今世界范围公认的较为发达的区域经济形态。融入、发展"湾区经济"有利于龙岗构建开放型经济发展新格局，强化龙岗经济的国际化、品牌化影响力，是龙岗进入工业化中后期阶段突破发展瓶颈，整合发展资源，提升发展档次的必然选择。

2. 龙岗是深圳"湾区经济"战略必不可少的重要组成部分

放眼世界著名湾区经济案例，它们无一不是拥有上万平方公里面积、数千万人口组成的庞大区域经济系统。许勤市长提出的"湾区经济"战略，是新形势下深圳构建区域协同发展新优势的重要举措，是响应国家构建开放型经济新体制战略的重要部署。它必然具有更广阔范围的区域协同视野，放眼的是整个"粤港澳湾区"，而不仅仅局限于前海湾、深圳湾、大鹏湾等深圳内部的"小湾区"，属于典型的"大湾区经济"战略。从这一意义上来看，距离盐田港约 4 公里、距离前海及西部港区约 16 公里的龙岗仍处于湾区经济的核心地带，属于深圳"湾区经济"战略不可缺少的重要组成区域。

3. 龙岗拥有发达"湾区经济"的典型资源和要素，理应成为深圳"湾区经济"的产业核心功能区

任何发达的湾区经济，首要支撑要素就是其产业，诸如纽约湾区的金融产业、东京湾区的港口物流业等。而旧金山湾区则以电子信息业为代表的高新技术产业闻名于世，"硅谷"便是其最核心的功能板块。产业竞争力是"湾区经济"的核心竞争力所在，也是"湾区经济"集聚辐射效应和国际影响力的本源所在。而龙岗则是深圳的产业大区，经济总量位列深圳各区三甲，是深圳产业经济最集中的地区之一。拥有华为、比亚迪等知名科技企业。特别是华为公司，在全球电子信息行业拥有广泛的影响力和领导力。高新技术产业资源是龙岗在深圳"湾区经济"战略中谋求发挥重要作用，最为可靠和值得依赖的基础性资源。同时，龙岗拥有最为生态的宜居环境，生态控制用地约占全区城市总用地面积 43%；拥有森林公园、市政公园、社区公园等大小公园 106 个；蓄水水库 46 座，小型湖泊等分散水域 50 余处，水库水域面积约 8.32 平方公里；清林径森林公园 30 平方公里，相当于 17 个莲花山公园和 4 个梧桐山森林公园；大运公园面积 4.18 平方公

里，山湖相依，绿道环立；龙岗已成为全市空气质量最好的区域之一，是全市最大的氧吧和绿肺。龙岗还拥有香港中文大学（深圳）、莫斯科大学、哈尔滨工业大学航天学院等高等教育资源，以及特色学院园等"产学研"相结合的创新资源。拥有国际一流体育场馆资源，18 个场馆设施全部集中在大运新城 4 平方公里核心区范围内，已成为港深都市圈"体育航母"，具有承办各类国际级、国家级体育赛事及超大型音乐盛会的功能。这些宜居宜业的资源和要素都将为巩固龙岗产业经济地位提供有力支撑。因此，龙岗理应成为深圳"湾区经济"的产业核心功能区之一。

四、基本思路

龙岗融入、发展"湾区经济"，应植根自身优势，挖掘自身潜力，在既有的规划布局中，整合、统筹区域发展资源，科学定位，突出重点，积极作为，谋求"湾区经济"战略主动权。综合以上分析，龙岗发展"湾区经济"的具体定位是："一个核心、两个中心"。"一个核心"，是深圳湾区经济的产业核心。龙岗拥有以华为为首的 IT 业、以比亚迪为代表的新能源产业、以光启超材料为代表的未来产业、以太空科技南方中心为代表的航空航天产业、以国际低碳城为代表的低碳产业、以大运中心为代表的文体休闲产业等，产业基础上具备成为深圳湾区经济的产业核心条件。"两个中心"。一个是粤港澳湾区东部纵深的辐射中心。龙岗为深莞惠地理几何中心，辅以厦深、赣深高铁的辐射牵引，从区域位置和交通条件上具备成为深圳产业外溢的东部支撑中心。另一个是粤港澳湾区的区域创新中心。目前香港中文大学（深圳）已开始在龙岗办学招生，莫斯科大学与北京理工大学联合办学的中俄大学已确定落户龙岗，吉林—昆士兰大学、华盛顿大学、墨尔本大学等正在洽谈，深圳国际大学城雏形基本形成。另外，7 个特色学院、中科院育成中心为代表的产学研重大创新平台等聚集龙岗。龙岗具备成为粤港澳湾区的区域创新中心的基础。

（一）加强金融创新探索，做好"湾区经济"核心功能业态创新文章

金、木、水、火、土，龙岗独缺"金"。"金"代表金融，"木"代表生态，"水"代表环境、"火"代表产业，"土"代表空间，其中，金融是龙岗最突出的短板。完善的产业体系是区域经济有质量发展的必然要求。加强金融创新探索，加快发展金融产业，完善"湾区经济"核心功能业态是龙岗的当务之急。一是加快金融业聚集，大力引进银行、保险、证券、信托、基金等金融区域总部和分支机构，做大龙岗的金融服务业蛋糕。二是创新金融服务方式，鼓励发展供应链金融、科技金融、并购金融、融资租赁、保险精算等新业态，特别是风险投资、创业投资等直接服务科技创新和产业发展的金融业态，实现产城"融"合。三是做大做强投融资平台，实施 BOT、TOT、ABS、PFI、PPP 等多元化投融资模式，积极引进集投资、开发和经营于一体的大型投资企业，吸引民间和市场资金参与龙岗各项建设。

（二）实施"三高一平台"战略，做好创新驱动、产业集聚文章

龙岗经济经过 21 年的发展，已到了从量的累积向质的提升转变的阶段，集聚了一批向创新驱动要生产力的条件和要素。要进一步着眼于创新驱动、产业积聚，构建体系，突出重点，紧紧抓住高端企业、高等院校、高端人才、创新平台的"三高一平台"战略重点，构建有质量的区域创新体系。一是集聚高端企业。依托华为科技城、国际低碳城、宝龙高新园、阿波罗工业园等重点片区建设，吸引、集聚一批高端企业，将龙岗打造成战略性新兴产业聚集区、高新技术产业新特区和制造业转型升级示范区。二是集聚高等院校，整合香港中文大学（深圳）、莫斯科大学、吉林—昆士兰大学、哈工大航天学院等 7 个特色学院等高教资源，将龙岗打造成为具有国际水平的高教资源集聚区。三是集聚高端人才。完善落实"支持高层次人才（团队）创业创新发展"、"集聚中高层次人才"、"优才工程"等系列政策，吸引高层次创新人才落户龙岗，建设龙岗人才"高地"。四是建设创新平

台。积极引进国家重点实验室、研发中心、科技企业孵化器、产学研资联盟等平台，重点引进美国 GE、新加坡吉宝、太空科技南方中心、南方低碳研究院等知名研究机构。

（三）打造"三条产业走廊"，做好区域协同、空间对接、基础设施文章

优质的港湾、港口区域是"湾区经济"皇冠上的明珠。深圳"湾区经济"发展的重点是前海湾、深圳湾、大鹏湾等沿海岸线优质海湾区域。做好与这些区域区域协同、空间对接和基础设施的联通，是龙岗发展湾区经济的重要环节之一。一是建设"平湖—前海"金融走廊。将平湖金融与现代服务业基地直接交由前海管理局建设和管理；将前海优惠政策直接覆盖平湖金融与现代服务业基地；引入清华大学五道口金融学院，作为龙岗第 8 所特色学院，打造金融人才培养中心。二是建设深圳（东部）低碳走廊。推动坪地国际低碳城与坪山低碳生态区、坝光国际生物谷之间的联动发展。形成低碳产业、低碳经济、低碳城市三位一体的连绵空间载体，成为深莞惠经济圈的核心节点。三是建设"坂—南—横—盐"产业走廊。规划建设一条华为科技城 + 李朗创新园 + 阿波罗工业园 + 盐田港连接的快速路通道。形成一条横贯坂田、南湾、横岗至盐田的空间产业廊道，打通龙岗实体经济、高新产业的出海通道。

（四）营造"国际一流营商环境"，做好宜居宜业、国际化环境文章

开放的国际化环境，宜居宜业的城市风格，是世界著名"湾区经济"的显著特征，也是"湾区经济"健康发展的保障。要充分利用龙岗良好的生态优势，国际一流运动比赛场馆优势，努力营造"国际一流营商环境"，打造深圳"湾区经济"国际化的宜居创业城区。一是实施"六区一城"战略。加强生态、文化、体育、教育、健康、法治等"六个城区"建设，建设"活力休闲之城"；重点打造大运新城，将其建设成为引领深圳未来的"品质之城"；突出龙岗河生态廊道建设，打造龙岗山水田园城市生态景观

带；聚集高端教育、医疗资源，打造深圳东部的高端大学之城、健康休闲中心。二是建立完善权责清单制度，着力打造廉洁示范区。深化行政审批制度改革，全面梳理、完善政府权责清单；推进政务信息公开，依法行政，建设"廉洁城区"；瞄准国际标准，对接国际模式，努力构建国际化的法治之区。三是建设国际化顶级城区、文化环境。推进华为全球控股总部建设，做好华为乘数效应；举办国际低碳论坛，擦亮国际低碳城世界名片；把大运中心打造城粤港澳湾区的顶级文体交流中心。

国际化视角下的南山区湾区经济发展定位研究

深圳市南山区发展研究中心

　　湾区经济这一经济地理现象引起了国际上广泛的关注，南山区所处的大珠三角①也不例外。当前，在大珠三角已形成两个重要的由政府引导的湾区经济发展计划，即"环珠江口宜居湾区建设重点行动计划"和深圳市关于加快发展湾区经济的战略。在此背景下，本文尝试从国际化视角深入分析湾区经济的本质特征，以及南山区在发展湾区经济中的优势与提升空间，探讨南山区在湾区经济发展中的功能定位及发展策略。

一、前言

　　湾区经济作为重要的滨海经济形态，是当今国际经济版图的突出亮点，是世界一流滨海城市的显著标志。国际一流湾区如旧金山湾区、纽约湾区、东京湾区等，以开放性、创新性、宜居性和国际化为其最重要特征，具有开放的经济结构、高效的资源配置能力、强大的集聚外溢功能和发达的国际交往网络，发挥着引领创新、聚集辐射的核心功能，已成为带动全球经济发展的重要增长极和引领技术变革的"领头羊"。

　　在此背景下，南山区所处的大珠三角已形成两个重要的由政府引导的湾区经济发展计划，即"环珠江口宜居湾区建设重点行动计划"和深圳市

①　本文中的大珠三角是指广泛存在于学术研究和粤港澳相关政府文件中的地理范围，由珠三角加上香港、澳门两个特别行政区组成。

关于加快发展湾区经济的战略，这两个湾经济发展计划对南山区的发展具有重要的意义。"环珠江口宜居湾区建设重点行动计划"进一步明确了前海在大珠三角中的发展定位，深圳市也有相关研究表明，构建包含前海、南山与深圳空港的大前海地区战略对大珠三角经济具有发展引擎的作用。在深圳市湾区经济的发展战略中，明确指出南山区要打造湾区经济的前沿门户区，并是深圳未来多个湾区经济发展轴带交汇的枢纽地区之一。深圳发展湾区经济，是要打造更高质量的经济形态，提升城市的现代化及国际化水平，最终发展成为世界级城市群中的核心城市。湾区经济概念的提出，为深圳的产业定位和城市定位指明了新的发展方向。因此，从国际化视角分析湾区经济的特征与经验，探讨新形势下南山区的发展定位，不仅必要，对区域发展也具有重要的理论价值。

二、湾区经济源起背景、相关理论及启示

（一）湾区经济源起背景与主要特征

湾区（Bay Area）是指由一个海湾或相连的若干个海湾、港湾、邻近岛屿共同组成的区域，在城市地理学中是指围绕沿海口岸分布的众多海港和城镇所构成的港口群和城镇群，其衍生的区域经济效应则称为湾区经济。20世纪末以来，随着经济全球化不断推进，经济和城市活动向湾区集聚发展成为一种客观趋势，逐步形成了以湾区为核心的经济集群。从世界经济版图看，全球60%的经济总量集中在入海口，美国旧金山湾区、日本东京湾区等世界著名湾区都成为全球经济的中枢与引擎。

湾区经济有广义与狭义之分。严格来讲，在美国，湾区是特指旧金山湾区，其衍生的湾区经济是全球创新和新生活方式的象征，因此，狭义的湾区经济是指旧金山湾区的发展模式。广义的湾区经济则包括美国纽约大都市地区、日本东京湾区、加拿大温哥华地区、新加坡—马来半岛地区，以及深圳所在的环珠江口湾区所对应的经济形态。本研究采取广义的湾区经济概念，并重点借鉴旧金山湾区与东京湾区的发展经验，研究世界级湾

区经济的特点、重点经验以及对南山区的启示。

综合分析，世界级湾区经济是当今世界一种发达的区域经济形态，呈现以下特征：①创新是湾区经济的根本动力，湾区拥有良好的创新生态体系，是全球高新技术发展的摇篮；②开放是湾区经济的活力源泉，湾区具有显著的开放型产业体系，形成超越城市边界、引领区域发展的经济发展带，成为具有全球影响力的生产控制中心；③宜居是湾区经济的魅力所在，滨海资源与景观丰富了湾区的地理多样性，并催生了新的时尚生活方式；④国际化是湾区经济的鲜明特征，湾区广泛集聚全球发展资源，是最为开放的国际化区域。

（二）世界级湾区经济发展的理论解释与启示

湾区经济是从区域经济中衍生出来的现象与概念，在主流经济学范畴还缺乏相应的理论解释，国际上对世界级湾区及经济现象的解释主要集中在城市地理学与经济地理学领域，其相关理论总结如表1所示。

表1 与湾区经济相关的理论研究综述

相关理论	主要观点	理论方法	代表人物
世界城市	经济、商贸、政治中心	城市等级与性质	霍尔，1966
世界城市体系	世界城市体系	新国际劳动分工	库恩，1981
世界城市假说	世界经济大指挥与控制中心	核心—边缘理论	弗里德曼，1986
全球城市	全球经济的生产性服务业中心	超越国家的中心城市	萨森，1991
信息化城市	要素流动的空间	信息革命	卡斯特尔斯，1996
世界城市网络	世界城市网络	城市国际网络	泰勒，2004
全球城市区域	全球经济的区域发动机	劳动空间分工	斯科特，2001
后大都市	全球化的社会过程	社会—空间辩证	索亚，2000

综合以上理论学说的要点，研究世界级湾区经济的发展，需要重点关注以下几个核心内容：①世界级湾区作为全球生产的控制中心，具有以现代服务业为主导的经济结构[①]，这并不是偶然现象，而是由客观经济规律决

---

① 现代服务业包含科技服务业。

定，从世界范围来看，服务业的高增长、高比重是大势所趋（见图1），这也是制造业发展积累到一定阶段后的必然发展结果（如图2所示）；②世界级湾区的现代服务业，主要体现为生产性服务业，通过主导工业国际化、投资国际化、服务国际化、金融证券化以及金融全球化的过程去实现，湾区主导这些过程的能力越强，它们在全球经济中心方面的功能就越强；③工业国际化、投资国际化、服务国际化、金融证券化以及金融全球化的发展过程，主要通过发达的跨国公司网络、国际组织与商业规则去实现，而世界级湾区有能力吸引这些关键发展要素的集聚；④在全球化的深度调整、新兴经济体的不断发展与现有城市化格局的多重影响下，全球经济多中心发展的趋势逐渐显现，从而有利于新兴国家湾区经济的发展；⑤判断一个新兴的湾区经济是否先进，不应局限于分析比较它的经济规模和服务业的比重，关键要考察它在全球生产网络中是主导（或共同主导）工业国际化、投资国际化、服务国际化等重大的全球化过程，还是参与这些全球化过程及程度（如图2所示）。

基于国际化的实践与理论分析，其结论对南山区发展湾区经济提供了一个科学的分析框架，并为南山区在湾区经济发展版图中的定位提升提供了新的视角。

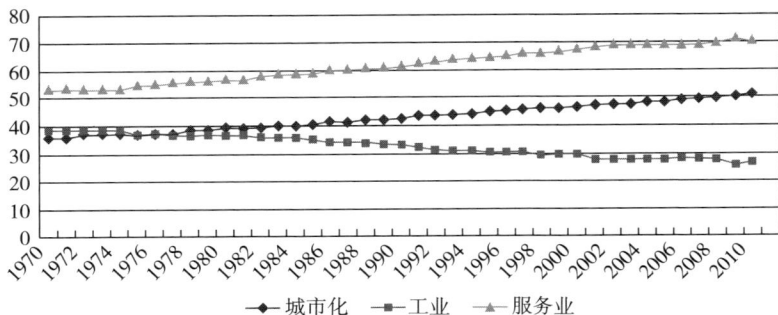

图1　1970~2010年世界城市化率与服务业、工业发展趋势比较

资料来源：世界银行，1970~2010年城市化率、服务业等数据完备的国家有78个。

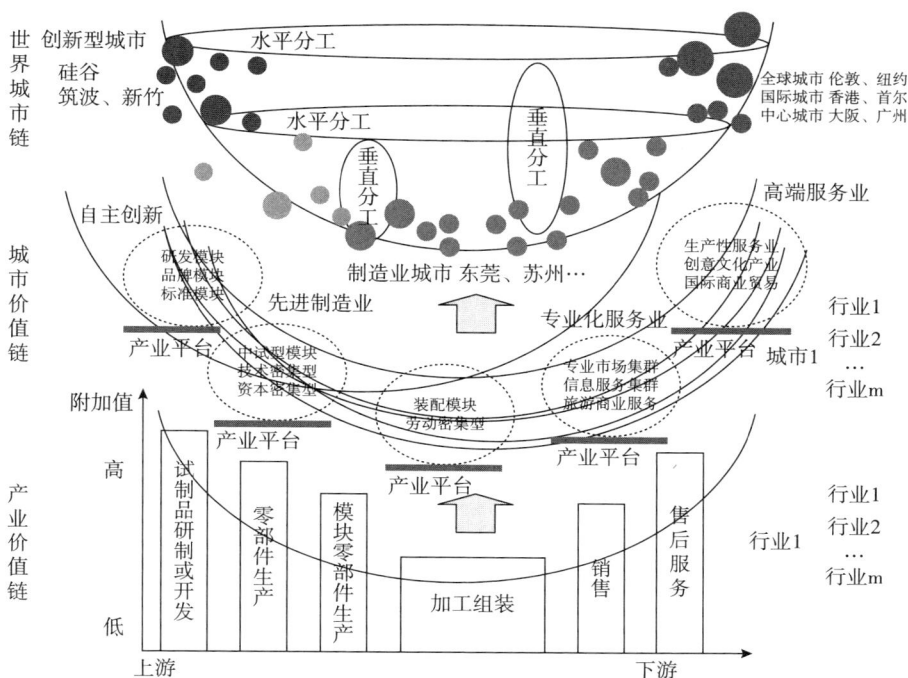

图 2 全球生产网络价值链关系分析框架

三、南山区的发展定位及提升空间分析

(一)南山区现状发展定位及问题

南山区位于珠江口东岸,东接福田区,西部与前海接壤,南与香港隔深圳湾相望,地理区位优越。南山区是深圳重要的高科技产业基地与新兴的总部经济基地,也是深圳的教育强区与旅游强区。2013 年,南山区国家级高新技术企业达 1080 家,占深圳全市的 38%,国家和省市级实验室、中心等创新载体增至 450 个,占深圳全市的 66%。先进制造业占工业比重达 80.45%,人均 GDP、每平方公里产出均超出深圳市平均水平一倍以上。截至 2013 年底,南山区已有多项社会经济指标位居深圳市前列(如表 2 所示)。

表 2　　　　　　　　南山区与深圳其他各区社会经济指标比较

各区	GDP（亿元）	规模以上工业总产值（亿元）	社会消费品零售总额（亿元）	固定资产投资完成额（亿元）	进出口总额（亿美元）	常住人口规模（万人）	辖区面积（平方公里）	人均GDP（美元）
南山区	3206.57	4813.33	593.79	332.01	357.3	111.91	185.11	46266
福田区	2700.30	987.93	1392.91	163.01	1339.97	133.95	78.66	32551
罗湖区	1488.43	816.50	924.38	89.01	366.29	94.15	78.36	25527
盐田区	408.51	704.00	53.31	92.01	400.59	21.39	72.63	30929
宝安区	2033.09	4544.23	614.09	426.41	609.72	270.38	733	12185
龙岗区	2143.48	3731.63	475.48	575.01	421.73	194.47	385.94	17879
龙华新区	1309.10	3833.86	202.8	328.82	691.20	141.85	175.58	14902
光明新区	580.56	1382.89	86.57	219.93	103.24	49.64	156.1	18885
坪山新区	385.12	952.69	54.23	203.81	156.07	31.96	168	19457
大鹏新区	245.07	410.85	35.96	71.00	11.21	13.19	607	185799

注：人均 GDP 以 2013 年平均汇率为标准计算。
资料来源：《深圳市统计年鉴》。

　　在深圳建设现代化国际化先进城市的整体部署中，南山区的定位是"加快建设宜居宜业的国际化滨海城区"。建设国际化滨海城本是南山区的独特优势，但在国际化缺乏明确指标约束的背景下，在深圳 10 个区①中已有 8 个区提出了包含国际化内容的发展目标与发展定位（见表3）。这种局面表明深圳市各区的发展定位需要在科学的分析框架指引下，回归到资源禀赋、现有发展基础和国际化本质特征的统一语境上，进行深入的分析研究。

　　2014 年，按照深圳市关于湾区经济发展的总体部署，深圳市各区相继开展了加快湾区经济发展的策略研究，其中，在湾区经济中的发展定位是此次各区研究的重点内容。这种发展态势表明，至少在政策研究层面，深圳市各区已被纳入到湾区经济发展范畴。

　　在这一轮的研究中，南山区在全市湾区经济版图中的定位集中体现在以下方面：一是提出深圳湾要突出超级总部、商业服务等高端服务业集聚，高起点规划建设深圳湾超级总部基地等，构建纵贯东西的湾区临海产业走

---

① 其中，光明新区、坪山新区、龙华新区、大鹏新区是功能区。

廊；二是提出深圳湾中部湾区集中打造展示国际大都会地标形象的景观带；三是提出将深圳湾、前海湾等打造成为展现世界一流湾区城市形象的新门户；四是提出将南山区打造为湾区经济的前沿门户区。与此同时，罗湖将加快建设国际消费中心，福田提出打造成湾区经济的中央活力区，盐田、大鹏提出湾区经济黄金岸带区的定位。

这种局面对南山区的发展定位形成了事实上的困扰：①门户区（包括新门户、前沿门户区等）这一概念既不是学术意义上的研究用语，也不是国内外政府规划中的规范用语，其概念和内涵需要进一步研究与界定；②除门户区外，对南山区的定位主要集中体现在景观与形象展现方面，这种定位不能全面反映南山区的综合优势，特别是在创新、国际化方面的优势，也与湾区经济的本质特征与发展要求存在一定的背离；③缺乏从区域经济视角对南山区与前海合作区的发展互动关系分析。

表 3　　　　　　　　　　南山区与深圳各区发展定位比较

地区	各区发展目标与定位	相关研究中各区湾区经济发展定位
前海合作区	建设粤港现代服务业创新合作示范区（国家战略）	推动前海成为湾区经济前沿平台，建设世界最佳商务区
福田区	打造"深圳质量"示范区和"法治化、智慧型、高品质的国际化先导城区"	打造湾区经济的中央活力区
罗湖区	打造国际消费中心、总部基地和服务业基地（"一中心两基地"）	加快建设罗湖国际消费中心
南山区	加快建设宜居宜业的国际化海滨城区	打造湾区经济的前沿门户区
盐田区	推进城区法治化国际化建设	打造湾区经济的黄金岸带区
宝安区	加快建设现代化国际化滨海城区	打造湾区经济的战略支撑区
龙岗区	加快现代化国际化先进城区建设	打造湾区经济的战略支撑区
光明新区	打造绿色新城、创业新城、和谐新城	打造湾区经济的战略支撑区
坪山新区	打造特区中的特区、城市的亮点、产业的高地、现代产业园、低碳生态城	打造湾区经济的战略支撑区
龙华新区	建设加快转型升级典范区、特区一体化示范区和现代化国际化中轴新城	打造湾区经济的战略支撑区
大鹏新区	建设世界级滨海生态旅游区	打造湾区经济的黄金岸带区

(二) 南山区的发展优势与定位提升空间

湾区经济是一种发达的区域经济形态，在前海战略的实施过程中，南山区在环珠江口湾区中的发展优势凸显：①区位优势，南山区紧邻香港、前海、福田、深圳空港等，是大珠三角发展主轴的关键节点之一；②产业优势，南山的先进制造业占工业比重超过80%，经济实力位居珠三角区级行政区前茅；③交通优势，南山区毗邻机场、高铁等区域交通枢纽，拥有港口、口岸、城市与城际轨道交通等多种现代化综合交通基础设施，具海陆空一体化的综合交通优势；④创新优势，南山区创新要素集聚优势明显，在深港创新圈中占据核心地位；⑤总部经济与商业活力优势，随着后海中心区、深圳湾超级总部基地、留仙洞总部基地、新海上世界等多个重点区域的开发建设，南山区是深圳少有的兼具创新、总部经济与商业活力的城区。

综合比较分析南山区在湾区经济发展中的优势与区域发展形势，南山区发展定位的提升空间主要体现在以下几个方面：①加快推进以新生活方式为主导的国际化建设。湾区经济是人才高地和创新文化的高度融合，是全球新生活方式的代表。比较分析，旧金山湾区以国际知识经济前沿和全球创新输出为主导，东京湾区以先进制造业、高端服务业和国际贸易为主导，在商业业态和国际时尚输出方面占有重要地位，但都致力于国际性人才高地的打造和新生活方式的输出。南山区是深圳乃至珠三角把创新文化、商业活力、滨海特色和区位优势融合得最好的地区，未来应以世界级湾区的核心区为目标，打造国际化的一流人才高地，加快生活方式的转型，成为大珠三角湾区国际新生活方式的代表。②加快构建具有全球影响力的开放式创新体系。在知识经济时代，开放式创新正在逐渐成为企业创新的主导模式。开放式创新是多种创新要素互动、整合、协同的动态过程，要求企业与利益相关者之间建立紧密联系，以实现创新要素在不同企业、机构和个体之间的共享，构建创新要素整合、共享和创新的网络体系。南山区应在深圳创建中国大陆第一个国家创新型城市的基础上，紧紧把握当前国际颠覆式创新发展的机遇,在大珠三角湾区率先建立专门的服务机构,开展宣传、公关工作,吸引优秀人才通过全职、兼职或项目合作等多种方式参与南山区的创新,形成特色的创新支撑体系,增强南山区开放型创新的国际影响力。③加快打造与前海一体化发展的湾区新中心。在《深圳城市发展总体规划(2010~2020)》的发展蓝图中,南山区和前海是定位为一体化发展的深圳城市双中心之一(另一个城市级中心是罗湖与福田的一体化发展)。前海在国家战略层面定位为深港合作先导区、体制机制创新区、现代服务业集聚区和结构调整引领区,重点发展创新金融、现代物流、总部经济、科技及专业服务、通讯及媒体服务、商业服务六大领域。前海定位能级高,但空间规模小,在湾区经济范畴内,与南山区具有高度一体化发展的必然。例如旧金山是湾区的中心,但圣何塞被称为"硅谷"的"首都",金融业、总部经济等现代服务业同样发达,这种一体化发展吸引了美国35%的风险投资份额,风险投资密度世界最高。因此,南山区和前海一体化发展、打造湾区新中心,不仅有利于打造湾区发展的强劲内核,也将极大提升深圳在国际化建设方面的短板(如表4所示)。

表4 深圳与中国主要城市的国际化要素比较(＊为第六次人口普查数据)

要素	北京	上海	广州	香港	深圳
世界500强中国企业总部数	44	6	1	4	3
世界500强企业区域总部数	75	73	2	—	5
外国使领馆	174	67	40	56	0
常驻外籍人口(万人)＊	10.7	20.8	6	33	15
重点大学数量(所)	23	10	5	5	0
城市定位	国家首都世界城市	全球资源配置能力的国际经济、金融、贸易、航运中心	国家中心城市	亚洲国际都会自由港	国际化城市经济特区

四、南山区湾区经济发展定位初探

综上所述，南山区在深圳湾区经济发展战略版图中的定位可做如下探讨。

（一）与前海一体化发展的湾区经济核心区

湾区经济核心区有着以现代服务业为主导的共同特征，与此同时在城市经济、社会、文化、生态等方面具有广泛的多样性。对新兴的湾区经济核心区而言，持续的经济发展是基础，跨国公司、国际组织、国际人才、商业规则是推动湾区现代服务业国际化发展的核心力量，综合了教育医疗、公共交通、生态宜居、文化娱乐、社会保障、公共服务等方面内容的软基础设施建设是吸引跨国公司投资、国际组织入驻、优秀国际人才定居等国际化发展要素的重要途径。因此，南山区与前海一体化发展、建设湾区经济核心区，是应对全球化挑战，打造湾区经济强劲发展内核的必然路径。

（二）具有国际影响力的湾区开放式创新示范区

当今世界正处于一个加速变革的时代，未来产业内容和城市形态将发生巨大变革，湾区开放式创新的能力将决定深圳未来的发展活力。南山区是深圳高科技创新最活跃的区域，应借鉴硅谷科技研发与金融相互支持的经验，依托前海金融创新，形成支持创新和高科技产业发展的金融环境，进一步提升深圳高新区、大沙河创新走廊等片区的产业创新和发展能力，着力建设湾区开放式创新体系，建设国际化的开放式创新示范区，力争在智能电网、新型通信技术、新能源交通、航天航空、绿色建筑、海洋生物产业等领域取得重大进展，并前瞻性地预留满足未来产业需求和科技变革的发展空间。

（三）体现湾区新生活方式魅力的国际化先行区

以湾区新生活方式的需求为主导，进一步提升南市区的国际化环境。一是依托城际轨道、城市地铁形成网络型城市空间布局；二是强化新建、改建区域城市设计管理，打造优质的城市景观空间，通过重点片区城市设计，强化不同片区的城市景观特色，营造国际化的滨海城区形象，进一步提升城市品质；三是以建设国际一流的低碳生态宜居城区为目标开展新一轮城市建设。未来的湾区国际化先行区不仅是区域的中心，更是代表中国参与国际竞争的重要功能空间之一。

五、结语

分析旧金山湾区、东京湾区等世界级湾区的发展经验，湾区经济具有高端性、开放性、创新性、区域性和国际化的典型特征，是一种发达的区域经济形态。但湾区本身是一个复杂的巨系统，因而又呈现出多样性的特点。就大珠三角湾区而言，由于"一国两制"的存在，其复杂性要远超过其他湾区，在这种背景下，考察南山区在湾区经济发展中的定位，既要分析湾区发展的一般规律，又要因地制宜，在多个层面进行创新。

参考文献

[1] 计划编制组. 环珠江口宜居湾区建设重点行动计划，2011

[2] Kent Lightfoot. Investigating the human impact on the Bay environment，2006 – 5 – 24.

[3] Arthur C. Smith. Introduction to the Natural History of San Francisco Bay Region，1959.

[4] MTC – ABAG Library. http：//www. bayareacensus. ca. gov/index. html.

[5] 胡兆量. 关于深圳和香港共建国际大都市的问题. 城市问题，2007（1）

[6] 胡兆量. 珠三角港澳化及湾区中心化 ——关于大珠三角地区发展的几点思考. 城市问题，2009（1）

[7] 深圳市人民政府. 深圳城市发展总体规划（2010 – 2020），2010 – 9

[8] 深圳市统计局. 深圳市统计年鉴，2013，2014

[9] 深圳市南山区政府. http：//www. szns. gov. cn/publish/tongjj/index. html

[10] 国家统计局. http：//www. stats. gov. cn/ztjc/zdtjgz/zgrkpc/dlcrkpc/

[11] 旧金山湾区委员会经济研究所. Ties That Bind：The San Francisco Bay Area's Economic Links to Greater China，2014

[12] 程连生，孙承平，周武光. 我国海岸带经济环境与经济走势分析. 经济地理，2003（2）

[13] 广东省建委. 珠三角经济区城市群规划. 深圳特区报，1995 – 06 – 06

[14] 莫世祥. 珠三角发展战略与都市圈整合. 深圳大学学报（人文社会科学版），2004（21）

从构建区域价值链到全球价值链

——"第二波全球化"战略中深圳产业升级的思考

清华大学深圳研究生院社会科学与管理学部　赵放　曾国屏

通过吸收外资，发展当地配套企业及网络，以代工方式切入全球经济价值链被视为后发国家或地区在全球化新格局下快速实现工业化道路的有效战略。这种基于出口导向的全球化使得中国（尤其是东部地区）获得了第一波"全球化红利"，成为名副其实的"世界工厂"。然而随着近年来的经济发展和政策调整，中国开始逐渐回归"基于内需的全球经济形态"，启动第二波全球化战略势在必行（刘志彪，2012）。

深圳 30 多年的发展也基本上遵循上述路径并实现了跨越式发展，2013 年人均 GDP 已达到 2.2 万美元[①]，属于世界银行标准的高收入地区；但与此同时，深圳也面临原有政策红利的消失、经济发展动力的切换、产业结构的调整、发展模式的转变等一系列问题。深圳在产业技术发展上一直采取"引进—吸收—学习"和"模仿—创新"的路径，这一路径与代工形式的外向型经济结合，使得产业（尤其是传统产业）升级动力较弱。随着进入工业化的中高级阶段，拥有前沿技术和核心技术的国家和国外企业出于保持自身竞争力的考虑，将对知识产权的保护更加严格，对前沿技

赵放，女，博士，清华大学深圳研究生院博士后，主要从事产业经济学、科技创新研究。

曾国屏，男，教授，清华大学深圳研究生院社会科学与管理学部主任，主要从事科技创新、科技传播普及研究。

① 徐安良：关于深圳市 2013 年国民经济和社会发展计划执行情况与 2014 年计划（草案）的报告——2014 年 1 月 23 日在深圳市第五届人民代表大会第六次会议上，深圳特区报，2014 年 02 月 18 日第 A05 版。

术的转移或转让更加谨慎，借助"引进—消化吸收—再创新"的模式提
升产业竞争力、实现产品向价值链高端攀升可能出现较大的阻碍和被"俘
获"现象。因此，未来深圳的发展也要着力从旧的全球化红利向新的全球
化红利的转化。

一、深圳在全球价值链中所处的位置

深圳的发展一直坚持"产业第一"、"科技立市"的发展战略，紧紧抓
住世界产业转移的历史机遇，在计算机、通信、软件、医疗器械、新材料
和生物工程等领域成绩突出，涌现出一大批规模较大、实力雄厚、具有核
心竞争力的企业，如华为、中兴、比亚迪、腾讯、迈瑞、创维等。在对外
经济方面，2001～2012 年间，深圳出口以年平均 19.72% 的速度增长，略高
于进口年平均速度 18.18%。2012 年对外贸易总额 4668.3 万美元，其中高
新技术产品占到 53.99%。2001～2012 年间高新技术产品进出口顺差逐渐增
大（图1），深圳高新技术产业逐渐在国际市场上占有一席之地。但是，从
具体的进出口贸易方式来看，进料加工贸易的比重最高（表1）。因此，深
圳的多数产业仍在全球价值链的中低端进行竞争。

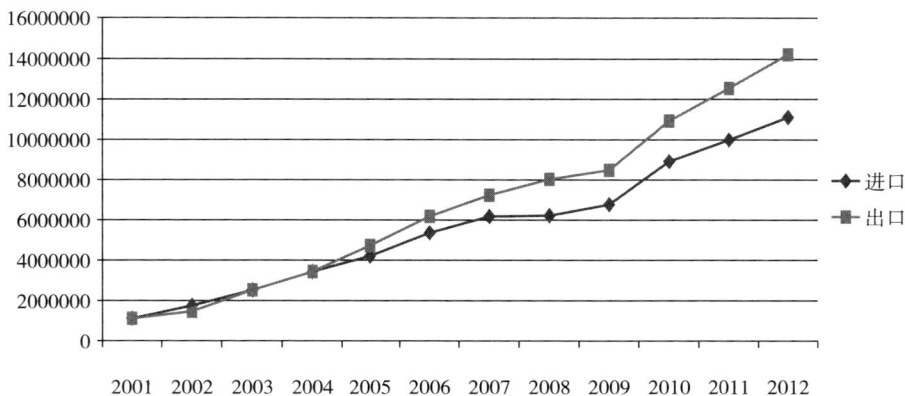

图1 深圳市部分年份高新技术产品进出口情况（2001～2012 年）

资料来源：《深圳统计年鉴 2013》。

表1 深圳市 2012 年进出口总额分类情况

贸易方式分类	进口总额（%）	贸易方式分类	出口总额（%）
一般贸易	28.36	一般贸易	27.98
补偿贸易	—	补偿贸易	—
来料加工贸易	2.82	来料加工贸易	4.61
进料加工贸易	46.01	进料加工贸易	48.43
以工缴费补偿期进口的设备			
租赁贸易	0.21		
外商投资企业作为投资进口的设备	0.21		
外商投资企业进口供加工内销产品的料、件	—	出料加工贸易	
易货贸易	—	易货贸易	—
其他	22.39	其他	18.97

资料来源：根据《深圳统计年鉴 2013》整理。

二、全球化战略下深圳产业转型升级面临的问题

这一现象导致深圳在产业转型升级的过程中，存在以下几个主要的问题。

（一）传统产业的升级较弱，高新技术产业向传统产业渗透不够

参考郭克莎对《国民经济行业分类与代码（GBT 4754 - 2002）》中 2 位数代码的工业行业技术水平分类，深圳市在"十二五"规划中确定的"生物、互联网、新能源、文化创意、新材料和新一代信息技术"六大战略性新兴产业，大多数也属于高技术水平或中高技术水平行业；而深圳的传统行业，如服装、玩具和珠宝制造等则属于低技术水平或中低技术水平行业。

表 2 的第 2～5 列分别表示 2002～2007 年和 2007～2011 年的年均劳动生产率增长速度、行业产值比重（规模）增长速度。平均变化速度代表行业规模每增长一个百分比，行业的劳动生产率相应变化的百分比。在2002～2007年的五年时间里，多数中低技术水平和低技术水平的平均变化速度为正值，但在接下来的四年时间里，多数中低技术水平和低技术水平的平均变化速度变为负值，也就是说这些行业每增长 1% 规模，会使其劳动生

产率呈负增长。但是，深圳的中高技术水平和高技术水平行业的情况却正好相反（如表3所示），在 2002～2007 年里，只有医药制造业、交通运输设备制造业和仪器仪表制造业平均变化速度为负值；到 2007～2011 年，前两个行业的行业增速每增加1%会带来劳动生产率相应的增加。

表2 　　　　2002～2011 年深圳低技术与中低技术绩效调整速度

行业	劳动生产率年均增速（%）		行业规模年均增速（%）		平均变化速度	
	2002～2007 年	2007～2011 年	2002～2007 年	2007～2011 年	2002～2007 年	2007～2011 年
纺织业 +	3.76	0.25	- 4.11	- 3.83	- 0.9138	- 0.0653
纺织服装、服饰业 +	35.33	22.09	0.82	- 2.89	43.3191	- 7.6532
皮革、毛皮、羽毛及其制品和制鞋业 +	15.93	39.68	- 3.87	1.19	- 4.1132	33.3036
家具制造业 +	1.88	13.25	5.49	- 4.27	0.3421	- 3.1014
造纸及纸制品业 +	1.92	7.09	0.28	- 1.81	6.9433	- 3.9077
印刷和记录媒介复制业 ++	6.75	5.74	0.56	- 5.72	12.0962	- 1.0031
文教、工美、体育和娱乐用品制造业 +	2.55	9.43	- 4.34	- 6.97	- 0.5868	- 1.3526
石油加工、炼焦及核燃料加工业	- 4.05	- 6.09	- 18.05	29.51	0.2242	- 0.2064
化学纤维制造业	24.49	- 34.02	117.34	- 22.68	0.2087	1.5001
橡胶和塑料制品业 ++	5.26	7.57	1.91	- 1.38	2.7511	- 5.4637
非金属矿物制品业 ++	- 4.38	1.55	- 7.90	6.29	0.5539	0.2463
黑色金属冶炼及压延加工业 ++	- 10.15	1.30	- 1.23	- 6.12	8.2281	- 0.2120
有色金属冶炼及压延加工业 ++	11.41	41.48	16.22	41.90	0.7033	0.9902
金属制品业 +	2.11	18.15	0.26	- 2.64	8.0515	- 6.8678
其他制造业 +	52.29	23.95	23.34	- 68.08	2.2403	- 0.3518

注：+ 、++ 、+++ 、++++ 分别对应低、中低、中高和高水平的技术。
资料来源：作者根据《深圳统计年鉴 2003》、《深圳统计年鉴 2008》、《深圳统计年鉴 2012》整理。

表3   2002～2011 年深圳高技术与中高技术绩效调整速度

行业	劳动生产率年均增速（%）		行业规模年均增速（%）		平均变化速度	
	2002～2007 年	2007～2011 年	2002～2007 年	2007～2011 年	2002～2007 年	2007～2011 年
化学原料及化学制品制造业 +++	23. 39	- 0. 96	1. 07	- 5. 44	21. 8314	0. 1770
医药制造业 ++++	0. 09	21. 61	- 14. 62	9. 52	- 0. 0060	2. 2691
通用设备制造业 +++	69. 01	14. 36	29. 72	2. 39	2. 3219	6. 0170
专用设备制造业 +++	1. 38	12. 60	17. 66	5. 03	0. 0781	2. 5048
交通运输设备制造业	20. 48	10. 22	- 0. 52	11. 77	- 39. 3161	0. 8681
电气机械及器材制造业 +++	2. 51	10. 25	8. 28	2. 47	0. 3034	4. 1457
计算机、通信和其他电子设备制造业 ++++	- 2. 28	9. 99	- 0. 17	1. 14	13. 4966	8. 7338
仪器仪表制造业 +++	0. 89	21. 14	- 6. 92	- 3. 78	- 0. 1284	- 5. 5874

注：+、++、+++、++++ 分别对应低、中低、中高和高水平的技术。

资料来源：根据《深圳统计年鉴2003》、《深圳统计年鉴2008》、《深圳统计年鉴2012》计算并整理。

表2和表3反映的情况是，深圳中高技术水平和高技术水平行业的绩效变动，对中低技术水平和低技术水平的制造行业的绩效变动形成一种"挤出效应"，而非共同进步的"互补效应"。也就是说，随着深圳中高技术水平和高技术水平行业的发展（劳动生产率提高、产值规模扩大），中低技术水平和低技术水平的传统制造业要想提高其劳动生产率，只有不断的压缩产值规模。这其实是一个非常矛盾的结论。就目前的数据情况来看，如果要对中低技术水平和低技术水平的传统制造业进行升级，必须降低其在深圳的产值规模，然而一个自身产值规模不断萎缩的产业，尤其是我国传统制造业目前这种低成本竞争、对成本—收益非常敏感的行业，其产业升级的欲望和动力必然受到很大影响。

（二）传统产业与生产性服务业互补性较差，部分生产性服务业发展受到抑制

深圳生产性服务业和制造业的发展模式最重要的特点是"制造业转型拉动生产性服务业发展"（芮明杰，赵小芸等，2012），其发展模式与美国

纽约非常类似，都是从制造业转型开始，制造业的转型会对中间需求扩张，导致为制造业转型升级需要的嵌入式生产性服务业发展，如工业设计创意、第三方物流等。嵌入式生产性服务的服务业发展起来之后，非嵌入式服务业也随经济发展而发展。不同之处在于，纽约模式是以自主创新引发的技术革命为驱动力，而深圳的发展是以低端制造业升级的内在要求为驱动力。

表4　　　　2007～2011 年深圳第三产业细分行业的调整速度

行业	劳动生产率年均增速（%）	行业规模年均增速（%）	平均变化速度
交通运输、仓储和邮政业	− 3.03	− 5.62	0.5396
信息传输、计算机服务和软件业	14.82	7.21	2.0555
批发和零售业	10.19	1.84	5.5530
住宿和餐饮业	18.01	− 0.39	− 46.3548
金融业	1.51	0.78	1.9220
房地产业	16.04	− 4.33	− 3.7031
租赁和商务服务业	4.81	0.07	64.2424
科学研究、技术服务和地质勘查业	15.80	12.73	1.2414
水利、环境和公共设施管理业	23.85	0.23	102.1899
居民服务和其他服务业	19.79	4.65	4.2533
教育	18.20	0.57	31.9590
卫生、社会保障和社会福利业	2.87	− 1.95	− 1.4708
文化、体育和娱乐业	18.73	− 3.45	− 5.4263
公共管理和社会组织	4.71	− 4.29	− 1.0990

资料来源：根据《深圳统计年鉴 2008》、《深圳统计年鉴 2012》计算并整理。

由于第三产业统计口径的变化，表4 仅列出 2007～2011 年深圳第三产业的年均劳动生产率增长速度、行业规模增长速度，以及平均变化速度。其中，除了交通运输、仓储和邮政业，其他生产性服务业的劳动生产率增长速度、行业规模增长速度和平均变化速度都为正值，生产性服务业（表4 中阴影部分）发展趋势较好。生产性服务业劳动生产率和规模变化情况与中高、高技术水平的制造行业基本一致（如表3 所示）。根据生产性服务业自身的功能和作用机理，可以认为深圳的生产性服务业与中高、高技术水平制造业具有较好的相互补充、相互促进的联动效应。

产业劳动生产率的提高一部分来源于技术进步，一部分来源于效率提升（包括管理水平、创意、品牌效应等）。中低、低技术水平的传统制造业的转型升级同样需要生产性服务业的支持。但是，深圳生产性服务业劳动生产率和规模变化趋势与这些传统制造行业相反，可见两者之间不具有良好的正向联动效应。一方面，规模和劳动生产率增速普遍较低传统制造业对部分生产性服务业的需求（如商务服务业）不足，这部分生产性服务的规模和劳动生产率增长也将放缓；另一方面，这部分落后的生产性服务业又会直接阻碍了深圳制造业的技术进步和生产效率的进一步提高。

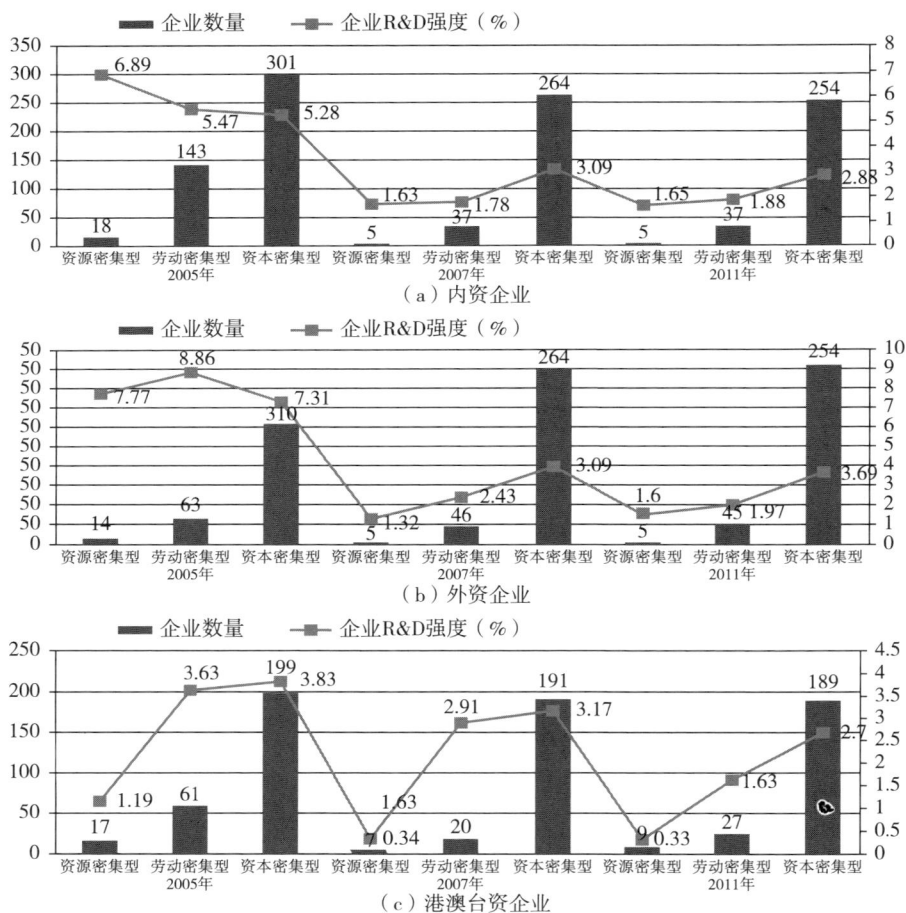

图 2　深圳不同注册类型的企业研发投入变化（2005、2007 和 2011 年）

资料来源：根据中国工业企业数据库 2005～2011 年数据计算并整理。

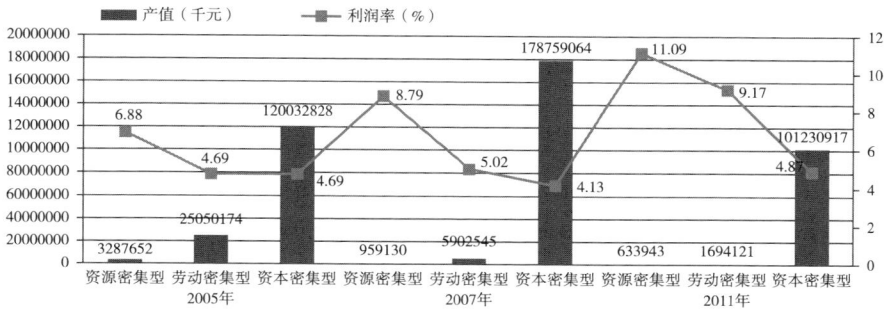

（a）内资企业

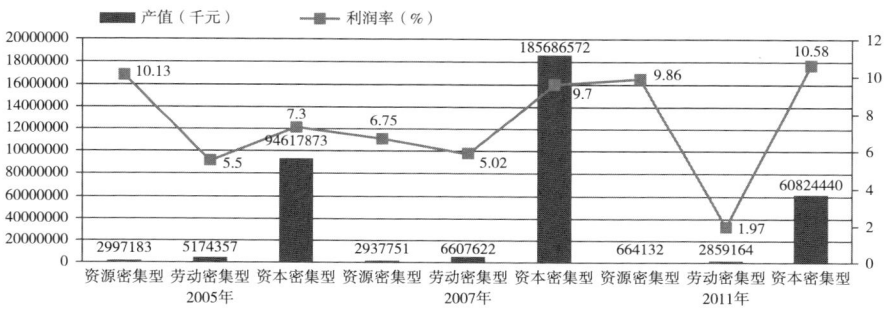

（b）外资企业

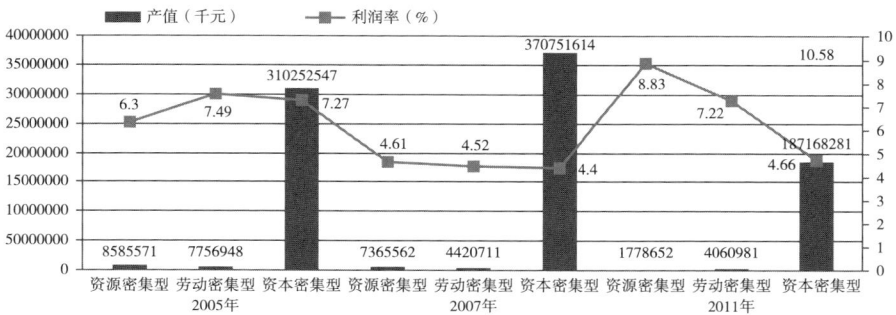

（c）港澳台资企业

图 3 深圳不同注册类型企业经济效益的变化（2005、2007 和 2011 年）

资料来源：根据中国工业企业数据库 2005～2011 年数据计算并整理。

（三）内资企业创新的区域经济效应不大，内资企业与外资、港澳台资企业需要新的合作方式

深圳市是一个毗邻香港的开放性大都市。从 20 世纪 80 年代的"内联外引"和"三来一补"到 90 年代"三资企业"投资的热潮，深圳的成长与港

澳台企业、外资企业的迅速发展一直密切相关。从产业创新投入来看，内资企业、外资企业和港澳台资企业的创新投入具有如下的特征和发展趋势（如图2所示）：①近年来，内资企业、外资企业和港澳台投资企业的数量和 R&D 强度在不同类型行业中较为稳定；②近年来，内资企业、外资企业和港澳台投资企业在资源密集和劳动力密集型企业中的 R&D 强度大致相当；③外资企业和港澳台投资企业在资源（技术）密集型行业中的企业平均 R&D 强度一直是低于内资企业的平均 R&D 强度的。

从深圳的情况来看，外资和港澳台资企业在深圳的 R&D 投入强度并没有想象中的高，深圳的科技研发仍然以内资企业为主。这也与社会各界反思中国十几年来用"市场换技术"吸引国外企业来华投资的效果低于预期相吻合。面对发达国家通过限制向对后发区域进行高新技术转移，长期将后发地区的产业发展锁定在全球价值链的低端的状况，后发区域创新生态要突破这种被俘获的关系，完成向价值链高端攀升，还必须走系统内企业的自主创新与国内市场培育的道路。

从创新的经济产出来看，不同注册类型的企业在不同行业中的收益和对整个区域经济总量的影响是复杂，但是有一个特征较为明显，即内资企业在资本（技术）密集型行业中的产值在大多数时间里都低于外资和港澳台企业的相关产值，也就是说，深圳内资企业对区域经济总量的影响没有预期的那样高（如图3）。

三、对策建议

通常，为发达国家代工或外包的发展中国家本土企业或企业网络的四种序贯式升级模式，即"工艺升级→产品升级→功能升级→链的升级"的过程。通过第二部分的分析，大致可以判断深圳在国际竞争中已经进入功能升级和链升级的阶段。一些学者也观察到，在现实全球价值链（GVC）贸易格局下，以贴牌代工方式切入到发达国家主导的全球价值链的后发地区，很难通过全球价值链来实现价值链的高端攀升和产业的高端化升级，相反，定位于满足本土市场需求且根植于区域价值链（RVC）体系、国家价值链（NVC）体系的后发地区，却出现了产业高端升级和培育出国际竞争力的现象（张杰和刘志彪，2009；杨桂菊、刘善海，2013）。这与启动第二波全球化战略的思路是吻合的。其具体的思路是：首先专注于国内市场的开拓与竞争，在取得国内市场某个行业或产品价值链的高端环节竞争优势后，建立起自己设计、品牌和全国销售渠道。然后，逐步进入周边国家或者具有相似需求特征的发展中国家市场，建立起以自己为主导的区域价值链分工体系。最后，打入发达国家市场，建立起与发达国家的国际大购买商或跨国公司以均衡型网络关系对接，而非俘获型关系，甚至是完全由自己主导的全球价值链分工体系。

因此，要考虑借助第二波全球化战略，从构建区域价值链、国内价值链，到构建国际价值链，完成深圳在全球价值链中的逆向攀升。建立以自己为主导的区域价值链分工体系，深圳需要进一步鼓励和促进总部经济发展，尤其是本地企业为基础的总部经济，并激励其向"外溢式辐射"的模式转变。鉴于深圳市境内总部企业的经济腹地资源不够充分，可以考虑加大与珠江口东岸城市与地区的紧密合作，扩大市场资源和产业发展空间；优化深圳与周边中小城市与地区之间（如东莞、惠州）的资源要素配置；重视不同性质产业的转移和外地工业园、产业园和科技园的建设。

此外，为了成功构建区域价值链、国内价值链和国际价值链，进行适当的区域合作模式创新是必要的，尤其在提升合作层次、创新合作方式、拓展合作领域、丰富合作内容等方面。例如，在构建从区域价值链到国内价值链的过程中，深圳应继续发挥"龙头"的作用，推进深莞惠一体化。结合《关于贯彻实施〈珠江三角洲地区改革发展规划纲要（2008～2020年）〉的决定》，清理现行政策及相关规定，在工商管理、技术监督、商品检验、行政事业性收费等方逐步消除对区域内人才、资本、资源跨城流动和市场准入的限制。在构建国际价值链中，继续依托香港的优势，借助前海深港合作区建设的契机，发展新一轮的深港合作；在产业衔接、体制过渡还是管理应用等方面，探索建设一套合作层面更深、合作范围更广、合作方式更灵活的新机制和新模式，使前海真正建成惠及深港两地、辐射全国乃至全球的深港合作先导区、体制创新区，以及改革开放和科学发展的示范区。

参考文献

［1］芮明杰，赵小芸等. 产业发展与结构转型研究. 上海：上海财经大学出版社，2012

［2］刘志彪，张杰. 全球代工体系下发展中国家俘获型网络的形成、突破与对策. 中国工业经济，2007（5）

［3］郭克莎. 我国技术密集型产业发展的趋势、作用和战略. 产业经济研究，2005（5）

［4］张杰，刘志. 全球化背景下国家价值链的构建与中国企业升级. 经济管理，2009（2）

［5］杨桂菊，刘善海. 从 OEM 到 OBM：战略创业视角的代工企业转型升级——基于比亚迪的探索性案例研究. 科学学研究，2013（2）

［6］打造深港合作新模式. 深圳特区报，2012 - 03 - 10，http：//sztqb. sznews. com/html/2010 - 06/29/content_ 1132203. htm

国际化城市背景下的深圳音乐文化研究

深圳大学艺术系教授 刘琨

2013 年，深圳市委市政府确立了城市发展方略"三化一平台"即建构市场化、法治化、国际化和前海开发区先进城市。2014 年 2 月 24 日，《深圳国际化城市建设指标体系研究报告》正式公布，深圳市把"国际化"这一宏观的目标具体量化到城市发展的全方位、全领域，提出以世界先进城市为标杆，出台一系列国际化城市建设指标体系，其中 6 大领域、81 项具体工作确立了下一阶段深圳推进国际化的重点[①]。解读该报告，发现只在"附件 7"创新文化的二级指标中提到了文化艺术场馆、文化演展的未来建设目标值，其中缺失了"音乐文化"在深圳国际化发展中所起作用的认识及判定，更未明确深圳城市音乐文化发展至 2020 年的量化目标值。由此，本文力求透过城市音乐文化及其建设的表象视角，探索深圳城市音乐文化的发展模式和存在样式。以城市音乐研究的独特视角，借助音乐文化动力，助推深圳文化产业发展，提升深圳城市文化的国际形象。

一、城市音乐文化相关概念的界定

任何一座城市的文化形象都不是自我生成的，城市音乐文化形象也一

本文为深圳市宝安区发展研究中心委托课题，国际城市研究 04 号。

① 《深圳市国际化城市建设重点工作计划（2014～2015 年）》，中共深圳市委文件（深发〔2014〕5 号）。

样，需要去构建、去塑造。伴随着深圳国际化大都市形象的塑造与提升，需要我们更多地去解读城市的精神实质，因此，包括着文化内涵的"城市音乐文化"研究在其中具有重要意义。

"城市音乐文化"并不是一个新概念，但该研究在我国音乐领域却是相对薄弱的。有关城市音乐文化的论述较早出现于美国著名学者耐特尔（Bruno Nettl）《八城市音乐：传统与变化》①，随后散见于"以色列城市音乐文化的研究"② 等文献中。中国最早对"城市音乐文化"做出定义的是洛秦（2003 年）。

所谓"城市音乐文化"，是在城市这个特定的地域、社会和经济范围内，人们将精神、思想和感情物化为声音载体，并把这个载体体现为教化的、审美的、商业的功能作为手段，通过组织化、职业化、经营化的方式，来实现对人类文明的继承和发展的一种文化现象③ 2005 年，汤亚汀提出"上海城市多元音乐文化的重建"等观点④；同年，在上海市政府倡导、上海市教委的支持下，依托上海音乐学院建立了"音乐人类学 E—研究院"，将"上海地域中的城市音乐文化研究"作为其中的重要内容。哈尔滨市，同样非常注重城市音乐文化内涵建设。1961 年开办的"哈尔滨之夏音乐会"已成功举办 31 届，成为全国举办时间最长、届次最多的音乐盛会，塑造了哈市独具音乐魅力的城市音乐文化，进而提升了整体城市文化内涵，成为借助音乐文化发展城市的成功典范。较之上述城市，深圳的城市音乐文化研究存在一定差距，亟待重视、引导。应让更多的人认识到，音乐可以作为城市发展的软实力，是诠释城市文化的一种特殊形式，在彰显城市特色、文化个性等方面发挥着不可替代的作用。

---

① edited by Bruno Nettl, Eight Urban Musical Cultures: Tradition and Change, Published by: University of Illinois Press, 1978.

② edited by Tova Benski, Joachim Braun and Uri Sharvit, Asian Music, Published by: University of Texas PressStable, 1986, P168 – 209.

③ 洛秦："城市音乐文化与音乐文化产业化"，载于《音乐艺术》2003 年第 2 期，第 40 页。

④ 汤亚汀：《城市音乐景观》，上海音乐学院出版社 2005 年版。

二、深圳城市音乐文化现象及特征

深圳作为移民城市，有着特殊文化结合的多国籍、多元化的音乐征象与城市音乐文化生存环境。其城市音乐文化受深圳固有的历史渊源、人文传统、地理条件、地缘经济政治和社会背景等因素的制约与影响，造就出深圳音乐文化的独特性：传承与创新并举、中方与西方互融的"地域性"与"国际性"并存。

（一）深圳城市音乐文化"地域性"解读

所谓地域性，是指事物的地方特色、区域特色，或者可广推为地方文化、本土文化。具体到深圳音乐文化，即是指音乐的本地、本土文化特色。深圳因其独特的地理条件，历史上便受中原文化及百越文化的影响，使得深圳的音乐文化演绎从未停滞过。深圳城市的特色是这座城市最具个性和不可复制的财富，也是城市永恒的生命力。我们将"特色化"这个要素抓住并拓展，使深圳由原来的功能型城市向特色型城市转变，打造深圳特色国际化城市。

（二）深圳城市音乐文化"国际性"解读

深圳是一座崭新的移民城市，95% 以上是来自五湖四海的"移民"。他们每个人都是文化的载体，怀揣着各自的梦想，本能地把各具特色的地方文化带到深圳。大家栉风沐雨聚在一起，自由创造新的生活，首先需要的是胸怀博大、相互理解、团结互助，这就天然地、历史地为深圳文化注入了开放、包容和多元的特色。

目前在深外国人中，常住的超过 2 万，临时居住的超过 100 万，131 个国家和地区的企业在深投资，累计设立境外企业和机构近 2300 家[①]。深圳城市音乐文化已形成了"国际性"特征。未来十年，深圳将进一步朝着有影响力的"明星城市、国际化城市、创意城市"的发展方向迈进，音乐文

---

① 深圳卫视·深视新闻，2014 年 3 月 24 日，19：25。

化的力量不应小觑。

三、深圳城市音乐文化发展趋势

深圳的城市音乐文化，就是在深圳这个特定的地域、社会和经济范围内，人们用音乐这种文化载体，实现深圳人对人类文明的继承和发展的一个文化现象。深圳作为国内最早改革开放的实体，音乐文化在其中也同样体现出开放性。

（一）深圳城市音乐文化发展定位

随着深圳城市音乐文化的发展和沉淀，这座城市的音乐文化已成为了深圳独有的产业模式——音乐文化产业。

音乐产业是关乎生命、关乎灵魂、关乎全球 60 亿人的大产业。这样的产业，值得上升到国家战略的高度，大做特做①。深圳既有传统音乐基础，又有现代音乐产业基础，这一切都为打造其"国际音乐城"发展目标提供了最有力的硬件条件。深圳都市化的进程使得流行音乐迅速发展壮大，而本地区原有的传统民族音乐文化如粤剧、广东音乐等已受到巨大冲击。因此，城市音乐文化的保护、发展、传承和创新也是未来城市音乐文化研究的重点。深圳城市音乐文化发展必将走产业化、集群化、品牌效应化发展之路。

（二）深圳城市音乐文化产业发展能力分析

巨大的经济效益与高新技术的参与，使音乐文化产业拥有自我扩张的内在动力和势头，可以突破任何阻碍与约束而拥有一个广大的前景。这一切都促使了音乐文化产业的领域与空间呈现出真正意义上的开放性。就这方面来看，深圳音乐产业目前已获得蓬勃发展，取得了可观的经济效益。随着信息网络技术的飞速发展，网上销售新模式将使音乐产品的消费者成倍扩大。社会消费及大众需求必将给深圳音乐文化产业提供不竭的、可持

---

① 颜建国：《音乐文化产业与执政效能》，人民日报出版社 2011 年版，第 6 页。

续的发展动力。

从音乐化的商业产品看,商品对于生产企业其实就是以商品形式存在的资本。资本的本质属性是追逐利润,为了不断扩大利润,厂商要不断进行产品更新。音乐产业的发展更是蔚为壮观:MP3、MP4、MTV 的从无到有乃至壮大;依附于手机的彩铃、彩话的跳跃式发展都形成庞大的音乐产业群,给业者带来了巨大的经济收益。深圳腾讯公司又推出微信、微视,开启了一种全新的音乐网络营销模式,庞大的微信、微视用户群再次成为音乐化商业产品强劲发展的内在利润动因。

(三)深圳城市音乐文化产业发展环境分析

深圳国际化城市的产业大环境,是其多元音乐文化产业发展的优质土壤。2006 年 3 月,深圳市"十一五"规划首次纳入了深圳市扶持文化产业发展的七大战略,这为音乐文化产业的发展创造了前所未有的机遇。政府的支持、外资的注入,为深圳的音乐市场提供了良好土壤。尝试举办"文博会艺术节"、"深圳大剧院艺术节"、"深圳粤剧节"等活动,通过组织化、职业化、经营化的方式,逐步实现着音乐文化产业发展。

此外,深圳毗邻港澳,具有独特的地理环境优势。香港不但是亚洲的一个金融和商业中心,也是亚洲的文化创意中心,港、澳音乐文化产业新、快、多、广、活的行业特色不断影响着深圳文化产业的发展。深圳的低成本、低廉劳动力及极具诱惑力的招商引资政策吸引了大批港澳企业家来深投资,许多港澳业内人士已渐渐将深圳作为投资主场。深圳音乐文化界近几年特别注意与包括港澳在内的整个大珠江三角地区的音乐文化资源组合,力求优势互补、共同发展。

四、发展深圳国际化城市音乐文化的建议

(一)营造良好的国际化城市音乐文化氛围

首先,构建一套完善的"演艺 + 文化 + 音乐节"的城市音乐文化发展模式;承办有国际影响力的音乐节、音乐展演等文化活动,打造具有强悍

国际影响力的音乐文化交流平台，以音乐文化带动深圳整体文化软实力的提升。

其次，迅速建立音乐文化市场保护体制。在当代多种因素的综合保护方式中，市场保护具有核心地位。这是由我国转变为市场经济国家这一基本事实出发的。音乐文化产业及产品的市场保护，要努力发展一批上规模、上档次的大型音乐文化产业，通过音乐文化产业自身的扩大与积累来形成自我积累、自我发展的良性循环。

第三，促成企业与音乐文化的合作。企业介入音乐文化产业有其自身独特优势：一是他们有很强的市场观念和产业意识；二是有灵活的机制；三是有强大的经济实力。制定向资本化、证券化方向发展的文化产业政策措施，健全文化产业投融资服务体系，鼓励社会资本进入音乐文化产业，提高音乐文化产业规模化、集约化、专业化水平。

（二）大力开展与推广"音乐外交"

联合国前秘书长安南 2004 年曾说过："音乐可以跨越语言障碍，让世界各族人民走到一起，使世界变得更和谐。"[1] 音乐是人类交流中最简洁、最明了、最无障碍的通用语言，它作为一种能"协调国际关系"、促进外交的工具，已被世人所接受。

在"音乐外交"的国际交流与合作方面，深圳市已迈出了可喜的一步。截至目前，深圳友城数量已增至 56 个，遍布全球 36 个国家（地区）。在友城代表成员交流互访期间，深圳市外事办也采取了举办联欢会等艺术形式促进成员间交流与互动，音乐在其中充当了不可或缺的角色。但是，音乐的作用与功能未得到充分发挥，需把"音乐文化交流"提到城市文化发展的战略高度。

在选择城市文化战略时，必须尊重"文化是流动的"这一基本定律，

---

[1] Annan Kofi, "Music Unites People of Different Background". Introductory Remarks at the Lecture on "Why Music Matters" by Leon Botstein. United Nations Headquarters, New York City on November 8, 2004.

并且相信只有流动的文化才是活的文化，才是最有生命力的文化①。基于此，我们要最大限度地发挥音乐的特殊活力，抓住其本身特有的"流动性"特质，让其担当起国际文化交流与合作的重任。相信不久的明天，深圳这种"音乐外交"的国际交流方式将会为深圳城市国际化建设注入强劲活力，必将成为以音乐促和谐的典范之城。

（三）建立深圳音乐学院

目前，深圳还没有一个独立的、正规的高等音乐学府。唯一的被冠以学院的具备音乐本科培养资质的"金钟音乐学院"，2012 年由中国音协、深圳大学、深圳广电集团合作创建，次年正式招生。但该学院也未能独立自主招生，其办学及授课都在深圳大学，又隶属师范学院；同时，师范学院又有一下属机构"艺术系——音乐专业"，也具备音乐本科学生培养资质。为改变这种混乱格局，可将深圳大学师范艺术系资源加以整合，充实进新成立的音乐学院——深圳音乐学院。

通过成立深圳音乐学院，搭建一个专业化、多元化与大众化相结合的音乐交流与融合、音乐创意与展示的公共平台。该院要立足国际，面向全球招生。每个专业要有 3~5 名具有国际影响力的中年学院派学者作为学科带头人，同时可有国际知名度的演艺人员。

（四）挖掘培养深圳本土音乐文化人才

近年来，深圳市对新兴文化产业人才的引进培养比较重视，但是对深圳本土音乐文化人才发掘不够。实际上，多培养和发掘本土音乐文化人才，本身也有利于传统文化形式如广东粤剧、客家山歌的传承与发展，更有利于深圳非物质文化遗产的保护和开发，创作出具有深圳文化特色的优秀作品。近几年，深圳在客家山歌的整理及传习上已卓有成效，如：排演了反映客家音乐文化的大型音乐舞剧《大围屋》；举办深圳客家文化节、深圳市粤剧节等。我们应基于目前音乐文化现状，鼓励在活动中锻炼培养人才、

---

① 王京生：《文化是流动的》，人民出版社 2013 年版，第 138 页。

挖掘人才。

同时，遵循文艺创作和表演市场生产与发展的内在规律要求，对现有的文艺团体如深圳市粤剧团等院团深化改革。"人民群众是艺术创作的源泉，是艺术的享有者，也是艺术的最终评判者。我们过去熟悉的那些特色鲜明、各有千秋的戏曲流派，都不是人为指定或主观设计出来的，而是各个名角领着戏班子积极开发市场、与观众互动闯出来的，靠名角之间唱对台戏唱出来的。"[1] 因此，我们着力培养挖掘音乐人才——"名角"，以"名角"品牌效应带动文艺团体的繁荣发展。

（五）以音乐带动特色街区和国际化样板区

音乐是观察一个城市风情和社会百态的窗口，是提升城市影响力、吸引力和生产力的利器。音乐对一个城市品牌的形成和壮大起着无与伦比的作用。一首歌可以打造一个品牌，可以唱响一座城市，可以激活一方水土。以音乐带动特色街区和国际化样板区，对深圳产业的带动毋庸置疑。

世界上将音乐与城市旅游结合的典范当属"音乐之都"维也纳和"音乐之城"威尼斯。以维也纳为例，全城 30 万架钢琴，市内有近百家剧院，其中 1/3 以上是歌剧院，音乐厅遍布全城，每年 1000 多场音乐会在此举行；维也纳至今仍保存着 40 多位音乐大师故居；到处可见音乐家塑像，还修建了"音乐家公园"；每年元旦维也纳新年音乐会，成为世界音乐爱好者的饕餮盛宴。音乐，使维也纳成为旅游业十分发达的城市，每年外国旅游者达到本国总人口的 2 倍，外汇收入的 3 成来自旅游业。

从世界旅游的大背景看，以音乐拉动旅游经济已成旅游变革的一个主题。深圳的世界之窗、东部华侨城等用音乐演出吸引晚上游客的做法已得到有效尝试。深圳应在继续深入打造"钢琴之城"，继续做好、做强原有节事、赛事的基础上，创造新节事、赛事；同时以音乐为视角，打造特色街区和国际化样板区，将音乐与生态旅游完美结合。

---

[1] 李长春：《文化强国之路——文化体制改革的探索与实践》（上），人民出版社 2013 年版，第 434~435 页。

（六）借鉴国际城市音乐文化战略

（1）纽约。借重音乐文化产业打造城市竞争力，鼓励非文化企业对文化机构的投入，创设朱利亚特学校、帕洛特研究中心等大量非盈利创意产业和培训机构，并通过大量有针对性的规制来引导文化市场健康发展。从布鲁克林的音乐创作广场到百老汇的剧院，都集聚了大量创意型人才。纽约市艺术产业每支出 1 美元，就为城市经济增值 77 美分。2005 年，艺术部门产生的经济效益达到 212 亿美元、创造就业岗位逾 16 万、工资总额 82 亿美元，为纽约市创税约 9 亿美元，其中光是慕名前往纽约观看文艺演出的游客数就达 750 万人次，产生的经济效益高达 54 亿美元，纽约市的宾馆餐饮业、零售商店和交通运输业也由此受益①。

（2）韩国。早在 1998 年，韩国就确立了"文化立国"战略，陆续出台了《国民政府的新文化政策》、《文化产业促进法》、《文化产业发展五年计划》、《文化产业发展推进计划》、《21 世纪文化产业的设想》等法律保障政策。设立"文化产业支援机构协议会"，全面负责文化产业具体扶持工作，同时侧重音乐、动画、漫画形象产业的发展。在釜山、光州、大田、金州、木浦等地，分别建立了"文化产业支援中心"，形成中央与地方的文化产业管理运行机制，推动均衡发展。同时，加强艺术学科的实用性教育，扩大文化产业与纯艺术人员之间的交流合作，构建"文化艺术和文化产业双赢"的人才培养机制。

（3）加拿大。加拿大是世界上十分典型的多元文化国家，其构成不仅有加拿大联邦国家主体文化的英、法移民文化，还有加拿大印第安等原住民文化，另有从世界其他国家和地区进入加拿大的移民文化，这在世界上是独一无二。加拿大被誉为世界第六大音乐市场，其音乐在世界范围具有一定的商业影响力。据加拿大作曲家、词作家和音乐出版者协会披露，加拿大艺术家 2003 年从其音像制品国外销售最大的 3 个市场美国、英国、法

---

① "纽约实施版权战略集聚人才推动和发展创意产业"，《经济日报》2008 年 1 月 20 日。

国所获得的演出权版税达到 4700 万加元，比 1999 年增加 68.3%①。

（七）吸收国内城市音乐文化经验

（1）上海。上海在中国文化产业格局中，有着举足轻重的地位。其现代音乐文化产业逐渐形成了自己的"海派"特征，东方明珠电视塔、上海大剧院、浦东东方艺术中心，以及移位的上海音乐厅等标志性建筑物的崛起，各种大型活动如上海国际艺术节、上海亚洲音乐节、文化艺术节、旅游节等的定期举办，使得上海日益都市化、国际化，越来越接近国际文化中心城市目标。2009 年 9 月，上海市与国家开发银行签订《推进上海市文化产业发展合作备忘录》，国家开发银行的开发性金融服务优势，在支持上海重点文化企业做大做强、推动重点文化产业项目建设、推进文化"走出去"等方面，发挥出积极作用。

（2）北京。作为全国的文化中心的北京，最早成立了"北京大学文化产业研究院"，是全国文化产业人才培训基地，也荟萃了大批文化精英。不仅包括享誉国内外的文学家、科学家、艺术家和学者，而且还有众多的领导人才、管理人才和表演人才，他们是北京文化产业发展的生力军。通过近几年发展，北京音乐文化产业已经打造了一些著名音乐文化品牌如北京国际音乐节、相约北京等。北京还有 100 多所高等院校，是我国最大的专门人才和高层次人才培养基地，为文化产业发展提供了重要的智力资源。北京虽然拥有文化名城与首都的优势地位，但其各个文化行业中心市场功能建设尚不平衡，文化创意产业的知名企业、驰名品牌还不如深圳多，其文化创意产品和服务在国内外的市场竞争力也不占优势。

通过国际、国内一些典型城市音乐文化发展案例分析对比发现，加拿大与深圳在某种意义上极为相像。首先，深圳地处广东，这里有围屋、碉楼、妈祖庙和古城遗址，带有鲜明的传统粤文化特色。其次，深圳紧靠香港，而香港是东西方文化的融会点，以香港为中心向深圳辐射，使得深圳的文化增加了流行的因素。第三，深圳是个移民城市，在各地域文化交流

---

① 王志东主编：《文化产业一本通》，山东人民出版社 2010 年版，第 129 页。

与冲击的过程中形成了兼容并包的多元文化。深圳可借鉴加拿大经验，大力发展具有深圳特色的多元音乐文化产业。同时，可参考和借鉴同样作为海港城市的上海，逐渐形成自己的"鹏派"特征或"深派"风格。

五、结语

每个城市的音乐文化都是所属国家的宝贵财富，也是全人类所共同拥有的宝贵财富。在文化的现代化过程中展现城市的历史文化、市民精神面貌以及社会秩序等诸多方面，城市音乐文化是城市品牌化实施的重要手段之一。城市音乐文化通过自身的魅力展示着深圳这座新兴城市的独特魅力。

通过对国际化背景下深圳城市音乐文化的理论研究，对深化和发展深圳城市文化，提升城市文明指数和文化品质，提高城市综合竞争力和国际形象，具有积极意义。一是推广如深圳华侨城开创的"生态旅游＋文化资源＋社会资本"等产业模式，推动具有深圳城市特色的音乐文化产品和服务辐射内地。二是打造深圳音乐文化品牌，成为深圳文化的"注册商标"，传播深圳形象，增强城市软实力。三是带动21世纪深圳创意产业发展，有利于新知识经济的进步和经济财富的累积。四是为新时期深圳政府正确把握深圳音乐文化产业运行的总体态势与发展情况，适时适度地采取相应的战略措施，实现用城市音乐文化助力深圳"三化一平台"国际化城市发展，提升深圳的国际化城市地位等方面提供理论支撑。

参考文献

[1] 洛秦. 城市音乐纪事. 上海：上海书店出版社，2013

[2] 汤亚汀. 城市音乐景观. 上海：上海音乐学院出版社，2005

[3] 关杰. 哈尔滨城市音乐研究. 北京：中国社会科学出版社，2013

[4] 汪之成. 俄侨音乐家在上海. 上海：上海音乐学院出版社，2005

[5] 熊澄宇. 世界文化产业研究. 北京：清华大学出版社，2012

[6] 汤亚汀. 上海犹太社区的音乐生活. 上海：上海音乐学院出版社，2007

第五章

综述报告

以国际通行规则在深圳先行先试促进全面深化改革

——国际通行规则在深圳先行先试讨论会情况综述

党的十八届三中全会作出全面深化改革的决定之后，习近平总书记提出，学习和掌握马克思主义唯物史观，更好地认识客观规律，更加能动地推动工作，紧紧依靠人民群众推进改革，鼓励地方先行先试。2014 年"两会"期间，习近平主席又寄语改革开放先行地区，牢牢把握国际通行规则，大胆闯、大胆试、大胆改，尽快形成一批可复制、可推广的新制度。2013 年底，市委五届十八次全会明确提出要以"市场化、法治化、国际化和前海开发开放"为重点，实施改革攻坚，牵引和带动全局改革。如何在坚持党的领导，坚持道路自信、理论自信、制度自信的前提下，更好地学习借鉴国际先进经验，以国际化城市建设促进新一轮改革开放，已成为亟待破解的课题。

为此，2014 年 8 月 14 日，深圳市外办与报业集团共同举办"国际通行规则在深圳先行先试讨论会"，北京大学政府管理学院党委书记周志忍教授、中国政府制度创新研究中心主任毛寿龙教授、香港一国两制研究中心总研究主任方舟教授、香港大学经济金融学院中国金融中心主任宋敏教授、中国人民大学贸易系王亚星教授、深圳大学管理学院马敬仁教授、毕马威中国华南区首席合伙人龚永德等围绕如何将国际通行规则融入经济、社会、文化、生态等领域的政策制定与发展规划全过程，为探索建立一套既与国际接轨又独具深圳特色的制度规则建言献策，与会人员从市场规则、创新驱动、法规制度国际化、宜居宜业等方面进行了深入讨论。唐杰副市长出席讨论会并做了精彩发言，市外办主任汤丽霞主持讨论会。会议情况综述如下。

一、制度规则需以市场的发育为适用基础

（一）制度规则的适用需以市场经济发展为载体

30多年来，深圳经济发展从起步开始就与经济全球化紧密联系在一起，充分利用自身比较优势，持续扩大对外开放，推动了各种国际要素资源的快速聚合。市场经济已经过了几百年的摸索锤炼，处理好政府和市场的关系，发展市场经济本身就是国际通行规则的集中体现。国际通行规则先行先试，要求以市场经济的发展为服务载体，按照国际规则自觉、自主、自信地融入世界发展潮流，向世界展示中国特色中国风格中国气派。

（二）开放型经济体系要求适用国际通行规则

新的发展时期，深圳提出要在建设"开放型经济体系"上率先探索，进一步建立完善有利于经济开放的政策框架和服务体系，促进集聚和利用国际资源的能力增强，并在提升经济的国际辐射力、竞争力上见到更大的成效。要求深圳要有超前的战略眼光、全球化的视野，在对外交往中要求与国际惯例接轨、按国际规则办事，抓住全球经济产业技术变革的重大机遇，适应全球产业、科技、贸易发展的新变化、新趋势，实现自身跨越式发展。特别是针对企业"走出去、请进来"过程中面临的市场、法律、技术标准等问题，加快建立国际知识产权库、国际法律库、国际标准库等服务平台，加快形成有利于企业开展跨国经营的支撑服务体系。以国际化的标准，建立一套更加符合国际通行规则的框架制度。

二、制度规则需为创新发展提供有力保障

（一）要为深圳创新发展提供制度规则保障

经济全球化与区域经济一体化推动了创新要素的跨国、跨区域流动和整合，在未来面向全球的产业创新与经济结构调整中，必须依靠创新谋发

展。发达国家日益加强对技术的垄断，利用知识产权保护和技术标准制定等手段，控制关键技术，限制创新成果外溢。复杂多变的国际形势对城市创新发展，既带来了寻求发展新资源和增强发展新动力的历史机遇，也带来了在竞争中被边缘化的严峻挑战。深圳要在不断的改革中提升改革"软实力"，进一步解放思想，着力突破制约创新发展的制度性障碍，建立公平、高效、完善的创新体制机制。

（二）制度规则应注重对创新环境的培育

创新是一个城市发展的驱动力，深圳对创新环境的培育走在全国前列，成长了一批具有重要影响力的创新型企业，如华为、中兴通讯、腾讯、迈瑞、比亚迪等。在鼓励科技企业创新、保护知识产权、扶持技术创新等方面，深圳还需进一步采取积极措施、加大扶持力度，激发创新活力，提高创新成效，为发展创新型经济提供强大动力和坚实的创新制度保障。

（三）完善制度规则以吸纳高级人才

随着全球化进程不断加快，人才的全球化已是大势所趋，随之而来的国际人才竞争更是日益激烈。深圳应加快人才发展体制机制改革和制度创新，形成激发人才创造活力、具有国际竞争力的人才制度优势，让深圳成为世界人才的聚集地。而所谓具有国际竞争力的人才制度优势，应该是国际上通用的、具有普适性的制度。因此，深圳需要在政策上应积极借鉴他国做法，做出更大胆的突破，加强人才制度规则的建设。如新加坡推出的"智能城市2015"和"智慧国家2025"计划，将吸引高新技术人才作为其智慧国家战略的一个重要支柱。

三、以特区立法权的充分利用实现制度创新

（一）运用特区立法权，大胆"移植"和"嫁接"

深圳应充分发挥特区立法优势，学习借鉴世界文明的一切先进成果，在经济、文化、社会及政府管理等领域，率先研究如何将国际上成熟的制度规则在经济特区法规制度中开展"移植"和"嫁接"，使深圳在制度上、

法治上加快接近并达到国际先进水准，从而增强城市配置和利用国际优质资源的能力，增加城市的附加值，达成更加广泛的国际认同。尤其是在商事领域，要对国际通行规则进行全面的比较研究，找出存在的差异，在企业注册、投资、营商、监管等方面，加快制定出台与国际接轨的制度规则，为全局的改革试水探路、积累经验。使我们这座城市在制度上、法治上加快接近国际先进水准，为新一轮改革开放提供支撑和保障。

（二）推进普通法在前海的运用，实现金融产业国际化

前海开发开放作为深港交流与合作战略平台，作为全面深化改革的一个"聚合点"，深圳要举全市之力做足做实做好"制度创新"这篇大文章，率先营造法治化国际化营商环境，努力为全面深化改革走出一条新路。特别是在现代服务业、金融等领域，香港采用"普通法"，虽然普通法系与大陆法系之间存在一定的差异，但是国际通行规则和惯例是人类智慧的结晶，要深入研究、学习借鉴，尽早在前海实现先行先试，将成功经验加以推广至全市乃至全国。如迪拜很多法律与欧美国家是不相融的，但其整个金融中心的管理却是从伦敦拷贝的，适用"普通法"。

四、通过国际通行规则先行先试提升城市治理水平

（一）建设符合国际惯例的服务型政府和公共治理体系

国际化城市治理模式的选择是推进国际化城市建设的关键环节。深圳应从实际出发，参照国际先进城市政府体制和职能结构，转变政府职能，由"管制"到"治理"，建设符合国际惯例的服务型政府和公共治理体系。通过公共事务分析、分解，厘清正面清单、负面清单和过程控制清单，对保留的事务进行科学的职能重组和再造，对剥离的事务做好法律和制度安排，最大限度地减少行政审批、下放事权，梳理再造公共部门管理、审批业务流程，并在此基础上进行全方位的机制创新。同时，要做好市、区、街区职能定位，列举专属事权、界定共有事权、调配职能事权、释放社会事权，并在此基础上予以法定化。

（二）以国际化的标准打造宜居宜业生活环境

随着对外开放向纵深发展，国际间的人员交流越来越成为一种常态，一些外籍人员在深办事、居住、就医、求学等方面还不够便利，在服务管理上也存在一些不适之处。解决外来人口的这种"水土不服"，深圳要抓紧向中央争取外籍人员出入境、居住、创业、就业等方面的先行先试政策，为国际人才到深圳工作生活提供方便，使整个城市更加宜居宜业。特别是要加快布局建设一批国际化社区、国际学校、国际医院等设施；加大力度引进香港、新加坡等先进医疗机构和医疗团队，鼓励外资在深圳开设高端国际医院；探索建立多种类型的国际学校，享受国际一流水准的教育。

（三）以国际化的标准规划城市基础建设

与世界先进城市相比，我们各种基础设施布局的科学性、服务设施的便利性和人性化程度、城市建设的品位和内涵等，都还有一定差距。在推进城市建设中，一定要把深圳质量、深圳标准放在第一位。国际先进城市一个突出特点就是其城市的规划和建设水平很高，如很多建筑设施都经得起时间的推敲，几十年甚至上百年依然运作良好而且具有时代感。在这一方面，国际上先进城市的规划与建设有很多地方值得深圳去学习、去借鉴。

五、通过扩大国际交流合作做国际通行规则的制定者和引领者

深圳在学习国际通行规则的同时，要有前瞻意识。伴随中国经济的成长，深圳的国际影响力也在提高，并有机会参与到一些世界经济游戏规则的制定中。未来中国有望成为世界最大的经济体，中国必然在制定世界游戏规则中发挥重要的作用，作为经济中心城市的深圳，不仅是国际规则跟随者，也要逐渐成为规则的制定者和引领者。

切实加强与"一带一路"沿线、世界著名湾区和新兴经济体国家的中心城市建立更加紧密的联系与合作，深刻把握世界先进城市的发展规律，认真汲取其在经贸、科技、文化等领域参与国际通行规则制定的经验和教

训。研究设计一套符合国家利益、体现"深圳标准"的国际通行对话机制与合作平台，深化对外交流与合作成果，增强深圳国际影响力和话语权。

深圳国际化发展的实践表明，国际通行规则先行先试已成为深圳国际化城市建设向高水平攀升的内在要求。下一步，深圳要紧紧围绕党的十八届三中全会关于全面深化改革的战略部署，继续以改革创新的精神和先行先试的勇气来"校准"深圳国际化城市建设向国际一流水准迈进的方向和路径，并以此来引领甚至倒逼发展方式、治理体系、制度规则、文化观念等的深刻变革，有效牵引和带动深圳市全局改革，为早日实现"中国梦"和中华民族伟大复兴提供强大助力。

（深圳市人民政府外事办公室　曹志文　方艺擎）

为深圳国际化城市建设建言献策
——深圳国际化城市建设顾问委员会座谈会综述

2014 深圳市国际化城市建设顾问委员会座谈会于 4 月 16 日在五洲宾馆成功举办。王荣、吕锐锋、李华楠等市领导出席会议。前外交部部长李肇星、全国政协常委胡定旭、北京大学汇丰商学院院长海闻、著名经济学家樊纲等 12 位委员围绕"借鉴国际先进经验,深化改革,扩大开放",积极建言献策。现综述如下。

一、提升法治建设水平

(一)市场经济的本质是法治经济,必须学会依法发展

法治化与国际化、市场化同等重要,建立透明、公开、公平的法律体系,才能够提升城市的发展质量。①要加强法治建设,必须重视负面清单问题,减少部分地方的负面清单,实施正面清单。②要进一步营造法治环境,可在前海设立特殊法庭,邀请香港法官参与、借鉴香港模式审理商业纠纷。③要提高民众法治意识,应积极开展法制教育,鼓励人民监督政府机构工作。只有不断探索,市场化、法治化、国际化的道路才能比其他城市走得更快更好。

(二)应依据市场经济的内在规律打造法制健全的城市

①加大力度打击商业贿赂行为。营造公平竞争的商业环境,建立完善、可信的仲裁制度,用快捷公平的方式解决商业纠纷。②充分利用特区立法权。采取相对灵活的立法方式,充分借鉴香港的法治理念,充分整合深港

两地优势，通过创新前海的监管和法律结构设计，使深圳真正与一流国际化城市的法治理念接轨。③可在前海施行首长制和理事会制。充分发挥首长的作用，将咨询分为内外两个机构，在民商法领域探索新的司法体制，进行相对独立的司法活动。

二、增强公共服务品质

（一）推动服务业各领域均衡发展，增加服务业在经济发展中的比重

在发展服务业的过程中，除了重视金融、电信、物流等，还需要大力推进医疗、食品、信息、教育等服务业的均衡发展，将服务业在经济发展中的比重从目前的40％提升到60％甚至70％。①完善医疗服务。利用深港距离优势，引入社会资本和境外资本，如在港医生和先进设备，以此促进深圳国际化建设。②着力解决食品安全问题。一方面对营商者进行道德教育，另一方面加强监管，确保食品安全。③促进信息的快速传播。把无线网络覆盖全市作为重要目标。④推进深港澳合作办学，促进成立国际性私立大学。

（二）增强公共服务品质，打造新型服务业发展模式

①深圳可先行先试，建立以私人诊所为主的医疗制度，使每个家庭都能拥有自己的家庭医生，提供诊疗和咨询服务。②在教育方面进行私立学校制度上的改革。让私立学校承担更多教育的使命。③加强交通整治。禁止街边停车，提高停车费用，控制深圳车辆保有量，减轻汽车引发的污染问题。④争取直通美、欧重要城市的国际航线。⑤应为来深的优秀留学生提供更多奖学金。减轻各高校支付奖学金的负担，提升深圳对欧美发达国家留学生的吸引力。

三、优化营商环境

（一）简政放权，进行全方位机制创新

①促进外国政府机构和企业在深设立代表处。可效仿伦敦的改革经验，

以减少行政层级作为政府机构改革切入点，简化外资企业拓展内地市场时的行政审批手续，同时建立更顺畅快捷的沟通渠道，为外国政府和企业在深圳设立经济贸易办事处、代表处提供便利。②按照国际惯例和自贸规则梳理现行法规。厘清正面清单和负面清单问题，适度向境外机构开放社会公共服务领域。

（二）引进国际机构和国际人才，扩大深圳的国际影响力和竞争力

①培育深圳的国际NGO组织。增强深圳在国际事务中的作用。②围绕支柱产业、教育、卫生、公共服务等实际需要，引进国际机构和国际人才，建立国际化、开放性的先锋城市。

（三）积极倡导文明礼仪，推动建立国际化语言环境，全方位提高市民素质

①在学校增设礼仪班。加大宣传礼仪行为对城市发展的重要性，引导市民提升文化素养，建设礼仪都会。②推出创意方案。鼓励市民学习外语，使深圳在走出去和引进来的过程中，国际语言能力得到提升。

四、深化深港合作

（一）建立深港和国际知名学府合作教育基地，营造知识工作者友好环境

①推动深港教育合作。可以高等教育合作为切入点，结合深港两地发展的产业导向和需求，建立深港和国际知名学府合作教育基地、国际研究机构。②为知识工作者交流思想营造一个宽松、民主、自由的氛围。创新文化既要有高层次人才群，还需要培育学术气息、文化韵味，以鼓励创新。

（二）在一国两制前提下，全面推进深港同城化

①建立跨境民间和官方协作机构。创设更多民间交流和官方沟通的系统平台，推动深港经济文化、居民生活、基础设施、公共服务一体化。

②使香港成为连接人民币"离岸"和"在岸"市场的关键桥梁。提升企业管理水平和透明度，使内地企业更好地"走出去"，香港也可协助内地与世界接轨，大力推进人民币跨境使用，使其逐步成为国际贸易结算、投资及储备的货币。③加强两地通关硬件设施的建设和通关流程管理，提高通关效率。

五、提升城市规划质量

用四化推动深圳发展，打造国际一流城市。

（一）做好谋划工作

①要在提升城市功能、空间质量、应用水准，提升公共空间、生态环境、绿地景观，提升城市整体形象方面着手。②可向中央申请成为直辖市。将东莞、惠州、汕尾划为深圳行政区域，拓展大深圳土地空间。

（二）加强策划工作

国际化城市建设顾问委员会联合政府相关部门以及国际著名专业策划机构，以迈向国际一流城市为目标，借鉴其他世界先进城市的成功经验，不断为深圳策划高质量的新项目。

（三）提出规划方案

①借鉴伦敦和新加坡经验。建立专业委员会，负责推动编制有国际水准的规划设计方案。②借鉴大伦敦规划，成立专家组。编制大深圳国际化都市整体规划，时间为 2015～2050 年。③改革目前规划机制。鼓励各个区独立提出城市改进提升的设计，废除制约编制高水平规划的制度，如由招标公司代理规划的低水平的规划编制方式。④重大项目推行欧洲、中国香港、新加坡采用的总设计师负责制。⑤提升前海规划水平。以实事求是的态度，以国际化为标准，提出更有建设性的规划提升方案。

（四）落实执行计划

提出分期分阶段的实施计划，以科学的方法和步骤从容地进行城市建设。

六、助推前海发展

（一）前海的开发建设需要进行深层次的制度转型，使内外资企业能够公平竞争

①要落实对外商投资试行准入前国民待遇。②在行业准入方面实行负面清单的管理模式。③企业在区内实行备案制。深港两地实行统一的行业标准，并互认专业资格。④全面修改阻碍港澳及内地民企进入相关行业的法律法规，加快推动内外资法律法规的统一。⑤若深港双方在经贸合作方面出现纠纷，可参考 WTO 机制通过仲裁解决。

（二）进一步深化商事登记制度改革，通过与国外政府合作，真正实现国际化发展

①在前海管理中，应施行负面清单制度，使已经进入前海的企业，完全按照国际惯例开展商业活动。②政府可以考虑聘请外籍人士担任政府官员或者顾问，学习并实践实用的治理理念。

七、加强国际化城市建设顾问委员会建设

（一）以矩阵模式推进国际化城市建设项目

使顾问委员有的放矢地在国际化建设方面献计献策。

（二）将国际化城市建设顾问委员会做成实体机构

根据顾问委员的偏好领域和专长，由矩阵式的组织进行具体项目的协调推进。

在认真听取顾问委员们发言之后，王荣直言，委员们上的国际化"一课"让他有三方面收获：一是信息量很大，有助于进一步拓宽视野、打开工作思路；二是与深圳很多思考不谋而合，坚定了以"三化一平台"作为全面深化改革目标方向的信心和决心；三是意见中肯，带着对深圳的了解、热爱从帮助深圳提升工作的角度提出了很多建议甚至批评，有助于深圳进

一步反思改进工作。

王荣说，深圳从 2010 年党代会正式提出建设现代化国际化先进城市的目标以来，"国际化"的内涵和目标也随着不同发展阶段不断丰富完善，当前就是要按照"全面深化改革"的要求加快国际化建设。"如果说改革开放之初我们的重点是引入资金、引入企业，当前改革开放的目的更多是要融入全球，在学习借鉴中寻求合作，在合作中积极参与国际分工、增强自身竞争能力，通过改革开放提升发展能力和水平"。王荣说，深圳作为改革开放"窗口"城市，要在全面深化改革中发挥更大作用，在新时期发展中赢得先机，一个重要抓手就是加快国际化步伐，希望委员们持续关注、推动深圳的国际化建设，支持深圳把改革开放事业推向新的高度。

（深圳市外办综合业务处　曹志文　顾挺　韩林君）

第六章
媒体报道

A6　要闻　深圳特区报
2014年9月18日 星期四　报料电话 0755-83511111
主编 夏岩青　美编 陆东阳　校对 陈庆
官网 http://www.tatlnews.com　深圳新闻网 http://www.sznews.com

聚焦　2014深圳国际化城市建设研讨会

创造有深圳特色的"湾区经济"

与会者热议深圳建设国际化湾区名城可行路径

□ 深圳特区报记者 杨丽萍

相比于前三届，昨天举行的第四届"深圳国际化城市建设研讨会"有着一个全新的主题——"湾区经济"。

本版图片均由深圳特区报记者 王雨渤 何龙 摄

中外知名专家学者纵论国际化湾区名城建设

创新为本　多元开放

旧金山湾区委员会经济研究院院长肖恩·伦524夫：

以多样化创新系统吸引"聪明人"

□ 深圳特区报记者 孙锦

中国经济体制改革研究会副会长、国民经济研究所所长樊纲：

开放创新和健全的服务业体系不可或缺

□ 深圳特区报记者 任琦

美国查普曼大学城市发展与规划系教授乔尔·科特金：

国际湾区名城无关大小关乎质量

□ 深圳特区报记者 孙锦

北京大学校务委员会副主任、北京大学汇丰商学院院长海闻：

迎接湾区经济挑战要让市场做主

□ 深圳特区报记者 周元春

美国佐治亚理工学院萨姆·纳恩国际事务学院院长赛夫·班科夫：

搭建创新平台　吸纳创新力量

□ 深圳特区报记者 任琦

北京大学国家发展研究院院长姚洋：

挖掘更多制度红利推动湾区经济发展

□ 深圳特区报记者 周元春

本报北京记者站：北京市东城区炮局二条一号　邮编：100007　电话：(010) 84043095　传真：84044038-201　广告部电话：(010) 64071200　传真：(010) 64074670

2014 深圳国际化城市建设研讨会举行 王荣会见与会嘉宾 许勤致辞

建设国际化湾区名城　推动更高质量更高能级发展

新华网转载（深圳特区报记者　甘霖　孙锦）昨天，2014 深圳国际化城市建设研讨会在深圳举行，来自美国、瑞士、以色列和香港等地的多名海内外嘉宾专家，聚焦"建设国际化湾区名城"主题，深入研究探讨未来城市国际化格局与趋势。这是我市在 2010 年正式提出加快建设现代化国际化先进城市之后的第 4 次国际化城市建设专题研讨会。市委书记王荣在会前会见了与会嘉宾专家代表，市长许勤参加主题大会并致辞。

会见中，王荣对中外专家对深圳改革创新发展尤其是国际化城市建设给予的关注和支持表示感谢。他说，作为对外开放的前沿城市，深圳较早地参与经济全球化并开展国际合作与交流。随着经济发展环境和要素成本的变化，深圳在对外交往过程中也呈现出新的趋势。过去，深圳以引进海外技术、资金和管理经验为主。近年来，深圳"走出去"的步伐日益加快。深圳需要与世界经济深度融合，有效参与国际经济分工，希望各位专家学者积极建言献策，与深圳保持定期交流，为深圳国际化城市建设和发展助力。

许勤在致辞时说，湾区经济是当今世界经济版图的突出亮点和国际一流滨海城市的显著特征，国际湾区名城也是国际化城市中的璀璨明珠。作为粤港澳地区的重要城市，深圳提出联手周边城市共同打造粤港澳大湾区，构建区域协同发展新优势，目的就是要落实习近平总书记提出的"一路一带"战略构想，把深圳打造成为 21 世纪海上丝绸之路的重要枢纽，更好地服务国家海洋经济战略的实施，同时也是以湾区经济的新视角来进一步审视深圳经济社会发展，在新的国际化坐标系中统筹谋划深圳城市定位、规划布局和未来发展目标，推动更高质量、更高能级的发展。

许勤指出，深圳建设国际化湾区名城，要放到世界湾区经济大格局下来思考、谋划城市发展。一是突出前瞻性，更好把握湾区经济发展的新趋势。要前瞻把握世界经济重心东移等新趋势、新机遇，结合国家、区域发展战略需求，瞄准未来科技、产业竞争制高点，发挥经济特区改革、开放、创新和区位等方面的独特优势，大力培育新产业，发展新经济，使深圳经济特区跻身世界湾区经济发展前沿。二是突出开放性，着力构建全方位、多层次开放新格局。不断巩固和强化开放优势，进一步建立与国际接轨、更加公平开放透明的规则体系，进一步提升开放质量，构建开放合作新平台。三是突出集聚性，加快打造高端资源配置的重要枢纽。在不断增强作为经济中心城市的辐射带动功能的同时，围绕建设国际化创新中心、国际化医疗中心、高等教育开放式国际化发展等目标，集聚更多更高端的医疗、教育、文化、绿色低碳发展资源，为深圳湾区经济发展提供更有力支撑。四是突出协同性，形成推进湾区经济发展的更广泛合作网络。加强与周边城市合作，推动区内要素自由流动、产业优势互补、资源充分共享、市场深度融合，提升大湾区整体国际竞争力，同时加强与旧金山等国际著名湾区交流，共同推动全球湾区经济纵深发展。

此次专题研讨会由市外办、建行深圳分行、北大深圳研究生院以及深圳报业集团共同主办。旧金山湾区委员会经济研究院院长肖恩·伦道夫，中国经济体制改革会副会长、国民经济研究所所长樊纲，美国查普曼大学城市发展与规划系教授乔尔·科特金，北大国家发展研究院院长姚洋，美国佐治亚理工学院国际事务学院院长约瑟夫·班科夫，北大汇丰商学院院长海闻等6位海内外知名商界、金融界、学术界代表发表了精彩主题演讲。与会嘉宾还实地调研了前海湾发展情况，并在前海湾区专题研讨会上，献计前海深港合作区未来发展。

市委副书记戴北方，市领导李华楠、刘军、唐杰、程科伟参加有关活动。

（《深圳特区报》2014 年 9 月 18 日 A01 版）

激情拥抱湾区大发展的春暖花开

"湾区名城"不仅是一个经济概念，更是一个人文概念，它将为城市带来新的品位、气质与城市文明。

深圳特区报 2014 年 9 月 18 日（深圳特区报评论员文章）昨天，以"建设国际化湾区名城"为主题的 2014 年深圳国际化城市建设研讨会在五洲宾馆举行。来自美国、瑞士、以色列、香港等地的多名海内外嘉宾专家，围绕"湾区经济"深入研究，探讨未来城市国际化格局与趋势。

作为一个处于不断变化中的城市，关于深圳，曾有很多种为人们所熟知的定义，比如改革之城、生态之城、高科技之城等。如今，她正努力让世界赋予自己这样一种新的身份：国际化湾区名城。今年深圳市"两会"期间，湾区经济概念首次进入市政府工作报告，释放出了深圳将"着力打造更高质量的经济形态"的明晰信号。

湾区经济是当今世界经济版图的突出亮点和国际一流滨海城市的显著特征，曼哈顿湾、东京湾、旧金山湾、地中海湾都是全球最重要的经济中心。而深圳是粤港澳大湾区的重要城市，也是 21 世纪海上丝绸之路的枢纽城市，已形成优势产业集群，完全有条件、有基础打造世界一流的湾区经济，在更大范围、更高层次参与全球经济竞争合作。

深圳成为湾区名城该遵循什么样的路径？如何让湾区经济为深圳发展提供新视角、新优势？也许，每一座城市都有它独特的发展历程，我们不可能也不需要去简单复制别的城市，但正如成功的人往往存在共同特质一样，成功的城市也有其共性。寻找并放大这样的共性，不难创造出有世界水准、深圳特色的新型"湾区经济"。而深圳提出的以市场化、法治化、国际化和前海开发开放来牵引和带动全局改革，已经为此作出了注释。

北京大学校务委员会副主任兼汇丰商学院院长海闻昨日在研讨会上提出，要厘清市场机制建设和政府作用的关系，让市场发挥更多的作用，以避免畸形发展。深圳本来就是改革开放、市场经济的产物，尊重市场的力量，早已成为深圳的发展共识。北京大学国家发展研究院院长姚洋则希望深圳在发展湾区经济、建设国际化城市时，还能继续在法治建设方面下功夫，将制度的红利挖掘得更深入一点。深圳已经将"建设一流法治城市"作为自我发展定位，因为深圳早已明白，法治，才是一个城市的核心竞争力。

而说到国际化，深圳着力打造湾区名城，就是深圳将自身发展纳入更广阔的国际化视野的一个例证。未来深圳能否与曼哈顿湾、旧金山湾一道站在世界一流城市队列？深圳如何更好地前瞻把握世界经济重心东移等新趋势、瞄准未来科技、产业竞争制高点；如何着力构建全方位、多层次开放新格局，建立与国际接轨、更加公平开放透明的规则体系；如何加快打造高端资源配置的重要枢纽，集聚更多更高端的医疗、教育、文化资源等，都是需要深圳在国际化坐标下进行回答的问题。自觉寻找与世界一流湾区城市的差距并弥补短板的过程，也就是不断提升国际化含金量的过程。

正如深圳不只是一个地理名词、一种精神符号一样，"湾区名城"不仅是一个经济概念，更是一个人文概念，它将为城市带来新的品位、气质与城市文明。有理由相信，这个面朝大海的城市，会迎来全球化格局下湾区大发展的春暖花开。

（《深圳特区报》2014 年 9 月 18 日 A4 版）

创造有深圳特色的 "湾区经济"

与会者热议深圳建设国际化湾区名城可行路径

深圳特区报2014年9月18日（记者　杨丽萍）相比于前三届，昨天举行的第四届 "深圳国际化城市建设研讨会"，有着一个全新的主题词——"湾区经济"。

在今年1月举行的深圳市两会上，市长许勤在政府工作报告中首提 "湾区经济"。此后，围绕深圳如何发展 "湾区经济"，各方讨论、建议不断。昨天的研讨会再度引发头脑风暴，海内外知名专家学者聚焦湾区经济发展途径，为深圳建设国际化湾区名城寻找可行路径。

"深圳发展湾区经济不能靠简单复制、模仿"

旧金山湾、曼哈顿湾等这些世界著名湾区经济体能够被模仿和复制吗？模仿和复制会不会是深圳发展湾区经济的可行路径之一？

"不一定能够模仿，也不应该去尝试模仿。" 美国旧金山湾区委员会经济研究院院长肖恩·伦道夫对此给予否定。他说，旧金山的发展更多取决于市场机遇和创新人才，所以很难通过出台政府政策来进行模仿，关键要发挥各个地区的长处来发展湾区经济。

美国查普曼大学城市发展与规划系教授乔尔·科特金有着同样的观点。"就像很多地方说我们想要成为下一个纽约，但纽约之所以能够成为今天的纽约，有着一些十分独特的不可复制的地理、历史等因素。" 乔尔·科特金说，深圳发展湾区经济不能靠简单的复制、模仿，但要去研究这些湾区经济体共同的成功要素有哪些，比如良好的教育条件、优质的生活环境、宽松的创新氛围等等。

北京大学校务委员会副主任、北京大学汇丰商学院院长海闻也认为"复制不可能"，但这些成功湾区经济体的发展规律却是有迹可循的，包括市场机制充分发展、国际化程度高、教育发达和良好的法治保障等。

"我们不需要去复制纽约、复制硅谷，但如果我们能够在规律性的东西上下功夫，我相信我们可以创造出一个不同于他们，但同样发达的有深圳特色的'湾区经济'。"海闻说。

"想得大一点，想得远一点"

既然不能走简单模仿、复制之路，那深圳发展"湾区经济"的新思路是什么？

"做政府该做的事情，不做政府不该做的事情。"中国经济体制改革会副会长、国民经济研究所所长樊纲说，这当中政府一定要抓住新型城市化这个大方向。深圳提出建设国际化湾区名城，我觉得是顺应了城市化的潮流，希望深圳在新型城市化上能够写出好文章。

"相信市场，想得大一点，想得远一点。"海闻说，想得大一点，就是发展思路要超越深圳，要更开阔、更开放，深圳的湾区经济不能光讲深圳经济，要与珠三角的其他城市、地区合作。想得远一点，就是要考虑二三十年后深圳的发展目标是什么。

肖恩·伦道夫的建议是简洁的4个字——"独树一帜"。他说，深圳无论是在世界上还是在中国都要"独树一帜"，有自己的发展特色，特别要创造优良、安全的商业环境，并加强法治，增强法律的透明度。

美国佐治亚理工学院国际事务学院院长约瑟夫·班科夫则强调人才的重要性，他说，城市是人类聚集的地方，因此城市最大的优势是人才。深圳的地理位置非常好，将来是否有能力吸引人才，是否有能力保护人才的创新价值，将是深圳长期成功的关键。

"和硅谷'平行'，和硅谷'同行'"

专家学者们带来的全新观点和思想，给听众们以深深的启发。

　　《福布斯》中文版总编辑周健工颇有感触地说："每一座城市都有它独特的发展历程、禀赋和梦想，我们不可能简单复制另外一座城市、复制湾区、复制硅谷，但是在通往梦想的道路上是有共同的规律可循的，今天每一位学者都多多少少、各有侧重地谈到了发展'湾区经济'必须具备的必要条件，我觉得这就是收获。"

　　"我们不能说去复制硅谷，但可以说和硅谷'平行'、和硅谷'同行'。"深圳市副市长唐杰说，湾区是一个空间概念，讨论会以"建设国际化湾区名城"为主题，其实是在一个空间尺度上看深圳的作用和地位。我想建设国际化湾区名城，至少应该包括开放、多元、符合国际惯例等内容，即经济是开放的、文化是开放的，同时它又是多元的，产业是多元的、创新活动是多元的，而且还要符合国际惯例，只有这样才可能是一个不断升级、成长的发展过程。

　　　　　　　　　　　　（《深圳特区报》2014 年 9 月 18 日 A06 版）

中外知名专家学者纵论国际化湾区名城建设

创新为本　多元开放

深圳特区报 2014 年 9 月 18 日（记者　孙锦　任琦　周元春）在昨天的深圳国际化城市建设研讨会上，3 位来自中国的专家学者与 3 位来自美国的专家学者，围绕建设国际化城市、发展湾区经济、推动产业转型、营造开放包容的城市文化等话题，展开了富有建设性的讨论，为深圳的国际化道路建言献策，也为深圳发展湾区经济提供了具有现实意义的样本，令场内听众受益匪浅。

以下特摘录 6 位嘉宾演讲中的精彩观点，与读者共享。

旧金山湾区委员会经济研究院院长肖恩·伦道夫：

以多样化创新系统吸引"聪明人"

"一个以创新为本的区域必须能够对移民开放，保证人才的迁入流出和在其中的自由度。"旧金山湾区委员会经济研究院院长肖恩·伦道夫认为，湾区必须拥有多样化的创新生态系统，里面有研究者、企业和专业服务提供者，而在这一生态价值链得以成功的关键是吸引到全世界的"聪明人"，他们互相启发，互相引荐，相互聘用，对全球范围内富有创造性和企业家精神的个人是开放的，创新文化要有一个充分交流思想的宽松、民主、自由的生活氛围才能吸引高层次人才群体。

通常来说，湾区经济应具备的要素包括具有吸引力的环境、全球创新中心、开放性模式，也就是人才及思想的自由流动是建立全球创新中心最成功的方式。

"发展湾区经济并没有固定的发展模式：每个城市或地区都有其独特的资源和潜力，湾区经济是一个区域性的概念，深圳发展湾区经济必须将自身置于珠三角大湾区里考虑，因为珠三角的经济活力早已被国际社会认可，而深圳自身又具备移民城市、创新城市的独特优势。"伦道夫说，湾区经济是一个区域概念，因此湾区的创新和发展就不应该只局限于某一个单一的项目或者领域，一个创新公司的创意在湾区可以得到全球范围内的响应，通过创新吸引更多国际企业和机构，这样也会进一步提升湾区城市的国际化程度。

吸引人才的环境不仅仅是硬件条件，在伦道夫看来，湾区应当呈现这样一种形态：大学校区、科技园区、居民社区融合无间，在这里，没有拥堵的交通，没有居高的房价，在这里居住要有激发创新热情、启迪创新思路的文化气息和生活韵味，国际化的人才才愿意留下来。

美国查普曼大学城市发展与规划系教授乔尔·科特金：

国际湾区名城无关大小关乎质量

不同于传统意义上对大都市的定位，美国查普曼大学城市发展与规划系教授乔尔·科特金通过长期研究认为，大部分的超级大都市并不算是国际化城市，成为一座令人瞩目的国际化城市需要具备以下核心要素：带动区域经济高效运行，拥有主导产业，充满人文关怀，交通发达，与世界接轨。

"很多人将城市大小以及人口数量作为界定国际化城市的标准之一，在我看来，成为一座世界必要城市才是最为重要的，也就是在全球任何一个地方从事某一产业的人必须要去的城市。"这种"必要城市"的理论来自于科特金教授长期以来用动态的观点来看城市的发展。

他表示，城市化进程不断推进，成为世界名城的竞争就会日益激烈，世界名城无关大小，关乎质量。

"30 年前，我曾经来到深圳，我认为这座城市是基于制造业取得了巨大的发展，而现在，制造业仍然十分重要，但要成为一座真正的国际性城市，需要在全球趋势新变化中重新定位。"

科特金提出，未来国际化城市面临很多挑战，首先就是不平等不断加大，虽然信息化时代让人们拥有更多获得信息的平等机会，但是对有限教育、土地以及医疗资源的需求仍然会加深人与人之间的不平等。此外，高房价问题困扰中国的大城市。"当一座城市成为'必要城市'时，大家必然会趋之若鹜，对城市资源、城市管理形成一定的挑战，一旦出现了大城市的'通病'，就必须尽早地转型发展寻求解决路径，从而才能保持其竞争力和吸引力，只有这样的国际化城市才会实现可持续增长，否则就可能在每一次世界产业革命后逐渐黯然失色。"

美国佐治亚理工学院萨姆·纳恩国际事务学院院长约瑟夫·班科夫：

搭建创新平台　吸纳创新力量

"根据我的经验，我敢说，深圳正在朝着快速增长和国际化稳步前进。"美国佐治亚理工学院萨姆·纳恩国际事务学院院长约瑟夫·班科夫在演讲中对深圳致力于加快建立开放的经济体系，广泛参加更高层次的国际竞争与合作的努力表示了高度赞赏，同时建议深圳积极搭建创新平台，鼓励各方力量参与"创新社区"的建设。

班科夫说，他了解到，深圳正集中精力创建"创新社区"，以刺激创新的增长和壮大。

班科夫特别指出，创建"创新社区"亟须建立创新平台，"这一平台就像三条腿的凳子，必须具备三个要素，包括相互信任和尊重人才，保护创新价值，支持研究、开发、创新运用所需的资源"。

围绕这三个方面，班科夫展开了论述。他说，首先，相互信任和尊重，不仅仅是吸收人才，还需要尊重、鼓励不同背景、专业的人才合作。尊重人才也需要保护他们的创新成果，并给与相应奖励、激励。其次，保护创新价值，需要建立国家资助的创新保护制度，但创新不只是拥有大量的专利或商标，还需要一个公正的系统确定知识产权的来源和有效性，使知识产权价值生效。需要建立一个公众信任的制度，解决创新争端，使参与创新或者辅助活动的个人和企业都能得到保障。第三，提供资源，支持创新需要经济支持和基础设施两手抓，两手都要硬。

对于深圳在这三方面的工作，班科夫认为已经有相当成就。深圳不仅是很多大型本土创新企业的摇篮和聚集地，而且已经开始推进知识产权领域的改革、商务仲裁体制改革和司法改革，这些改革有助于吸收境外资金投资本土创新机构。

中国经济体制改革研究会副会长、国民经济研究所所长樊纲：

开放创新和健全的服务业体系不可或缺

"人们常说，成功的企业方方面面都要成功，不成功的企业只要一个因素做坏就不成功了。所以，我们需要通过研讨来全面思考：如何才能真正建成一个国际化大都市，如何才能建成一个湾区名城？"中国经济体制改革研究会副会长、国民经济研究所所长、综合开发研究院（中国·深圳）院长樊纲以这样的开场白，表明了他的演讲《现代化都市的包容性与多样性》的意义所在。

樊纲认为，国际化城市有三个不可或缺的特质，分别是开放、创新和健全的服务业体系。

"首先，我们要用开放的心态、开放的理念、开放的方式来发展城市。"樊纲分析说。他建议深圳充分重视和发挥区位优势，进一步以开放的心态，重视制度建设、大力引进人才，吸纳来自全球的先进经验，转化为自身发展的动力。同时他也建议深圳加强对内开放，让深圳的发展和内陆的发展进一步相结合。

樊纲谈到的第二个国际化城市特质是创新，特别是制度的创新。他鼓励深圳在这方面要走在前面，认识保护知识产权制度的重要性，以此吸引更多一流人才来深创新创业。

樊纲提到的国际化城市的第三个特质是健全的服务业体系。樊纲认为，包括医疗、卫生、教育、科研、金融、法律、物流等服务业的发展能创造更好的生活环境，这在很大程度上决定了城市未来的发展。

他特别谈到，服务业中最特殊的"政府的服务"，是建设国际化城市的关键因素。"在城市发展的问题上，政府既不能缺位，也不能越位。"

北京大学校务委员会副主任、北京大学汇丰商学院院长海闻：

迎接湾区经济挑战要让市场做主

"深圳发展湾区经济有很多优势，也有差距和挑战。"昨天，北京大学校务委员会副主任、北京大学汇丰商学院院长海闻在研讨会上提出，要关注深圳未来产业结构发展方向，并厘清市场机制建设和政府作用的关系，让市场发挥更多的作用，政府则在教育等方面要提前布局，推动深圳湾区经济的蓬勃发展。

海闻认为，深圳发展国际化的湾区经济，存在着两大挑战：

一是市场机制建设和政府作用的定位和关系。海闻指出，有些事情是政府不要做的，比如说要发展湾区经济，政府就不能用大量的补贴，或者是政策倾斜去鼓励发展，更重要的是让市场去调节，以避免畸形发展。那么政府应该做什么呢？海闻认为，政府要做的是法治建设以及发展教育。"从长远看，深圳一定要把土地留下来，用于将来办学校，发展高等教育。"海闻建议。

二是区域协调发展的挑战。海闻表示，旧金山湾区几个城市的发展是由市场去调节，而不是从行政区划意义上哪个城市去"管"。但深圳如果要和东莞、惠州共同发展湾区经济，那就存在能否很好地把这几个城市进行总体规划的问题。"当然最理想的是，所有政府都不怎么管，政府只做政府的事情，经济结构的发展是由市场去协调，这样的话就形成一种自然的发展分工。"海闻认为，未来，中央政府在削减政府对地方经济权力的情况下，湾区经济将可以更好地融合和发展。

北京大学国家发展研究院院长姚洋：

挖掘更多制度红利推动湾区经济发展

近日，北京大学国家发展研究院院长姚洋在接受本报记者专访时，提出深圳"要做珠三角湾区中的硅谷"的观点。昨天，在 2014 深圳国际化城市建设研讨会上，姚洋进一步阐述这一观点，并提出在发展湾区经济、建设国际化城市时，深圳应在法治上下功夫，创造一些制度优势，把制度的红利挖掘得更深入一点。

姚洋认为，把深圳放在珠三角大湾区里，深圳拥有良好的湾区城市发展条件，而目前亟须做的就是找准自己的产业定位，以旧金山湾区为标杆，做珠三角湾区中的硅谷，成为一个以高科技见长的国际湾区名城。

姚洋认为，要研究法治在提升深圳经济方面能起到什么样的作用，并找到一些切实可靠的突破口。

"第一是知识产权保护的问题。我国有知识产权保护法，但比较抽象，执行起来有一定难度，执行的力度低。""深圳能否在现有框架里，作出一些制度安排来鼓励大家创新？如果在保护知识产权方面有很好的制度安排，那么深圳在延揽优秀人才时也可以换个思路，引进专利而并不实际引进人员，这样对深圳的发展也许将事半功倍。"

姚洋关注的第二个法治问题是股东权益的保护。"国际研究表明，对小股东权益的保护，是一个国家金融发展的一个关键所在。深圳有两个板块的股市，能不能在这方面走在全国前面，把小股东权益的保护，提到一个更高的高度？"姚洋说。

在加快制度创新的同时，姚洋认为执行也非常重要："我们中国的法律体系，已经比较完备，而且越来越完备。如果我们能把现有的法律都执行好，把法院所有的判决都执行好，那么中国的法治水平就会有大大的提高。"

（《深圳特区报》2014 年 9 月 18 日 A06 版）

聚焦 2014 深圳国际化城市建设研讨会

多元创新生态系统　打开前海发展之门

深圳特区报 2014 年 9 月 18 日（记者　孙锦　李世卓）前海最缺什么？前海最需要的是多元化的创新生态系统。在昨日的前海湾区专题研讨会上，来自海内外的 15 位嘉宾对于前海如何在吸引人才、培育人才等话题展开了精彩互动。

在前海建一所大学？

在前海 15 平方公里的土地上，能不能拿出一平方公里来建大学，培养人才，成为了前海湾区专题研讨会上中外嘉宾热议的焦点之一。

"为什么不在前海创办一所大学呢？"以色列海法市市长尤纳·亚哈夫分享了海法这座世界著名创新之城的成功经验。海法拥有 30 万人口、10 所大学、3 位诺贝尔奖获得者，诺贝尔奖得主在小学甚至幼儿园讲课，医生、律师都会经常到学校当客座教师，让教育充分与产业接轨。

深圳大学管理学院教授马敬仁认为，从前海目前来看，可以把深大或者深圳虚拟大学园移植过去，这只是一个把这个校园放在哪里的问题。现在更应该多去考虑，前海应该怎样去吸引人才、留住人才，让人才在前海怎样发挥作用？

前海需要更富人文气息的环境

"人们记住纽约并不只是因为华尔街，也许印象更为深刻的是百老汇音乐剧、时代华纳、彭博财经等等，这些都是可以穿越国界引起人们精神层面共鸣的城市标签。"从中国·欧盟文化与创意产业联盟主席菲利普·科恩的发言中充分感受到他对创意产业的一份激情和执着。

科恩认为，城市生活质量也是吸引人才的一个非常重要的要素。"如果你只是关注吸引计算机方面的人才、银行家或者金融家的话，那么你可能就没有办法吸引到环境方面的专家。为了使前海真正成为一个具有创造力的地方，我建议在你们的计划中，纳入文化创意产业方面的内容。"

设计未来，了解城市，从事"未来城市"实验室研究的瑞士苏黎世联邦理工大学副校长杰哈德·斯密特以伦敦金融城为例，那里汇集了全球金融机构，世界近三分之一的银行业务和外汇交易在此完成，同时，文化与金融在此充分互动，最大的博物馆、最强的出版业，利用其文化、人才和金融的优势催生了创意产业的繁荣发展，在前海完全可能再次书写伦敦一平方公里的金融文化中心的成功故事，前海的成功可以辐射出"未来城市"发展的路径。

知识产权保护是前海的机遇

"由于深圳成立了专门的知识产权法院或法庭——将对前海的发展提供最大的帮助。由于多数高新技术企业坐落深圳，同时为促进创新研发而举办了虚拟大学活动，这个位置将最为理想。"美国佐治亚理工学院萨姆·纳恩国际事务学院院长约瑟夫·班科夫说，吸引人才需要的不仅是优美的环境，对于创新型人才来说，更为重要的是鼓励和保护知识产权的软环境。"如果在前海培养自己独特的人才，创造一个这样的人才培育的体系，不仅仅是在本地培养人才，同时吸引来自清华、北大或者是其他地方的一些人才，通过这样的一种模式来告诉大家，我们在知识产权保护方面起到了一个非常典范的作用，这样才会使前海形成一个独一无二的、更具有吸引力的创新生态系统。"

香港科技大学创校校长吴家玮：

善用前海增创金融与科技新优势

20 年前，香港科技大学创校校长吴家玮开始推广"湾区"理念：即珠江口的一系列城市正在稳步成长，将来必会连成一片，不同城市合作互补，结成湾区型的大都会。

对于前海，吴家玮深有感触地表示，深圳与香港必须善用前海，在传统金融业上致力合作，并全力开展风险投资。至于货运物流，虽则香港的优势今非昔比，深港两地的总和却高居不下，长期保持华南龙头的地位。珠江口湾区是中国的经济重镇，香港至今仍是全国最重要的金融中心，在国际上名列前茅，尽管高科技企业目前逊于旧金山湾区，其潜力却不容轻视。

说到深圳的高科技产业在湾区经济的发展过程中所扮演的角色，吴家玮认为，"现代商业从研发到创新，投资、生产、营销、到贸易都需要以科技为基础和载体，所以，科技发展本身就是国际化的事业，这一点特别适于靠科技起家、将凭借科技再度腾飞的深圳。"

北京大学国际法学院常务副院长严思德：

让高等教育助力深圳国际化建设

"一个城市要成功地进行国际化，就必须要有一个强大的人才库。人才库并不足以保证成功，但是没有人才库我们就更不可能进行国际化的建设。大学则能在扩大人才库方面扮演重要角色，帮助城市实现经济繁荣和可持续化发展。"北京大学国际法学院常务副院长严思德说，"因此，促进和发展深圳优质的高等教育，进而推进发展中的深圳向首屈一指的国际化大都市目标前进。"

"我在深圳已有 6 年的时间，如今我依然能深刻地感受到深圳那种开拓的精神和强烈的可持续发展的愿景。因此，我想深圳发展的愿景可以与大学进行很好的对接，让大学的功能和创新气质促进深圳更好地发展。"严思德说，前海正在大力发展金融服务业、进行基础设施建设等，大学就可以在这当中扮演重要的角色。我想深圳可以拥有更多的商学院、法学院、环境学院以及城市规划学院，以更好地帮助这座城市发展。

深圳市外事（港澳）办主任汤丽霞：

将前海打造为湾区经济前沿平台

如何通过前海打造深圳发展湾区经济的前沿平台？湾区经济将如何促进深圳国际化城市建设？这是深圳市外办主任汤丽霞一直在思考的问题，昨日，在前海湾区专题研讨会上她表示，以建设国际化湾区名城为契机，深圳正在瞄准粤港澳湾区枢纽城市，推进深圳尽快与国际惯例接轨，将前海打造为国际一流人才特区。

汤丽霞表示，未来一个时期，深圳以发展湾区经济为抓手，树立"携手香港、协同珠三角、面向全世界"的基本思路，加强与周边地区协作，开拓更加广阔的经济腹地，提升湾区经济发展整体水平，携手港澳深化共识，共同建设"更具综合竞争力的世界级城市群"。协同发展是湾区经济发展的客观要求。中心城市在对外开放中最先发展壮大，达到一定规模后，便会对周边区域产生外溢效应。"深圳的湾区经济不仅是要协同港澳，还要进一步开放，发挥自身金融、创新、产业升级等方面的优势，起到良好的中心引领作用，在国际通行规则的制定过程中拥有话语权。"汤丽霞如是说。

深圳市政协常委、星利源商贸物流集团主席林立方：

深港携手合作共建人才湾区

"湾区经济是世界一流城市的显著特征，而对于这些发展高端产业的湾区大都市来说，人才是第一位的。在深港两地众多的合作当中，最具战略意义的也应是国际高端人才战略。引进和培育世界级高端人才将不单为深圳未来发展所需，还会为中国可持续发展提供永续的高端人才资源。"深圳市政协常委、星利源商贸物流集团主席林立方说。

林立方认为，在众多深港合作计划当中，最符合人才战略合作意义的是落马洲河套地区发展规划，其愿景是在可持续发展的大原则下，建造落马洲河套地区为跨界人才培育和知识科技交流枢纽。

林立方建议，有效利用这片土地，并可以考虑通过"深港合作会议"机制，让两地政府重新审视方案所涉及区域的用途规划，顺应深圳湾区开发规划及"前海人才行动"战略规划，按优势互补原则，重新整合相关规划内容。

（《深圳特区报》2014 年 9 月 18 日 A06 版）

第四届深圳国际化城市建设研讨会聚焦"国际化湾区名城建设"

立足粤港澳 谋划"大湾区"

深圳商报 2014 年 9 月 18 日（记者 陈晓薇 彭琰）2014 深圳国际化城市建设研讨会昨天在五洲宾馆举行。这是我市自 2011 年以来连续第四年针对国际化城市建设问题，举办高规模的专题研讨会，今年的主题围绕深圳国际化的最新课题"湾区经济"，聚焦探讨"建设国际化湾区名城"。

16 日晚，市委书记王荣会见了出席 2014 深圳国际化城市建设研讨会的演讲嘉宾和"深圳国际化城市建设顾问委员会"委员。在昨天的研讨会主题大会上，市长许勤介绍了深圳建设国际化湾区名城的战略谋划及着力方向。主题大会由副市长唐杰主持。

王荣在会见中对各位嘉宾出席研讨会表示欢迎，并感谢大家长期以来对深圳改革发展的关注和为推进深圳国际化作出的贡献。王荣表示，深圳作为中国改革开放的先行区，相对于其他城市，在经济等各个领域与国际社会交往得更早，也更频繁。随着自身经济的快速发展以及发展环境的变化，深圳近年来的"国际化"，已经从过去侧重于引进外资、技术、管理经验，提升到更加注重国际互动和加快"走出去"步伐。此外，深圳发展到今天，城市环境、社会管理、市民生活的改善，同样需要向世界先进城市学习，以形成更符合国际要求和更具国际水准的城市管理方法。希望各位专家学者继续和新时期深圳的发展保持频繁互动，尤其是为深圳如何进一步提高市场化、法治化、国际化程度多出点子，多提建议，助力城市更好发展。

许勤在研讨会上致辞时表示，湾区经济是当今世界经济版图的突出亮点和国际一流滨海城市的显著特征，国际湾区名城也是国际化城市中的璀璀明珠。今年初，深圳明确提出联手周边城市共同打造粤港澳大湾区，构建区域协同发展新优势，目的就是要落实习近平总书记提出的"一路一带"战略构想，把深圳打造成为21世纪海上丝绸之路的重要枢纽，更好地服务国家海洋（经济）战略，同时也是以湾区经济的新视角，来进一步审视深圳经济社会发展，在新的国际化坐标系中统筹谋划深圳城市定位、规划布局和未来发展目标，推动更高质量、更高能级的发展。深圳建设"国际化湾区名城"，将突出前瞻性、开放性、集聚性、协同性四个方面。希望各位专家以本次研讨会为平台，充分发挥国际化智库优势，建发展之言，献合作之策，为深圳加快建设现代化国际化先进城市提供智慧支撑。

本次研讨会由市政府外事办公室、中国建设银行深圳分行、北京大学深圳研究生院、深圳报业集团共同主办，分为主题大会和前海湾区专题分会两大活动。其中，主题大会邀请了美国旧金山湾区委员会经济研究院院长肖恩·伦道夫，中国经济体制改革会副会长、国民经济研究所所长樊纲，美国查普曼大学城市发展与规划系教授乔尔·科特金，北京大学国家发展研究院院长姚洋，美国佐治亚理工学院国际事务学院院长约瑟夫·班科夫，北京大学校务委员会副主任、北京大学汇丰商学院院长海闻等六名国内外知名的专家学者作为演讲嘉宾，深入探讨未来城市国际化发展格局与趋势，聚焦湾区经济发展，为优化和提升深圳国际化城市总体战略建言献策。

（《深圳商报》2014年9月18日A3版）

更开放自信融入全球化大潮

——深圳国际化城市建设综述

深圳特区报2014年9月17日（记者 孙锦）当前，国际化已融入城市发展的方方面面，引领深圳以更加开放、自信的姿态融入全球化大潮。

国际化 深圳人的孜孜追求

自深圳经济特区建立以来，五次党代会提出的目标里都出现了"国际"这一关键词，从第一次党代会提出建"国际性城市"，到2010年第五次党代会明确要求"加快建设现代化国际化先进城市"，2011年5月，《深圳市推进国际化城市建设行动纲要》正式公布，深圳的国际化城市建设从"破题开局"走向"科学推进"。

2013年12月，市委五届十八次全会上，作为"三化一平台"的重要组成部分，国际化成为深圳改革攻坚、带动全局改革的重要推动力之一。

2014年2月，"深圳市国际化城市建设指标体系"正式公布，深圳迈向"国际化"有了量化指标。3个月后，《深圳市国际化城市建设重点工作计划（2014—2015年）》对外公布，6大领域、81项具体工作确立了近期推进国际化的重点工作。

从顶层设计"国际化"战略到量化"国际化"标准，再到实施计划，至此，深圳在国内率先形成一整套关于"国际化城市建设"体系，以全球标杆城市和地区为参照系，加快建设现代化国际化先进城市步伐。

国际化 以开放构建国际新坐标

2011年大运会，培育了深圳开放包容的城市精神，并将其升华，助推

"后大运时代"深圳国际化建设的脚步。

城市国际化，教育要先行。

莫斯科大学、昆士兰大学、香港中文大学、佐治亚理工学院、俄罗斯列宾美术学院、吉林大学、北京理工大学……世界名校纷至沓来，迈向国际化、创新型的高等教育跨越发展之路上，深圳喜报频频。

诚如佐治亚理工学院校长彼得森所言：一座移民城市的包容性和多元化恰恰是实现教育国际化的一大要素，只要是知识精英，就应给予公平的机遇。

正是拥有这样一个公平成长的创新创业环境，吸引海外名校与人才持续向深圳抛出了橄榄枝。

2013年5月，"中澳联合研究中心"在坪山新区留学生创业园挂牌，诺贝尔医学奖得主巴里·马歇尔和深圳的合作拉开序幕。敞开大门招四方之才，深圳依托前海"人才特区"和"孔雀计划"，集聚更多的国际化高端人才。据市外专局统计，深圳已累计引进国（境）外专家达70多万人次，总量居全国第三。

开放，提升了深圳的国际坐标。这是一种鞭策，更是一种挑战。

这是一场以"国际化"为关键词的头脑风暴。

2011年11月18日，以"开放、创新、文明、绿色"为主题的首届国际化城市建设研讨会在深圳召开。这是继高交会、大运会之后，又一次把深圳"国际化"议题深入推进的盛会。从"开放、创新、文明、绿色"到"建设法治化国际化营商环境"，再到"建设国际化湾区名城"为主题，四年来，从较为笼统的主题逐步聚焦到专题讨论，从单一形式的嘉宾演讲到分议题互动讨论、专家咨询、现场调研等多元化形式，深圳国际化品牌活动不断成长，日趋成熟。深圳还在全国首创了"深圳国际友城企业家俱乐部"、"深圳国际友城大学联盟"，搭建与五大洲37个国家57个友城高水平、高层次、广领域的实质性合作平台。

国际化　以通行规则与世界交融

以国际通行规则与世界交融，是国际化建设的核心。

"深圳不仅要学习和对接国际惯例，更要做国际规则的引导者和制定者，在全球经济舞台上拥有话语权。"香港一国两制研究中心主任方舟如是说。

深圳大学管理学院教授马敬仁认为，深圳建设国际化，就要将自由贸易精神和国际惯例融入到经济、社会、文化、生态等领域的政策制定与发展规划全过程，建立一套既与国际接轨又独具深圳特色的制度规则。

2013年伊始，深圳开启了多项国际通行规则先行先试序幕。当年3月1日，深圳商事登记制度改革正式启动；5月8日，前海廉政监督局成立，在全国率先建立统一的廉政监督体制和运行机制……

深圳积极探索扩大开放和实行"负面清单"制度可行性。近一年来，以创新投资贸易便利化体制、打造海上丝绸之路"桥头堡"为主的重点改革项目加快推进。围绕"一带一路"战略，深圳积极争取国家国际贸易"单一窗口"试点、跨境电子商务综合试点。目前，深圳正在推动通关便利化改革，开展国家国际贸易"单一窗口"试点城市申报工作。

国际化　营造家文化建设软环境

从纽约到伦敦，从多伦多到新加坡……包容文化是国际化大都市的一大显著特征。

来了，就是深圳人。年轻的深圳十分懂得"融入"重要性，把多元化的移民文化看成一笔小心呵护的集体财富，让来到这里的人们都有到家的感觉。

紧靠大南山，山海相连、人均绿化居深圳之首，社区配套成熟，来自47个国家和地区的2700余名外籍人士居住于此，深圳第一个按照国际化标准打造的招商街道沿山社区走出了一条国际化社区建设新路子，在全市首先建立起"外国人社区服务站",为外国居民提供法律宣传与咨询、租赁登记、纠纷调解和生活指引等服务。而另一个以"最多韩国居民"著称的东海社区打造福田"国际村",20多位外国友人成为社区义工,成立了深圳首个国际友人联络站,直接让国际友人与派出所、房屋租赁相关单位建立联系。

近两年来,深圳各区推出了形式多样的"国际友人融合计划",让更多外来人才在深圳找到了归属感。

深圳,一座兼具"中国风"和"国际范"的中国改革开放先锋城市,正沿着国际化大道,健步向前。

（《深圳特区报》2014 年 9 月 17 日 A3 版）

外交部外交政策咨询委员会一行就"一带一路"建设问题表示

深圳应起到引领示范作用

深圳特区报 2014 年 9 月 18 日（记者 孙锦 李世卓）12 月 24 日，外交部外交政策咨询委员会来深。这些年逾花甲的前外交部领导、资深大使和国内知名专家学者在我市连续调研 3 天，与市政府开展座谈会，走访前海管理局以及华为、迈瑞、中集集团等单位与企业，考察我市参与"一带一路"建设等情况，充分肯定深圳参与"一带一路"建设的优势与设想，并提出宝贵建议。

"一带一路"建设深圳要做排头兵

年吞吐量高达 2400 万标准箱的港口、地处珠江三角洲的核心地带、经济总量全球排名第 26 位、PCT 国际专利申请量去年占全国比重 48.1%，实现十连冠……在委员会各位委员看来，深圳服务国家"一带一路"建设，具有得天独厚的地理优势、经济优势和创新优势。

然而，最吸引委员会的还是深圳提出的建设粤港澳湾区经济。

调研组组长、中国前驻法国大使蔡方柏坦言，从调研的结果来看，深圳可以起到排头兵的作用，因为不仅有得天独厚的条件，最主要是有实力有想法，尤其是粤港澳经济湾区的提法，对于"一带一路"建设具有重要意义。

"我感兴趣的是粤港澳湾区经济的提法，香港、澳门、深圳都处在湾区之内，如果能够集中各自优势，将可成为类似旧金山湾区、东京湾区等全球一流湾区，使深圳成为'一带一路'重要支点。"提起粤港澳湾区经济，调研组副组长、国家发改委前副主任、能源局前局长张国宝异常兴奋。他表示，在这个世界湾区的建设中，要着力促进前海成为海上丝绸之路重要的战略支点。坐拥这些优势，深圳也必须抓住"一带一路"建设的历史机遇，敢闯敢干，起到引领示范作用。

对于粤港澳湾区经济的建设，委员们也积极建言献策。中国前驻德国大使卢秋田建议要建好智库、信息库、人才库和资金库。前联合国经济与社会事务副秘书长沙祖康则建议深圳要和香港、澳门等充分沟通，既有分工也要有合作，以便最大限度地发挥各自优势。

既要加强互联互通，也要注重人文交流

"深圳应举办走出去论坛，分享走出去的经验。"卢秋田表示，在新的历史时期，尤其是在建设"一带一路"的新的历史节点，中国会有大规模的企业和个人走出去。鉴于国际形势多变，存在一定风险，而多年来，深圳在走出去方面已积累了丰富经验。因此，深圳可以考虑召开走出去论坛，将这些宝贵经验分享给即将走出去的城市与企业。

中国前驻英大使查培新则建议深圳在"一带一路"建设方面，不仅要注意和沿线城市与地区的互联互通，还要注重人文交流。在共商、共建、共享的基础上，通过经济发展可以使区域内人民的生活水平提高，加强文化交流才能使"一带一路"的合作发展理念更加深入人心。

"有实力，但也要注意展示亲和力。"蔡方柏建议，在对外交流时，包括"一带一路"、前海战略平台建设方面，深圳要采取更具亲和力的倡议和举措，并创造更多机会让大家共同参与，实现共同发展。

（《深圳特区报》2014 年 12 月 27 日 A2 版）

制度规则视角下的深圳国际化城市治理创新研究

深圳市人民政府外事办公室　曹志文　方艺擎　王中政　董剑

（《当代世界》2015 年第 5 期 总 402 期，人民网等多家媒体转载）国家治理体系和治理能力现代化是党的十八届三中全会提出的全面深化改革总目标。城市治理是国家治理在地方的实施，城市治理能力现代化是国家治理能力现代化的重要基础，也是国际化城市建设的内在要求。

随着争创"四个全面"新业绩的号角全面吹响，深圳正加快向现代化国际化先进城市迈进。与之相适应，深圳的城市治理也正朝着现代化迈进，以制度规则为核心，突出全面依法治市，努力实现国际化城市治理创新发展。

国际化城市治理比较分析

从全球城市治理实践上看，各个国家和地区由于政体、文化、文明程度和经济发展阶段的差异，对城市治理的内涵理解也不同。但关于城市治理范畴认识仍有共同之处，比如城市治理主体包括了政府、第三部门和社会公众，城市治理内容包括政治、经济、社会、文化、生态等，城市治理过程强调不同主体间协调和互动。国际化城市治理主要是指城市发展到国际化水平后提升和建立与之相适应的治理能力和治理体系，促进提升其国际化水平。

一、深圳的国际化城市提升情况及目标

（一）深圳逐渐成为亚太地区有重要影响力的区域性国际化城市。《深

圳市推进国际化城市建设行动纲要》提出深圳国际化发展两个阶段的目标：到2020年成为东南亚地区的明星城市，亚太地区有重要影响力的区域性国际化城市；到2050年在经济、社会、文化等方面全方位与国际接轨，成为具有重要影响力的国际化城市。

以人均GDP衡量，按照目前国际化研究，初级国际城市标准是人均GDP达到5000美元，中级标准为人均GDP达到1万美元，高级国际城市为人均GDP达到2万美元，而深圳2014年人均GDP约2.4万美元。此外，综合全球化城市指数、全球城市竞争力指数等国际权威的城市发展水平的评估结果，可以判断深圳作为国际城市开始进入全球视野，逐渐成为"东南亚地区的明星城市、亚太地区有重要影响力的区域性国际化城市"，并发挥国际影响力。

（二）建设具有重要影响力的国际化大都市。虽然深圳的城市国际化水平不断提升，但与伦敦、香港、新加坡等国际一流城市相比，仍有差距。未来深圳想要缩短与国际一流城市间的差距、提升城市国际化水平既需要遵循国际化城市发展的一般路径，也要借鉴国际先进经验，尤其是国际化城市治理方面的成功做法，推动国际化建设走向更高水平。

二、国际一流城市治理特点和经验

（一）新加坡。新加坡在短短几十年时间里，创造了举世瞩目的发展成就，成为国际化大都市，在国际化城市治理方面有许多值得深圳借鉴之处。

1. 政策规划立足全球。新加坡国际化发展的基础在于政府积极顺应全球经济发展趋势制定未来经济发展战略。在政府的规划引导下，新加坡差不多每十年就有一次经济转型，通过积极调整产业规划和结构，助推产业处于全球产业价值链的高端。

2. 城市治理法制化、科学化。新加坡崇尚法治，首先表现为"立法全"，法律体系系统完备，对外与国际规则和惯例高度衔接，对内覆盖面广；其次是"执法严"，法律制度操作性强，惩罚严厉，执法人员素质高。城市治理科学化，突出体现为"强政府、好市场、大社会"治理模式。政府在城市治理中发挥主导作用，但不包揽一切。自由竞争的理念贯穿于政府经济政策制定及执行过程中，使市场充分发挥作用。同时，重视发动社会公众参与城市治理。

3. 以人为本的宜居城市。新加坡成为国际宜居城市，与其以人为本的城市治理理念紧密相关。新加坡的养老、住房、教育、医疗等组成社会保障体系，整个体系的顶层设计与执行无不体现以人为本的理念。在此基础上，新加坡通过严密的制度安排保证社会保障政策的公平实施。

（二）伦敦。伦敦是欧洲最大的经济中心和世界主要金融中心，在城市治理方面有其独到之处。

1. 平等共享城市发展成果。伦敦在国际化城市治理上采取了高度包容的政策，努力让来自世界各地的人共享发展成果。不同收入水平、种族、性别、地区的人群能够平等享有住房、医疗与教育设施等。增强伦敦的社会包容性，这是推动公、私部门和社会团体共同投入伦敦发展的重要因素，也是伦敦国际化城市治理的特色。

2. 以人为本导向的政策体系。金融业是伦敦最重要的经济支柱。专业人才和劳动力市场的灵活性被视为决定金融中心竞争力的重要因素。伦敦着力营造让金融人才及其家人备感满意的工作和生活环境，致力于将伦敦建成一个更适宜人们生活的城市，更具吸引力、设计更精致的绿色城市。

（三）迪拜。迪拜是世界公认的发展最为迅速的城市之一，短短几十年时间，已经成为世界著名的经济、金融中心。迪拜在国际化城市建设上的巨大成功，首先得益于其优越的地理位置。它所处的地理位置决定了迪拜在时区及交通上都能成为连接东西方世界的纽带。当然，更具战略意义的是迪拜自贸区建设。

1. 明确自贸区发展目标。迪拜设立自贸区之初，就明确了以吸引外国投资为目标，并就此进行政策体系设计，制定了一系列优惠政策吸引外资。

2. 突出软实力建设。随着基础设施不断完善，迪拜更加注重法律、制度、文化等软实力建设，营造一流法治化国际化营商环境。目前，治安良好、法律法规体系完善和行政能力高效，已成为迪拜国际吸引力的重要名片。

三、国际一流城市治理对深圳的启示

（一）坚持中国特色城市治理道路。综观新加坡、伦敦、迪拜，都是在立足本地实际的基础上，推动国际化城市治理。深圳推进国际化城市治理，必须坚持中国特色社会主义道路自信、理论自信、制度自信，按照中央要求处理好政府、市场、社会的关系，努力构建现代化城市治理体系。通过把治理体系的体制和机制转化为能力，发挥其功能，提高国际化城市治理能力。

（二）突出包容发展。包容是国际化城市治理的重要理念。深圳国际化城市治理的包容性要突出三个方面：首先，制度规则要有国际视野，体现全球包容性，表现为善于学习和运用国际规则和惯例。运用特区立法权，在国际通行规则先行先试方面继续当好排头兵，是实现制度规则包容性的重要途径。其次，生态环境包容性。宜居宜业是国际化城市治理的共同目标，要正确处理好经济增长与生态环境保护的关系，把一流生态建设作为国际化城市治理的目标。再次，社会发展包容性。国际化城市往往都是移民城市。努力打造一个公平正义的社会、高效透明的政府，是吸引更多国际人才的重要软实力。

（三）推动改革创新。改革创新是国际一流城市的特质，也是推动城市保持国际领先地位的内在驱动力。创新是深圳的基因，也是新的历史条件下这座城市发展的生命线和灵魂。深圳的国际化城市治理，要将改革与创新紧密结合起来，围绕更好地统筹和利用国际国内两个市场、国际国内两种资源、国际国内两类规则的要求，在认真贯彻中央对外战略部署中积极改革创新。

深圳国际化城市治理创新的思路和对策

基于以上分析，深圳要想在经济高度全球化的今天，加快建成"现代化国际化先进城市"，制度规则安排无疑是当前国际化城市治理创新的重中之重。

第一，以服务经济开放为核心，坚持制度规则大胆创新。一是深圳不仅要以国际通行规则严格规范自己，也要充分发挥自身先进产业技术的全球优势，参与甚至引领国际标准的制定，增强国际话语权和影响力。二是重点培育一批国际水准的组织机构，使之成为相关国际经济组织成员，代表深圳参与国际贸易及国际事务。三是建立"走出去"战略基金，重点支持具有国际竞争力的企业布局全球市场，加快形成有利于企业开展跨国经营的支撑服务体系。

第二，构建与全球投资贸易规则相适应的营商环境。一是深圳必须认清当前以美国为主导的 TPP、TTIP 等全球新的贸易规则将中国排除在外的严峻外部形势，牢牢把握国际通行规则演变趋势，以前海自贸区为平台，加快形成与国际规则相衔接的自贸制度规则及监管平台。二是以打造国际化营商环境为契机，倒逼服务贸易开放和经济结构升级，提升参与国际竞争的水平与能力。三是充分发挥"两只手"的作用，一方面牢牢把握市场在资源配置中的决定性作用，另一方面推行政府"权力清单"制度，推进财税、金融、价格、科技管理体制等方面改革，营造公平竞争的市场营商环境。

第三，以制度规则为保障大力发展国际化金融产业。一是建立与世界接轨的离岸市场，从政策层面上给前海以支持，将其打造成为一个离岸金融中心，为中国金融改革和创新提供新视角和新路径。二是建立与世界接轨的金融流通大平台，争取前海在债券市场建设上先行突破，着手一些衍生金融产品的试点，推行资产证券化特别是银行资产、住房抵押贷款证券化等，并进一步规范市场。三是以积极稳健的政策制度推动前海金融中心建设。金融的脆弱性决定其对外开放的谨慎性，特别是前海金融业的开放还处于初步阶段，更需要政府积极稳健的政策予以保障。

第四，以国际视野破除创新驱动发展的制度藩篱。一是在全球产业分工中调整创新政策重心，进一步研究和摸清创新产业发展规律，为深圳在未来全球产业分工中占领高地奠定基础。二是为知识产权保护营造国际化法治化制度环境，充分利用特区立法权，借鉴国际成熟经验，进一步建立健全知识产权（IP）保护法规制度和研发（R&D）生态系统，让企业在深圳就能享受到覆盖全球的知识产权保护。三是为国际优质人力资本积累提供制度支持，建立健全与国际接轨的人才引进与管理制度，充分利用香港在金融、法律、会计等专业领域的国际化人才优势，打造世界一流的人才高地。

第五，通过严密的制度安排保障社会征信体系建设。一是以"深圳质量"为标尺，用"拿来主义"的精神充分借鉴征信体系建设的国际先进经验，减少不必要的程序和环节，加快形成科学规范的征信制度环境。二是率先尝试推行美国的"社会安全号（SSN，Social Security Number）"模式，不但针对广大市民，也可以适用于常住深圳的港澳籍人士，通过征信一体化加深深港澳经济关联度，增创协同发展新优势。三是以制度规则创新推动诚信观念深入人心，通过构建奖惩分明的社会征信体系，形成"守信者一路畅行、失信者寸步难行"的社会氛围，使诚信内化为特区建设的文化自觉。

第六，以包容发展理念引领城市供给制度规则的改革创新。一是探索引入国际资本和市场机制，实现城市供给主体多元化。如积极探索学校由公立转向民营的市场化路径，形成多元办学的格局，从源头上扩大高品质公共服务供给。二是创新服务机制，推动城市供给国际化、专业化，如义务教育阶段提供国际化接轨课程；吸引民（外）资发展信息及通信技术（ICT）在远程教育、远程医疗、电子病历和整合支付手段等领域的应用等。三是搭建城市供给网络交易平台，实现公共资源获取便捷化，特别应注意外籍人士的需求和习惯，如设立英语客服专线等，营造无差别、国际化城市供给网络交易平台。

第七，以城市生态环境建设机制为核心打造深圳"绿色竞争力"。一是塑造城市绿色发展价值观。城市国际化的生态意义就是多元化的绿色生态集合，深圳要推进国际化城市治理，就必然要求在全体市民中塑造城市绿色文明的集体自然观念。二是完善城市生态法规制度。深圳可围绕"城市绿道、城市公园、城市低碳"等方面开展立法尝试，建立健全绿色专家委员会，打造绿色网络监督平台，设立媒体绿色信息平台。三是建构政企联动的绿色发展机制，吸引华为、平安、招商、正威等国际一流企业参与深圳滨海与多山的生态资源开发，实现城市生态与城市产业间的深度融合，打造城市绿色竞争力。

第八，为多元和谐文化发展提供制度活力。一是坚持"政府主导、市场主体"的文化发展体制，在把握社会主义先进文化发展方向的同时，充分发挥市场在文化资源配置中的基础性作用，调动各种市场主体参与文化建设。二是完善社会精英与普罗大众共同参与的文化发展机制，特别是要积极推动社区文化活动的开展，推动文化深入基层、走向大众，形成文化发展的强大合力。三是创新社会多元化文化投入机制，积极鼓励社会企业、公益组织机构乃至对文化有兴趣的个人投入文化事业产业，形成全民办文化的全新格局。

第九，以现代化国际化的制度规则推动社区治理创新。一是学习新加坡社区治理先进经验，进一步下放社区管理权限，科学减少管理环节，最大限度激发社区自治活力，推动社区治理创新。二是创新社会组织培育和发展机制，大力发展服务性社会组织，构建起政府、社会组织、居民共同参与的社区自治模式。三是创新国际化社会工作人才引进模式，以推进深港人才特区建设为契机，加快引进一批高素质的社会工作师和"科班"出身的专业社会工作人才，为提升社区治理国际化水平提供智力支持。